現代アメリカ選挙の変貌

Evolution of Modern Electoral Campaigning in America

アウトリーチ・政党・デモクラシー

Masahito Watanabe
渡辺将人 著

名古屋大学出版会

はじめに

本書は現代アメリカの選挙における「アウトリーチ」という選挙民対策と集票戦略の現場の詳細を事例研究によって明らかにするとともに、選挙における政党のあり方と、そこにおけるアウトリーチ戦略の位置づけをマクロ的に把握し、デモクラシーの進展と分裂の契機をともにはらんだこの戦略の意義を検討するものである。アウトリーチ戦略に注目することで、アメリカのデモクラシーの姿を立体的に描く試みともいえる。

ここではまず、アメリカのデモクラシーにおける、選挙の特別な意味を確認するため、日本との比較で二つの問題を考えてみることから始めたい。一つは、アメリカの議員と政党の関係、もう一つは、アメリカ人にとっての投票と政治参加である。

アメリカ連邦議員の議会事務所の一週間は月曜早朝の会議で始まる。オフィスマネージャー（スケジューラー）が議員の「今週のスケジュール」を全スタッフに配付する。前週末までの時点で議員の予定は出尽くしており、これ以後のアポイントメントは原則として受けつけない。月曜早朝に配付されるスケジュールは議員の動きを分刻みで詳細にまとめたものである。金曜夕方から月曜昼まで選挙区活動で地元に戻っている議員本人は、月曜朝の会議に出席しない。首席補佐官がスタッフ一人一人のスケジュール提案に反論を試みる形式で会議は進められることが多い。「なぜその公聴会に議員を出席させる必要があるのか」「なぜその新聞社のインタビューを受ける必要があるのか」。大切なのはプライオリティ（優先順位）の再確認であるが、その判断基準となるのは選挙区の利益である。

選挙と議会活動は一体化しており、立法もその他の活動もすべて選挙から逆算される。

事務所は定期的に選挙区向けのアンケート調査を行う。その項目は経済から外交まで多岐にわたる。とくに興味のある政策争点として印が付けられていれば、その項目のより詳しい立法状況を別途送付するサービスを行っている事務所もある。また、選挙民の意見書への返事書きも、ジュニアレベルのスタッフが選挙区の関心争点を学ぶ上で大切な作業である。一九九〇年代末に筆者が在籍していた連邦議会下院のシャコウスキー議員事務所では、首席補佐官以下全員が一日三〇分はアンケートや意見書の通読を行い、選挙区を皮膚で感じることを義務づけていた。

その中で筆者が意外感をおぼえたのは、便宜供与だけを求める陳情的な色彩が薄いことだった。むしろ是非が大きく分かれる特定の政治争点について、具体的な法案名を示し、なぜその法案に反対なのかを延々と書き連ねる手紙が多かった。事務所では「意見書と向き合うときに大切なのは、有権者個人が最も支えとしている価値は何かを見抜くことだ」と指導された。

選挙区であるシカゴ北部はリベラル色の強い地盤であったが、民主党政権の方針にすべての住民が諸手を上げて賛成するわけではなく、「民主党の大統領が決めた方針なので、民主党議員として支持する」という説明が通用しなかった。論争的な議会投票があった後は、投票行動への具体的説明を求める手紙や電子メールが殺到する。有権者がどのような政治意識と価値観を持っているのか、その詳細と分布を摑むことに専心した経験は、筆者が二〇〇〇年にニューヨークのヒラリー・クリントンの連邦上院議員選挙本部で、アジア系有権者の集票戦略を中心にアウトリーチを担当する際に大いに役立った。このアウトリーチが何なのかについては後述する。

日本や欧州の政党像をアメリカの政党にあてはめて理解することは、しばしば大きな誤解の原因となる。実際には現代アメリカの民主・共和の二大政党は、日本や欧州の政党の多くと比べてはるかに脆弱な存在なのである。アメリカの政党に党首や党本部が存在せず、党議拘束もなく、規律もきわめて弱いことにもそれは表れている。大統領や政党の全国委員会の委員長は党首ではないし、全国委員会は大統領選挙のための支援組織であって党本部ではない。

なにより日本の政党との最も大きな違いは、候補者の指名機能を持っていないことだ。政党の執行部が公認候補者から比例名簿の順位まで決める日本の慣習からすると、とても信じられないかもしれない。現代のアメリカでは、政党の候補者を予備選挙によって有権者が直接決める。このことの意味の大きさは、いくら強調してもし過ぎということはない。なにしろ有権者の支持さえあれば、政党の執行部の方針に反発する候補が当選することがあるのだ。いいかえれば、アメリカの政党は、選挙を通じた外部の影響の浸透にきわめて無防備なのである。

議会研究で知られるD・メイヒューが唱えるように、政治家の最大の目的が再選であるとすれば（Mayhew 2008；メイヒュー 2013）、たしかに候補者を誰が公認するか、選挙資源を誰が用意してくれるかは、議員の行動を大いに規定する。アメリカでは選挙区に背いてまで党に忠誠を示し続けることの意味は少ない。大統領が推進する法案に賛成しても、それが選挙区の多数が好まない法案であれば、再選は危うくなるが、他方で選挙区の意向を代弁すれば、それがそのまま再選活動になる。

この議員の行動が日本の我々にも比較的分かりやすい形で可視化される機会として通商問題がある。環太平洋経済連携協定（TPP）の交渉に関与していた日本政府の関係者が「与党の大統領が推進する協定に、同じ政党の連邦議員が反対をしているのはなぜか」「日本や韓国の政府ならば実質国内総生産（GDP）の成長率予測で国民を説得するが、アメリカの議員は国民の説得でGDPを持ち出さず、雇用ばかりアピールするのはなぜか」と率直な疑問を吐露していたことがあり、筆者にとっても示唆的だった。

端的にいえば、有権者にとっての通商問題の関心事が雇用の増減に収斂していることに、議員が敏感に反応しているからであり、自分の党の大統領よりも有権者が大切だからである。民主党議員は雇用創出への期待か、失業への懸念か、どちらが選挙区の多数を占めるかに常に敏感であり、共和党議員も自由至上主義のリバタリアンが、言論の自由、反連邦主義、反大企業などの視点から協定に疑念を抱けば、大いに耳を傾ける。

通商問題では反対派の有権者集団が、支持政党を横断して複雑な連合を築くこともある。かつての中国への最恵国待遇更新問題、WTO加盟問題などが好例だが、対中貿易には伝統的に、自由貿易主義者や外交エリートのリアリストが賛成し、他方、人権団体、消費者団体、環境保護団体、労働組合、保護貿易主義者、反共主義者、そして（人工妊娠中絶の強要や信仰の自由の観点から）宗教保守までもが、保守・リベラル混合で反対してきた。

環境が絡む経済エネルギー争点でも、銃規制のようなハンティング等の地域文化に深い関わりを持つ（保守派にとっては憲法修正第二条の武装の権利をめぐる）争点でも、これまで民主党大統領が大胆な銃規制や温暖化対策法案を進められなかった原因のかなりの部分は、こうした事情に関係している。一九九〇年代のビル・クリントンは医療保険改革について民主党の中をまとめられず、オバマ政権のキャップ&トレード法案にも多数の石炭州の民主党議員が反対した。軍事介入への賛否も、選挙区で反戦リベラル派の声が強まり、選挙が近ければ、議員は大統領や政党執行部と異なる行動を示す。

アメリカの議員の忠誠の対象としての選挙区は州という単位に収斂されてもいる。一三植民地が同時に独立してできたアメリカでは連邦政府は後発的な存在であり、死刑から麻薬についてまで、州境を一歩またげば法規がまるで異なり、州が個別に軍隊まで持つ。連邦議会の議場では、議員は政党名や会派ではなく「イリノイ州のジェントルマン（the gentleman from Illinois）」と州名を付けて呼ばれる。大統領選挙では、ほぼすべての州で採用している勝者総取りのルールでまず州の勝敗者を決めてから、各州割当の選挙人数の合計を競うが、そこには州の総意をまず決めるという意志も働いている。

そして日本との比較でもう一つ確認しておきたいのは、アメリカ人にとっての政治参加の概念である。本書の第

4章で検討するように、アメリカの市民にとっての投票は、数多くの政治参加の手段の一つに過ぎない。重要な手段ではあるが、唯一の手段ではないのである。

たとえば、投票行動研究者のJ・ウォンらは、アメリカの政治参加には主として五つの形態があるとしているが、それは投票、政治献金、政府公職者への接触、コミュニティ活動、抗議活動である（Wong, Ramakrishan, Lee and Junn 2011）。投票率だけでは政治参加の情熱を測定できないと考えられているのだ。政治参加に共通するのは、アメリカ合衆国憲法修正第一条で保証された思想信条の表明の手段だということである。もちろん、投票はその言論の自由を行使する一つの手段である。しかし、思想信条が近い候補者や議員への献金でも、ボランティアとしての政治キャンペーンへの参加でも、その政治信条は表現される。そしてときにそれは、何らかの政治的集団単位でのメッセージの主張の欲求、自らのエスニック集団や宗教組織の政治的な発言力の増大欲求とも重なる。

そこにアウトリーチという有権者集団向けの戦略の意味が生じる。その意味では、アウトリーチはきわめてアメリカ的な政治参加意識を前提とした戦略であり、狭い意味での投票に限らず、長期間の選挙キャンペーンへの主体的参加や地域社会での抗議運動、政治献金や議会へのアクションなどを誘発する「政治意識のガイダンス」であり、単なる投票日当日の動員と同義ではない。

なかには、個性的な政治主張を掲げて、言論のために選挙キャンペーンを利用する勝ち目のない候補者や、あえて彼らを支援する活動家もいる。予備選挙制度と公示日が設定されていない長期間に及ぶ選挙キャンペーンによって、こうしたことも制度的に担保されているからだ。だからこそ棄権も表現の自由の文脈で理解される。

企業や富豪の大口献金規制の困難さ、膨れ上がるコンサルタント産業と選挙資金、感情的な反知性主義の浸透などの温床ではあるが、開かれた予備選挙と長期間の選挙キャンペーンは、アメリカの草の根デモクラシーのダイナミズムの源でもある。連邦下院の二年に一回の改選は非効率ではあるが、民意の反映という点では、現職を別の候補者と競わせるサイクルが早いことは効果的である。議会活動そのものがキャンペーンになり、有権者の議会監視と議員への恒常的なアクセスを活発化させるからだ。ともすれば選挙日だけ政治に関心を持ち、当選させた議員の議会での活動を監視することには必ずしも興味は持たない、日本のような社会の姿勢とは対照的である。

アメリカで選挙陣営の幹部スタッフが、そのままホワイトハウスや議員事務所で顧問や上級補佐官になるのは、当選前から自らに賭けて支えてくれた人物であれば心を許して相談ができるとして、大統領や議員が個人的な信頼関係を優先する部分もあるが、より本質的な実務面からいえば、有権者を知らない政策専門家ではなく、選挙区の有権者の鼓動に敏感な選挙経験者にこそ、政務の最終判断を任せたいという考えがあるからだ。アメリカでは内政に限らず外交でも、政治的争点になる政策を政策エリートだけで動かすことは困難であり、かなりの程度、内政とりわけ選挙と有権者の影響を受ける。選挙と有権者をめぐる政治過程の検討は、アメリカの外交政策を分析し予測する上でも必須の作業なのである。

目次

序章

二〇〇〇年以降のアメリカの選挙を概観すると、実に大きく変容していることに気づかされる。一九八〇年代以降、アメリカではテレビ広告が選挙の中心を成してきた。この傾向は世界的に広まり、日本のテレビでも政党の選挙広告は定着している。しかし、二〇〇〇年代以降のアメリカでは、インターネットおよびソーシャルメディアの浸透と、戸別訪問などの対面活動の復活という、一見すると相反する二つの現象が深化することで、選挙民と政党・候補者の関係に変化が生じつつある。こうした現象を解明する鍵は「アウトリーチ」という選挙戦略にあるのではないか、というのが本書の問いかけである。

前述のようにアメリカの政党は日本やイギリスの政党に比べればはるかに脆弱ではあるが、選挙に関して伝統的に重要な役割も担っていた。しかし、一九七〇年代の初頭、その選挙運動における政党組織の役割が低下し、候補者中心の選挙運動様式の台頭が指摘されるようになった。一九八〇年代には巨額資金に基づく全国政党機関の活性化が起こり、これを政党復活の兆しと見る向きもあったが、基本的にはテレビ広告などマスメディアを偏重した動きに過ぎなかった。

これに対して、二〇〇〇年前後の選挙から見直されている「アウトリーチ戦略」は、政党組織が選挙民グループに近い活動家を通じて、選挙民に直接的に働きかけるものである。もしかすると、これこそが選挙運動における政党の本格的な役割増大を意味しているのではないだろうか。本書の問いかけはここにある。

では、アウトリーチ戦略とは何だろうか。「アウトリーチ（outreach）」という言葉そのものは、文字通りには外側の対象に向けて手を差し伸べていくという意味で、社会福祉においては、公的機関や奉仕団体が利用者にサービスを提供する行為、あるいは文化・芸術分野においては、各地に出張して芸術鑑賞の機会等を提供する文化振興事業を指すこともある。現代アメリカの選挙での専門用語としての「アウトリーチ」も原語の延長上にある概念で、選挙区、選挙民に手を差し伸べて集票につなげていく行為のことである。選挙区の中の様々な選挙民に手を伸ばし、種類別の選挙民ごとの対策を行うことや、そうした活動を指揮する選挙陣営内の部署を指す。候補者や選挙陣営の政策や方針を選挙区に居住している市民に理解してもらい投票してもらえるように、両者の間に入って行う仲介的な作業であり、候補者と選挙民との接点や共通項を探し出す役割も持つ。

アメリカでは大統領選挙、連邦議会議員選挙など選挙規模の大小にかかわらず、選挙陣営にはアウトリーチ担当者が存在し、アウトリーチを担当する部局は選挙戦全体を貫く集票の一翼を担う。アウトリーチは選挙戦の特定の局面に限定されるものではなく、現職候補の日常の政治活動から始まり、選挙運動では「空中戦」と呼ばれるメディア戦略と「地上戦」と呼ばれるフィールドでの動員戦略の双方を睨み、支持層分析から票の取り込みまで包括的に責任を担う活動である。

本書の視角

民主・共和両党が二〇〇〇年代から重視し始めた新しいアウトリーチ戦略によって、インターネット技術を活かしつつ、活動家が対面で集票や動員を行うことで、多様な活動家が相互に接触し交渉し合う新しい「コミュニケーション空間」が形成され、それを通して政党も活性化しているのではないか——これが本書で実証したい仮説である。

もともとアウトリーチには、集団の利害に関わる争点や政策への影響力増大を梃に、人種・エスニック集団や利益団体に、政党の選挙に協力する動機を与える効果がある。そうした性質と化学反応を起こした、ソーシャルメディアなどオンライン技術の進歩が、地上戦の効果を再び増し、一過的な宣伝効果しか期待できないマスメディア利用中心の戦略では掘り起こせなかった情熱的な活動家を草の根で育てつつあるのではないだろうか。地理的制約を飛び越えるオンライン技術は、遠隔地の活動家と政党・候補者とを相互に結びつけ、固定的な人間関係に依拠していたかつてのマシーンの代替ともなる、新たな「コミュニケーション空間」を形成しているように見える。

しかも、こうした新たな現象は、アメリカの選挙運動とは選挙コンサルタント主導でテレビ広告を舞台にマスメディア中心に営まれ、全国政党機関はそれを仲介しているだけで政党が演じる役割は小さい、というかつての理解には収まらない問題を生じさせる。活動家は候補者に操作される対象にとどまることなく、アウトリーチに触発されて自発的に政党と結びついていくのだが、こうした現象を十分に包摂する政党概念が存在していないのである。そこで本書では、こうした仮説を実証するとともに、アメリカの政党構造概念の補完的な修正を試みたい。

よく知られているように、V・O・キーとF・ソーラウフは、「選挙民の（意識の）中の政党」「党組織」「政府の中の政党」という三部構造による政党理論を確立した。本書ではこの三部構造の修正、すなわち政党の再定義を理論的な出発点とする。選挙民の政党帰属意識の低下と政党組織の活性化という相反する現象を包摂する理論的枠組みを模索し、アメリカの政党構造概念の見直しを目指すのである。

ただし、本書は政党構造概念の見直しを目指すとはいえ、あくまで選挙運動研究である。具体的には、文献研究に加え、選挙運動のアクターである全国政党機関、州政党組織、郡政党組織、候補者陣営の関係者、活動家への聞き取り調査、選挙関連文書資料の検討を主体とする質的調査に基づいている。本書は以下のような構成で編まれている。

まず第1章では、現代アメリカの選挙においてアウトリーチ戦略がなぜ重用されることになったのかを述べた上で、アウトリーチの文脈をなすアメリカの政党と選挙に関わる先行研究を概観する。ニューメディアの選挙運動への応用に注目した研究、ならびに二〇〇八年選挙でのオバマ陣営によるオンライン組織化に基づく「草の根」選挙運動の研究などを検討し、ニューメディアの応用が政党政治において持つ意味、アウトリーチ活動の意味と効果が、先行研究でどこまで明らかにされているのかを批判的に吟味する。その上で、どのようなやり方でアウトリーチ戦略を政党理論に組み込むことができるのかを念頭に置きつつ、現代アメリカの政党政治をめぐる研究を振り返る。一九七〇年代以降の「政党衰退論」やその批判、あるいは「候補者中心選挙論」などを見た上で、一九九〇年代以降の新環境への政党の適応能力と政党の再解釈、戸別訪問を重視する「地上戦」の再評価をめぐる研究などを検討し、最後に本書の課題を確認する。

次に第2章では、アウトリーチ戦略の概念、アクター、活動の内容、対象を明らかにする。そもそも、アウトリーチ戦略とは具体的にどのようなアクターが、どのようなアクターのために、どのような活動をしているのか。なぜアウトリーチ戦略が台頭したのか。それは従来の方法への不満なのか。あるいは技術発展によるものなのか。アウトリーチ戦略は、アメリカの選挙運動、政党政治をどのように変えたのか。アウトリーチの起源と歴史的な経緯を民主党と共和党のアフリカ系票、アジア系票、ヒスパニック系票、宗教票の集票過程を分析することで示し、アウトリーチ戦略の台頭の背景を明らかにする。検討にあたっては、文献資料、参与観察（二〇〇〇年連邦上院議員選挙）、聞き取りによる質的調査、政党・選挙資料を総合的に援用する。

第3章では、政党と活動家の「コミュニケーション空間」が創設されているとすれば、それがどのような経緯で膨らんでいったのかを、時系列で浮き彫りにする。事例としては二〇〇八年、二〇一〇年、二〇一二年における大統領選挙および中間選挙を取り上げる。

まず二〇〇八年選挙の分析では、バラク・オバマがアフリカ系として初めて政党の指名を獲得する上で、陣営が人種アウトリーチにどのような工夫を施したのかに焦点を絞り、アイオワ州党員集会を事例に、予備選挙過程での選挙運動の地上戦回帰の実態を詳述する。次に、二〇一〇年選挙の分析では、ティーパーティ運動が動かした連邦議会議員選挙、ヒスパニック系激戦区である南西部における州知事選挙から、共和党のアウトリーチと保守派の草の根運動を中心に考える。最後に、二〇一二年選挙の分析では、大統領選挙において民主党バラク・オバマ陣営と共和党ミット・ロムニー陣営のアウトリーチ方針の比較を行い、メッセージを統合する手法を概観するとともに、有権者のビッグデータ蓄積とソーシャルメディアの新技術をアウトリーチにどのように活用しているかを確認する。分析では、近年のアウトリーチの展開を共和党・民主党関係者に対する聞き取り調査と選挙資料を参考にして述べた上で、アウトリーチ戦略が従来のマスメディア選挙に取って代わるものなのか、それとも、それを補完するものなのかについても明らかにする。

第4章では、アウトリーチ戦略の効果と限界を検討する。そしてアウトリーチがアメリカの選挙運動、政党政治をどのように変えたのか、この戦略がどのような問題を含んでいるのかを分析する。具体的には、アウトリーチ戦略の結果、予備選挙、全国党大会、政権運営の三段階で新しい活動家の「コミュニケーション空間」が創設されていることを示す。そして、こうした政党と活動家を結びつける「コミュニケーション空間」の現出が、アメリカ政党の構造概念の見直しを迫るものであることを指摘し、新たな構造概念を提示する。さらに、アウトリーチ戦略の限界と効果を左右する条件についても述べる。この章でも関係者への聞き取り調査に加え、政党文書の分析、ならびに二〇一二年の大統領選挙サイクルにおける、二〇一一年共和党アイオワ州ストローポール、二〇一一年予備選挙ディベート、二〇〇八年および二〇一二年の共和党・民主党両党全国大会での現地調査が分析の基礎となっている。

最後に終章では、新しいアウトリーチ戦略がもたらしたものを整理し、仮説実証の成否を述べる。また、アウトリーチ戦略に注目することで見えてくるアメリカ政治の姿、そして同戦略の功罪をデモクラシーの進展と分極化幇助の両面から照射する。

第1章　アメリカの政党と選挙
――アウトリーチ戦略の文脈――

1　なぜアウトリーチ戦略が重要なのか

なぜアメリカの公職選挙運動でアウトリーチ戦略が重用されるに至ったのだろうか。大別して五つの理由が指摘できよう。

第一に、「選挙デモクラシー」のアメリカに特徴的な選挙数の多さである。連邦レベルの大統領選挙、上院議員選挙、下院議員選挙のほか、州知事選挙、州副知事選挙、州議会議員選挙など州レベルの政治代表選挙はもちろん、州財務官などの公職も選挙で選ばれる。

選挙の間隔も短い。大統領は四年に一回改選されるが、フロントローディングと称される予備選挙の前倒し傾向の中、二〇〇八年以降は大統領選挙の前年一月初旬から二月にかけて予備選挙過程の投開票が始動している。そのため、実際の選挙の実施期間だけでも予備選挙と本選挙を合わせて丸一年近くに及ぶが、選挙運動の期間ともなると、さらに一年前から始動することになる。アイオワ州党員集会に向けた指名争いを占う共和党模擬投票（ストローポール）や同州内での両党の中心的な演説会は大統領選挙の前年夏に行われるが、候補者はその半年前から運動と組織作りを開始しなければ間に合わない。今や中間選挙終了後は、事実上、大統領選挙の指名争いの準備に突入するといっても過言ではない。

連邦上院議員は一期の任期が六年であるが、一〇〇議席の改選期を三等分して大統領選挙と同時か中間選挙で改選されるため、二年ごとに連邦上院議員選挙が行われている。一方、連邦下院議員は一期の任期が二年のため、やはり二年ごとにすべての選挙区で改選選挙となる。当選と同時に次の選挙運動が目前に迫るため、議会活動の優先順位も選挙区サービスという集票の利害に左右されがちである。

こうしたことから、アメリカでは、より効果的・効率的に得票を増やすための選挙運動技術の開発に力が注がれる環境が存在してきたといえる。

第二に、選挙民の多様性と、それゆえに必然的に求められるきめ細かな選挙運動の重要性である。アメリカの選挙過程を他国のそれと峻別する特徴の一つに人種問題がある。一九六〇年代の公民権運動を境に人種は巨大争点となり、それ以後の大統領選挙で人種要因は継続的に重要な位置を占めるようになった。さらに一九六五年の移民法改正で、それまで小規模にとどまっていたアジア系も大都市や西部諸州を中心に増加した。

そして特筆すべきは、二〇〇〇年代以降の人口構成の急激な変化である。マイノリティの人口動態は、量的変容と質的変容の両方が進行している。量的変容の象徴はヒスパニック系の急激な人口増である。二〇〇〇年時点での黒人とヒスパニック系の人口は黒人約三五〇〇万、ヒスパニック系約三四〇〇万で、それぞれ全人口に占める比率が約一二%と拮抗していた。しかし、その後の一〇年間でヒスパニック系人口が約五二〇〇万に増加し、約三八〇〇万にとどまっている黒人人口を引き離した。二〇一一年調査における両集団の全人口内の割合はヒスパニック系が一六・七%、黒人が一二・三%と完全に逆転している。また、アジア系も微増ながら約一四〇〇万に達した(1)。共和党は伝統的な白人プロテスタント信徒を基礎票とするだけでは、安定多数を維持することができない時代となっている。

他方、質的変容としては、激戦州において、人口の少ないマイノリティ集団がスイングボーター化する現象が顕著である。たとえば、アジア系は、近年激戦州の特定の郡で人口増加傾向にあり、選挙人獲得競争で最後の勝敗を決する影響力を持つに至っている。

マイノリティとしての存在を黒人だけが代表する時代が終焉し、マイノリティ票の獲得が、人種隔離反対・公民権支持という単純なメッセージを基盤にした方法ではなしえなくなった。アジア系、ヒスパニック系の台頭によるマイノリティの多様化以前の人種関連の集票戦略は、公民権を擁護して黒人票の大半を確保する民主党、南部戦略で白人票を取り込む共和党という「カラーライン」をめぐる争いでしかなかったが、それが通用しなくなったのである。

アジア系、ヒスパニック系は、黒人のようには単一の投票行動を示さず、必ずしも民主党を支持するとは限らない。アジア系は出身国や宗教に関してサブカテゴリーごとに違いが存在するし、ヒスパニック系は移民時期の新旧で移民政策観が異なり、カトリックの信仰理由から価値争点では保守色も強い。両党にマイノリティ票の掘り起こしに工夫が求められるようになったのである。

第三に、マスメディアを利用したメディア中心選挙、コンサルタント主導選挙の弊害の克服が求められるようになったことである。本章で後述するように、アメリカでは一九七〇年代以降、候補者中心の選挙運動様式が出現する過程で、メディア・コンサルタントが制作するテレビ広告の比重が大きくなり、一九八〇年代以降の巨額の選挙資金はほとんどが放送媒体の広告費に費やされた。テレビのスポット広告は、テレビ媒体の視聴者数の多さからメッセージ伝達上、「効率」のよい選挙運動手法であったからだ。

しかし、マスメディアの利用に偏重した戦略の弊害も顕在化するようになった。なかでも投票率の下落は大きな問題といえる。相手候補の欠点を攻撃するネガティブ・キャンペーンの増大は、テレビ広告の浸透とともに増えていった。アメリカのテレビ広告では、商品の効能や価格についての比較広告が盛んであり、この広告業界の慣習がコンサルタントによって選挙にもそのまま持ち込まれたのだ。ネガティブ・キャンペーンでは自らの政策を丁寧に訴えることよりも、相手候補の欠点を批判して敵のイメージダウンを狙うことに主眼が置かれがちである。批判広告による泥仕合が有権者の政治的無関心を強め、ひいては投票率を停滞させる原因になっているとする研究も現れた（Ansolabehere and Iyengar 1997）。

そこで生じたのが、マスメディアを通した一方的で画一的、非対面の間接的な宣伝によって投票行動を引き出す手法の限界を克服するものとしての、対面による戸別訪問等の「地上戦」の再評価、メッセンジャーが誰であるかを重視する選挙手法の再検討であった。

メディア研究におけるオーディエンス・レセプション理論は、人種やエスニシティによって同一のメディアテキストが異なって読み取られる、情報接触をめぐる態度変容を明らかにしたが、集票活動におけるコミュニケーションでも人種要因が関係する可能性が考えられる。F・ギリアムらの実験では、人種の見た目あるいは名前の違いが認識の差を生み出すことが指摘された（Gilliam, Iyengar and Simon 1996）。

たしかに、二〇〇〇年代以降の政党と候補者の選挙陣営は、マイノリティの多様化の中で、黒人には黒人、アジア系にはアジア系、ヒスパニック系にはスペイン語でヒスパニック系が、という具合に、同じ人種やエスニック集団の運動員による説得、しかもマスメディアの広告ではなく対面の戸別訪問や集会での対話をとりわけ重視するようになっている。ちなみに、ワスプ（白人・アングロサクソン・プロテスタント）がアウトリーチの対象とされることは、共和党の福音派票掘り起こし以外では少ない。

コンサルタント主導選挙の弊害は有権者を表面的にレトリックで操作することにあったが、実際に有権者を動員するだけでなく「説得」するには、単なるレトリックによる操作や選挙直前の動員活動だけでは足りない。これは選挙の現場では実感として問題視されていたが、アウトリーチの必要性への認識が薄いコンサルタントや政党関係者に共有されていたとはいえず、選挙民グループとつながりの深いスタッフや活動家が、政党や陣営幹部に梃入れを要請することで浸透してきた。たとえば、二〇〇〇年代前半における民主党のカトリック票の喪失は、信仰コミュニティの活動家の声に耳を傾けないコンサルタント主導の選挙運動の弊害だったという反省が現場から湧き起こった（Vanderslice とのインタビュー 2005）。

第四に、保守とリベラルに分極化した政治への適応の必要性である。イラク戦争に反対する反戦リベラル派と若年層、そしてアフリカ系などのマイノリティといったリベラル派有権者が活性化して二〇〇九年にオバマ政権が誕生したが、医療保険改革に象徴されるオバマ政権下の「大きな政府」路線は、ティーパーティ運動など草の根保守運動をかえって刺激した。

そもそもイデオロギー的な分極化は一九八〇年代以降深まる傾向にあった。周知のように、民主党はニューディール連合時代までは、伝統的な熟練工を含むブルーカラー労働者層が中心の政党だった。しかし、一九六〇年代以降、公民権運動、ベトナム反戦運動、女性解放運動、環境保護運動、同性愛者解放運動などの影響を受けた高学歴の世俗派、いわゆる「ニューポリティクス」派の活動家の流入で、イデオロギー的にはリベラル化が加速した。そして、法廷弁護士、大学教授、フェミニストなどの活動家・専門職・知的産業従事者の割合が増加し、社会政策ではリベラルだが財政的には緊縮を求めるネオリベラル派の「ニューデモクラット」が台頭することで一九九〇年代のクリントン政権が生まれた。

共和党側では南部戦略によって人種隔離主義者が民主党から流入し、東部エスタブリッシュメントの穏健な政党が変質し始めた。一九六四年にはバリー・ゴールドウォーターの運動によって西部の共和党が東部の穏健派に対抗する形で台頭し、共和党は個人の自由、規制緩和、家族の価値をイデオロギーの柱とするようになった。これが一九八〇年代のロナルド・レーガン政権へと結びついた。

また、一九七三年の連邦最高裁のロー対ウェイド判決で人工妊娠中絶が合法化されると、宗教保守派の政治化が加速した。元来、民主党支持だった福音派キリスト教徒は一九八〇年代のパット・ロバートソンの運動以後共和党の基礎票となり、共和党は文化的に保守化を深めた。さらに民主党内の対ソ強硬派がレーガン政権以後、共和党に鞍替えし、ネオコンサーバティブ（ネオコン）派として、二〇〇〇年代ジョージ・W・ブッシュ政権一期目のイラク戦争をめぐる介入的外交に多大な影響力を及ぼしたのである。

前述したようにアメリカの投票率は低下と伸び悩みの傾向にあるが、イデオロギー的に純化してしまったシングルイシューの有権者が、二大政党の候補者に納得せずに棄権している影響も否定できない。ただ、それは、政党が票として掘り起こせる層が現在でもなお相当数存在することをも示している。イデオロギー的に保守とリベラルに純化している政党帰属意識が強い基礎層には「動員」で確実に投票所に向かわせ、インデペンデント（無党派）層を中心とした説得可能性のある新規開拓票には「説得」を行う必要があるということである。しかし、マスメディアによる画一的な宣伝では、こうした異なる性格の票に対して、異なる方法で集票を行うのは限界があった。

また、予備選挙の過程では、党派的活動家の支持を確実にする必要から、イデオロギー的な分極化が増幅されがちである。しかし、本選挙では一転して、全国政党機関や正副大統領候補陣営は、党内の支持層を糾合する支持者連合を形成する必要がある。ここにも工夫の必要があった。

第五に、技術革新への適応の必要性である。商業マーケティングの応用からインターネットとソーシャルメディアの導入まで、アメリカの選挙運動手法の革新はめまぐるしい。共和党と民主党はこの技術革新を競い合っており、新技術を効果的に導入した政党が当該の選挙サイクルにおける集票をリードし、次の選挙サイクルで相手政党が次なる新技術で追い上げるという傾向が一九九〇年代以降続いている。

とくに二〇〇八年大統領選挙以降、ソーシャルメディアが、支持者の草の根の「オンライン組織」を形成するツールとして本格的に浸透している。一九七〇年代以降に浸透したテレビ広告などのマスメディア利用と、インターネットの利用のあり方には質的な差異がある。前者が政党や候補者からの一方通行であるのに対し、後者ではソーシャルメディアの特質によって、活動家や一般の選挙民からの発信も可能な双方向性が担保されているからだ。

インターネットは当初こそマスメディアによる宣伝の延長、いわばオンライン版の「空中戦」の新技術として受容されていた。しかし、ソーシャルメディアの浸透で政党・候補者と有権者、あるいは有権者同士を結びつけるコミュニケーションの新形態として浮上してきた。その過程で、対面の「地上戦」への応用が、ソーシャルメディアの効果的な活用法として再評価され、アウトリーチが単なる集票を超えて、地理的な隔たりを横断した新たな活動家のネットワークを形成し活性化する触媒となっている。こうしたオンライン組織を通じ、保守側ではティーパーティ運動、リベラル側ではオバマ支援の運動が拡大した。

政党は選挙過程における運動をどの程度までオンライン化させたのだろうか。またそれを、地上戦と呼ばれる戸別訪問の伝統的な手法とどのように融合させているのだろうか。さらにオーガナイジング・フォー・アメリカ（Organizing for America）およびオーガナイジング・フォー・アクション（Organizing for Action）など、個別の大統領の選挙運動からのスピンオフで生じた支持基盤の組織は、政党ネットワークとしての永続性を持ちえるのだろうか。

こうした点については第3章以降で事例に即して考えることとして、以下の節では、上記のような理由から重用されるようになったアウトリーチ戦略の文脈をなす、現代アメリカの政党と選挙に関わる先行研究を検討しておきたい。

2 先行研究の批判的検討

（1）ニューメディアの選挙運動への応用

選挙で使われるニューメディアの定義（範囲）については、研究者や専門家の間でも解釈が異なるが、D・ジョンソンは、ニューメディアをキャンペーン・ウェブサイト、動画、動画をアップロードして共有する動画共有サイト、電子メール、携帯電話端末、ツイッター、ブログのほか、ソーシャルメディア全般としている（Johnson 2011）。ニューメディアとして台頭したインターネットが選挙に利用されるようになったのは、一九九二年大統領選挙におけるビル・クリントン陣営のウェブサイト開設が最初である。連邦議員のサイト開設は一九九九年のエドワード・ケネディ連邦上院議員事務所が初めてであった（Davis 1999）。政党では民主党の全国委員会本部が一九九五年にサイトを開設している。一九九六年の連邦選挙では、連邦上院議員候補者の約半数、連邦下院議員候補者の一五%がウェブサイトを保有していた。また、知事選挙では一九九八年にジェシー・ベンチュラ陣営が電子メール配信を駆使して注目を集めた（Johnson 2011）。

こうしたニューメディアの浸透を受ける形で、ニューメディアの政治的含意を論じる初期の研究が一九九〇年代に始まったが、当時は技術的な革新性を手放しで讃える研究が主流であった。代表的なのはB・バーバーやL・グロスマンの論考であり、いずれも情報通信技術の進歩がデモクラシーを同時に進歩させるという楽観的な未来観を提示するものであった。グロスマンの研究では、電子タウンミーティング、電子投票、候補者や議員との電子質疑などによる直接デモクラシーへの期待が語られた。電子を意味するエレクトリックの頭文字を付して「Eデモクラシー」という造語が生まれ、電子政府への期待が膨らんだ（Grossman 1995；Barber 1998）。しかし、これらはいずれも、それまで対面や書面で行われていたコミュニケーションの電子化による、効率性の向上に着目した議論でしかなかった。

B・ビンバーとR・デイビスが指摘するように、インターネットが連邦公職選挙に本格的に浸透し「候補者と有権者の相互作用の新たなモードの幕開け」となったのは二〇〇〇年であった。その背景としては、おおむね次の三点が指摘されている（吉野 2010 ; Bimber and Davis 2003）。

第一に法的理由である。アメリカでは、一定額以上の資金獲得によって二〇州以上での支持を証明できれば、予備選挙の段階から連邦資金の補助を受けられる「マッチングファンド」制度が、大統領選挙の二大政党の候補者を財政的に支えてきた。一九九九年、連邦選挙運動委員会（FEC）は、この制度による公的資金支給の基準にオンライン献金も含める決定を下し、このことで、オンライン献金へのインセンティブが格段に高まったのである。たとえば、ジョン・マケインは一九九九年秋の段階で、二六万ドルを集めて注目された。

第二に技術的理由である。一九九〇年代後半にウィンドウズの普及でアメリカの成人人口の半数が、インターネットを利用するようになった。二〇〇〇年代以降も、ブロードバンドや携帯電話の普及に牽引されたインフラの整備と選挙運動でのインターネット利用の深まりは軌を一にしている（清原 2011）。

第三にメディア環境である。インターネットは伝統的なマスメディアによる報道のバイアスを介さずに、陣営のメッセージを選挙民に伝えられる点で画期的であった。一九九〇年代末から二〇〇〇年代初頭、フォックス・ニュースや、マイクロソフト社と三大ネットワークのNBC放送による共同設立放送局MSNBCなど、CNN以外のニュース専門ケーブルチャンネルが台頭した。このように三大ネットワークの権威が相対化されるなかで、マスメディアを飛び越えた直接のメッセージ伝達がなされるようになり、それは候補者・有権者双方に利益があった。さらに二〇〇三年にはブログ、二〇〇六年には動画共有サイトのユーチューブも各陣営に利用されるようになった。

二〇〇〇年代以降は、こうした選挙へのニューメディアの本格的な応用を反映した研究が盛んになった。かつてE・ダイヤモンドとS・ベイツは、一九七〇年代から八〇年代までの大統領選挙のテレビ広告をナレーションから画像までこと細かに内容分析した（Diamond and Bates 1992）。また、地方選挙についてはC・ショーが、候補者広告、意見広告など広告分類別に、同じくナレーションの書き起こしと映像分析を行ったことがある（Shaw 2004）。こうした研究にならって、D・オーエンらは、候補者のウェブサイトの内容を記述する分析手法を採用した。二〇〇四年大統領選挙の陣営別ウェブサイトの比較から、この種のウェブの内容分析は盛んになっていった（Owen and Davis 2008）。

また、ビンバーとデイビスは、候補者側のみならず、サイトを閲覧する有権者側の視点からもウェブサイト分析を行った（Bimber and Davis 2003）。そして、票の駆り出しを行う投票促進活動（ＧＯＴＶ：Get out the vote）や動員の研究にもニューメディア利用の分析が広がった。たとえば、D・シーアとJ・グリーンは、二〇〇四年の大統領選挙における、若年層の投票率上昇を目的としたインターネット利用を分析している。ウェブサイトで投票を約束した若者が、それぞれの知り合いから新たに五人ずつの電子メールアドレスを登録することで動員対象者をオンラインで二五万人を目標に増殖させていくという、若年層向けのＧＯＴＶの事例をめぐる研究である（Shea and Green 2007）。

ただ、初期のネット選挙は「ダイレクトメールやパンフレットの電子版に過ぎなかった」（Johnson 2011）のも事実であり、選挙運動におけるコミュニケーション手段の一つとして控えめに位置づける研究も少なくなかった（Herrnson 2008）。M・コーンフィールドとL・レイニーは、オンラインで集められた莫大な資金は、依然として、テレビ広告、ダイレクトメール、電話などに使用されており、「二一世紀型の資金集めも、結局は一九六〇年代以来何も変わっていない古典的なコミュニケーションのメカニズムのために消費されていく」と述べている。

コーンフィールドらが二〇〇六年にピューリサーチセンターで行った調査によれば、登録有権者の三八％が選挙関係の電話をもらったことがあると回答しているのに対し、電子メールで投票を促されたことがあると回答したのはわずか一五％だった(2)。二〇〇〇年代以降の大統領選挙では、支持者や登録者のメーリングリストに、定期的に候補者のコメントを出したり、陣営の上級幹部、有名コンサルタント、候補者を支援する有名セレブリティの名前で一斉電子メールを流すことが徐々に恒常化したが、ニューメディアの応用初期から、こうした一斉電子メールには電話ほどの集票効果はないという分析も存在した。

ビンバーとデイビスも、候補者のウェブサイトの閲覧者にはクロスオーバービューイング（crossover viewing）が多いとしている。主な閲覧者は、すでに意中の党と候補者が確定している、政治的に高度な知識を有する有権者という傾向があり、彼らにとってサイト訪問は「政治的なリクリエーション」であるため、ウェブサイトの集票効果は限定的だとビンバーらは分析した（Bimber and Davis 2003）。

ニューメディア研究との関係で重要なのは、二〇〇〇年代以降に進展したマーケティングの選挙応用の研究である。P・コトラーが指摘するように、候補者が有権者に対して「公約」「政策提案」「人格」などを売り込み、他方で有権者が「票」「ボランティアとしての労働力」「献金」などを提供するという選挙過程での「取り引き」は、構図としてはそのままマーケティングのモデルにも該当する(3)。

選挙を顧客獲得の販売戦略として捉えるマーケティング概念は、二〇〇〇年代に共和党のアウトリーチ戦略を解明する上でも参考とされた。たとえば、T・ハンバーガーとP・ウォールステン、あるいはT・エドソールらの記述研究は、マイクロターゲティングと称される選挙マーケティングの技術が、共和党で二〇〇〇年代半ばからどのように導入されたかを明らかにしている（Humberger and Wallsten 2006 ; Edsall 2006）。ダイレクトメール専門家のカール・ローブと共和党全国委員長のケン・メルマンは、二〇〇〇年以前の選挙で拮抗した激戦州における苦戦の理由を投票区単位まで調べ、その際、選挙民についてのありとあらゆる商用・公共のデータを利用した。すなわち、家庭での雑誌の購読、酒、食料品、衣類などのモールでの購入データに始まり、ゴルフクラブやフィットネスクラブへの加入、休暇を過ごした場所、車や家の購入まで、膨大な消費活動の記録である。(4) こうした消費パターンをテレビ視聴から商品分野まで積み重ねると、特定の個人の好みにかなりの輪郭が見えてくる。そして過去の投票記録とともにデータベース化することで、民主党支持の多い地域や選挙民グループの中に「共和党的な」消費活動をしている選挙民を探し出すことが可能となった。これがマイクロターゲティングと呼ばれるマーケティング手法である。より小さなセグメントに向けて調整されたサービスを行おうとする手法であり、コトラーとB・ニューマンが先鞭をつけた政治マーケティング研究の実例は、二〇〇〇年代に主として共和党が牽引する形で蓄積されたのだった（Turk とのインタビュー 2006 ; Newman 1999）。

しかし、これらの豊富かつ優れた先行研究は、ニューメディアの選挙運動への応用に注目し、双方向性や新技術の可能性を明らかにしているが、それが政党政治にどのような意味を持つかは、必ずしも分析の対象とされてこなかった。多くの研究が、メディア中心選挙、コンサルタント主導選挙を不変の前提として受け入れ、マスメディアの利用やコンサルタントの支援による集票のための新技術の紹介に力点を置いていたからである。インターネット、ソーシャルメディアの選挙応用研究も、基本的にこの延長上で行われた経緯がある。いいかえれば、スポット広告等のマスメディア利用の戦略、および世論調査を駆使した政治マーケティングによるコンサルタントの動向に研究が集中してきたのである。

（2）オバマ陣営によるオンライン組織化

アメリカではマイノリティ初の大統領であるオバマを勝利させた選挙を契機に、インターネットの選挙利用が大いに注目されるようになった。二〇〇八年の大統領選挙は、オバマと指名を争ったヒラリー・クリントンによるオンラインでの立候補宣言から始まったし、民主党全国委員会本部が刊行する二〇〇八年全国党大会公式ハンドブックも「キャンペーン二・〇」と題した特集で「八三万人がソーシャルネットワーキングのサイトで二〇〇八年一月までにオバマのキャンペーンにコネクトした」と記している。では、こうしたオバマ陣営のオンライン組織化について、事例研究として、どのようなものが蓄積されているだろうか。

第一は、ソーシャルメディアの利用によるコミュニケーション形態の変化を強調する研究である。ジョンソン（Johnson 2011）が指摘するように、オバマ陣営のキャンペーンは「新旧テクノロジーの融合」「オンライン・キャンペーンを全体の中に埋め込んだこと」に革新性があった。旧来のモデルを足がかりにしつつも、インターネットはオバマ旋風の過程で、まったく違う方向で利用されていったからだ。

マイスペース（Myspace）、フェイスブックなどのソーシャルネットワークサービス（以下ＳＮＳと略記）の利用では、アウトリーチの組み立て方が改変された。従来はコミュニティリーダーを直接手足とするのがアウトリーチの基本的な方法であったが、オバマ陣営はオープンなプラットフォームをネット上に提供し、支持者に参加の仕方を選べる自由を設けた。ＬＧＢＴ（Lesbian, Gay, Bisexual, Transgender の総称）、環境保護団体、カトリック信徒など、それぞれの利益団体やエスニック集団別のコミュニティのサイトを立ち上げることで、アウトリーチ特有の主体的な参加を招き入れる幅が広がったのである。

スタッフが陣営から派遣されない、つまり支部が設立されていない地域では、支持者主導のイベントも開催された。オバマ陣営がオンライン組織の土台に用いたのは、コミュニティオーガナイズの経験を基礎にした地上戦組織であったことから、Ｃ・ペローシやＲ・クレーマーなどリベラル派の選挙運動実践者による分析も、リベラル派のオンライン組織研究に貢献した（Pelosi 2007 ; Creamer 2007）。同じ争点重視の支持層の掘り起こしでも、キリスト教右派を動員したり、マイクロターゲティングを利用する共和党の戦略と、オバマ陣営のオンライン戦略とは性格的な差異があった。

また、二〇〇八年選挙でオバマ陣営がソーシャルメディアの利用に踏み込んだことで、ネット選挙論はウェブコンテンツ分析にとどまらず、コミュニケーションのモデル論へと広がった。M・ウィノグラッドとM・ハイスは、オンライン選挙が、サーバーである「中心」からクライアントである「周辺」の受け手に情報が供給されるクライアント＝サーバー型構造から、仲間同士で情報伝達を行うピアトゥーピア型のコミュニケーション構造に移行したと論じた。一九八二年以降生まれの「ミレニアム世代」の若年層は、動画を共有し、SNSやブログでオンラインのコミュニティを築くことに慣れ親しんでいたが、彼らの選挙参加がその構造転換を牽引したというのである(Winograd and Hais 2008)。

ウィノグラッドらによれば、ミレニアム世代にとって、インターネットの用途は「情報消費」ではなく、横とつながる媒介である。動画共有サイトで自作動画を共有し、ソーシャルメディアやブログでコミュニティを築くことにこそ価値がある。ウェブサイト、オンライン献金、動画、電子メールなどのニューメディア利用は、陣営側からの発信である限りは、所詮は伝統的メディア利用の構造と変わらないからだ(5)。前嶋和弘(2011b)も、ウェブサイト、オンライン献金、動画、電子メールなど「垂直型」のキャンペーン手法と「水平型」のソーシャルメディアとの相互作用が二〇〇八年以降に顕著になったと論じている。

彼らが指摘したように、二〇〇八年にオバマを支えたオンラインの草の根運動は、ソーシャルメディアを介した市民運動のモデルを提示したといえる。その後、二〇〇九年には増税反対で「小さな政府」を訴える保守系のティーパーティ運動が、ソーシャルメディアを活かして地域横断的な連携を形成し、二〇一〇年中間選挙で共和党が勝利する要因にもなった。ティーパーティ運動については本書第3章でも検討するが、「サーバー」としての候補者や陣営が存在しない純粋に「水平型」のボトムアップで生じた点で、ウィノグラッドとハイスの類型における構造の転換を政治運動として実証したのは、実はこのティーパーティ運動だったともいえる。また、選挙資金研究においても、オンライン経由の小口献金への注目が高まった（Corrado and Corbett 2009；前嶋 2011a）。

ソーシャルメディアによるコミュニケーション形態の変化をめぐる研究では、現場で実際にニューメディアの選挙応用を実践した関係者の記録が分析の手がかりとなった。二〇〇四年のハワード・ディーン陣営、二〇〇八年のジョン・エドワーズ陣営でそれぞれニューメディアの選挙利用を統括したJ・トリッピの論考はその代表例である（Trippi 2004）。トリッピは実体験に基づいて、伝統的な広告に勝る口コミの効果を解説した。「知らない人が、いきなり電話してきて、あるいは家を訪ねてきて、いついつにどこどこで集会があります、一緒に政治について考えましょう、絶対来て下さい、と勧誘されて、普通行くだろうか。気持ちが悪いだけではないか。それより信頼している親友に一言、この候補者いいよ、と薦められたほうが、影響力がある」とトリッピは述べ、ユーザー・ジェネレーテッド・コミュニケーション（利用者による自発的コミュニケーション）の概念は「知り合いから知り合いへ（ピアトゥーピア）」が基本であると結論づけている。それはまた、「一〇〇万人に向けて流すテレビ広告よりも力がある」として、巨額の選挙資金を要するスポット広告依存の空中戦の効果を問い直す見方でもあった(6)。

なるほど、オバマ陣営は二〇〇八年、iPhone向けのアプリケーション「Obama '08」を提供したが、電話連絡の進捗を管理する「Call Friends」や各州の最寄りの事務所と連絡できる「Get Involved」など草の根の参加が可能な機能を付すことで、陣営が介入しない支持者同士の自由なコミュニケーションを可能とするものだった。

さてオバマ陣営によるオンライン組織化の先行研究として代表的なのは、第二に、技術革新によるオンライン組織の形成過程を論じた研究である。二〇〇八年オバマ陣営の技術革新については、P・フェンやJ・ジャーマニーの研究が、動画やメッセージの拡散方法、また、テレビではなくオンラインでの浸透を目的とするスポット広告など、既存メディアを飲み込むオンライン化の詳細を明らかにした (Fenn 2009; Germany 2009)。

しかし、技術開発論として画期的だったのはD・クレイスによる、二〇〇四年大統領選挙から二〇〇八年大統領選挙にかけての民主党のオンライン組織の変容を歴史的にたどった研究である。そこでクレイスが実証した仮説は、二〇〇八年大統領選挙のオバマ陣営において突如として誕生したかのように伝えられるオンライン組織の起源は、二〇〇四年大統領予備選挙のディーン陣営にあり、二つの選挙サイクルをかけて試行錯誤の結果、生まれたというものである。なるほど、二〇〇四年にディーンのブログサイト Meetup.com やSNSの Deanlink が、双方向メディアの可能性を示した。インターネットが掲示板的な広報媒体から、ソーシャルメディアというコミュニケーション空間のインフラへと変質したのもこの時期である。クレイスは次のように述べている。

> それ以前の選挙サイクルでも、政治スタッフは支持者を選挙過程に巻き込むためにインターネットを利用していた。しかし、これらの努力はおおむねためらいがちに行われるか、選挙運動の戦略的な中心からは隔離されていた。それに対して、［非主流派の］反乱軍的なディーンの選挙運動においては、インターネットは選挙戦略の中心であり、組織的なツールの中心であり、人的にも、財政的にも、コミュニケーションの資源にとっても死活的な要素であった。これは画期的な選挙のイノベーションであり、四年後にオバマが自分の大統領選挙運動で多大な敬意を表しながら取り入れたものだった。(Kreiss 2012)

クレイスが注目したのは人的資源の流れであった。具体的には、ディーン陣営におけるソーシャルメディア利用を技術的に立ち上げたメンバーが、コンサルタント会社を設立し、さらに民主党全国委員会本部に入り、オンライン担当としてオバマ陣営に入るという流れである。人的資源を通して、先行の組織で蓄積された経験が次の組織に持ち込まれ、試行錯誤の中で洗練された技術がさらに後続の所属組織へと持ち込まれた。実際、ジョー・ロスパーズとベン・セルフが、ディーン陣営でブログサイト等を立ち上げた経験をもとに、ブルー・スティツ・デジタル（Blue State Digital）というコンサルタント会社を設立し、民主党全国委員会本部で委員長に就任したディーンの依頼で、有権者データを集約するＶＡＮ（Voter Activation Network）、ボートビルダー（VoteBuilder）といったシステムを開発した。後に、ロスパーズはオバマ陣営にこれらのすべての経験を持ち込んで参加し、オバマのオンライン組織を作り上げた。

クレイスがディーン陣営の広範な関係者に対する聞き取り調査で明らかにした、ディーン陣営からオバマ陣営に至るまでの四年間のニューメディア開発史は、選挙サイクルごとに登場する新技術の紹介が中心になりがちなニューメディアの選挙応用の研究に、歴史的な文脈をもたらした点が最大の貢献だった。クレイスは一つの選挙サイクル、一つの選挙陣営、一つの全国政党機関で選挙技術を分析することの限界を指摘したのである。

また、コンサルタント主導選挙と政党の関係の変容を明らかにした点も重要な貢献だった。一九八〇年代以降、コンサルタントを候補者に仲介する存在としての政党が注目されたが、二〇〇〇年代以降、政党にコンサルタントが一体化する形で協力し、政党が活性化している事例も見られるからだ。

このように二〇〇八年選挙でのオバマ陣営によるオンライン組織化に基づく「草の根」選挙運動については、ソーシャルメディアの導入、二つの選挙サイクルを横断したコンサルタントの協力も交えての技術開発など、多くの注目すべき研究がなされてきた。しかし、いずれもオンライン組織化による青年有権者の動員だけが強調され、アウトリーチ活動の意味と効果は十分に評価されていない。したがって、次の節ではどのようにすればアウトリーチ戦略をアメリカの政党理論に組み込むことができるのかを念頭に置きつつ、現代アメリカの政党政治に関する先行研究を検討し、続く第４節で本書の課題を確認したい。

3　アメリカ政党政治の中に位置づけるために

(1)「政党衰退論」と候補者中心の選挙運動様式

アメリカの政治は一九七〇年代以降、地方政党組織の衰退、マシーン政治を支えていた伝統的コミュニティの消滅（郊外化、人種・エスニシティの割合の変化）を経験した。また、連邦選挙運動法により、候補者が政党から独立した政治資金会計主体に転換したことも候補者中心の選挙運動様式を加速させた。それにともない、テレビ広告、世論調査、データベースなどの専門的技能を持ったコンサルタントが台頭することになった。

D・シーアとM・バートンは、こうした状況について「一八三〇年代から一九六〇年代まで選挙基盤であった政党に代わり、それ以後は候補者単位の選挙となり、選挙運動の主役の軸が移っていった」と述べている（Shea and Burton 2001）。

政党は、予備選挙の採用や公務員制度改革などによって、候補者選定への影響力を徐々に失っていったが、決定的なダメージとなったのは、かつてマシーンの中核を担っていた移民層が教育・所得レベルの上昇にともなって郊外に流出することで、都市部のマシーンが解体されたことであった。固定的な人間関係に依存して行われていた伝統的な選挙運動の手法が有効性を失ってしまったのである。

また、N・ポルスビーやJ・カークパトリックが指摘するように、制度的に候補者中心の選挙運動様式を促す変動が政党に生じた。以下一つずつ見ていこう。

第一に、政党のボス支配を排した開かれた予備選挙システムを担保する制度改革である。一九六九年のジョージ・マクガバンを長とする、民主党の党機構と代議員選出についての委員会、通称マクガバン＝フレーザー委員会による代議員選出改革は、それ以前は代議員として大統領選挙に参加する割合が比較的少なかった層に割当制度を適用することを決めた。それまで代議員は州の党幹部が自由に選んでおり、事実上政党の幹部とその関係者で占められていた。一般選挙民の不満は、古くは一九〇五年に予備選挙を通じて代議員を選ぶことを義務づけるウィスコンシン州の改革に反映されてはいたが、一九六四年の党大会でミシシッピ州の黒人が白人代議員に対して代議員枠を分配するよう求めたことを端緒に、一九六〇年代を通して代議員問題は民主党内部を揺るがした。

マクガバン＝フレーザー委員会の決定の骨子は、代議員選出に割当制度を適用することだった。選挙区の人種・エスニシティ比率の実勢に合わせて、女性、若年層、マイノリティの代議員を選ぶことが定められ、一九七二年の選挙から実施された。最大の焦点は女性枠の拡大だった。人口比を適用したことで約半数の代議員が女性になり、民主党の女性代議員は一九六八年には全体のわずか一三％だったが一九七二年には四〇％に跳ね上がった。

一九七二年の大統領選挙に照準を合わせていたマクガバンは、ベトナム反戦を旗印にし、女性のベトナム戦争への反対が多かったことを追い風に、民主党の大統領候補に選ばれた。それまで、共和党に勝てる候補を政党の代表として指名してきた政党幹部代議員の判断基準に対して、各集団の争点を優先した判断基準がまさったのである。一九七〇年代以降、民主党の新しい代議員選出制度では、黒人、女性等への配慮なしに大統領候補の指名を受けるのは難しくなり、他方で党幹部の支持を得ていなくてもマクガバンのように指名を獲得できるようになったのである（Polsby 1983 ; Kirkpatrick and Miller 1976 ; Kirkpatrick 1978)。

カークパトリックは新しい代議員たちを「新たな階級」と名づけ、法律家・教師・政府職員などで高収入・高学歴に分類される彼らを大衆から遊離した存在であると考えた。そして、都市部のボスや郡の指導者など旧来の政党のリーダーは、「選挙区の有権者の宗教や価値観など、また政治的選好を共有していたが、新たな階級に政治的影響力が渡されたことで、政党と（政治的な）エリートと大衆の間に溝が広がった」と結論づけた。

一連の改革は党員集会の透明化と開放を促進したが、それによって政党の党員集会は、「候補者や政党への広範で長期的な関心を持っていない可能性のある、争点だけに情熱を感じている者たちによる操作に対して無防備になる」とカークパトリックは批判し、政党衰退の要因になったと論じた（Kirkpatrick 1978）。また、ポルスビーも候補者指名過程の透明化は、党の幹部の寄り合いだったアイオワ州党員集会をマスメディアでの注目を集めるためのメディアイベントにしてしまったと指摘した（Polsby 1983）。

候補者中心の選挙運動様式を政党に促した第二の制度的要因は、連邦選挙運動法の制定である。同法は膨らむ一方だった選挙費用を抑える目的で、一九七一年に立法化された。一九七四年の修正を経て、記録の義務化による献金の透明化、「広く浅い」献金を目指した（政党と個人への）総額制限、大統領選挙で二〇州以上での支持を証明できれば二大政党の候補者が連邦資金の補助を受けられる「マッチングファンド」制度などが確立された。候補者がそれぞれ独自に資金の流れを報告する義務が生まれたことから、政治資金会計において、候補者が政党から独立した選挙運動の主体として認められる側面もあったため、同法は候補者中心の選挙運動様式を促進する要因となった。また、ポルスビーは総額制限や報告の義務などが政党の足腰を害したと分析している（Polsby 1983）。

さて、政党主体から候補者主体に選挙の力学が変化した帰結として、選挙民は候補者単位で優劣の評価を下すようになり、候補者側は自力で選挙を運営する必要に迫られるようになった。その結果として新しい選挙運動の手法と選挙コンサルタントの台頭がもたらされた(7)。早くも一九五二年の大統領選挙でドワイト・D・アイゼンハワーが、選挙用テレビ広告の先駆けとなる広告を制作するために宣伝チームを雇用していたが、一九七〇年代にはメディア・コンサルタントによる本格的なテレビ広告選挙時代の幕が上がり、それ以後テレビを利用したメディア戦略の重要度が増すことになった（Diamond and Bates 1992 ; Jamieson 1996）。

また、有権者ファイルのコンピュータ・データベースが登場した。かつてニューヨークやシカゴではプリシンクト（投票区）のキャプテン（投票区ごとの政党代表）が有権者リストを保持し、住民の転居から雇用をめぐる要求までを把握していた。しかし、一九七〇年代に芽生え八〇年代に本格化した有権者ファイルのコンピュータ化によって、マクロレベルでシステマティックなアプローチが可能となった。そしてダイレクトマーケティング、すなわちダイレクトメール産業の発展と選挙への応用も顕在化した（Creamer とのインタビュー 2012）。選挙陣営が独自に行う世論調査も一九九〇年代までに一般化した。こうした作業にもコンサルタントの知見が必要とされた。要するに、それまで政党主導で運営されていた選挙運動は、コンサルタントという選挙産業の担い手が主導するものとなったのである（Sabato 1981）(8)。

候補者中心の選挙運動様式、コンサルタント主導の選挙によって政党が相対的に周辺に追いやられたことで、「政党衰退論」が多くの研究者によって主張された。「衰退論」の根には、さらに分割投票の増大と政党帰属意識の低下があった。たとえば、M・ウォッテンバーグは一九五二年から一九八八年までのデータに基づいて分割投票の増大を指摘した。

なるほど、大統領選挙での投票政党と連邦下院選挙での投票政党が異なる分割投票の割合は、一九五二年には一二％に過ぎなかったが、一九七二年には三〇％、一九八〇年には三四％に達している。一九八八年には二五％とやや減少したものの、それでも高い水準を維持した。同じく大統領選挙と連邦上院選挙における分割投票率も一九五二年にはわずか九％であったが、一九六八年の二二％以降二桁に達し、一九八〇年には三一％に到達している。また、政党帰属意識についてもウォッテンバーグは「一九五二年から一九六四年までの期間を対象にした選挙研究によれば、継続的に平均七五％の選挙民が民主党か共和党への帰属心を示していたが、一九七二年までにいずれかの政党への帰属を表明する選挙民が七七％から六四％に縮小した」と指摘し、分割投票との関連性を強調した（Wattenberg 1991）。

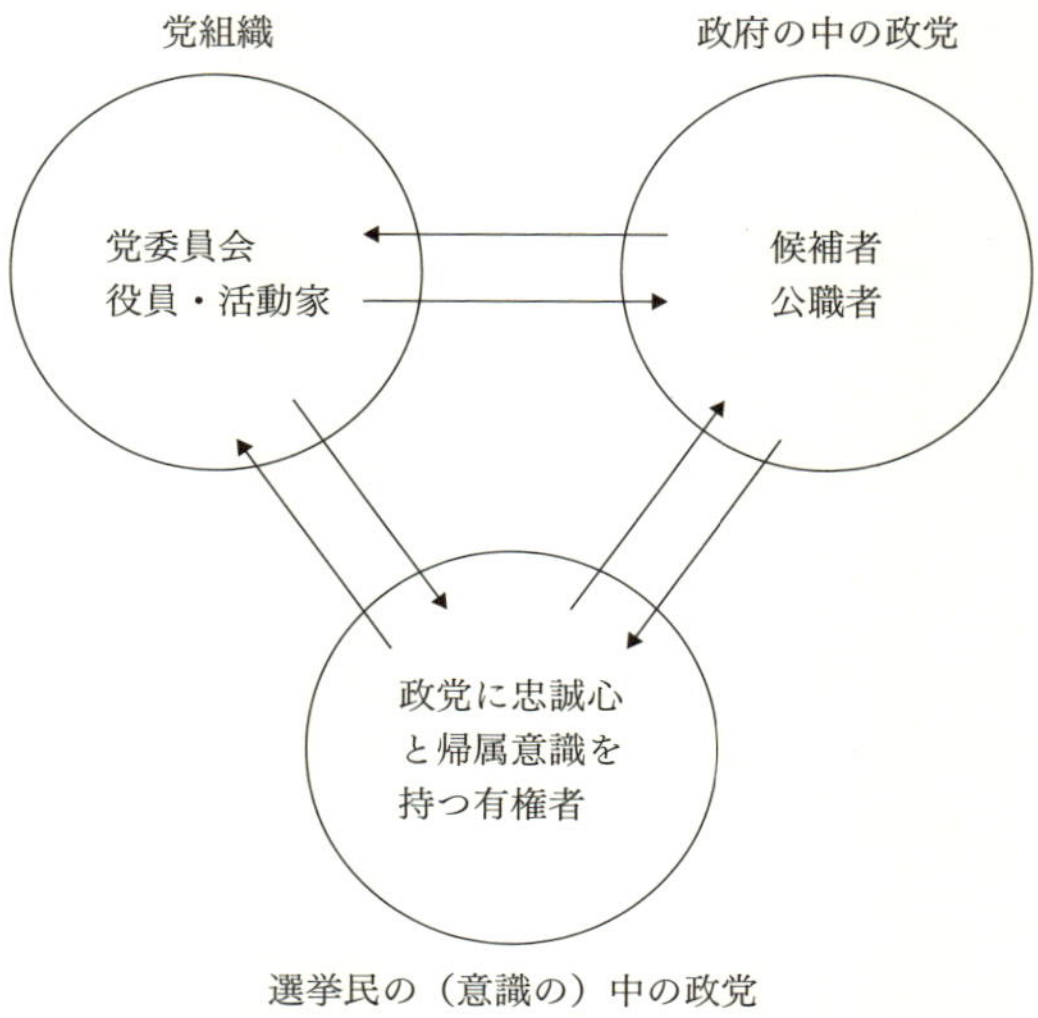

図 1-1　キーとソーラウフの伝統的な三部構造モデル
出所）Sorauf and Beck 1992 : 11.

ただ、ウォッテンバーグのいう政党帰属意識の低下は、「選挙民の意識」に表れた政党の衰退であり、政党の諸相のすべてではない。V・O・キーによって提唱され、F・ソーラウフによって補強された、政党の三部構造モデルによれば、「選挙民の（意識の）中の政党」は、「党組織」「政府の中の政党」と並んで政党を構成する一つの要素に過ぎない（図1-1）。よく知られたこのモデルにおける「党組織」とは、公式・非公式の選出にかかわらず政党リーダー、地方政党のキャプテンやリーダー、投票区の運動員などを含む、政党の委員会や部門といった組織のことである。また、「政府の中の政党」とは、政党の候補者と州、地方、全国レベルの公職者のことである。そして「選挙民の（意識の）中の政党」とは、政党に忠誠心と帰属意識を持つ有権者のことである（Key 1952 ; Sorauf 1967 ; Sorauf and Beck 1992）。したがって、政党帰属意識の低下は、政党の部分的な衰退を意味していたに過ぎず、一九八〇年代以降、「党組織」の活性化に着目して、「政党衰退論」への批判が展開された。

「政党衰退論」に対する批判は複数の側面からなされた。第一は全国政党機関の制度化の研究、第二は州政党組織の強化と制度化の研究、そして第三は政党の制度的強度の解釈を見直す研究や政党研究の視角そのものの改善をめぐる研究である。

第一の全国政党機関の制度化については、A・ライクリーの研究が先駆的であるが、広範に参照される影響力を持っているのは、P・ハーンソンによる分析である（Herrnson 1988）[9]。ハーンソンによれば、全国政党機関は、財政基盤と機構という二つの面で強化された。前者の財政基盤の強化を生み出したのは、一九七〇年代半ば以降の政党の資金源の多様化だった。民主党と共和党の全国機関は、大口と小口の個人献金のほか、政治活動委員会（Political Action Committee：以下ＰＡＣと略記）による資金獲得に見られる資金源の多様化を実現したのである[10]。財政基盤の強化は、結果として機構の強化をもたらした[11]。

なぜ全国政党機関はこのような発展を遂げたのだろうか。ハーンソンは全国政党機関がＰＡＣやコンサルタントと党の政治家との「仲介者」として機能するようになったことを重視する。もともとＰＡＣやコンサルタントは政党と競争関係にある存在であった。しかし、両者と共生関係を結ぶことによって政党は力を得るようになったことをハーンソンの研究は明らかにしている。

ＰＡＣは全国政党機関が一九八〇年代に巨額の選挙資金を調達できるようになった原動力だった。政党への資金協力の見返りとして、ＰＡＣは政党から定期的な情報提供を受けられたし、有力な連邦議員との非公式の面会を通じ、それ以外の政治家を紹介してもらう契機を与えられた。選挙戦における候補者の勝敗の見込みについて有力な情報を提供できる唯一の機関は、両党合わせて六つ存在する全国政党機関であり、ＰＡＣにとって全国政党機関との共生関係には利益があったのである。

また、全国政党機関は、コンサルタント会社と年間契約を結び、コンサルタントを雇い入れた。それにより、選挙サイクルで使い古される選挙技術にとどまらない、中長期的な専門知識をコンサルタントから得られるようになった。コンサルタント側は、選挙年以外の雇用が安定するという見返りを得られた。かくして共和党・民主党の専属コンサルタントの存在が常態化するようになり、彼らは民主党戦略家（ストラテジスト）・共和党戦略家と呼称されるようになった。

ハーンソンはこれを「仲介者としての全国政党モデル」と名づけた。候補者と有権者の仲介者であるだけではなく、選挙民とコミュニケーションをはかる上での技術や資源を有するアクターと政治家との関係を仲介するモデルである（図1-2）。すなわち、全国政党機関は、候補者陣営にとっての補助的あるいは付属的な組織として機能する一方で、仲介者にもなる。この「仲介者としての全国政党モデル」においても、候補者中心の選挙運動様式が消滅するわけではないが、全国政党機関のスタッフは自らを「候補者のアドバイザー、同盟者、信頼できる相手」と見なすようになり、提供するサービスの向上を目指すようになったと、ハーンソンは述べている（Herrnson 1988）。

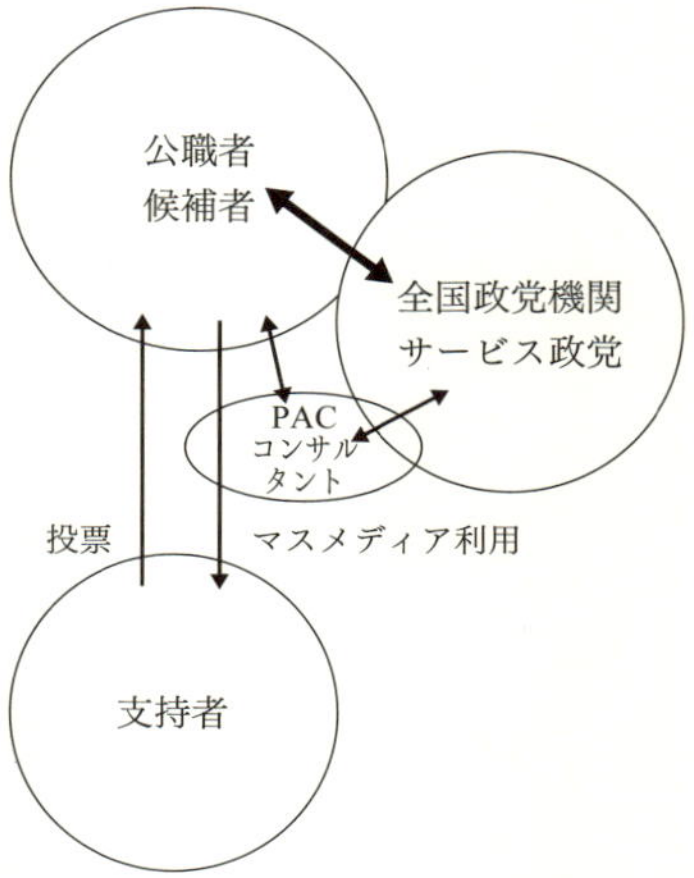

図 1-2　ハーンソンの「仲介者としての全国政党モデル」

出所）Herrnson 1988 を基に筆者作成。

この研究に基づけば、一九六〇年代から七〇年代の「政党衰退」期に比べると、一九八〇年代以降の選挙運動においては全国政党機関と州政党組織の役割が「再生」しているといえよう。しかし、一九世紀後半から二〇世紀初頭の政党組織のマシーン絶頂期に比べると、政党の役割が限定的になった現状は否定しがたい。一九世紀末までの地方政党組織は、選挙資源のみならず、候補者指名機能を掌握していたからである。候補者指名における主導権の喪失は大きい。また、「政党組織」だけをいくら強化しても、それは政府と選挙民を結ぶものではない。ハーンソンが明らかにした「仲介者」としての政党の機能も、あくまで議員・候補者と選挙コンサルタントやPACとの「仲介者」を意味している（Herrnson 1988）。

「政党衰退論」再考の第二の論点は、州政党組織の強化と制度化である。C・コター、J・ギブソン、J・ビビー、R・ハックショーンらによる調査は、衰退していると推測されていた政党が州政党組織の次元ではむしろ強化されていることを実証的に明らかにした点で画期的であった。

コタらは、こうした州政党組織の強化の原因を全国政党機関との統合にあると考えた。全国委員会本部の州政党への関与の仕方には、民主党は規則変更など、共和党は選挙運動の支援、というように政党間で差があったものの、いずれも全国委員会本部との連携が州政党の強化の背後に存在することが実証された。郡レベルの地方政党でも、州政党との統合は、共和党側では州政党の強さが牽引し、民主党側では地方政党が強いときに統合が強化されるという政党差があったが、組織レベルでも、選挙活動レベルでも、組織は強化されていた。コタらは、全国政党機関、州政党組織、地方政党組織の統合によって、政党組織が強化されている姿を浮き彫りにしたのである(Cotter, Gibson, Bibby and Huckshorn 1989)[12]。

第三は、政党の制度的強度の解釈を見直す研究と、政党研究の視角そのものの改善をめぐる研究である。たとえば、L・エプスタインは、本章ですでに論じたのと同様に、「選挙民の中の政党」だけで衰退を語ることの問題性を指摘した。二党間の競争が州法によって保証され、有権者登録が制度的に存在していることから、政党帰属意識というアメリカ特有の「選挙民の中の政党」が弱体化しても、それが同時に政党の衰退とはならないという指摘である。ただ、エプスタインは、それによって政党が再生しているとは結論づけなかった。政党の全国機関化は認めたが、候補者指名機能を失った政党の影響力は限定的であると考えたのである(Epstein 1986)。

他方で、政党研究の視角の修正をめぐる論考も生み出された。たとえば、一九六〇年代の「社会運動」から政党改革を評価する分析がそれである。ポルスビーやカークパトリックらが、政党改革が政党を弱体化させたと論じたのに対して、大衆と連結する新エリートの補充により政党は「再生」できるとして「デモクラシーの政党エリート理論」を唱えたのがD・ベアとD・ボジィティスであった。彼らは政党組織の強化だけでは、「選挙民の中の政党」

の弱体化は改善できないと考え、「有権者をただの消費者と見なす政党制」そのものの見直しを検討した。ニューポリティクス派などの新たな活動家や、女性、マイノリティに代表される政治経験の浅い党活動家層を政党の「新エリート」と見なし、政党改革を政党の「再生」に必要な肯定的なものとして再解釈したのである（Baer and Bositis 1988）[13]。

また、エドソールらによれば、マクガバン改革後の民主党は特殊利益団体にハイジャックされた政党であったが（Edsall and Edsall 1991）、ベアとボジィティスの「デモクラシーの政党エリート理論」は、それまで周辺にいた「エリート」に政治参加への道を開いた点を重視している。むろん、この「理論」にも欠点は存在する。全国党大会に参加する代議員が多様化したからといって、党大会が失った候補者指名機能が回復するわけではなく、大会がメディアイベントとして形骸化した流れは不変である。上下両院の連邦議員や州知事など党の有力者に一般の代議員以上の力を与えている特別代議員（スーパーデレゲート）制度の存在からしても、党大会への「新エリート」の参入をもって「政党再生」が達成されたと結論づけることは困難だろう。また、新たな政党像を提示するだけの「理論」の精緻さは見られなかった。

ただ、ベアらの考察から二〇年後、インターネット技術の浸透で、形骸化したはずの全国党大会に活動家の参加が促され、新たな「コミュニケーション空間」として、全国党大会が「再生」する動きが二〇〇〇年代末に現出したことを考えれば、ベアらの考察の意義は長期的には相当の妥当性を持っていたともいえる。この点については、第4章で詳細を明らかにしたい。

このように「政党衰退論」が一面的であるという問題は、全国政党機関の制度化や州政党組織の強化と制度化に関する研究、政党の制度的強度についての再検討、社会運動を含むマクロ的な視点による政党研究の再解釈などによって示されたのであった。しかし、公職選挙が「候補者中心の運動様式」に傾斜する流れそのものが否定されたわけではなかった。

（2）全国政党機関の活性化と「アメリカの政党構造モデル」の見直し

以上のように全国政党機関の活性化や資源配分の増大が一九八〇年代以降に指摘されるようになったが、それにともなって生じたのが「アメリカの政党構造モデル」の見直しだった。

ここでいう「アメリカの政党構造モデル」の見直しとは、第一に、J・オールドリッチが提唱したものである。オールドリッチは政党形態に変化が生じたという理解から、前述の三部構造（図1-1）にとらわれない政党理論を提起した。政党帰属意識が低下して「選挙民の中の政党」は衰退しているのに、政党組織は強化されているという矛盾を説明するには、三部構造モデルから脱することが求められる。そのため、オールドリッチは政党の形態が時代によって変容していくと考えた。この考えに基づくと、政党は政治アクターによって創造され、形態も変更されていくもので、所与のものではない「内生的（endogenous）」な制度である。政治アクターである公職の追求者が政党を形成するのは、政党が彼らの目的に合致するからである。

オールドリッチによれば政党が必要とされる理由は、第一に、野心の問題の解決である。公職が価値あるものであるならば、公職の追求は増大する。公職追求者の野心を制御していくためには、指名システムを有する政党が求められる。第二に、集合行為問題の解決である。公職を得るためには選挙で勝てるよう支持者と資源を動員しなければならないが、政党がその助けとなるサービスを提供する。第三に、社会的選択の問題である。議会では党派の多数派形成が政策の実現を決定する。政策の形成過程はきわめて党派的であり、議会の多数決ルールのもとで政策実現を助けるために政党が存在している。結果として現職の公職者はほとんど所属政党を変えない。政党がこれらの問題の処方箋になるため、政治アクターは政党を欲する。一九六〇年代に起きたことは、政党の

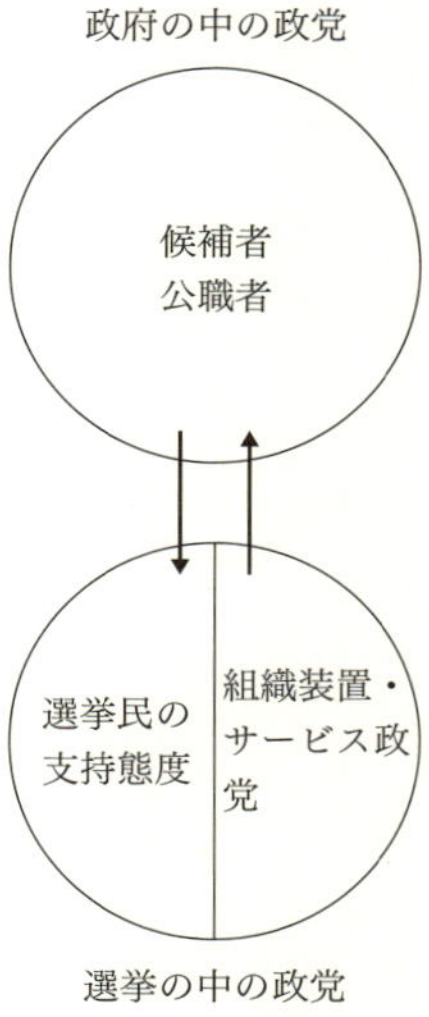

図 1-3　オールドリッチのモデル
出所）吉野 1997 : 20.

再編ではなく政党形態の変化であり、それにより（三部構造モデルによって示される）「近代大衆政党」が消えたとオールドリッチは考えたのである。直接予備選挙制度の徹底、マシーンの衰退、候補者中心の選挙運動様式の波の中で、政治アクターは自らの目的に合致する政党形態を求めるようになった。そこで必要とされるのは、選挙を助けるサービスを候補者に提供する政党である。他方、政党から何らかの利益を得ようと欲する者はマシーン政治による利益追求者から、政策と争点に動かされた活動家（policy-motivated “amateurs” or “purists”）に交代したと考えられた。活動家は彼らの政策選好に合致する候補者を求め、候補者側も党の指名獲得と本選挙での政党活動家の援助を欲する。オールドリッチはこれらを「選挙の中の政党」として統合し、「政府の中の政党」との二部構造によってモデル化したのである（図1-3、Aldrich 1995）。

新制度主義とも呼ばれるオールドリッチのこの理論は、三部構造に拘泥していては理解できなかった「選挙民の中の政党」の弱体化と「政党機関」の強化が、矛盾していないことを政党形態の変容によって説明した。三部構造の枠内で展開された「政党衰退論」とそれに対する「政党衰退論」批判の対立軸が生じるなかで、ある種の行き詰まりを示していた政党研究に突破口を開いた点で、オールドリッチの研究にはきわめて大きな貢献が認められる。

しかし、このオールドリッチの新制度主義理論にも問題は存在した。吉野孝はオールドリッチが政党研究者というよりは合理的選択理論の専門家であることに着目し、合理的選択理論を実証するという目的のために歴史やデータを解釈する危険性に警鐘を鳴らした。また、オールドリッチは制度を「均衡」状態で解釈する傾向があるため、現行制度を合理的選択として肯定的に受け入れがちであり、現行の政党が抱える問題（デモクラシーへの危機）には無関心であった。実際、オールドリッチの理論では、直接予備選挙制度の徹底がもたらす影響への目配りが十分とはいえない（吉野 1997）。

こうしたオールドリッチの理論を大筋で受け入れた上で、部分的に修正や補足を試みた研究が、その後多数生まれた。とりわけ興味深い試みは、政治アクター、すなわち政党の範囲の解釈をめぐる修正である。政党が公職者や候補者中心で組み立てられているオールドリッチの理論に対して、立法指導者、利益団体、活動家などを含む政治インサイダーの総体を「非公式の政党」（informal party organization : IPO）と名づけて政党をより広い概念で捉えたのがS・マスケットの理論であった（図1-4）。

マスケットは、「非公式の政党」のアクターが候補者指名の過程でゲートキーパーとしての役割を果たし、候補者は「非公式の政党」の助けなしには指名を得られない構造を重視し、これを「指名中心政治の理論」と名づけた。では伝統的な政党形態におけるマシーン政治と、マスケットのいう現代の政党はどこが違うのか。マスケットによれば、それはイデオロギー的な活動家の有無である。マシーンは、雇用などの経済利益では動いてくれないイデオロギー的な活動家を信用しないが、「非公式の政党」はむしろイデオロギーで動く活動家の力に依存する。マスケットは、この構造の帰結として生じる政治のイデオロギー的な分極化に批判的な目を向け、その文脈の中で政党分析を展開したのである（Masket 2011）。

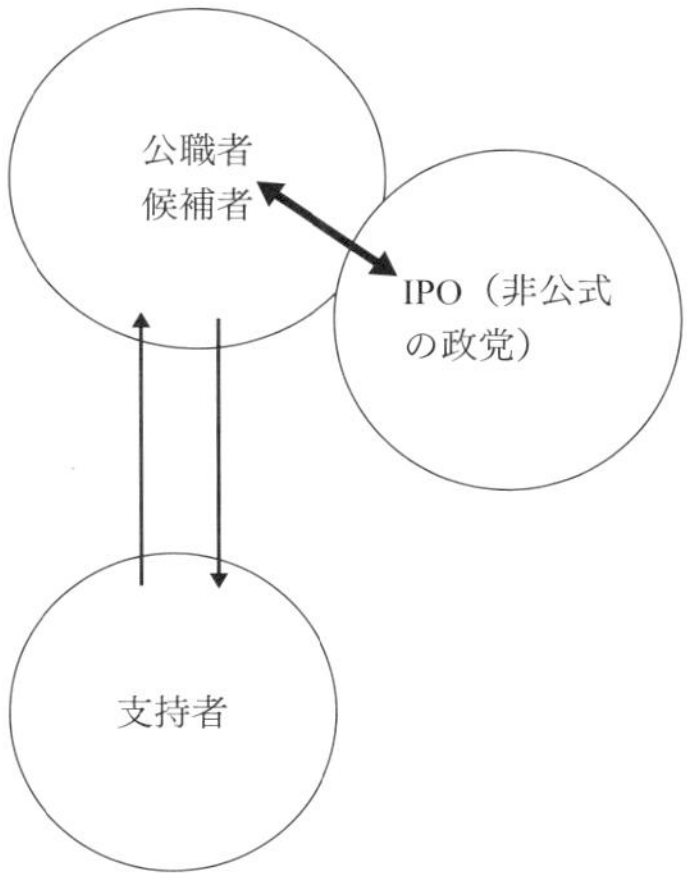

図1-4　マスケットの「非公式の政党」モデル
出所）Masket 2011 を基に筆者作成。

また、全国政党機関が前述のハーンソン（Herrnson 1988）の指摘した「仲介者」としてのサービスを超えて、戦略的な

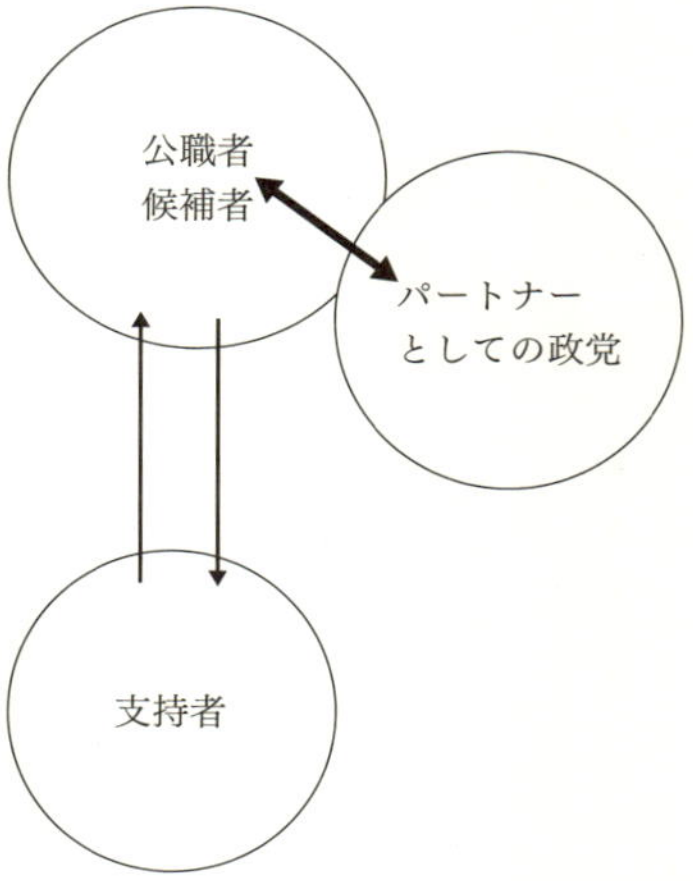

図1-5　ブロックスの「パートナーとしての政党フレームワーク」モデル

出所）Brox 2013 を基に筆者作成。

資金配分によって候補者の「パートナー」に成長したと捉える研究も登場した。政党について資金規制とインターネットの浸透という二つの変化を指摘したB・ブロックスの「パートナーとしての政党フレームワーク」モデルである（図1-5）。ブロックスは、二〇〇二年三月に立法化された超党派選挙運動改革法（Bipartisan Campaign Reform Act : BCRA）による資金規制の変化について、その新制度への政党の適応を実証した。同法は全国政党機関と州・地方の政党委員会にソフトマネーの調達と支出を禁止したものである。ソフトマネーとは、政党運営費などの名目で、連邦選挙以外の政治活動のために用いる資金として、政党に流れ込んでいた資金であった。それまで政党は巨額のソフトマネーに依存してきたが、これが禁止されることで、従来のように政党が候補者の選挙運動費用を肩代わりできなくなる恐れが生じた。要するに、この変化は政党の力を弱める原因になる可能性があったのだが、ブロックスは政党が新しい資金供給の方法を編み出すことで超党派選挙運動改革法に適応したことを示したのである（Brox 2013）。

たとえば、一九九〇年代まで政党は無制限のソフトマネーによる意見広告に力を注いでいたが、超党派選挙運動改革法はそれを禁止するものであった。この法律以後、全国政党機関は自らの影響力を選挙で維持するために独立支出を強化し、二〇〇四年からとりわけネガティブ広告に力を注ぐようになっている。一方で激戦選挙区の対立候補者に対して政党がネガティブ広告を直接支出で行い、他方で候補者の方はポジティブな戦略を堅持することが、その候補者が有力であることを示すシグナル効果をもたらし、結果として様々なアクターから候補者への直接的な資金提供を呼び込んでいるという。このような形で政党は、超党派選挙運動改革法がもたらした変化への適応を示しているのである。

ブロックスのモデルの根拠は、選挙に必要な資源、とりわけ選挙資金に焦点を絞るD・パーカーによって提唱された「リソース中心の選挙運動観」に近い。このパーカーのモデルは、候補者はそれが利益になるときには政党の資源に依存し、そうでなければ政党から離れるとし、それゆえ、政党が候補者を資金的に支えられる限りにおいて、政党は重要な存在であり続けるというものである。パーカーは、「選挙運動はすべてが、政党中心でも候補者中心でもなく、常にリソース中心である」と述べ、リソース・モデルでこそ政治的アクターが特定の戦略を採用する理由を説明できるとした（Parker 2008）。

しかしブロックスは、自ら提起した資金規制とインターネットの浸透という二つの変化のうち、前者の資金問題のみをパーカーの理論を土台にして検討した。後者のインターネットに対して政党がどのように適応したのかについての実証は、政党研究の文脈では依然として課題のまま残されているのである。

また、これらの派生的研究により「アメリカの政党構造モデル」の見直しが深まったとはいえ、選挙運動はコンサルタントによりマスメディアを通じて行われ、全国政党機関もそれを仲介しているだけ、という捉え方に大きな修正はなかった。活動家は候補者にコントロールされる存在で、政党が演じる役割も小さいと見積もられがちで、アメリカの政党が再生しつつあるという見方は受け入れられなかった。

だが、本当にそうだろうか。大統領選挙で展開されるアウトリーチ戦略が、活動家を政党志向にしているとはいえないだろうか。しかもそれにともなって、接触の場としての「コミュニケーション空間」が創出されているというのが本書の見立て（仮説）であるが、それについては第3章以降で事例を通じて検討していきたい。

(3) マスメディア利用を中心とした選挙のもとでの投票率と投票行動研究

アメリカにおける一九六〇年代半ばから八〇年代にかけての投票率の低下は著しく、候補者中心の選挙運動様式の弊害を投票率の低下の観点から問題視した研究も生まれた。S・ローゼンストーンとJ・ハンセンは、投票率低下の要因として、動員不足、有権者年齢の一八歳への引き下げ、政治的な無力感、政党帰属意識の低下などを挙げている。

しかし、ローゼンストーンらによれば、なかでも主要な原因は政党や候補者陣営が動員活動を軽視するようになったことにあった。社会構造や有権者の諸条件が変わったとしても、政党による動員活動が維持されていれば、一九八〇年代のような投票率の下降は起こりえなかったと彼らは指摘する(Rosenstone and Hansen 1993)。

投票率が伸び悩むようになった原因については、ほかにも、マスメディア利用を中心とした選挙、有権者登録などのアメリカ特有の煩雑な選挙手続き、連邦下院議員選挙の高い再選率に顕著な現職有利の傾向など、様々な背景が論者によって語られてきた。総じて、候補者中心の選挙運動様式によるメディア中心・コンサルタント主導選挙の弊害と政党活動家の衰退とが問題視された。

たとえば、R・パットナムは、一九六〇年代から九〇年代にかけて、有権者への接触(コンタクト)は増加しているが、それは政党活動家によるものではなく、匿名のフォーンバンク(電話センター)からの電話であったり、洗練されたマーケティングの手法に依存するものであったと述べている。人々の政党活動への参加が半減しているのに、選挙費用だけは五倍に膨れ上がり、選挙産業が栄え、他方、草の根の市民ネットワークに象徴される社会資本は失われたとパットナムは分析した(Putnam 2000)。

投票率を上げるために、様々な議論がなされてきたが、たとえば、T・パターソンは、第一に、各政党に対する提言として、全体として選挙キャンペーンを短期化すること、第二に、放送各社に対する提言として、共和党と民主党双方の予備選挙ディベート、党大会、本選挙中の候補者への一時間のインタビュー番組をすべて「プライムタイム」に放送すること、第三に、公職者に対する提言として、選挙人制度の廃止、投票日当日の有権者登録の認可、投票締め切り時間の延長、投票日を国民の休日とすること、などを提言した（Patterson 2003）。

しかし、このパターソンの提言では、キャンペーンの内容についてマスメディアを通じて修正することになっており、テレビを中心にしたメディア戦略そのものへの本質的な反省ではなかった。また、物理的な投票コストを縮小させる制度的な修正案として、車両登録の際に有権者登録ができるモーターボーター制度の導入などで有権者の便宜がはかられたが、その実施も投票率の急伸にはつながらなかった。

そうしたなか、画期的な研究が二人の研究者によってもたらされた。一九六〇年代から八〇年代にかけての投票率の下落は、アメリカの政党や候補者陣営がキャンペーンを怠ってきたからではなく、そのキャンペーンが人間的な接触を欠いた手法だったからだということを実証した、D・グリーンとA・ガーバーの実験である。

グリーンとガーバーの実験とは、一九九八年コネチカット州ニューヘイブンの地方選挙を前に、無作為に抽出された有権者を参加者（トリートメントグループ）と対照群の非参加者（コントロールグループ）に分け、トリートメントグループだけに、様々な種類の動員活動を施すものだった。具体的には、ダイレクトメールと電話による接触と戸別訪問（キャンバシング）による接触が、すべて同等に施された。

結果として、電話による接触の効果はほとんど確認できず、ダイレクトメール（ハガキ）の効果は〇・六％の投票率上昇に過ぎなかったが、学生ボランティアによる戸別訪問を受けた有権者の投票率はコントロールグループの四四％に対して五三％であり、約九％の上昇が確認された（Green and Gerber 2004）。S・アイゼンバーグが指摘しているように、グリーンとガーバーの実験結果は、学術的な政治研究は現場実践への応用には有効ではないと考えがちであった選挙専門家や政党関係者にも刺激を与え、二〇〇〇年代以降、政党や候補者に戸別訪問への回帰を促することになった（Issenberg 2012a）[14]。

グリーンとガーバーらイェール大学の研究グループは、選挙サイクルごとに実験の数を増やし、いくつかの共通の示唆を引き出した。彼らは戸別訪問の特質として、以下の七点を指摘している。

第一に、戸別訪問は集票に役立つ。第二に、戸別訪問は選挙戦の競争の激しさを問わず効果的である。第三に、他の陣営にすでに訪問されている地域での戸別訪問の効果は下がる。第四に、住所を頻繁に変える引っ越しの多い有権者には対応しにくい。第五に、戸別訪問を行うメッセンジャーが重要であり、人種・エスニシティの特徴が運動員と対象の有権者で一致しているほうが効果的である（ノースカロライナ州の白人居住区では黒人と白人の運動員が戸別訪問を行ったが、運動員の報告書によれば、訪れた黒人運動員に対して、白人有権者の中にはドアを開けることを拒絶する者すらいた。二名の黒人運動員は地域から即時に出て行くよう促された）。第六に、メッセージそのものはあまり重要ではない。市規模の選挙など投票率の低い選挙では、投票頻度の低い有権者よりも、投票頻度が高い有権者への戸別訪問のほうが効果が大きい。そして第七に、戸別訪問は間接的な影響も発生させる（これは戸別訪問での対話の対象者が、家族に対して運動員に訪問を受けたことを話したりして、その影響が直接的に接触を受けていない有権者にまで拡大することを指している）（Green and Gerber 2004）。

しかし、グリーンとガーバーの実験には、二つの欠点が存在した。根本的な問題は、特定の政党や候補者が投票勧誘を行う実際の党派的な（partisan）選挙運動ではないことだった。つまり、政党・候補者のメッセージや政党・候補者を売り込まずに、ＧＯＴＶによる投票の呼びかけだけを行う非党派の（nonpartisan）実験であり、実際の選挙運動とはかけ離れていた。さらに、アメリカの多様な選挙民の属性要因を考慮していない実験であり、一般化が難しいという問題があった。

そこで、グリーンとガーバーの実験の方法論を身につけた後続の研究者が、これらの批判に応える実験を二〇〇〇年代の後半から展開した。

第一に、多言語で特定のエスニック集団を対象に、マイノリティへの効果を測る実験が行われるようになった。たとえば、J・ウォンは二〇〇二年選挙において、カリフォルニア州ロサンゼルス郡のアジア系人口率の高い地域を選んで、電話とダイレクトメールを用いたGOTV実験を行った。有権者登録済みのアジア系（中国系、韓国系、インド系、フィリピン系、日系）を対象に、投票日直前に電話とハガキによる投票要請を行う実験である。中国語と英語のバイリンガルのハガキも用意し、韓国語、北京語、広東語、タガログ語、日本語、ヒンディー語のアジア諸言語、もしくは英語を用いて電話をかけ、留守番電話にもメッセージを残した。

その結果、ロボコール（録音された音声を自動再生する電話）ではなく直接人間が語りかける電話で投票を要請すると、約三％（二・九％）の投票率の上昇があった。コントロールグループの規模の小ささから、必ずしも有意な数字ではないが、エスニックな属性とともに地理的なコンテキスト、すなわち近隣の関係性が動員効果を高めることを明らかにした点で後続の研究に大きな影響を与えた（Wong 2005）。

それまで世論調査しか行われてこなかったヒスパニック系有権者を対象に実験を行ったのはM・R・マイケルソンである。二〇〇一年選挙サイクルにおいて、カリフォルニア州ドスパロスで戸別訪問の実験が行われた。市民の投票義務とヒスパニック系の結束を呼びかける内容をそれぞれ戸別訪問のメッセージにしたところ、民主党支持のヒスパニック系で七・一％の投票率上昇が見られた。また、二〇〇二年選挙で同じくマイケルソンによって行われたカリフォルニア州フレスノのヒスパニック系向けの実験では、前回投票している有権者の中で、非ヒスパニック系の運動員の戸別訪問を受けた有権者は、コントロールグループの一三・三％に対して二七・三％、ヒスパニック系の運動員の接触を受けた有権者はコントロールグループの九・七％に対して三五％という高い投票率を記録した（Michelson 2005）。

同じく二〇〇二年選挙において、カリフォルニア州ロサンゼルス郡、オレンジ郡、テキサス州ハリス郡、コロラド州デンバー郡市部、ニューヨーク州ニューヨーク市、ニューメキシコ州で行われたR・ラミレスによる実験は、ヒスパニック系有権者にロボコール、ダイレクトメール、電話の三つの方法で、スペイン語とのバイリンガル方式で接触するものだった。ロボコールはスペイン語放送局のウニビジョン（Univision）のアンカーウーマン(15)による吹き込みを行った。顕著な成果が出たのは電話のみであったが、四・六％の投票率上昇を記録した（Ramirez 2005）。

そして第二に、党派的な実験も行われるようになった。グリーンは、二〇〇四年のペンシルバニア州連邦下院議員選挙区の民主党予備選挙において、プロチョイス（中絶権利擁護派）の女性候補への投票を呼びかける戸別訪問と電話の実験を行った。しかし、この実験では有意な結果は出ず、共和党・民主党の選挙活動を実際に利用して行う党派実験の困難さを浮き彫りにした（Green 2004）。

党派的な実験で、対象をエスニック集団に絞ったGOTVの実験はきわめて少ないが、J・ギンペル、D・ショー、W・チョーが、二〇〇四年のテキサス州議会議員選挙（一四九選挙区）において実験を行っている。ギンペルらは、共和党現職候補の協力を得て陣営内で調査を行い、選挙区内のアジア系率の高い地域でアジア系の投票率の変動を調べた。具体的には、中国系、韓国系、ベトナム系の有権者を抽出し、共和党候補への投票を呼びかける郵便物による投票要請のキャンペーンを行うものだった。

ハガキには共和党候補者がアジア系の家族と並んでいる写真が掲載された。文面は有権者集団によって変化をつけ、五つの種類に分けられた。それらは近隣の関心事、エスニックな関心事、汎エスニックな関心事、個人的な関心事、市民の投票義務の強調であった。郵便物には、翻訳された中国語、韓国語、ベトナム語のうちいずれかと英語とが併記された。

その結果、六・八％の投票率上昇が計測されたが、コントロールグループの規模が小さかったため有意な結果とはなっていない。ただ、近隣の関心事に触れた文面が最も投票率の上昇に貢献することが明らかになった（Gimpel, Shaw and Cho 2006）。

第三に行われているのは、「認知」コストに配慮した実験である。L・ベドラとマイケルソンは、A・バリンスキーの投票コストの理論（Berinsky 2005）に基づき、物理的な投票の労力ではなく、投票の判断をするための政治的意見の形成といった「認知」コストが、投票の障壁であるという前提に立ち、実験を設計した。それまでの動員実験では、郵便物などで有権者に伝えられる情報が、投票所の場所や投票時間など手続き上の情報であったが、ベドラとマイケルソンは、争点について詳しい解説が書かれている配布物を有権者に提供することが投票率を上げるという仮説を立てた。

候補者を選ぶ上で参考になる情報が投票率を上げることは、E・アドニッチオによる実験でも明らかにされていた。この実験は、高校生の初回投票者を対象に、争点と候補者に関する討論をさせた結果、一九％から二四％の投票率の上昇を記録したというものである（Addonizio 2006）。

ベドラとマイケルソンは二〇〇六年の中間選挙において、アジア系団体のアジア太平洋系アメリカ人法律センター（Asian Pacific American Legal Center：APALC）が有権者教育で用いているガイド（Easy Voter Guides）を利用して、カリフォルニア州南部で動員実験を行った。中国系、韓国系、ベトナム系に、それぞれ中国語と英語のガイドを配布するというものである。その際、アジア系の中でも投票率が高くない集団を対象に抽出した。投票率がもともと高い対象では、動員による効果の証明になりにくいからである。また、情報提供そのものが作用したのか、アジア系向けの情報が作用したのかを明らかにするためにも、比較としてアジア系向けの争点ではない一般向けのコンテンツによる有権者ガイドも用いた。

彼らの実験が明らかにしたのは、第一に、多言語翻訳まで施して、候補者選びの参考になる争点をめぐる情報、すなわち「認知」情報を盛り込んでいても、ダイレクトメール形式ではなく、対面による対話形式で渡さなければ効果的ではないということだった。そして第二に実験から推論されたのは、情報の欠如そのものは投票の決定的な障害ではないということだった。ごく短い時間の電話や五分以内の短い戸別訪問でも、有意な投票率の上昇が見られたからである。

そこでベドラとマイケルソンが導き出した結論は「個人的な勧誘」の重要性であった。「政治過程に加わっている気分を有権者が味わえたり、短期的であっても有権者が自己効力感を感じることができる効果が、個人的な勧誘にはあるというのが一つの可能な説明である」と彼らは述べている。「パーソナルタッチ」が欠如すれば、どんなに優れた内容の投票ガイドであっても効果的ではないというのである (Bedolla and Michelson 2009)。

このように、物理的な投票コストは、低い投票率の一因ではあっても、主な要因ではないことが見えてきている。また、「認知」コストを低減させたところで、対面勧誘でなければ、効果が薄いことも示唆されている。アメリカへの帰属意識の薄い新しい移民が増大するなか、「公共領域」への参加意欲が平均的に低い水準にある問題をどう改善するか、投票率をどう上げるのかが新たな課題として浮上している。政党の支持層や活動家を中長期的に育てるという意味で、選挙アウトリーチの台頭の背景には、投票率の問題が文脈として存在しているといえよう。

(4) 予備選挙・党員集会研究における「地上戦」の再評価

かつて党員集会は、固定的な人間関係に基づき「タバコの煙が充満した密室」でボスによって物事が決められる地方政党のあり方を象徴する場であった。しかし、政党への忠誠心の高い者で運営されていた党員集会が、有権者であれば参加できるオープン・コーカスとなり、候補者や争点に関心はあるが政党帰属意識は薄い者も参加し始めたことで、政党の衰退を招いた、とカークパトリックらが論じたのはすでに確認した通りである（Kirkpatrick 1978）。

しかし、二〇〇〇年代後半以降、その党員集会を、活動家の活性化を促す「地上戦回帰」の現場として再評価する研究が生まれている。実際、二〇〇八年の大統領選挙サイクルでは、アイオワ州の党員集会によってオバマが勝利の礎を築いたし、二〇〇九年以降の新たな「政党ネットワーク」であるオーガナイジング・フォー・アメリカ（Organizing for America : OFA）を支える多数の活動家は、アイオワ州党員集会に向けた地上戦で掘り起こされた。予備選挙過程でオバマ陣営が目標としたのは初戦のアイオワ州での勝利であり、アイオワ対策だけに丸一年以上を費やした。その間にオバマ支援の活動家の輪が拡大したのである。

しかし、これまでアメリカの選挙制度研究の文脈においては、アイオワ州党員集会の制度的欠陥に対する批判的見解が大多数を占めてきた。そのため、二〇〇八年のオバマ現象の土台となった地上戦の意義まで、ともすれば過小評価されがちであった。このアイオワ州党員集会批判は、指名獲得競争の初戦州の地位にあるアイオワ州の有権者が、指名レースで過大な力を持つことに対する種々の批判でもあるが、結果として党員集会が政党と活動家の活性化につながるという視点が覆い隠される問題をはらんでいた。

代表的な批判論は、第一に、アイオワ州の人種比率と産業の偏りを問題視した研究である（Winebrenner 1998）。二〇〇九年の調査によればアイオワ州の人口は全米で三〇位の約三〇〇万人であり、決して大所帯とはいえず高齢化傾向も著しい。人種的には白人が約九五％、アフリカ系が三％未満の白人多数州である(16)。また、豚、トウモロコシ、大豆を中心とする農業州として農業偏重の州経済からは、農業以外の産業の利害を反映しにくい。

第二に、党員集会の制度的欠陥と民意の偏りを指摘する研究である（Norrander 1989 ; Abramowitz and Stone 1984）。党員集会は午後七時頃から二時間ほど開催される。小学校の体育館やレストラン・公民館など地域の会場に拘束されるため、夜勤シフトの労働者、戸外に出られない障害者・高齢者、軍属を含む在外州民の権利が無視されていることがしばしば問題視されてきた。また、支持政党・支持候補を隣人に明かすことにもなる。

共和党と民主党では制度が異なり、共和党では各候補を支援する有権者の演説の後、ストローポールと呼ばれる無記名投票を各テーブルで行うため誰に投票したかは分からない。しかし、この方法でも共和党の党員集会に参加すれば支持政党を表明することにはなる。他方、民主党では明示的に支持候補まで明らかにしなければならない。その結果、近隣住民の前で、支持政党、政治的イデオロギーを明示することに抵抗がない有権者の民意だけが反映されることになる。

とりわけ民主党のルールでは、秘密投票ではなく「話し合い」による合意形成であることが要点となる。この方法では、コミュニティの人間関係、職場の上下関係、通っている教会の牧師・神父や仲間への信仰心のアピールなど地域の人間関係が混入しかねない。社会的なプレッシャーを感じながら行う意思決定は、「誰を好むか」ではなく「誰を好む人と自分が地域で思われたいか」の表明になりかねず、秘密投票とは異なる結果を生むという問題もある。

また、民主党ではおおむね一五％の支持を足切りラインにしている。そして、足切りラインに満たなかった候補者を支持した参加者に、一五％以上を獲得した上位候補を再度選ぶ機会を与える「リアライン（realign）」を認めている。しかし、この二段階投票の許容は、通常の一回投票とは違う候補者選択を誘発する可能性がある。参加者は一回目の意思表明では、指名獲得可能性や本選挙での当選可能性などを無視して、好みの候補を支持できるからだ。通常ならば一五％以下が確実とされる泡沫候補が、ときに大きな票を獲得するのも、この制度が原因となっていることがある。

第三に、イデオロギー的に極端な党派性のある有権者の参加率が高くなることへの批判である。換言すれば、共和党内保守派と民主党内リベラル派が実勢以上に票を伸ばしやすいという問題である。これまでにもキリスト教保守派のロバートソン、孤立主義派のパトリック・ブキャナン、アフリカ系の公民権活動家の牧師であるジェシー・ジャクソンが善戦したほか、民主党内リベラル派のディーンの旋風など、いずれもアイオワで発生した現象である。

一方、年齢的偏りも顕著であり、二〇〇四年の党員集会では六五％が五〇代以上であった（Mayer 1996 ; Wang 2007）。参加者の社会経済的偏りとして高収入・高学歴者の割合の高さを指摘する研究もある（Abramowitz and Stone 1984）。また、ミッドウェスト・バイアスと呼ばれる、中西部出身の政治家への依怙贔屓も、アイオワ州選出のトム・ハーキン上院議員、オハイオ州選出のリチャード・ゲッパート下院議員のかつての善戦を裏づけている。

第四に、大統領選挙プロセスの緒戦第一州目としてのいびつな影響力を指摘する研究も少なくない。モーメンタム効果と呼ばれる初戦勝利の勢いは、無名に近かったジョージア州知事のジミー・カーターの一九七六年の事例から強調されている（Bartels 1988 ; Norrander 1993 ; Mayer and Busch 2004）。背景には緒戦にメディア報道が集中するという問題がある（Arterton 1978）。アイオワ州党員集会関連のニュースだけで、二〇〇八年には活字メディアでは「ニューヨークタイムズ」が三七九本の記事を掲載し、ＡＰ通信（Associated Press）は九〇七本の記事を配信している。他方、放送メディアでは三大ネットワークのＡＢＣ放送の報道部門とＣＮＮ放送が同じく一五〇本強のリポートを放送している。

Ｄ・レドロスクらが明らかにしたように一九七六年から二〇〇八年までの計八回のアイオワ州党員集会で、メディアの報道量は候補者のアイオワ州訪問回数と見事に比例している（Redlawsk, Tolbert and Donovan 2010）。二〇〇八年や一九八八年など共和・民主両党で複数の大統領候補が争った年は報道量も増えている（一九九二年だけ極端に報道量が少ないのは、共和党が現職の再選選挙であった上に、民主党はビル・クリントンの対抗馬の一人であったハーキンが地元アイオワ州選出のため優勢で事実上争いが生じなかったからである）。アイオワ州党員集会を無視する戦略をとることは、メディアでの露出を減らす分、後続州の有権者にアピールする機会を失うことと同義であり、二〇〇八年にアイオワ州党員集会とニューハンプシャー州予備選挙を捨ててフロリダ州での挽回に賭けたルドルフ・ジュリアーニは存在感を失って敗北した。

第五に、最終的な党の指名獲得へのアイオワ州の影響は過大評価されているとする議論も存在する。実際、一九八四年から一九九六年までアイオワの勝者に党指名を獲得した例はない。「アイオワはトウモロコシを収穫し、ニューハンプシャーは大統領を収穫する」と述べた元ニューハンプシャー州知事のジョン・スヌヌの言葉にあるように、ニューハンプシャー州によって影響が相殺されるとの分析もある（Mayer and Busch 2004）。ただ、一九七二年以来の党指名獲得者はアイオワ州で少なくとも三位以上になっていることも事実であり、これらの議論は指名獲得に対するアイオワ州の重要性を完全に否定するものではない。

しかし、こうした党員集会の負の側面を摘出する予備選挙過程研究の趨勢にあって、グリーンとガーバーが明らかにした戸別訪問をはじめとする「地上戦」の価値に注目して党員集会の意義を肯定する研究も生まれている。

第一に、党員集会制度が地上戦による個別の「説得」を要請するというC・ハルが提示した論点である（Hull 2008）。ハルはこれを、スポット広告など空中戦中心の大口の選挙手法と対置させて「小口の政治（retail politics）」と称している。集会参加による公の場での支持表明には、単純動員や広告の印象操作戦とは異なる「納得できる説得」が必要である。また、前述したように、一五％に満たない得票の候補を支持した参加者が「リアライン」により第二希望の表明が可能な民主党の集会制度では、有権者が第二希望で支持する本命選択肢を当日まで保留しがちであるところに、個別説得の必要性が生じる。

総じて、アイオワ州の有権者は複数の候補者のイベントに同時に出席し、品定めを繰り返すため、空中戦のイメージ戦略や労組あるいは旧来のマシーンを利用した組織動員を超えた、深い次元での個別説得が必須となっているというのである。

初戦による候補者についての情報不足も無縁ではない。他州における選挙結果を事前に参考にできない環境で意思決定を行うアイオワ州民に、候補者本人との接触による吟味は不可欠となる（ときに陣営スタッフやボランティアまでが評価の対象となる）。そのため、小規模イベントなどでの候補者本人の遊説による選挙民とのパーソナル・コンタクトが重要になる。アイオワ州党員集会のキャンペーンにおいて地上戦を経験することは、政治キャリアにおいてこの上ない財産になるとされる所以でもある（Hull 2008 ; Redlawsk, Tolbert and Donovan 2010）。

第二に、アイオワ州に集中するメディア報道で全国的・国際的にメッセージを発信するアドボカシー（advocacy）の機会として選挙参加を捉える候補が少なくないことである。イラク戦争に反対した二〇〇八年の民主党のデニス・クシニッチ、W・ブッシュ政権批判を共和党内部で繰り返して初期のティーパーティ運動を牽引した二〇〇八年および二〇一二年のロン・ポールなどは、典型的なメッセージ発信目的の候補であった。

つまり、多様な政治言論を担保する「アドボカシーのアリーナ」としてのアイオワ州の価値が重要なのである。とりわけ民主党の「リアライン」制度では死票の懸念が軽減され、弱小候補を応援する条件が確保されている。弱小候補でも一州目であるアイオワまでは資金的にキャンペーンを維持しやすく、指名獲得や当選の可能性を度外視した政治理念型のキャンペーンを可能とさせている。

しかし、「小口の政治」やアドボカシーの機会はそれにとどまるものではなく、「地上戦回帰」による政党の活性化との関係で見ることもできる。すなわち、これによって争点志向の活動家が政党の中で影響力を発揮するインセンティブが高まり、他方で政党には争点志向の情熱的な活動家の掘り起こしの機会がもたらされているといえる。実際、前述したように、これまで多数のこうした活動家がアイオワ州党員集会に向けた地上戦で新たに掘り起こされてきたのである。

このように、「地上戦」の重要性を再考する研究が予備選挙過程の研究、とりわけ党員集会研究で生まれている。

しかし、多くはソーシャルメディア浸透以前の研究か、あるいは新技術との関連性には分析の焦点を合わせていない研究である。いいかえれば、地上戦とオンライン技術がどのように結びついているのか、オンライン技術の浸透で地上戦は消滅するのか、といった問いに正面から答える研究が少なかった。その理由は、インターネットの政治利用の研究が、主としてマスメディアを利用した戦略の研究の延長上で、新技術の紹介を中心に行われてきたことと無関係ではないだろう。

要するに、ブロックスの研究に見られるように、政党の変容について、資金規制をめぐる新たな環境に対する適応の実証が進んでいる一方で、新技術の浸透に対する適応過程の研究は比較的未開拓にとどまっているといえる。前述のようにブロックスも、政党の衰退の原因になりかねない要因として、インターネットの出現と超党派選挙運動改革法による資金規制の変化を挙げているにもかかわらず、具体的に研究の対象としたのは選挙資金のみであった。選挙運動研究における「新技術」の扱われ方が、漠然とした期待感と新技術導入の紹介に集中し、インターネットの出現で伝統的な政党や政治の意味がどのように変質するかについての実証は、課題として残されたままなのである。

4　本書の課題

先にも見たように、歴史的にいえば、アメリカにおける集票の基盤は、一九世紀後半から一九四〇年代まではマシーンが担っていたが、ニューディール期以後は民主党ではアメリカ労働総同盟・産業別組合会議（ＡＦＬ－ＣＩＯ）に代表される労働組合の組織票が選挙戦を支えるようになった。一方、共和党には集票の足腰となる労働組合のような基盤がなかったために、資金力を背景にマスメディアによる広告を優先し、エリート層向けに印象的な売り込みを行って選挙を戦った。

さらに一九七〇年代以降、選挙権年齢の引き下げやマイノリティの参入といった事態が生じ、民主党は女性・黒人などのマイノリティに手を広げる一方、共和党は南部白人の獲得、さらには福音派キリスト教徒の動員を目指した。また、連邦選挙運動法が候補者中心の選挙運動様式を加速させたのにともなって、両党ともにマスメディアによる宣伝に依存したコンサルタント主導の選挙が支配的となっていった。

この点に関して、コミュニティオーガナイザー出身で現在は「地上戦」を実践しているクレーマーは、ワシントンでのコンサルタント経験を振り返って次のように告白している。「（一九七〇年代以降）二〇～三〇年もの間、動員が完全に軽視される時代が続いた。その原因がテレビなのかどうか、真実をいえば、テレビの登場は間接的な原因でしかない。本当の理由はコンサルタントである。コンサルタントにとって、動員は儲けにならないが、テレビ戦略は金銭的な収入に、より簡単に結びついたからだ」（Creamer とのインタビュー 2014）。

しかし、コンサルタント主導の選挙が行われてきた現代アメリカで、近年、選挙区に密着して選挙民の動向を把握するアウトリーチ担当の部局、あるいは地方政党組織に対する忠誠心の強いアウトリーチ専門のスタッフが必要とされている。選挙区や選挙民が求めているものを多面的に把握する努力なしに、どんな洗練されたコンサルタントによる戦略も実際の集票では意味を持ちえず、政党の支持者連合の形成と維持は困難だということが認識されてきたからである。とりわけ二〇〇〇年代以降、民主党はこれからの党に必要なのは、マスメディアの利用による一過的な誘引では育たない、共和党のキリスト教有権者のような情熱的な草の根の活動家だと考え、アウトリーチの必要性を再認識した。

いいかえれば、民主・共和両党が二〇〇〇年代から重視し始めた新しいアウトリーチ戦略は、活動家の主体的な選挙キャンペーンへの参加を促している。そして、インターネット技術により、活動家が対面で集票や動員を行うだけでなく、多様な活動家が相互に接触し交渉し合う新しい「コミュニケーション空間」が形成されている――序章でも述べたように、本書ではこのような仮説が妥当性を持つことを実証していく。

この「コミュニケーション空間」は客観的に測定できるものではないが、二〇〇〇年代以降に浸透したインターネット技術、とりわけ二〇〇八年の選挙サイクル以降に普及し始め二〇一二年選挙までに幅広く行き渡ったソーシャルメディアと、再活性化している草の根の地上戦の活動との相互作用によって創出された新たな「空間」である。それはまた、これまでの政党概念における候補者や有権者だけではない、活動家という存在が、選挙を通じて政党にアクセス可能になり、相互に交渉するようになったことを意味している。

したがって、アウトリーチ戦略には狭義の集票や動員以上の質的な効果がある。人種・エスニック集団や利益団体が勢力拡大や争点への影響力増大を望む性質を活かし、活動家の主体的な政治参加を引き出すからである。オールドリッチが指摘したように、政党から何らかの利益を得ようと欲する者はかつてはマシーン政治に組み込まれていたが、現代では政策と争点に動かされた活動家に交代している。活動家は彼らの政策選好に合致する候補者を求め、候補者側も党の指名獲得と本選挙での政党活動家の援助を欲する。こうした枠組みにおいて、新技術と地上戦の融合がもたらした新しいアウトリーチが、政党と活動家の「コミュニケーション空間」を膨らませたといえる。

すでに見たように、ブロックスは政党が新しい資金供給の方法を編み出すことで超党派選挙運動改革法に適応したことを示した。本書では、ブロックスが積み残した課題にあえて着目し、人種やエスニシティの割合の変化、インターネットなどの新技術の登場による政治環境の変化に、政党が新しい選挙運動手法で適応している過程を明らかにしていきたい。

第2章　人種・移民・宗教をめぐる集票

──アウトリーチの開花とその軌跡──

はじめに

本章は、アウトリーチ戦略とは何か、具体的にどのようなアクターが、どのような活動を、いかなる対象に向けて行っているのかという疑問に加え、なぜアウトリーチ戦略が台頭したのかを明らかにすることを目的としている。いいかえれば、アウトリーチの活動内容について歴史的な経緯を論じるものである。そこで見えてくるのは、アウトリーチがすぐれてアメリカ的な環境で生まれ、発展してきた事実である。アフリカ系すなわち黒人をめぐる人種問題、移民社会内部の変容、キリスト教信仰の根強さなど、アメリカ的な諸要因が、根っこの部分でアウトリーチの開花・発展と絡み合っている。その意味でアウトリーチはアメリカ政治史を集約するものでもあるだろう。

ここでは、まずアウトリーチのアクター・活動・対象について述べた上で、アウトリーチの概念的な起源をニューヨークのホワイト・エスニック票、戦略上の起源を公民権運動以後のアフリカ系に求める。そして、アジア系、ヒスパニック系の流入によるエスニシティの多様化への政党の対応過程からアウトリーチの多元化を明らかにする。さらに、宗教票に対するアウトリーチの起源を共和党による福音派の掘り起こしに求めつつ、二〇〇〇年代以降の民主党の宗教アウトリーチの開花についても考えてみたい。それが二〇〇八年選挙における「オバマ現象」とそれ以降の分析の前提となるからである。

伝統的な「地上戦」と新技術のインターネットが融合した「新しいアウトリーチ」を第3章以降で検討する前に、それ以前の共和党と民主党のアウトリーチ競争の軌跡を跡づけておきたい。

1 アクター・活動・対象

(1) アウトリーチ戦略によるアプローチ

アウトリーチ戦略を立案する上で、有権者の政治行動にアプローチするには、大別して二つの手法がある。一つは個別の構成要素だけに注目する構成要素的(コンポジショナル)なアプローチで、もう一つは相互作用を重視する文脈的(コンテキスチュアル)なアプローチである。

構成要素的アプローチでは、ある地域における政治行動のパターンを、その地域に固有のものとは考えない。特定の政治行動パターンは、そのパターンの原因となる特定の人種など、政治的に分類された有権者のグループが存在することを示していると考える。つまり、同じ人種やグループが別の州の別の空間に仮に移動しても、そこでもまったく同じ政治行動パターンが抽出できるはずだという考えである。州や地域の政治的特徴は、構成要素としての様々な集団の存在を示していると解釈し、有権者集団の分類と各グループの政治行動の特徴のみに比重を置く分析手法である。

それに対して、文脈的アプローチでは、特定地域の政治行動パターンは特定の集団がその地域内に居住することで作られるだけでなく、その地域内のコミュニティ内部で何らかの「政治的な相互作用」があり、その結果も示しているると考える。つまり、政治思想やその帰結である投票行動は、地域における相互の交流を通じて形成されるものであり、所得などの経済要因、人種や性別などの人口構成上の要因がそのまま投票行動に反映されるわけではないと考えるのである。地域のコミュニティでの相互コミュニケーションの文脈が、有権者集団に影響を与え、地域ごとに特徴の違いが生まれるということである。ほぼ同じ条件を持つ有権者のグループが、州や地域によって大きく異なる投票行動を示す理由でもある。J・ギンペルとJ・シュクネットは、構成要素的アプローチだけでなく、文脈的アプローチに気を配ることが、政治行動の地域性を分析する上できわめて重要だと述べている（Gimpel and Schuknecht 2004）。

特定の有権者集団が必ず決まった投票行動を示すのであれば、その法則に従って集票の戦略を立てればよい。しかし現実には、選挙区によって、人口構成上は同じ属性の有権者集団でも、異なる投票傾向を示す。したがって、選挙アウトリーチの現場では、人種、性別、エスニシティ、年齢など、人口構成上の要因による投票集団の分類の出発点では、構成要素的アプローチを土台にしているが、集票の実践では文脈的アプローチを軸に、選挙区ごとの文脈が有権者に与えている影響を読み解こうと努めている。「文脈」がどのような作用を及ぼしているかによって、有権者のグループ分類に選挙区ごとの調整が求められるため、その個別の戦略を考案するのがアウトリーチの仕事である。

ギンペルらの分類に依拠すれば、地域の政治的な文脈の形成には、争点や政治思想、経済状況、エスニシティや宗教、人種といった要素が影響を与える。また、世代交代、地理的変動、党派転向、政治変動や党の競争、候補者やキャンペーンなどによって、特定の地域の政治パターンも変容していく。

そのため、伝統的にアウトリーチで主たる対象になったのは、選挙民の構成が複雑で、争点も多岐にわたる選挙区、つまり都市部、とくにニューヨーク、シカゴ、ロサンゼルスなどの地域だった。多様な選挙民グループに対するきめ細かい対策が民主党で発達したのは、民主党の基礎票でありアウトリーチの主要な対象とされてきたマイノリティ層が都市部に集中的に居住していたからである。人口密集度が高い都市部を票田とする民主党は、コミュニティを媒介として、有権者と距離の近い小回りのきくキャンペーンを容易に実行できた。一九三〇年代以降、都市の人口密集地域において、民主党は近隣の人間関係に依存した集票を得意分野として定着させ、共和党をリードしてきたのである。

これに対して共和党は、人口がまばらに点在する郊外を支持基盤としている。一九四〇年代から集中的に加速した黒人の北部工業地帯と都市への流入とゲットーの成立が、白人中間層の郊外化を促進したが、これは共和党の地盤の郊外化でもあった。その結果共和党は、選挙運動を郊外の広大な地域から始め、余力があれば都市部にも手を伸ばすという、民主党とは逆のコースによる、地理的に守備範囲の広いキャンペーンを強いられることになった。共和党は地理的な非効率性をテクノロジーで埋め合わせるべく、ダイレクトメール、テレビ広告、ラジオ広告など「有料メディア」の利用、あるいはフォーンバンクという電話センターの活用などで、地理的に広い範囲に向けたキャンペーンを行ってきたのである。

要するに、人口密集地域で集会や戸別訪問を得意としてきたのが民主党であるとすれば、共和党は郊外や農村を地盤にしてきたことから、必要に迫られて選挙技術の開発でリードしたといえる（Shea and Burton 2001）。

以上のような二つのアプローチの存在を踏まえ、次にアウトリーチのアクター・活動・対象について見てみたい。

（2）アウトリーチのアクター

一九七〇年代からの候補者中心選挙様式の台頭以降、アメリカの選挙運動は基本的に候補者が自分で組織を作って行うものであり、アウトリーチも当然、候補者の陣営内にアウトリーチの部署を設けてスタッフが独自に行うものとされている。しかし政党は、州単位など地方で展開する選挙の運営を補助する役割も果たしている。その過程で政党はアウトリーチにおいても主体となる。大統領候補の選挙陣営本部は、全国すべての州の支部の選挙運動を細かく管理運営することはできない。アイオワ州やニューハンプシャー州など、緒戦の党員集会や予備選挙で重大な意味を持つ州のほか、オハイオ州、ペンシルバニア州、フロリダ州などの激戦州には、本部スタッフを直接派遣したり、支部を多く開設したりするが、それ以外のたいていの場合は、政党の州委員会の事務局や、同じ選挙年の連邦上院議員選挙候補者の事務所が大統領選挙の支部を兼ねる。

たとえば、二〇〇〇年の民主党アル・ゴア候補の陣営はニューヨーク州には本部直結の独立したゴア陣営支部を作らず、ニューヨーク州から同じ選挙サイクルで上院選に立候補していたマンハッタンのヒラリー・クリントン陣営本部に選挙をアウトソーシングする形をとった。そのため、民主党ニューヨーク州委員会が協力して運営したヒラリー陣営はゴア陣営のニューヨーク支部を兼ねることとなり、八割以上のスタッフは両方のキャンペーンに同時に同じ建物内で携わった。ちなみに、この合同選挙陣営は「ビクトリー二〇〇〇（Victory 2000）」と命名された。

このような合同選挙（調整選挙：coordinated campaign）は、一つのオペレーションで複数のキャンペーンに同時に効果を与える手法である。そのため、陣営で作成したビラなどにもゴアとヒラリーの両方の顔と名前を一枚に刷り込んだものが多く、副大統領候補だったジョー・リーバマン連邦上院議員を載せた宣伝物はほとんど存在しなかった（図2-1）。まるでゴアとヒラリーの二人の大統領選挙のようなキャンペーンに見えたほどである。ただ、合同選挙では、大統領選挙の激戦州でない限り地元の選挙、たとえば連邦議会選挙の仕事が優先されるため、二〇〇〇年のヒラリー＝ゴア陣営においても、ヒラリーの上院議員選挙だけを担当するスタッフは複数存在したが、ゴアの大統領選挙だけを担当するスタッフはごくわずかしか存在せず、リーバマン副大統領候補だけを担当するスタッフ

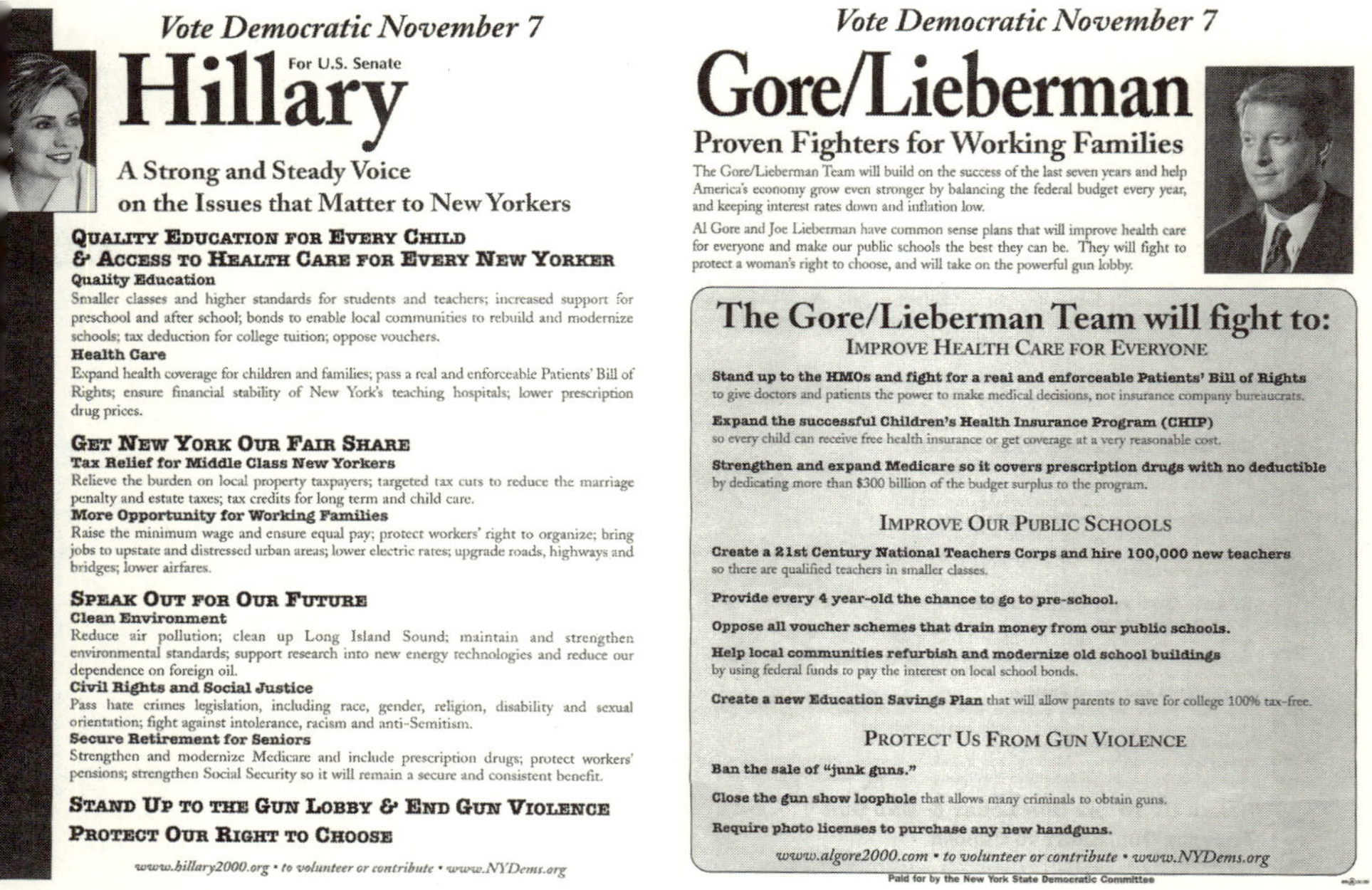

図 2-1　2000 年民主党ニューヨーク州の合同選挙向けの投票勧誘広報。表裏一枚に印刷されたもので，各面にヒラリー・クリントン連邦上院議員候補の主要公約，ゴア／リーバマン大統領・副大統領候補の主要公約が記されている。大統領選挙と連邦上院議員選挙の合同選挙における象徴的な広報手法（以下，出所が明記されていない資料はすべて筆者蔵）。

はほぼ皆無だった。

このような、一つの選挙陣営に同じ党から同時出馬している候補者を抱え込んで、スタッフも兼任でキャンペーンを展開する合同選挙は、共和党では一九八四年から、民主党では一九八九年から行われている（吉野 1994）。一九七九年の連邦選挙運動法の改正で、政党の州・地方委員会に連邦公職選挙での無制限の支出が認められたので、全国政党機関が州に資金を移転するようになった。そのため、準備段階では全国委員会のスタッフが大きな役割を果たし、事務運営では州委員会が潤滑油として側面支援を行うという方法が根づいたのである。

したがって、アメリカの大統領選挙は基本的には候補者単位のものであり、アウトリーチの基本的な主体は候補者陣営内のアウトリーチ担当部署と担当者なのだが、政党と無関係に展開されるわけではない。地方のアウトリーチは全国政党機関から資金や人的資源の面で梃入れを受け、また地方政党組織が複数の候補者の選挙陣営と合同で選挙運動を行うからである。

民主・共和両党ともに全国委員会本部には、選挙民の動向を分析して戦略を立てるリサーチ機能が存在する。専属のスタッフを抱え、全国各州の地理や選挙民の動向などを追いかけ、全国のどの選挙でも参考にできるような、汎用性のあるマニュアルを分野別に作成する。争点のほか、人種、宗教、エスニック集団、利益団体などの選挙民グループごとにどのようなアピールをすればよいかを記した「トーキングポイント」という発言・応答要領を作成するのも、この全国委員会本部のアウトリーチ局かそれに準ずる機能を持つ部局の専属スタッフである。候補者の陣営で一からすべてをリサーチして選挙を立ち上げるのは困難なため、補助的な参考資料として作成しているのである。

もちろん、候補者の陣営はこれに縛られる義務はない。最終的には選挙区の情勢や候補者の特性、選挙年の政治経済事情に合わせて、発言・応答要領は陣営ごとに作成しなければならない。しかし、特色の薄い選挙区や、選挙年の政治経済情勢に直接左右されない分野であれば、下院議員選挙はもとより上院議員選挙の陣営本部でも、全国委員会本部から送られてくる選挙民対策の発言・応答要領を修正なしにそのまま使用することも多い。教義が変わることのないカトリック票対策などの信仰票アウトリーチ、伝統的な選挙民グループである退役軍人などの団体向けのアウトリーチに関しては、全国委員会本部のマニュアルの更新頻度も少なく、一〇年単位で継続して使われることもある。

(3) アウトリーチの過程と方法

アウトリーチは予備調査の過程と実行の過程に分かれている。予備調査は、選挙民グループの分類ごとの詳細な分析から始まる。選挙区の調査と同義でもある。それに従って、選挙民の優先課題から逆算して選挙民グループごとに差し向けるメッセージを作成する。候補者を特定の選挙民グループに売り込むのに適した切り口を考える作業である。そして候補者の政策や過去の実績の中で、その選挙民グループに関連する部分から選挙民グループごとの候補者像を作り上げていく。たとえば、共和党全国委員会本部政治教育トレーニング局が作成している『州議会とローカルキャンペーンのマニュアル』では、選挙区分析は「環境評価」として位置づけられている。

その「環境評価」においては、地理情報に加えて、大統領選の投票傾向、連邦と州の主な選挙での有権者登録の傾向と党派傾向、選挙区の歴史的起源、産業と雇用などが重要になる。人口構成分析では、有権者の年齢、性別、人種、学歴、エスニック起源、職業、収入、居住年数、家族構成、住宅事情、宗教、労働形態などを把握する。

共和党の同マニュアルでは、特別な選挙民グループとしては、労働組合員、農民、退役軍人、環境問題活動家、高齢者層、中小企業経営者、マイノリティ、教職員、エスニック集団を分類しており、組織としては、市民組織（ライオンズ、ロータリー、ジェイシーズ等各クラブ、商工会）、専門職組織（医師会、弁護士会、不動産業者会）、宗教組織の三分類を行っている。また、地方党組織リーダー、青年部、大学共和党クラブがあるが、コミュニティリーダー、宗教指導者、社会的指導者の影響も無視できない。地元大学などの教育機関、地元財界と産業界、地元公的機関も重要な項目になる。政党の学生支部のボランティア供給と若年層票への貢献も無視できず、選挙区とその周辺に政治に関心のある学生を擁した大学があるかどうかも重要である。[1]

共和党全国委員会本部は、候補者と相手候補を項目別に比較しておくことを勧めている。同マニュアルの比較項目としては、選挙区での在住年数、年齢、結婚歴、子供、学歴、職業、財産、クラブメンバーシップ、受賞歴（社会貢献活動）などはもとより、地元政党への貢献、過去の政治経験や投票記録、議会出席率、公式発言、メディアとの関係、強調できる実績、守れなかった公約などの政治経験が挙げられている。

家族や子供の有無は、家族の価値を重視する保守層向けの共和党の選挙では重要度を増す。共和党全国委員会本部は、「候補者の家族はキャンペーンの一部であり、（家族が）自由に生活することは諦めなければならない」と強調している。一方、家族を表舞台に出すことにはリスクもあるとして、次のように警告している。「スピーチ、テレビ広告、公のプロジェクトには、詳細な情報共有と訓練のないまま配偶者を使ってはならない。候補者と同じように振る舞えるようにするために、配偶者には特別の訓練を受けさせる必要がある」。

比較項目のうち、「過去の投票記録」というのは、議会での法案に対する賛否のことで、アメリカではこれが細かく問われ、次回の当落に大きな影響を及ぼす。できれば選挙区に隠したいようなものもあれば、胸を張って宣伝文句にできるものもある。任期中に守れなかった公約の有無も同時に問われる。クラブメンバーシップというのは、社交クラブや会員制の交友団体に加入しているかどうかということである。アメリカには性別や出身などで入会制限がある「クラブ」が多数存在するが、共和党支持層の白人男性に向けては、地元名士の交流の場であるカントリークラブの仲間であることは重要なアピールとなる。

強みと弱みについての評価項目では、演説力、政策理解、感情の起伏、外見、カリスマ性、退屈さや傲慢さ、対人能力、その選挙区での優先度などが挙げられている。また、過去の選挙運動についての評価項目として、フルタイムの陣営マネージャーの有無、スタッフ、テレビ・ラジオ広告、ダイレクトメール、戸別訪問（キャンバシング）、パンフレットの形態、世論調査、ディベート、陣営組織運営、候補者イメージが並んでいるが、キャンペーンの資金総額、支出総額、献金者総数、献金総額、主な献金元、候補者の負債、主な支援ＰＡＣ、政党からの財政支援などについても確認すべき項目となっている。

アウトリーチの実行の過程では、広報・宣伝、イベントの開催、資金集め、フィールド活動（投票日直前の一カ月ぐらいをめどに集中的に行われる投票誘引活動と、選挙日当日に展開される投票支援活動を総称した、GOTVのこと）を展開する。ここで重要なのは、広報・宣伝を、特定の選挙民グループだけに直接伝わる伝達回路を用いて行うことである。戸別訪問が最も有力な方法だが、その際に多言語に翻訳されたビラの配布がなされる（図2-2）。また、エスニック・メディアと呼ばれる、エスニック集団内で流通しているメディアを利用する限定的な「空中戦」も行われる。

エスニック票の集票における古典的アウトリーチでは、各種のエスニック言語に翻訳されたビラ・ポスター・ピン（バッジ）・バンパーステッカーなどの選挙用のグッズや配付物を作成する。それを選挙民グループ内のコミュニティリーダーの協力で、独自のフィールド活動に活用する。配布物やグッズの文字を多言語に翻訳するのは、英語力に難のある非英語圏からの新移民に選挙の手続きを説明し、有権者登録を呼びかける実利的な効果を期待してのことだが、英語がすでにできる移民に対しても、出身国文化への敬意を表す象徴的な意味がある（図2-3）。

後者の意味に関して、最も分かりやすいケースに、ユダヤ系アウトリーチの一環としてのヘブライ語への翻訳作業がある。ヘブライ語で候補者への支持を呼びかけるピンやバンパーステッカーは、ユダヤ系人口の多いニューヨーク州などの選挙では、数量を限定しながらも頻繁に作成される。エスニック集団のルーツへの敬意を表す象徴的な目的のためである。それゆえ、ピンやステッカーなどの小物類に、スローガンや候補者名だけをヘブライ語に翻訳したものを印刷する「部分翻訳」が一般的である。これはLGBTアウトリーチにおいて、LGBTのシンボルである虹色模様のデザインをピンや小旗に利用するのと同じで、仲間意識を象徴として示すことが目的である（図2-3a〜d）。

イベントは、選挙民グループのコミュニティにおける食事会やパーティなどの形式で行われる。資金集めを目的

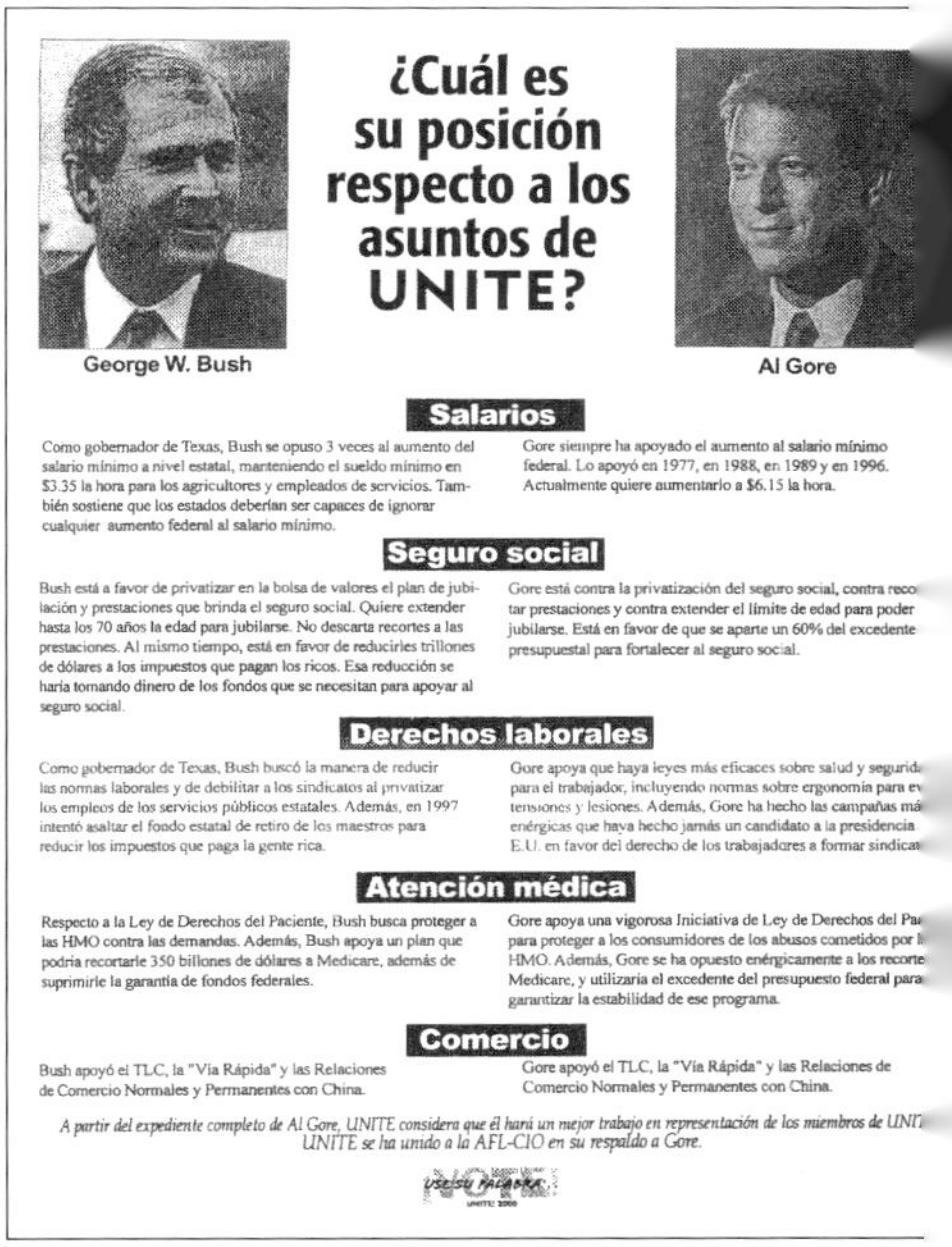

図 2-2　2000 年ニューヨーク州における民主党大統領選挙用の投票勧誘広報。左は，コミュニティリーダーによって翻訳された中国語（繁体字）と韓国語の広報物。「希拉莉（ヒラリー）・克林頓（クリントン）」らに対する投票を呼びかけ投票日を知らせるだけの GOTV 用のビラで，政策アピールは書かれていない。中国系と韓国系のボランティアによって個別に翻訳された文章をコピーし切り貼りして作成されたため，文字列が乱雑なレイアウトになっている。右は，繊維業界組合（UNITE）とアメリカ労働総同盟・産業別組合会議（AFL-CIO）組合員向けのアウトリーチ広報物で，スペイン語に翻訳されたもの。ゴアの政策を売り込むために現職の W・ブッシュ大統領と比較したネガティブ広告。

図 **2-3a**　アジア系アウトリーチのための特注バッジ。2000 年民主党のアジア太平洋諸島系向け（左），2000 年ゴア大統領選挙陣営のアジア太平洋諸島系向け（中央），2008 年オバマ陣営の日系向け（右）

図 **2-3b**　エスニシティ別アウトリーチのための特注バッジ。2000 年民主党のユダヤ系向けヘブライ語版（左），2000 年ヒラリー陣営のユダヤ系向けヘブライ語版（中央），2008 年ヒラリー陣営のアフリカ系向け（右）

図 **2-3c**　有権者集団別アウトリーチのための特注バッジ。2008 年ヒラリー陣営の LGBT 向け（左），2008 年オバマ陣営の女性向け（中央），2008 年オバマ陣営の退役軍人向け（右）

図 **2-3d**　エスニック集団向けのバンパーステッカー。2000 年ゴア大統領選挙陣営のアジア太平洋諸島系向け

としていることもあるが、コミュニティと陣営との密接な関係のアピール、コミュニティの結束強化の側面支援なども重要である。一方、フィールド活動は、一般のＧＯＴＶとは異なり、選挙民グループごとに活動を行うことで、特定のグループへの集票効果をさらに高めることができると考えられている。(2)

こうした一連の活動を展開する上で大切なのは、陣営と選挙民グループの橋渡しをする、選挙民グループのリーダー格の人間を発掘することである。彼らはコミュニティリーダーと呼ばれる。良質のリーダーを味方に付けられないと、アウトリーチはどの局面でも首尾よく機能しない。彼らの助けなしに、陣営側が選挙民グループ全体に直接働きかけても効果は薄い。例示した実行過程の四つの活動は、すべてコミュニティリーダーを介して行われるからである。

陣営はコミュニティリーダーと頻繁な会議や議論を繰り返し、実行してほしい方針を依頼する。こうすることで、実際には陣営のアウトリーチ担当者や部局が、リーダーを介して遠隔でキャンペーンを進めていても、コミュニティが自発的に特定の候補者を支援する活動を展開しているように見える。末端の有権者とアウトリーチ担当の陣営スタッフとは顔を合わせないほうがよい場合すらある。有権者にとって、どこまでが特定の選挙への協力で、どこまでが自らの選挙民グループの利益拡大のための政治参加なのかは、ケースバイケースであり、コミュニティリーダーの説明の仕方によっても微妙な差があるからだ。そのため、政党や選挙陣営のアウトリーチ担当者は、コミュニティ側に一定の自発性を与えることにきわめて気を遣う。またそのほうが、選挙サイクルをまたいで中長期にわたって政党や公職者に協力する潜在力を喚起できる。

民主党が都市部を中心にマイノリティ向けのアウトリーチを牽引してきたのは、民主党支持層が雑多な選挙民の連合であったことに加え、特定のグループの文化を尊重することを優先してきたからでもあった。グループごとの文化に土足で踏み入ることは効果的ではないという考えから、グループ内に代表的な協力者を探して、その協力者に現場のキャンペーンは任せる。そうすることで、ボトムアップの形態を尊重しつつも、トップダウンで軌道修正をはかることができる。これを民主党は、様々な「運動の政治」を通じて体得してきたのである。

コミュニティでのキャンペーンを実働で行うのはコミュニティ自身であるが、その方向性をつかさどるのは選挙陣営のアウトリーチ担当者である。この主導権をコミュニティに奪われると、陣営の利益を見失うことがある。コミュニティの政治運動がすべて候補者の立場と一致しているとは限らないからである。コミュニティには独自の利益があり、コミュニティリーダーの中には、地元の公職への立候補を睨んで陣営への協力を名乗り出る者もいるし、特定の利益団体の幹部にリーダーを依頼すると、候補者のキャンペーンに便乗して利益団体の活動を展開してしまうこともある。また、キャンペーンがいつの間にか、特定の人種やエスニック集団の宣伝活動になってしまうこともある。そうしたインセンティブをある程度許容しなければ、コミュニティ側に選挙協力の意欲は湧かないが、一線を超えてしまって候補者の不利益にならないように、陣営のアウトリーチ担当者が調整をはかることが求められるのである。

（4）アウトリーチの対象

一般に選挙キャンペーンの目的は選挙民の投票行動を変えさせることにある。しかし、すべての選挙民がその対象になるとは限らない。まったく投票する可能性のない層、敵対政党の堅固な支持者、自らの政党のコアな基礎票層はターゲットから除外される。もちろん、基礎票層はボランティアや献金者の供給源としてきわめて重要な層である。だが、投票行動を変えさせるための努力を注ぐ対象ではない。

アウトリーチにおいて優先的対象は二つのカテゴリーに絞られる。一つは「説得可能性のある選挙民」で、投票習慣はあるが、誰に投票するか決めかねている選挙民である。もう一つは「動員可能性のある選挙民」で、陣営の候補者を支持しているが、動員をかけないと投票所に行こうとしない選挙民である（Creamer 2007）。前者に向けては、候補者を支持してもらえるように「説得する」ことが主要な課題であり、後者に向けては、当日必ず投票に出かけてもらうように働きかけることが課題である。つまり、前者には、投票行動を決める上での「認知コスト」を軽減するために候補者と対抗馬の政策などの情報を提供し、後者には、確実に投票に行ってもらうためのＧＯＴＶを行う。その両方がアウトリーチ戦略の範囲となる。

では、アウトリーチで扱う選挙民グループにはどのようなものがあるのだろうか。これは、民主党と共和党の違いのほか、選挙サイクルごとの争点や選挙区の人口構成などの事情に左右される。しかし、おおまかにいって、全国委員会が掲げる分類が、両党のアウトリーチの基本となっていると考えてよい。アウトリーチの現場は、選挙区事情にそってこれを修正するのである。

民主党の場合、全国委員会の二〇〇〇年代半ば（二〇〇七年）の分類は、黒人（アフリカ系）、アジア太平洋諸島系、ヒスパニック系、ネイティブアメリカン（先住民）、女性、若年層と学生、高齢者と定年退職者、退役軍人、労働組合員、過疎地居住者、LGBT、身体障害者、中小企業経営者、特定の信仰を持つ人々であった。(3) 二〇一四年には、これにユダヤ系と海外居住の民主党支持者などが加えられている。(4)

他方、共和党は二〇〇〇年代半ばにブッシュ政権のもとで、共和党を意味するGrand Old Partyの略語を用いた「GOPチーム」という新しいネーミングで、「チーム」ごとにカテゴリーを作成した。(5) 黒人（アフリカ系）、カトリック信徒、起業家、信仰と価値、ヒスパニック系、高齢者、若年層、女性がその項目であった。選挙区や地域によって項目は増減するが、民主党に比べて分類が少ないのは、エスニシティや利益団体よりも、争点や価値観に分類の重心を置いているためである。

民主党支持者が、前述のような属性の一員であることで、民主党を支持している傾向が強いのに対して、共和党を支持する理由は、属性よりも特定の争点をめぐる価値であることが多い。それは中央政府の大きさ、信仰をめぐる問題などに関して顕著に表面化する。共和党全国委員会本部は、安全保障と治安、移民改革、エネルギー、税制改革、教育、信仰と価値などの争点分類も行っていた。二〇一四年選挙サイクル以降は、共和党全国委員会本部は、選択と集中により、ターゲット票をめぐる「イニシアティブ」という部門を設置し、アウトリーチの対象を「ブラック・リパブリカン」「GOPヒスパニック」「共和党全国委員会本部（RNC）ウーマン」に統合し、マイノリティ向けのアウトリーチをアピールするようになった。(6)

この全国委員会本部のモデルを例に、それぞれの選挙陣営ではオリジナルのアウトリーチ分類をする。たとえば、ニューヨーク州に地盤を持っていなかったことから、幅広いアウトリーチを必要とした二〇〇〇年のヒラリー・クリントンの上院議員選挙では、エスニック・アウトリーチの欧州系デスクの担当として、チェコ系、ギリシャ系、ハンガリー系、アイルランド系、イタリア系、ウクライナ系、リトアニア系、ポーランド系、ポルトガル系、スロベニア系を設置した。また、アジア系デスクの担当としては、東アジア系の中国系、韓国系、日系、南アジア系のインド系、パキスタン系、バングラディシュ系、東南アジア系のフィリピン系、タイ系、ベトナム系を対象とした。それ以外にも、黒人、アラブ系対応部門が別途存在した。そして信仰アウトリーチに関しては、カトリック系、ユダヤ系、利益団体アウトリーチとしては、身体障害者、環境保護団体、消費者団体、LGBT、労働組合、女性に対応するデスクが設けられた。

選挙民グループとの接点を築く上では「選挙民リスト」が欠かせない財産となるが、この選挙民リストには、主にシティ・ディレクトリなどを基礎とした一般リスト、特定の職業グループや利益団体などの名簿をもとにした専門リスト、政党や候補者に蓄積されている有権者登録、過去に党が主催したイベントへの参加者やボランティアなどの情報がある。(7) これらをもとに、政党や陣営のアウトリーチ局がオリジナルの選挙民グループごとのリストを作りあげるのだが、その際にもコミュニティリーダーの助けが必要になる。労働組合、市民団体、クラス名簿などは地域社会で流通しているもので、有料で手に入るものではなく、コミュニティから手に入れなければならないからである。

コミュニティリーダーと円滑な関係が築けるように、各エスニック集団の統括は当該のエスニック集団出身の者、あるいは担当の集団に習熟している者が務めることが望ましいとされている。たとえば女性アウトリーチを男性が担当することはまずないし、黒人アウトリーチやLGBTアウトリーチなども同様である。その文脈で、議員事務所や選挙陣営のスタッフはエスニシティ分類のばらつきにおいて、なるべく選挙区の縮小版であることが求められる。対外的に多様性をアピールする目的はもとより、スタッフのエスニシティを単一化してしまえば選挙区内の各種エスニック集団の情報が入りにくくなるからである。

コミュニティと共通の文化基盤を有する者が必然的に求められるわけだが、ヒスパニック系の増加など人口構成の変化がそれを加速している。ニューヨーク、カリフォルニア、フロリダなどの州には英語やアメリカの政治に不慣れな移民も多く、選挙陣営のアウトリーチ部局のスタッフには、彼らに対応するスペイン語などの外国語能力、異文化理解能力が以前にも増して求められるようになっている。また、選挙区外の出身者を集めることも、アメリカの州レベル以上の規模の選挙では特徴の一つと考えてよい。基本的には自州出身者が中心となりつつも、特定のアウトリーチ対象集団に精通したスタッフを外部から集めることが、規模の大きい選挙では恒常化しているのである。

以上のようなアクター・活動・対象を持つ現在のアウトリーチだが、次にその起源と、今日に至る道のりを振り返ってみたい。

2　起源と開花

(1)　アウトリーチの源流

①ホワイト・エスニック

ニューヨークのエスニック集団への対策が、他の地域にも応用される基礎モデルであるとアウトリーチの現場では考えられることが多い(8)。それは、アウトリーチ戦略の概念的な起源が、地理的にはニューヨーク、対象的には非プロテスタント系の欧州移民に遡るからである。

アメリカの政党がエスニック集団を選挙民の単位として捉え、エスニック集団に手を伸ばす政治を本格的に行うようになったのは、一九世紀末の一八八〇年代とされている。当初、それはカトリック移民の取り込みを意味した。その後、一八九〇年代から第一次世界大戦勃発までの東欧や南欧からの移民の波を受け、出身国別の選挙対策セクションが共和党と民主党の組織内に生まれた。むろん、当時の選挙ではあくまで付属的な位置づけに過ぎなかった。

イタリア系のほか、ポーランド系など、非プロテスタントの当時の「新移民」は、徐々に民主党の集票ターゲットとなっていったが、ユダヤ系も同様だった。ユダヤ系は、ユダヤ教徒であることが定義の基本となるものの、選挙現場の対応の現実としては、信仰に基づくグループではなくエスニック集団として扱われている。ユダヤ系は二〇世紀前半までは共和党にも民主党にも属さない中立的な立場を維持していた。しかし、一九六〇年代頃には民主党支持を鮮明にし、集団単位で民主党を支持するグループとしては、黒人に並ぶ主要な勢力となった。

すでに一九五〇年代にアメリカの平均所得を上回る豊かさを獲得していたユダヤ系は、投票行動と経済力が比例しないエスニック集団でもある。アイルランド系やイタリア系のように経済的成功に比例して共和党支持に鞍替えする傾向は一切示さず、ユダヤ系の大多数は民主党支持のままリベラルな政策を好み続けた。これについては、東ヨーロッパから持ち込んだ左翼思想の影響と、反ユダヤ主義への防衛本能が主要な理由であるとの指摘もある(Lipset 1996)。いずれにせよ、第4章の事例でも見るように、ユダヤ系の民主党支持率は、現在に至るまで高い水準を保っている。

かくして、一九四九年代以降、S・ルベルの著作『アメリカ政治の未来（*The Future of American Politics*）』などを通じて「エスニック集団の政治的な重要性」が語られるようになったこともあり、ホワイト・エスニック集団への選挙でのアプローチが本格化していった（Smith 2000; Lubell 1952)[9]。

しかし、彼らは同時にパトロネージの利害によってマシーン政治に組み込まれていた。また、非ワスプの白人層は、一九六〇年代にマイノリティの増殖に触発されて一時的にアイデンティティを強めたものの、その後七〇年代以降は「白人」というカテゴリーに押し込められてエスニック集団としての存在感を薄めていった。

それゆえ、「白人」という区分に押し込まれている非ワスプ白人のエスニック性をあえて掘り起こすことが、後に都市部における民主党のエスニック・アウトリーチの課題にもなった。一九九〇年代以降の選挙では、非ワスプ白人を含む総称として象徴的に「エスニック票」という言葉を用い、「ホワイト・エスニック」というカテゴリーをあえて誇示した。「白人」というカテゴリーに消えていった非ワスプのエスニシティを、あえてマイノリティ対策と並立させて扱い、ポーランド系デスク、ギリシャ系デスクなど対策部門を設けることは、都市部の選挙陣営にとって大きな意味を持ったのである。

②アフリカ系と人種要因

さて、アウトリーチのもう一つの源流は人種問題にある。第1章で述べたように、アメリカの選挙過程を他国のそれと峻別する特徴に人種問題がある。南北戦争以来、南部の白人層は民主党にとって忠実な支持層だった。ソリッドサウス（堅固な南部）と称され一枚岩的傾向の強い南部は、まさに民主党の「一党体制」となっていた。この南部における民主党支配を一変させ、共和党が南部の白人票を大量に獲得する原因となったのが、ほかならぬ人種政策をめぐる分断だった（Mayer 2002)。

J・F・ケネディ、リンドン・ジョンソン両大統領は、ニューディール連合の大切な一部となっていた黒人の側に立ち、公民権運動を支持する姿勢を鮮明にしたことで、民主党への黒人票の固定化をより確かなものとした[10]。黒人層はその後一貫して民主党の大統領候補に投票し、その支持は一九七〇年代以降八割を下回ったことがない(11)。

他方で、黒人の支持を失った共和党は、南部の怒れる白人層と人種隔離主義に対する受け皿となることを目指した。リチャード・ニクソンは、南部の白人層と黒人層の間に楔を打ち込むことで、過半数を占めていた白人を味方につけ、民主党の地盤であった南部の共和党化を狙った。共和党はそれ以後、基本的に黒人票を全面的に諦めることと引き換えに、反黒人感情を持つ白人票の取り込みに成功した。

しかし、一九八〇年代以降二〇〇〇年代にかけて、民主党の黒人票をめぐる変容が徐々に顕在化したことを指摘しないわけにはいかない。

第一に、黒人政治家が黒人だけの利益を希求することが白人と黒人の分断、ひいては民主党内の分断を促すという問題が生じたことである。大統領選挙にはジェシー・ジャクソンが一九八四年と八八年に、アル・シャープトンが二〇〇四年に立候補しているが、いずれも黒人の圧倒的支持を獲得する一方で白人有権者を離反させた。ジャクソンはマイノリティの連帯を謳う「虹の連合」を目指したものの、シャープトンは韓国系やユダヤ系への敵意をあらわにし、党内亀裂を誘発するリスクを生み出した(12)。

第二に、大統領選挙の争点の脱人種化である。アメリカの二〇世紀後半の政治は、アファーマティブ・アクション、隔離政策撤廃、貧困問題など、アフリカ系の利害を軸に展開してきた。その過程で公民権運動の指導者が黒人政治家を兼ねたのは自然であった。しかし、一九五〇年代から七〇年代に主たる選挙争点だった人種は、争点としての存在感を相対的に薄めていった。実際、一九九〇年代のクリントン政権に対する黒人の圧倒的支持の背景には、好調な経済状況があった。クリントンは、「人種政治」の構造だけに支えられた黒人票を不安定なものと考え、黒人と白人中産階級をともに利する経済ポピュリズムを重視したのである。

第三に、黒人票の性質の変化である。二〇〇〇年代に入ると、黒人候補が黒人票で苦戦する現象も生じた。二〇〇四年大統領選挙の民主党予備選挙で、シャープトンとキャロル・モズリー・ブラウンを見限った黒人票が、リベラルなハワード・ディーンではなく、穏健派のジョン・ケリーに流れたことは象徴的だった。公民権運動やブラック・ナショナリズムとも異質の、新しい実利重視傾向の顕在化により、雇用、医療、教育など黒人中低所得者向けの魅力的な政策に加えて、本選での高い当選可能性が、アフリカ系の中でも理想的な候補者の条件として重要視され始めたのである。

他方、共和党では、二〇〇一年に誕生したジョージ・W・ブッシュ政権が、共和党としては異例の黒人アウトリーチを展開した。南部戦略以来の方向転換である。一九九八年のテキサス州知事選挙で、実に黒人票の二八％を獲得し、ヒスパニックの支持も強固だったブッシュは、新しいタイプの共和党候補者だった。コリン・パウエルとコンドリーザ・ライスという二名の黒人を国務長官、国家安全保障担当補佐官に登用することもした(13)。

二〇〇〇年の共和党大統領予備選挙においては、他の主要候補がアファーマティブ・アクション廃止に明確な姿勢を示すなか、ブッシュだけは賛否に直接触れることを避け、マイノリティ層に対して穏健イメージの維持に努めた。その意味では、ブッシュの黒人アウトリーチは、黒人票そのものの大幅な獲得を狙ったものというよりは、東部、西部の共和党穏健派に、人種差別的な南部の候補者であると誤解されることを防ぐという狙いが強かった(14)。

しかし、黒人層への住宅供給支援、アフリカとの貿易の活性化、貧困地域の黒人学校への援助など、二〇〇四年の大統領選で打ち出した共和党側のアフリカ系関連政策を見ると、その具体性に目を見張らされるのも事実であった。共和党は黒人票の二五％獲得を最終目標に、ブッシュ大統領が出演する黒人向けのテレビ・ラジオ戦略にまで手を伸ばしたのだった。

なぜブッシュは、これまで共和党が切り捨ててきたはずの黒人票に、一定の突破口を開くことができたのだろうか。共和党の黒人票への切り込みの隠れた鍵となっていたのは宗教だった。二〇〇五年、ブッシュはホワイトハウスに黒人の宗教指導家を招き、信仰を基軸にした社会活動とアフリカのエイズ拡大防止策への財政支援を表明している。その会合に参加したハリー・ジャクソン二世の言葉が示唆的である。彼は、個人的には民主党を支持するが、人工妊娠中絶と同性愛結婚の争点で、民主党との共同歩調に限界を感じていると語ったのだ（Fletcher 2005）。こうした反応を受け、ブッシュ政権と共和党は、黒人教会で忌み嫌われる同性婚に焦点を絞ったキャンペーンを強めたのである（Diomne 2006）。

共和党アウトリーチの発想の転換は、民主党が従来行ってきた、エスニック集団、宗教、利益団体別の縦割り型アウトリーチとは異なる、人種やエスニシティという縦軸と宗教という横軸を微妙に交差させた立体的戦略にあった。こうした動きは二つのことを示唆している。

一つは、共和党の、宗教を横軸として用いた人種・エスニシティのアウトリーチが、アウトリーチ組織が対象分野ごとに縦割りで別個に存在する民主党の集票システムの行き詰まりと脆弱さを浮き彫りにしたこと。もう一つは、民主党内で黒人と別の人種・エスニック集団が対立を強めた場合、共和党がその機に乗じて間接的に票の受け皿となる可能性である。その場合、従来から黒人と折り合いのあまりよくなかったユダヤ系や韓国系のほか、ヒスパニック系も懸念要素となる。民主党にとって、宗教とどう向き合うか、マイノリティ集団間の和解促進をどう行うかが新たな課題として浮上したのである。

しかし、いささか議論を急ぎすぎたようだ。次項では、マイノリティの多様化、とくにアジア系、ヒスパニック系の増大にともない、一九九〇年代からアウトリーチが多元化しつつ開花していく様を見ていくことにしたい。

（2）人種・エスニシティ比率の変容とアウトリーチの開花

①マイノリティの多様化とアジア系

アジア系は出身地の地域や国の文化・歴史の相違などから、「アジア系」ではなく、日系、中国系、インド系、ベトナム系、フィリピン系といったアイデンティティを持っていることが多い。しかし、アメリカ本土の選挙現場では「アジア太平洋諸島系（Asia Pacific Islanders）」という国勢調査での分類用語を長年用いてきた。

アメリカの政党がアジア系に対するアウトリーチを手探りで開始したのは、一九九〇年代初頭という比較的最近である。一九九二年大統領選挙のビル・クリントン陣営の幹部に、フィリピン系女性のマリア・ヘイリーがいたことが契機となった。ヘイリーはフィリピン生まれであるが、アーカンソー州産業開発委員会に一九七九年から勤務していたことでクリントン陣営入りし、クリントン政権では大統領府で大統領特別補佐官などを務めた。このヘイリーがクリントンにアジア系票の重要性を説いたことにより、クリントン陣営と民主党全国委員会が始動したのである（Chen とのインタビュー 2014）。

ちなみに、アジア系の投票行動に関する全国レベルの記録集計が開始されたのも、この一九九二年選挙である。インド系などの南アジア系、またベトナム系、フィリピン系などの東南アジア系移民の増大を受け、ニューヨークでもアジア系アウトリーチが重視されるようになった。ただ、政党による組織的なアジア系全体へのアウトリーチはこの時期に始動したものの、それ以前にも中国系に限っては中国語へのポスター翻訳などの散発的な事例は存在した（図2-4）。

アジア系はアメリカでの歴史が比較的浅く、出身国をめぐる政治や歴史的な不和にアメリカ国内でも絡めとられる傾向にある。太平洋戦争やベトナム戦争などアジアを舞台にした二〇世紀の戦争が、現在でもなお、出身国の異なるグループ同士にしこりを残している場合もある。たとえば、強制収容所の記憶は、日系人の目覚ましい社会的

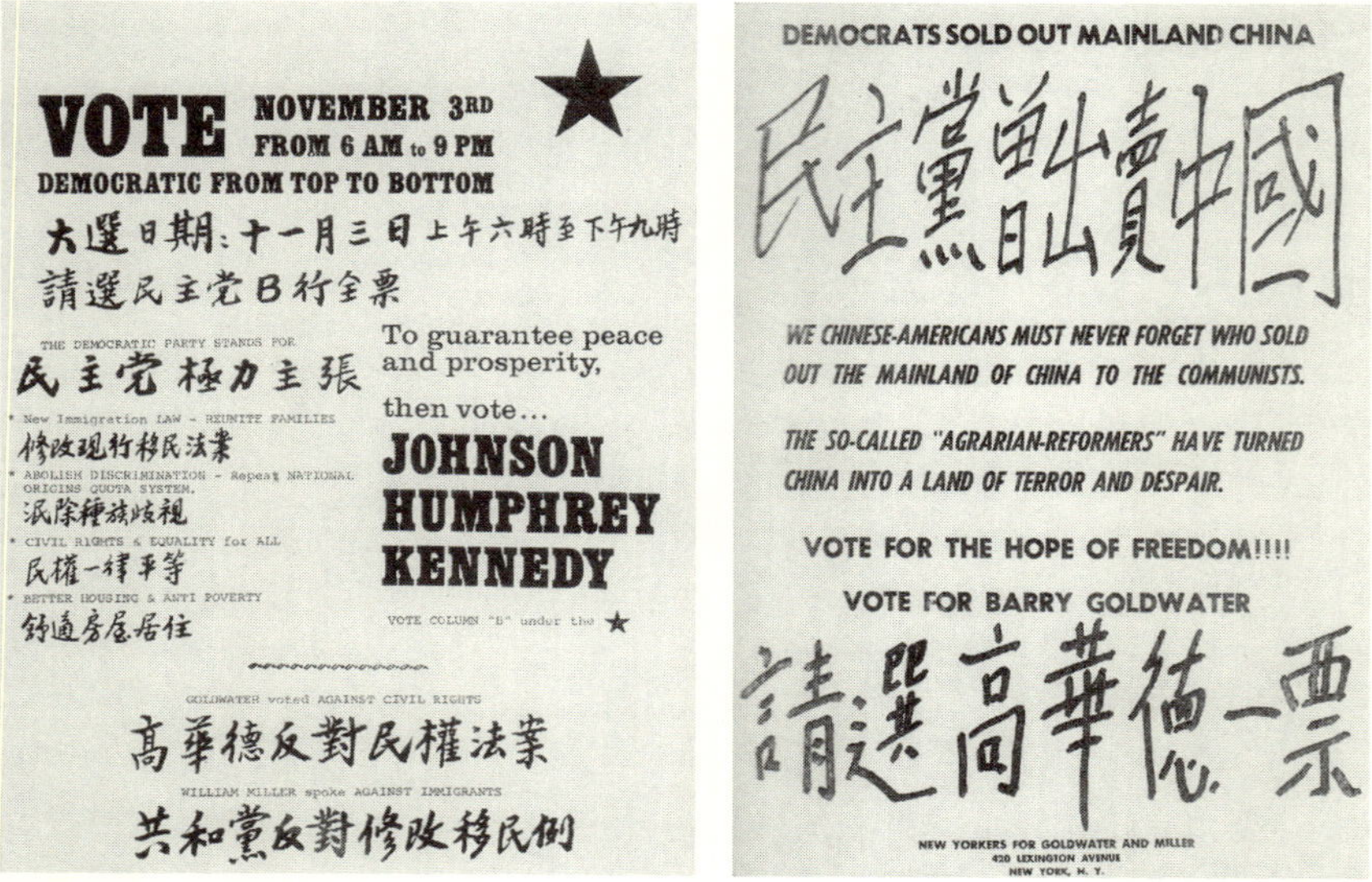

図 2-4　移民法改正を推進し公民権を重視するジョンソンへの投票を求め，それらに反対しているとしてゴールドウォーター（高華徳）を批判する中国語（繁体字）訳の 1964 年選挙広報（左）。「B（民主党）に入れるように」と書かれている。共和党のゴールドウォーター支持要請のビラ（右）は翻訳の域には達していないが，繁体字で「民主党は中国を（共産主義者に）売り渡した」「ゴールドウォーターに 1 票を」と書かれている。

出所） Wright 2008 : 231.

躍進の原動力にもなったが、アメリカ社会で政治的な孤立を避ける本能的な行動様式も醸成したとされる。政治的にあえて敵を作りたくはないという考えが、ハワイ州やカリフォルニア州の一部をのぞき、政治への参加を限定的なものにしてきたというのである。ニューヨーク州の日系人が、民主党のアジア系アウトリーチ枠から二〇〇〇年まで集団としては除外されていたのは、人口の少なさよりも、日系人は政治に参加しないという共通認識が民主党に深く浸透していたからである。

　このような問題は、近年増加傾向にある南アジア系にもあてはまる。宗教対立と長年の地政学上の問題から、インド系とパキスタン系が集団として親しい関係になることは難しい。そしてこうした傾向はエスニック集団間のギャップよりも、世代間ギャップとして顕在化する。出身国と周辺諸国の歴史的な緊張関係の記憶は、おおむね古い世代ほど強く持っているからである。

民主党では、アウトリーチの一環として特定のエスニック集団出身の大物閣僚や有名議員などをポスターの写真に加えたり、候補者の遊説に立ち会わせたりすることがある。エスニック集団の「希望の星」として、大物マイノリティ政治家のエスニシティをあえてクローズアップする手法である。公職への参入率や絶対数の少ないエスニック集団ほど効果的で、後発のアジア系にはこの方法がとくに有用であるとされてきた。一九九〇年代後半の民主党の地方キャンペーンでは、クリントン政権で商務長官を務めていた日系のノーマン・ミネタが、アジア系集票のシンボルとしてポスターの顔写真に多用された(15)(図2-5)。

アジア系の支持政党は一九九〇年代から二〇〇〇年代にかけて、民主党支持が共和党支持を上回る逆転現象を起こしている。大統領選挙における投票を概観すると、一九九二年に共和党に投票したアジア系は五五％で、民主党はわずか三一％だった。それがクリントン政権下では、一九九六年に共和党四八％、民主党四三％と拮抗し始め、二〇〇〇年にはついに民主党が三ポイント差で上回り、二〇〇四年になると共和党四四％、民主党五六％と差を広げた。

このようにアジア系の共和党支持は緩やかな下降傾向にあるが、ここでのポイントはアジア系無党派層の激減である。一九九二年には一五％ものアジア系が無党派層と回答しているのに、二〇〇〇年はわずか四％になっている。一九九〇年代を通してアジア系は保守かリベラルかどちらかに分極化し始めたのであり、それはまさに、アジア系へのアウトリーチが本格的に始動した時期と軌を一にしている。アジア系保守派選挙民が一九九〇年代に極端にリベラルへと転向した様子はうかがえず、政治的に中道的だった層がアウトリーチに巻き込まれる過程でリベラル色を増したと考えられる。その勢いは、アジア系アウトリーチにおいては民主党が優位にあったことを如実に物語る(16)。

民主党アウトリーチが優勢だったのは、アジア系独特の人口構成と無縁ではない。アジア系は全人口の約五％に過ぎないが、一九八〇年代に九五%、一九九〇年代に四八%もの増加率を記録しており、近年きわめて短い期間で増え続けているグループである。国勢調査局には二〇五〇年までに二一三%増加するとの試算もあり、これが現実化すると一〇人に一人のアメリカ人がアジア系となる。ネバダ州などはすでにこれと同じ増加率を記録しているが、民主党は事態を重く見て対策を強化してきたのである。

K・ラマクリッシュナンとT・リーが実施した全国アジア系アメリカ人調査(National Asian American Survey:以下NAAS調査と略記)においても、二〇〇〇年から二〇一〇年にかけてアジア系の人口増加の勢いが衰えていないことが見て取れる。二〇〇八年大統領選挙サイクルには六〇万人規模の新規のアジア系有権者が加わっている。アジア系は、カリフォルニア、ニューヨーク、テキサス、ハワイ、ニュージャージーというわずか五つの州に六〇%が集住している地域限定性が特徴である。このうち三分の一がカリフォルニア州に住む。二〇〇八年のNAAS調査では、アジア系の四五%が「投票することが予想される有権者(likely voters)」であり、内訳では日系(六四%)とフィリピン系(五二%)の比率が最高であり、他方でカンボジア系(二六%)が最低となっている。[17]

民主党は、アジア系にとっての投票障壁は言語と文化であると考え、アジア系の出身文化はとくに尊重するという選挙方針を、全国委員会の指示に従ってとってきた。たとえば、二〇〇〇年代前半に民主党全国委員会アジア太平洋諸島系アウトリーチ局長を務めた中国系のビクトリア・ライは、在任中、出身国別のアイデンティティを重視したアウトリーチを目指し、コミュニティリーダーの養成に力を入れた。また、この時期に全国委員会はキャンペーンで用いるアジア系の言語を広東語、北京語、韓国語、ラオス語、カンボジア語、ベトナム語、ヒンディー語に拡充している。アジア系の説得はアジア系によって行うべきだとして、二〇〇四年に「アジア太平洋諸島系の声(APIA Voice)」(APIA は Asian Pacific Islander American の略)という全国規模の動員キャンペーンを企画し、約四〇〇人のアジア系ボランティアを激戦州に派遣したほか、約三〇万人のアジア系ボランティアを電話作戦に動員した

図 2-5　2000 年民主党ニューヨーク州合同選挙対策本部による，アジア系選挙民への投票を促す広報。中国語（繁体字），韓国語によるビラ（表裏）。表面には日系のノーマン・ミネタの写真が用いられた。

(Kim 2005)。

これに対して二〇〇〇年代の共和党は、旧来のエスニシティ概念としてのアジア系を解体するアウトリーチを目指した。当時の共和党全国委員会委員長のケン・メルマンと同委員会でアジア系集票を担当したベトナム系のミナ・ナグエンは、有権者を職業グループやジェンダーなどに、個人の希望で分類した。アメリカ社会に「同化」して成功することを共和党は賛美し、それゆえにいつまでも移民扱いはしないという平等性の強調だった。ナグエンは「機会」「成功」という言葉に、共和党が志向するアジア系の将来を描いた(Ku 2005)。

もちろん、民主党のアジア系アウトリーチにも、旧来のエスニック集団単位の集票を超えた動きが皆無というわけではなかった。一九九〇年代以降、顕著に見られたのが、エスニック集団内に利益集団がサブグループとして組織される、いわばエスニック・アウトリーチの二層化である。アジア系の労働組合はその好例といえる。

労働組合そのものは、組織率の低下により、民主党内の数多くの支持基盤と比べて影響力を弱める傾向にある。しかし、一方で労働組合が都市部の新移民の間で濃密なネットワークとして組織され、一定の影響力を保っている例もある。たとえば、一九九〇年代から活発に選挙参加をしているのが、マンハッタンを中心に繊維業界組合を組織しているユナイト(The Union of Needletrades, Industrial and Textile Employees : UNITE)である。エスニック的には完全に中国系の組合であり、中国系のネットワーク内に労働組合が産業別に下部組織として埋め込まれている。

こうした集団は民主党の選挙アウトリーチの現場においては、エスニック集団の枠内で扱われる。労働組合にとどまらず、環境保護団体、公民権運動団体、消費者団体など、地域の利害や人口構成を反映して、特定のエスニック集団にメンバーが偏っている場合、エスニック集団としての結束と参加意欲を期待できるため、陣営は利益団体としてではなく、エスニック・アウトリーチの対象としてアプローチすることが多いのである。それゆえ、図2-6のように、労組や利益団体の広報物のエスニック言語への翻訳も盛んに行われてきた。(18)

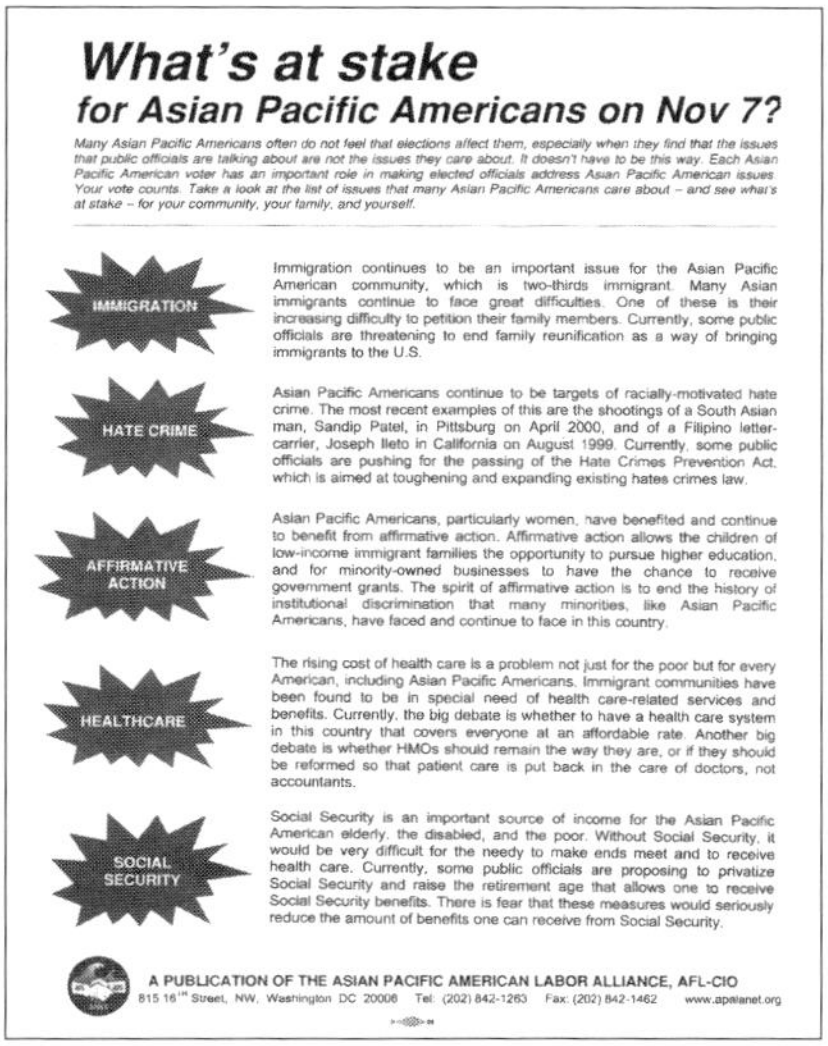

What's at stake
for Asian Pacific Americans on Nov 7?

Many Asian Pacific Americans often do not feel that elections affect them, especially when they find that the issues that public officials are talking about are not the issues they care about. It doesn't have to be this way. Each Asian Pacific American voter has an important role in making elected officials address Asian Pacific American issues. Your vote counts. Take a look at the list of issues that many Asian Pacific Americans care about – and see what's at stake – for your community, your family, and yourself.

IMMIGRATION

Immigration continues to be an important issue for the Asian Pacific American community, which is two-thirds immigrant. Many Asian immigrants continue to face great difficulties. One of these is their increasing difficulty to petition their family members. Currently, some public officials are threatening to end family reunification as a way of bringing immigrants to the U.S.

HATE CRIME

Asian Pacific Americans continue to be targets of racially-motivated hate crime. The most recent examples of this are the shootings of a South Asian man, Sandip Patel, in Pittsburg on April 2000, and of a Filipino letter-carrier, Joseph Ileto in California on August 1999. Currently, some public officials are pushing for the passing of the Hate Crimes Prevention Act, which is aimed at toughening and expanding existing hates crimes law.

AFFIRMATIVE ACTION

Asian Pacific Americans, particularly women, have benefited and continue to benefit from affirmative action. Affirmative action allows the children of low-income immigrant families the opportunity to pursue higher education, and for minority-owned businesses to have the chance to receive government grants. The spirit of affirmative action is to end the history of institutional discrimination that many minorities, like Asian Pacific Americans, have faced and continue to face in this country.

HEALTHCARE

The rising cost of health care is a problem not just for the poor but for every American, including Asian Pacific Americans. Immigrant communities have been found to be in special need of health care-related services and benefits. Currently, the big debate is whether to have a health care system in this country that covers everyone at an affordable rate. Another big debate is whether HMOs should remain the way they are, or if they should be reformed so that patient care is put back in the care of doctors, not accountants.

SOCIAL SECURITY

Social Security is an important source of income for the Asian Pacific American elderly, the disabled, and the poor. Without Social Security, it would be very difficult for the needy to make ends meet and to receive health care. Currently, some public officials are proposing to privatize Social Security and raise the retirement age that allows one to receive Social Security benefits. There is fear that these measures would seriously reduce the amount of benefits one can receive from Social Security.

A PUBLICATION OF THE ASIAN PACIFIC AMERICAN LABOR ALLIANCE, AFL-CIO
815 16TH Street, NW, Washington DC 20006　Tel: (202) 842-1263　Fax: (202) 842-1462　www.apalanet.org

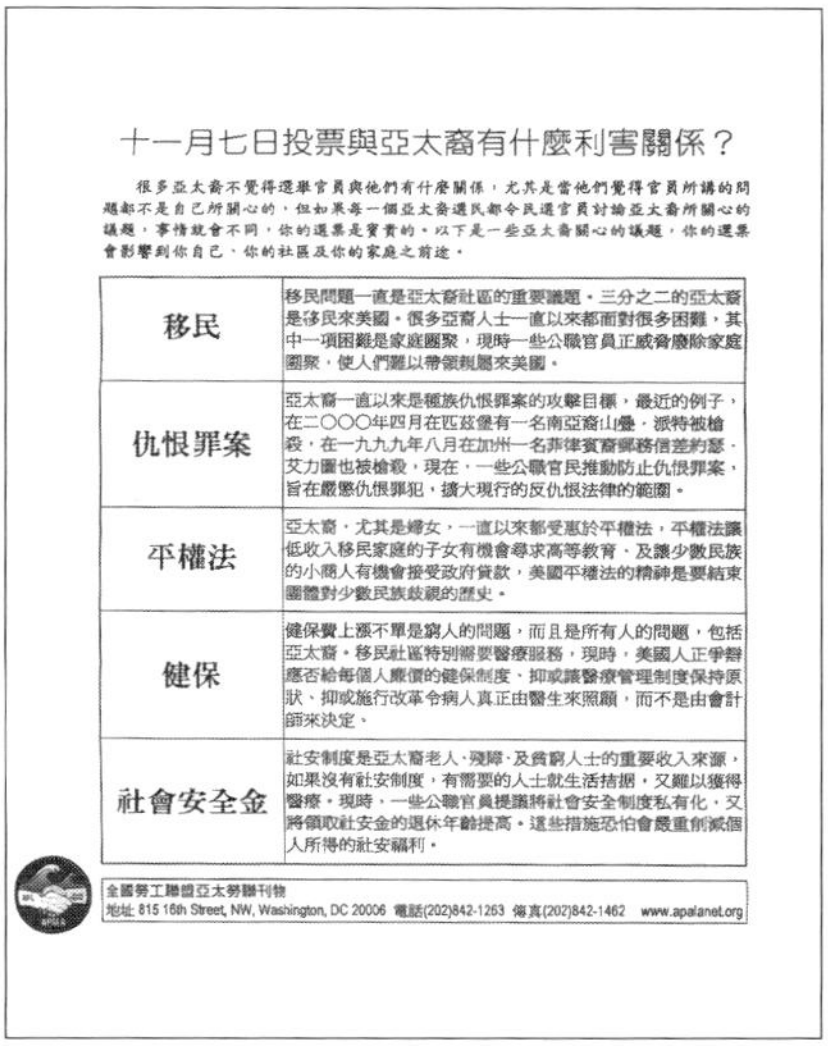

十一月七日投票與亞太裔有什麼利害關係？

很多亞太裔不覺得選舉官員與他們有什麼關係，尤其是當他們覺得官員所講的問題都不是自己所關心的，但如果每一個亞太裔選民都令民選官員討論亞太裔所關心的議題，事情就會不同，你的選票是寶貴的。以下是一些亞太裔關心的議題，你的選票會影響到你自己、你的社區及你的家庭之前途。

移民	移民問題一直是亞太裔社區的重要議題。三分之二的亞太裔是移民來美國。很多亞裔人士一直以來都面對很多困難，其中一項困難是家庭團聚，現時一些公職官員正威脅廢除家庭團聚，使人們難以帶領親屬來美國。
仇恨罪案	亞太裔一直以來是種族仇恨罪案的攻擊目標，最近的例子，在二〇〇〇年四月在匹玆堡有一名南亞裔山疊．派特被槍殺，在一九九九年八月在加州一名菲律賓裔郵務信差約瑟．艾力圖也被槍殺，現在，一些公職官民推動防止仇恨罪案，旨在嚴懲仇恨罪犯，擴大現行的反仇恨法律的範圍。
平權法	亞太裔，尤其是婦女，一直以來都受惠於平權法，平權法讓低收入移民家庭的子女有機會尋求高等教育，及讓少數民族的小商人有機會接受政府貸款，美國平權法的精神是要結束團體對少數民族歧視的歷史。
健保	健保費上漲不單是窮人的問題，而且是所有人的問題，包括亞太裔。移民社區特別需要醫療服務，現時，美國人正爭辯應否給每個人廉價的健保制度、抑或讓醫療管理制度保持原狀、抑或施行改革令病人真正由醫生來照顧，而不是由會計師來決定。
社會安全金	社安制度是亞太裔老人、殘障、及貧窮人士的重要收入來源，如果沒有社安制度，有需要的人士就生活拮据，又難以獲得醫療。現時，一些公職官員提議將社會安全制度私有化，又將領取社安金的退休年齡提高。這些措施恐怕會嚴重削減個人所得的社安福利。

全國勞工聯盟亞太勞聯刊物
地址 815 16th Street, NW, Washington, DC 20006　電話(202)842-1263　傳真(202)842-1462　www.apalanet.org

図 **2-6**　11月7日（2000年）の投票を呼びかける，アメリカ労働総同盟・産業別組合会議（AFL–CIO）とアジア太平洋諸島系労働者同盟の中国系グループが作成した配布物。表が英語（左），裏が中国語（右）。「移民問題」「ヘイトクライム」「アファーマティブ・アクション」「医療保険」「社会保障」が重要政策として掲げられている。

②ヒスパニック系の増加と移民をめぐる問題

アジア系に加えて、二大政党のアウトリーチ競争をいっそう激化させたのは、増大の一途をたどるヒスパニック系だった。第1章で述べたように、二〇〇〇年代の一〇年間でヒスパニック系人口は約五二〇〇万に増加し、約三八〇〇万の黒人人口を引き離した。二〇一一年調査における両集団の全人口中の割合はヒスパニック系が一六・七％、黒人が一二・三％と完全に逆転するに至っている[19]。マイノリティとしての存在を黒人だけが代弁する時代が終焉したわけであり、二〇〇〇年代以降は民主党のみならず共和党もヒスパニック系向けのアウトリーチを本格化させた。

ヒスパニック系は、南西部を中心に一〇前後の州に集住しており、とくに、第3章の事例でも確認するニューメキシコ州は、有権者の四割をヒスパニック系だけで占めている。ヒスパニック系の比率がまだ一割台の他の州でも、増加傾向が著しい。しかし、両党の勢力が拮抗する激戦州でヒスパニック票が最後の決定的な票として影響力を発揮できるのは、ニューメキシコ州（四〇%）、ネバダ州（一三%）、アリゾナ州（一六%）、フロリダ州（一三%）などに限られる。

そのため、ヒスパニック系アウトリーチは、激戦州で、ヒスパニック系有権者の絶対数と増加率が高い州に、限定的に投下することが効率上望ましいと考えられてきた。たとえば、カリフォルニア、テキサスの両州ではヒスパニック系人口が量的に多いが、二〇〇〇年代以降、全体としてイデオロギー的な分極化が激しくなり、青の州（民主党優勢）、赤の州（共和党優勢）の色が固定化してしまっている。それゆえ、ヒスパニック票のわずかな上乗せの重みは、前掲の諸州とは質的に異なるのである。[20]

一九八〇年から二〇〇〇年までの二〇年間、大統領選挙の総票数に占めるヒスパニック票のうち平均して約六五%が民主党支持だった。だが、ヒスパニック系は共和党にとって、比較的新規開拓しやすいマイノリティ集団でもあった。二〇〇〇年代のブッシュ政権はそのことをよく示している。二〇〇〇年の大統領選挙では、接戦となったフロリダ州で、キューバ系ヒスパニックがブッシュ支持に回ったことがブッシュ大統領の誕生に大きく貢献した。ブッシュ陣営は、最終的に三〇%以上のヒスパニック票を獲得している。また、二〇〇四年の再選選挙では、ブッシュ陣営は選挙年の三月からスペイン語の宣伝を打ち出しているが、これは民主党のケリー陣営よりも圧倒的に早い対応だった。[21] その結果、二〇〇四年に共和党を支持したヒスパニック系は四割を超えた。[22]

発展途上の票田としてのヒスパニック系は、可能性と問題の両面を抱えている。可能性は若年層の割合の高さである。二〇一二年の調査では、ヒスパニック系の約三三%が一八歳未満で、白人（非ヒスパニック系）の約二〇%を大きく上回っていた。また、六五歳以上が約二・五%しかいない。このことは、若年層対策の文脈でヒスパニック票が重要性を帯びていることを示唆しているが、次に見る投票率との関係で将来的に有権者数全体を底上げできる可能性の根拠にもなっている。[23]

他方、現状での問題は、投票率の低さである。たとえば、二〇一〇年の中間選挙ではヒスパニック系の投票率が三一・二%だったのに対して、白人は四八・六%、黒人は四四%だった[24]。ヒスパニック系の特徴として、有権者登録、投票行動が具体的に実生活にどのように跳ね返るのか、政治参加と日常生活の結びつきをめぐる想像力が、他の主要マイノリティ集団に比べて圧倒的に欠如しているとされてきた。公民権運動で権利を獲得して社会的地位を向上させてきた黒人の経験に匹敵するような、政治的結束を通じた集団利益獲得の記憶が存在しないことが、ヒスパニック系の投票率の伸び悩みの遠因だという指摘もある（G. Sanchez とのインタビュー 2011）。

しかし、黒人のように「負の歴史」を集団として抱えていない、このヒスパニック系のアイデンティティ上の新移民性はまた新たな可能性でもあり、それに着目した共和党は、旧来のマイノリティ対策の枠内でヒスパニック系を捉える民主党とは違うアウトリーチを目指した。共和党全国委員会ヒスパニック系アウトリーチを統括したラウル・ダマスは、民主党のヒスパニック系への姿勢は所詮「他者」に対する視線であるとして、民主党のヒスパニック系アウトリーチの姿勢を問題視した。すなわち、民主党全国委員長テリー・マコーリフが「ヒスパニック系の問題」として括る、教育・医療・雇用・移民問題はすべて一般アメリカ人の問題と何ら変わらない通常の問題群であり、これを「ヒスパニック系の問題」としてサブカテゴリーに押し込める姿勢は強引であると、ダマスは民主党を批判したのである。共和党はヒスパニック系と同等の目線で「隣人性」を強調し、ヒスパニック系の自尊心を引き出す心理的効果を狙ったのだった（Damas 2002）。

ヒスパニック系の同化率は圧倒的に低く、スペイン語しか解さない者も多いため、スペイン語での選挙キャンペーンが必然的に求められた。共和党のスペイン語放送に脅威を感じた民主党は二〇〇〇年代中頃から、地上戦と空中戦を区別してきた旧来の選挙運動手法を見直してきた。民主党全国委員会エスニック・地域別メディア戦略担当であり、後にオバマ政権大統領府でヒスパニック系メディア局長を務めたルイス・ミランダは、すでに二〇〇五年時点で次のように指摘していた。

選挙コンサルタントは概して空中戦の設計者であり、地上戦の指揮経験が少ない。アウトリーチには疎い人物が多く、その重要性すら認識していない。そのためアウトリーチと空中戦が上手く連携しないことが多く、それが現場のアウトリーチ担当者のフラストレーションの根源として積もり積もってきた。エスニック・メディアについての知識や人脈はアウトリーチ担当者のほうがあるにもかかわらず、空中戦はメディア担当が扱う。そのため勘所をおさえたメッセージにならず、エスニック・メディアの利用も散漫だった。今後は、たとえばヒスパニック系向けの広報宣伝はヒスパニック系対策の中で行う方向に改善していく。(Miranda とのインタビュー 2005)

ヒスパニック系の増大は、他のエスニック集団にも少なからぬ影響を与えた。ヒスパニック系の出現で、総人口に占めるマイノリティの割合そのものは拡大したが、マイノリティごとの境界線はかえって強まり、政治的なエスニック・アイデンティティが勢いを増している。

第一に、前述のようにこれまでマイノリティの代名詞であった黒人の政治的な存在感が相対的に薄まり、黒人が数あるマイノリティの一つになった。二〇世紀後半を通して、人種対立の構造の中、アメリカ政治で存在感を示し地位を獲得してきた黒人は、人種問題における典型的な不利益者であることによって政治力を維持するというモデルを脱皮する必要に迫られている。

第二に、マイノリティ内でも、アジア系に代表される少数グループの焦りが見られる。昔ながらのエスニック・アイデンティティに固執することからの解放を呼びかける共和党的な方向性もある一方で、依然として「アジア系」という旧来型の人工的枠組みを強調する民主党的アウトリーチがアジア系に受け入れられているのは、エスニシティ意識をあらためて強め「エスニック単位の利益集団」として団結しなければ、他の移民に利益を奪われるという危機感がアジア系内部に広がったからでもある。

アジア系を「モデル・マイノリティ」の美名のもとに、これ以上の保護は必要ない優秀なグループであるとして片づけることに反発する声が二〇〇〇年代から再び上がるようになった。社会的に成功著しい日系や、コミュニティの相互扶助が確立している絶対人口の多い中国系の陰に隠れ、東南アジア系移民の貧困が無視されがちだからである。二〇〇〇年の時点で貧困ライン以下の生活を強いられている東南アジア系移民が、ラオス系に三八%、カンボジア系に二九%、ベトナム系に一六%もいるとされた。移民をめぐる議論がヒスパニック系ばかりに集中し、雇用や教育の便宜で圧倒的に不利になりつつあると感じるアジア系では、黒人やヒスパニック系に利益を奪われまいと、エスニック単位で数を少しでも集めて政治力を行使しようとする動きが強まったのである(Clemetson 2004)。

アジア系移民が「同化」を優先してエスニック意識を失うのではなく、「アジア太平洋諸島系」の意識を持つ選挙民グループとして政治力を増大させようとする動きとしては、全

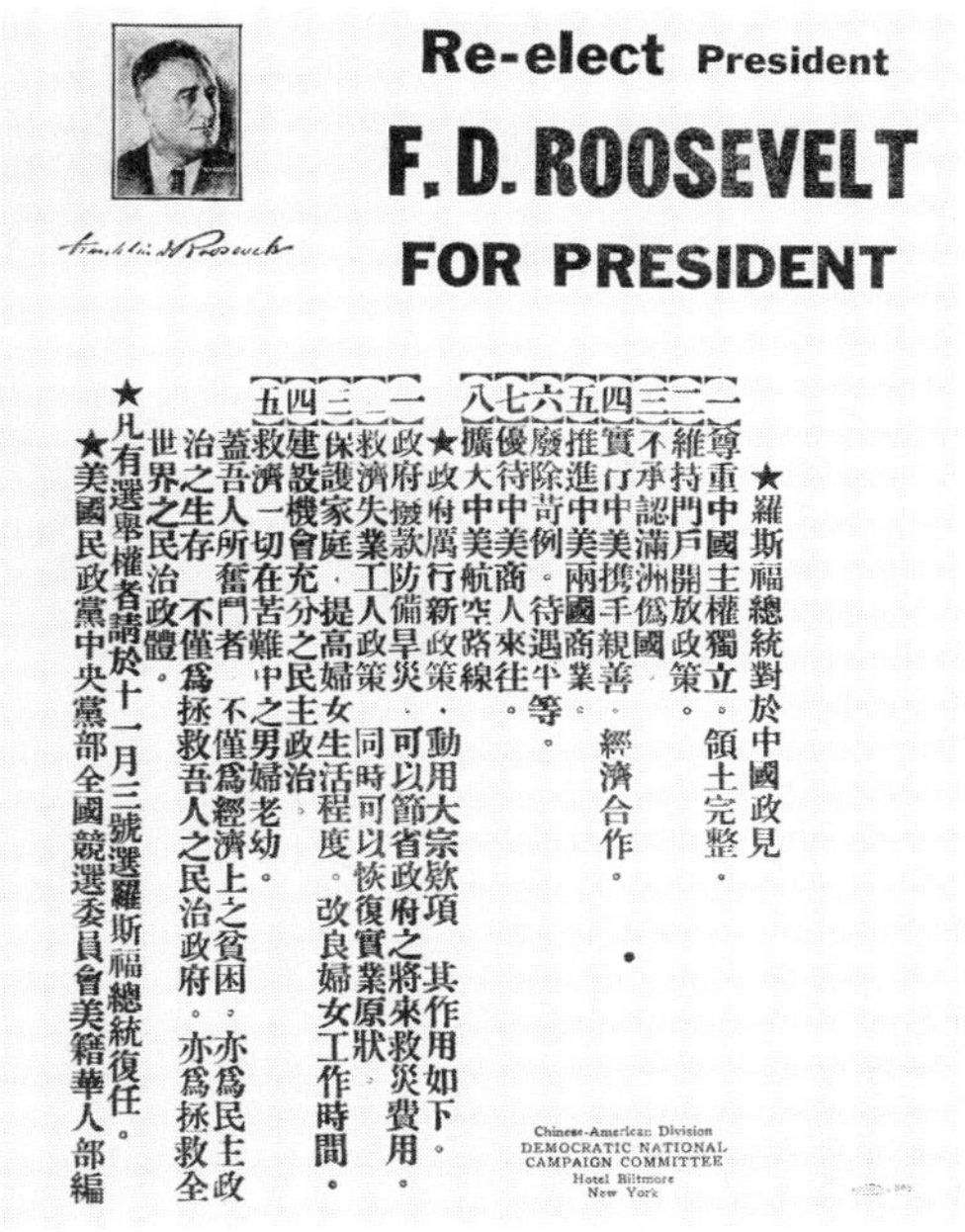

図 2‒7　「中国の主権」「門戸開放政策の維持」「満洲国不承認」など中華民国への支持を中国語で訴え，ローズベルトへの投票を求めたポスター。移民の出身国へのアメリカの外交政策を強調した例。

出所）Wright 2008 : 179.

米太平洋アジア系アメリカ人法律協会のカレン・ナラサキの運動が代表的である。二〇〇三年にカリフォルニア州は「公共教育や雇用、公的契約を結ぶ際に、州政府は個人をその人種、民族、肌の色、または国家的ルーツによって類別してはならない」とする法案を提出した。マイノリティを平等に扱うための提案であったにもかかわらず、これにナラサキらアジア系団体から反対運動が起きた。法案が可決されれば、州政府、地方自治体政府ともに人種、エスニシティにそった情報収集ができなくなるため、アジア系コミュニティの教育、経済、人権保護の状況を州政府も議員も把握できなくなる。その結果、不利益を被るのは自分たちだというのが、抗議するアジア系の主張だった（Chow 2003）。

ヒスパニック系の増大でマイノリティの種類に幅ができたことが、それぞれのマイノリティの利益保護の観念をかえって強め、ぼやけつつあったエスニシティの境界線への認識を高めたのである。人種やエスニックな起源での「差別」には断固反対するが、表面的な平等のために実際の不利益を被るくらいならば、現実として消えてはいない人種やエスニックな起源ではっきり「区別」を続けてほしいという複雑な要求に、それは表れている。たとえば、民主党全国委員会は二〇〇五年にディーン委員長の下で、全国委員会本部内にそれまでのアウトリーチ・デスクに代わって各選挙民グループへのアウトリーチを包括的に行う統合的な組織を作り上げた。しかし、複数の選挙民グループから反発が相次いだ。黒人デスク、ネイティブアメリカン・デスク、ＬＧＢＴデスク、障害者デスクなど、社会経済的な地位向上の欲望がアイデンティティの生成に大きく影響しているマイノリティ集団からの異論がとりわけ大きく、「ほかのグループと混ぜないでほしい」という「区別」と「境界線」の再強調を求める声が噴出したのだった。

アメリカ公民権インスティチュートのワード・コナリーは、「人種問題を解決したいのなら、肌の色と祖先でアメリカ人を分類する伝統的方法を改めねばならない。黒人は自分たちが組織的な人種差別の被害者であるという観念をもう捨てるべきだ。白人は罪の意識を持つのをやめ、罪の意識から逃れるために誤った政策に加担することを自制すべきだ。アジア系やヒスパニック系は、人種による優遇策が何十年も続いてきたからといって、今度その利益を受けるのは自分たちだと考えることは許されない」と述べ、こうした流れを戒めた（Connerly 2003）。

しかし、アメリカのエスニック社会は、政治的利益の配分をめぐっては、融合路線には進んでいない。本書の第4章で検討するように、アジア系は二〇〇四年の選挙以降、さらに大規模な有権者教育、有権者登録の促進、またアジア系コミュニティ内での市民運動の鼓舞に余念がない。そこにはエスニック集団間の利益と権利をめぐる争いがあり、対立軸や利益の観念を票につなげたい候補者の選挙アウトリーチとの共謀的な姿勢も芽生えつつある。

ところで、エスニック集団向けのアウトリーチとの関係では、移民向けの政策への配慮も重要になる。想起されやすいのは、不法移民をどう処遇するか、社会的権利の保護をどうするかなど、直接的な移民政策であろう。アファーマティブ・アクションやヘイトクライムへの対応でも判断が問われる。

一方、いささか意外なのは、移民の出身国をめぐる外交政策の、エスニック集団アウトリーチへの影響である。アメリカへの移民には、経済的窮境を脱するためであれ、戦火や政治体制を逃れてであれ、やむなくアメリカに流れ着いた者も多い。一世代目は、まだ親族が出身国で存命であることも少なくない。そのため、彼らの政治への要求も、自然と祖国との外交政策に向きやすい。また、親族がもはや出身国に存在しないほど時間が経過していても、エスニシティに対して特別な歴史的感情を抱いている集団もいる。アイルランド系やユダヤ系がその典型例であろう。

たとえば、一九九二年の大統領予備選挙でビル・クリントンは、アイルランド系イエズス会司祭でもあったジェリー・ブラウンにコネチカット州で敗れたが、敗因はアイルランド系問題にあると考えられた。アイルランド系のエドワード・ケネディやダニエル・P・モイニハンは、ニューヨーク市、ボストン市、シカゴ市のアイルランド系

図 2-8　2000 年のクリントン = ゴア合同選挙陣営による「アイルランド系アウトリーチ」のための広報物。中央はアイルランドのバーティ・アハーン元首相。

カトリック信徒、つまりレーガン・デモクラットを取り込むには、北アイルランド問題に向き合うべきだと指南した。助言に従ったクリントンは、アイルランド民族主義を掲げるシンフェイン党のジェリー・アダムズをホワイトハウスに招き、ジョージ・ミッチェル元上院院内総務をアイルランド、イギリス、北アイルランドの調停に派遣した。そして、一九九五年一一月にクリントン自身もアイルランド訪問を実現させた。

これが一九九六年の再選にどの程度寄与したかは明確ではないが、一九七〇年代から二〇〇四年までのすべての大統領選挙の中で、一九九六年の民主党は最も多いカトリック票の得票を記録した。しかもこの成果は、夫人のヒラリーが連邦上院議員に立候補した際の選挙運動において、落下傘候補にもかかわらず、ニューヨーク州のアイルランド系票を短期にとりまとめることができた大きな要因と考えられている（民主党ニューヨーク州スタッフとのインタビュー 2005）（図 2-8）。

また、NATOの拡大は、ポーランド系やチェコ系のカトリック票を獲得することにもつながったとされている。

さらに、クリントンの中東和平への積極介入は、ユダヤ系とアラブ系とのバランスをとる上で欠かせない実績だった[25]。こうしたクリントン政権の外交遺産は、夫人のヒラリーに継承され、ニューヨーク州の選挙区でのエスニック票アウトリーチに貢献しただけでなく、オバマ政権の国務長官としての関心事にも反映され、そのまま書籍を通して二〇一六年の大統領選挙でのアピール要因にもなる継続的なサイクルを描いている[26]。一般的にいって、アウトリーチに活用可能な外交遺産は、候補者とその家族が引き継ぐ属人性に特徴があるが、いうまでもなく陣営への攻撃材料になる失政の過去も同時に引き継ぐことになる。

(3) 宗教とアウトリーチ

①宗教アウトリーチの起源――共和党の福音派動員

選挙と宗教が関係を深めた経緯、いいかえれば選挙アウトリーチをめぐって宗教が選挙に急接近したのはいつ頃だろうか。分水嶺となったのは、一九七〇年代後半から八〇年代前半に加速した、福音派原理主義者の組織的な政治参加だった。具体的には、一九七三年の連邦最高裁のロー対ウェイド判決により人工妊娠中絶が合法化されたことが臨界点となり、宗教保守派の政治化が本格化したことに端を発するが、一九七〇年代後半の連邦通信委員会による規制緩和とケーブルテレビの普及とにより、放送を通じた宗教活動がきわめて容易になったという、制度やインフラストラクチャーの整備も無関係ではなかった。こうしたなか、一九七九年に誕生したモラル・マジョリティは、ジェリー・ファルウェルを看板に、人工妊娠中絶や同性愛への反対、家族の価値の評価、ポルノなどメディア表現への規制を政治争点化することに成功し、宗教右派を一つの大きな政治潮流としてアメリカ政治に定着させた[27]。

しかし、政党の組織的な宗教アウトリーチの起源となれば、共和党によるクリスチャン・コアリションを用いた戦略に遡ることができよう。一九八八年に共和党の大統領予備選挙に出馬したロバートソンが一九八九年に設立したクリスチャン・コアリションは、一九九四年の中間選挙における共和党大勝に大きく貢献するまでに組織力をつけ、共和党にとって草の根による信仰票とりまとめのモデルとなった。このモデルは、ブッシュが福音派の圧倒的な支持で再選を果たす二〇〇四年の選挙にまで受け継がれていった。

コアリションを集票マシーンとして組織化したのは、ロバートソンを支えてコアリションを立ち上げ、一九九七年に政治コンサルタントに転身するまではコアリションの事務局長を務めたラルフ・リードである。リードは高額のコンサルタントには頼らず、草の根の動員教育のワークショップ運営や「投票ガイド」の作成、フォーンバンクなどに予算を注ぎ込んだ。地上戦で機能する草の根の基盤を築くことを最優先したからである。草の根のインフラ作りを目論んだリードは、アメリカ労働総同盟・産業別組合会議（ＡＦＬ-ＣＩＯ）にコアリションをなぞらえたほどである（Reed 1994）。

コアリションが育てた福音派のネットワークは、前記のように二〇〇〇年代のＷ・ブッシュ陣営における宗教アウトリーチに受け継がれたが、共和党は二〇〇〇年代以降、福音派一辺倒からの脱却を視野に、カトリックの掘り起こしにも手を伸ばしていった。それを象徴するのが、共和党全国委員会本部カトリック・アウトリーチのマーティン・ジレスピー率いる「カトリック・チーム・リーダー・アウトリーチ」プログラムだった。ブッシュ大統領が、恵まれない立場の人々に対する思いやりのあるアメリカを創造しようと協力を呼びかけたプログラムである（Abbott 2004 ; Feuerherd 2004）。

ブッシュが二〇〇〇年のキャンペーンで使用した「思いやりのある保守主義」というテーマは、共和党内の穏健派対策でもあったが、より厳密には、政府の貧困問題に同調的なカトリック信徒の取り込みを意識して打ち出された宗教アウトリーチであった（Edsall 2006）。ブッシュ政権のカール・ローブは、カトリック指導者との週に一度の電話会議も開催した。オハイオ、ミシガン、ペンシルバニアという激戦州の人口の約四分の一がカトリックであり、そのうちの少なからぬ人々が、一九九二年にクリントンに投票することで民主党に帰還したかつてのレーガン・デモクラットだったことをローブは強く意識していた。

ブッシュ政権は、「道徳の衰退」を「社会的刷新」に変更するといった、カトリック向けの表現への置き換えなどレトリックにも細かい配慮をした。とりわけ、「生命の文化」というヨハネ・パウロ二世が好んだ言葉は、人工妊娠中絶反対をめぐるブッシュの常套句として使われた（Moore and Slater 2007）[28]。スピーチライターのマイケル・ガーソンは、宗教レトリックを効果的に政治スピーチに盛り込む鍵として、悲しみや苦しみへの慰め、信仰がアメリカに与えている歴史的影響、貧困解決への信仰の力などの強調、聖歌・賛美歌や聖書の引用、神の摂理への言及を重視したと述べている。

要するに、共和党の宗教アウトリーチは、それまでの福音派の動員を超えて、ブッシュ政権時代に中道穏健派の敬虔なカトリックを対象にした、幅の広いものに進化したといえる。候補者の理念をめぐるポジショニング（立場の自己規定）が二〇〇〇年の大統領選の帰趨を決したと分析するH・ノーポスとS・アイエンガーは、ブッシュの「思いやりのある保守主義」はそれが具体的に何を指し示しているのかが結局のところきわめて不明確なまま使用された曖昧なフレーズであったが、具体的な定義とは無関係に、保守主義への忠誠を保ちつつ同時に穏健層にも食い込む上で奏効した理念だったと評価している（Norpoth and Iyengar 2002）。

②民主党宗教アウトリーチの突破口としてのカトリック票

このように、宗教に特化したアウトリーチの展開においては共和党が先進的だった。世俗派が主流の民主党は、アイルランド系などのカトリック信徒を支持基盤としながら、長年アイルランド系のことも、イタリア系のことも、エスニック・アウトリーチの対象としてしか位置づけてこなかった。その原因の一端は、マクガバン改革により一九七〇年代以降、民主党の基礎票として大きな力となってきた女性票とフェミニズムにある。女性解放運動が重要視する人工妊娠中絶における選択権、すなわちプロチョイスの立場は、中絶を認めないキリスト教のプロライフの立場と相容れないからである。二者択一の中で、民主党は女性票を優先してきた。

民主党全国委員会本部で宗教アウトリーチ局長を務めたアレクシア・ケレイは、「民主党候補としては、いかなる条件下においてもプロチョイスを標榜しない限り出馬は事実上難しい」と指摘する。たとえ本人がカトリック信徒で中絶に反対していても、公職に立候補する場合、プロチョイスの立場を表明することが、「民主党の候補者としてのリトマス試験」に合格する上で求められてきたのである。(29)

しかし、共和党がカトリック票にも触手を伸ばすなか、民主党としてはカトリック票の喪失を座視するわけにはいかなくなった。そこで民主党は、宗教アウトリーチを放棄する姿勢を徐々に修正し、カトリックの民主党支持を再構築することを二〇〇〇年代後半のアウトリーチの重要課題に据えた。

カトリック票をめぐって重要なのは、第一に、共和党、民主党の両方に支持が分散していることである。カトリック信徒は、個人の信仰の立ち位置によって、重要な争点の認識も争点の評価も異なり、特定の党や候補者を半永久的に無条件で支持することはない。それゆえに、政党や候補者側にとっては選挙のたびに支持を獲得しなければならない手間と裏返しに、アウトリーチ次第でいかようにも候補者への評価が逆転する可能性があるのである。

そして第二に、より重要なのが、カトリックの教義の性質上、慈善活動など公共的な社会参加を是とする信者が大多数で、選挙にとどまらず政治全般への関心が他の集団と比べても格段に高いことである。福音派原理主義者などに顕著な、プロテスタント系のシングルイシューでの散発的な政治参加とは異質で、コミュニティの福祉から、戦争の是非まで、カトリック信徒にとって公共空間に関心を持ち参画していくことは大きな義務である。(30)そして人工妊娠中絶、幹細胞研究など「生命倫理争点」への偏りが強いほど共和党支持に傾きやすく、貧困、平和、死刑などの「社会正義争点」への偏りが強いほど民主党支持に傾きやすい（Diome 2006）。

こうしたなか、一九七六年の大統領選挙以来、全米カトリック司教協議会（National Conference of Catholic Bishops : NCCB）は、選挙に向けた声明を出しており、それが政党のアウトリーチ担当者にとっての手引となっている。たとえば一九九五年に翌九六年の選挙を意識して全米カトリック司教協議会が発行した『政治責任――生命への福音を宣言し、弱者を助け、公共善を追求する』は、それを基に民主党全国委員会が発言・応答要領メモを作成し、その後も継続して使用している。同冊子は「カトリックが重視する二〇の争点」として、人工妊娠中絶、軍縮と兵器売買、教育、死刑制度、メディアの過剰表現、経済、差別と人種問題、環境正義（環境問題）、安楽死、家族と子供、食と農業、健康とエイズと医薬品の乱用、住居、人権、移民、国際関係と国連、難民、地域問題（東欧、中東、ラテンアメリカ、アフリカ）、暴力、社会保障改革を掲げている(31)。

民主党、共和党ともに全米カトリック司教協議会の立場とすべての点では一致しない。しかし、八割以上の争点で民主党との親和性が高い。民主党と例外的に相容れないのは、部分的中絶を含む人工妊娠中絶と社会保障改革をめぐる度合い、さらに安楽死についてである。他方で、共和党とは人工妊娠中絶と安楽死への反対で一致するが、そのほかほとんどすべての争点で歩調が合わない。カトリックは本来は民主党と足並みを揃えやすいことが、このことからも明らかである。

ちなみに、カトリックの立場と両党ともに一致していないのが死刑制度である。協議会は死刑制度に反対しているが、共和党は強く死刑制度の存続を求めてきた。また民主党も死刑を容認する姿勢を示してきた。アウトリーチではこれらの一致点、不一致点を考慮して、協議会との共通項を強調する候補者の主張作りを行い、不一致点については言及を控えることになる。

民主党が、共和党に信仰票を根こそぎ奪われることに対して強烈な危機意識を持つようになったのは、二〇〇四年大統領選挙でカトリックのジョン・ケリーが敗北して以降である。根本的な問題は、候補者やコンサルタントらの宗教アウトリーチへの理解不足であった。候補者や陣営上層部には、外部コンサルタントの高額報酬を回収するため、コンサルタントの短期戦略を重用し、アウトリーチ担当者の役割を軽視する傾向があった。せっかく備えたアウトリーチ部局に独自の戦略的権限を与えず、キャンペーンの周縁に追いやる傾向すらケリー陣営には散見された。ケリー陣営本部の宗教アウトリーチ局長マーラ・バンダースライスは、本来は「愛」という概念を民主党のキャンペーンの基礎哲学にしたかったと、二〇〇四年の選挙から一年ほどして次のように回顧している。

民主党内の世俗派と信心派の合流は難しい。しかし、宗教アウトリーチの意義は、心に潜む善なるものを引き出すこと、信仰心そのものを選挙民から引き出すことにある。カトリック的な観点から考えても、公民権を愛する、人権を愛する、平和を愛する、という点で、世俗派と称される民主党内部の大半にも基本的に「宗教心」があるのだ。それを引き出す。そもそも黒人の公民権運動にしても、キング牧師が指導した宗教運動だったわけであり、宗教とはそのような、人を愛することから始まっている運動であることを理解させ、その善なる想いで民主党をまとめあげるしかない。（Vanderslice とのインタビュー 2005）

いいかえれば、二〇〇〇年代半ばまでの民主党の宗教アウトリーチ軽視が浮き彫りにしたのは、コンサルタント依存選挙の弊害だった。たとえば、コンサルタント的発想からすれば、演説原稿に候補者がカトリック信徒である点を文言の上で二、三箇所滲ませれば十分だという判断に陥りがちである。世俗主義のイメージが強い民主党候補としては、象徴的な宗教体験を盛り込むだけで世俗臭を除去できるだろうと「レトリックの次元」の工夫に労力が注がれ、また候補者をめぐる「信仰ストーリー」の作成に躍起になる傾向も見られた。

しかし、それらはいずれも候補者単位、選挙単位で、信仰問題で転ばないように切り抜けるための一時策でしかなかった。価値問題と向き合うための新たなロジックを提供し民主党内部の結束を本質的に高めるための長期的な戦略にまでは、陣営幹部の目は向きにくかった。残念ながら、世俗派が潜在的に持っている信仰心を「愛」という共通基盤への眼差しから引き出すというバンダースライスらによる斬新なアウトリーチの取り組みは、二〇〇四年の選挙中には浸透するに至らなかったのである。

③「宗教左派」運動と、信仰を基盤とするコミュニティオーガナイズ活動との共闘

そうしたなかで、二〇〇五年以降の民主党の宗教アウトリーチは、信仰心の深さをもとにリベラルな政策の実現を求める、「宗教右派」の民主党版ともいえる草の根の運動をまず応援し、その後に運動を政党の選挙戦や政権運営に接続するという方法を模索した。この「宗教左派」とも呼ぶべき新たな動きを牽引したのは、後にオバマの信仰アドバイザーも務める福音派牧師のジム・ウォーリスであった。ウォーリスの団体が特徴的なのは、福音派団体として信仰理解においてはきわめて保守的であるにもかかわらず、社会的な発言や外部への関与の仕方がリベラルなことである。

ウォーリスは、「キリスト教徒の政治参加」がそのまま「宗教右派」を意味した一九八〇年代から九〇年代にかけての社会的通念からの脱却を訴え、「公共領域」すなわち政治へのキリスト教徒の活発な関与を奨励しつつも、扱う問題に旧来の宗教右派とは正反対のリベラルな争点を掲げた。ウォーリスは、宗教の政治関与を一切認めない「政教分離のアメリカ連合」などのリベラル派団体を「原理的世俗派」と呼び、「宗教的言語」を用いる政治家への糾弾を戒めた。また、選挙民に対しては、「道徳的価値」の定義の固定化による争点の限定を改めるよう説いた。二〇〇四年選挙サイクルで民主党全国委員会本部の宗教アウトリーチ局長を務めた前出のケレイは、ウォーリスに共鳴して次のように述べている。

アメリカの良心的な、信心深い層は、アメリカは、信仰よりも党派的な政治議題を優先した層にハイジャックされていると感じている。それはネオコンサーバティブ的な政治とブッシュが体現するアメリカ、すなわち、社会的セーフティネット反対、貧困層無視、また外交関係軽視で結果として真の安全保障も生み出さない、といったものだ。実はこれらの政策は、アメリカにおける真の宗教的伝統に基づく価値観とは一致しない。キリスト教は、ジム・ウォーリスが述べているように、たとえば貧困、孤児、社会的あるいは経済的な正義、こうしたキリストが触れている問題に依拠している。キリストは同性愛についてもほとんど触れていない。新約聖書でパウロが若干触れているに過ぎない。大切なのは個人の責任の強調だ。(Kelley とのインタビュー 2006)

ケレイ自身も、いったん民主党全国委員会など党組織の仕事からは退き、リベラル派宗教票へのアウトリーチを草の根で深める方向を模索した。二〇〇五年に設立された「公共善のために同盟するカトリック (Catholics in Alliance for the Common Good)」はそうした経緯で生まれた組織である。

ケレイは民主党全国委員会本部での反省に基づき、分裂しがちな「空中戦」と「地上戦」を草の根組織を舞台に融合することを目指した。「空中戦」の次元では、ゾグビー社と提携してカトリック信徒の世論調査を実施し、オハイオ、ミズーリ、ペンシルバニア、バージニアの各州に絞り、計一二種類の新聞広告を実験的に掲載した。また、「空中戦」に慣れていないカトリック教会の指導者三〇人を全国から召集し、専門家によるメディア・トレーニングを受講させるなどもした (Kelley とのインタビュー 2006)[32]。

また、「地上戦」の次元では、GOTVを支える有権者教育として、『公共善への投票——誠意あるカトリックのための実用的ガイド』と題されたカトリック信徒向けの投票ガイド冊子を作成し、紙媒体による一〇〇万部に加えて電子媒体でも広く配布した。公称では、五〇州で二〇〇〇人にも及ぶボランティアを集め、オハイオとペンシルバニアの二州に特化したフィールドオペレーションでは二〇万部の配布を二〇〇六年の中間選挙までに達成している。『実用的ガイド』はわずか一一頁ではあるが、アジア系やヒスパニック系アウトリーチに顕著な、新移民向けの投票方法の説明に終始する単純なＧＯＴＶの「ガイド」とは異なり、カトリック信徒にとって重要な政策課題群と投票への指針を示した、「認知コスト」に配慮した政治色のある内容だった。(33)

同ガイドの前文では、「近年、候補者選定にあたり、わずか数個の争点を単純なリトマス試験として候補者を選ぶよう勧める者もいるが、教会は貧困、戦争、人権、環境など、争点をもっと広い枠で考えることを求めている」と述べられている。ケレイらが試みたのは、民主党内の分裂と共和党へのカトリック票流出の最大の元凶となっている人工妊娠中絶や同性愛問題などの「絶対的価値」から、たとえわずかでもカトリック信徒を意識的に解放し、広く公共的な利益を優先して候補者を選定させることだった。「公共善を判断基準に投票せよ」と訴えることで、リベラル派の取り込みだけでなく保守的なカトリック信徒からも一定の理解を引き出そうという野心的な取り組みであったといえる。ただ、こうした「ガイド」は、政治的にカトリック教会が許容するぎりぎりの線であることから、記述には注意深い配慮も必要だった。

民主党の宗教アウトリーチは、世俗派にも公共領域における信仰に基づく価値観の存在を認めてもらう必要性を感じていた。たとえば、カトリック信徒のリベラル派にとって人権の概念は話し合いの糸口になりうるが、そうした共通概念は世俗派にとっての糸口でもある。前出のバンダースライスは、「同性愛婚やゲイの問題も、彼らの人権や権利を尊重するという点からは、カトリック信徒も理解できる土壌はある。人工妊娠中絶の問題での合意形成はより難しいが、そこにも何らかの共通概念を求めることから始めるしかない」と述べているが（Vanderslice とのインタビュー 2005）、こうした言い方からもそのことはうかがわれるだろう（この点について詳しくは後述する）。

民主党による宗教アウトリーチの巻き返しを下支えしたもう一つの動きは、教会を基盤とするコミュニティオーガナイズ活動との合流だった。ケレイは「宗教左派」運動のマニフェスト的文書として『皆のための国家（A Nation For All）』を二〇〇八年に発表した。ペンシルバニア州選出の連邦上院議員ロバート・ケーシー二世は同書の冒頭に文章を寄せ、「私たち対彼ら」という対立の枠組みが陳腐化しているとして「公共善」の重要性を説いている。

また同書の巻末では、宗教左派運動を担う四七の重要団体のリストが示されている。カトリック・チャリティＵＳＡ（Catholic Charities USA）、ＵＳカトリック・ミッション協会（US Catholic Mission Association：USCMA）などカトリック系の団体が主力であるが、ジム・ウォーリスが主催するサジャナーズなどリベラル系福音派組織も列挙されている。興味深いのは、ガマリエル協会（Gamaliel Foundation）、エイコーン（ACORN：The Association of Community Organization for Reform NOW）といったコミュニティオーガナイズ団体が、宗教左派系の重要団体に分類されていることである。同書の解説では、ガマリエル協会は「独自の草の根組織と力強い信仰に基づく地域社会を創り、維持し、拡大していくための地元密着のコミュニティリーダーを育成する」組織と定義されている（Korzen and Kelley 2008）。

シカゴを本拠地とするガマリエル協会は、オバマがコミュニティオーガナイザーとして訓練を受けた組織であり、当時の上司・同僚で、現在も同財団のオーガナイザーを務めている人は少なくない。ここで注目すべきは、オバマが経験したコミュニティオーガナイズの宗教コミュニティとの深い関わりと、ケレイが四七団体リストに加えていることに示されるコミュニティオーガナイズと宗教左派路線との類似性・親和性である。そこには、オバマ政権以前は目立たない存在だったコミュニティオーガナイズを介した左派信仰票の活性化が見られる。

コミュニティオーガナイザー時代の恩師で、オバマのためにハーバード大学ロースクールに推薦状を書いた人物にジョン・マックナイトがいる。マックナイトは一九五六年から六九年までシカゴでコミュニティオーガナイズに従事し、その経験をもとにノースウェスタン大学で市民組織論を教えている。そのマックナイトによれば、全国規模のオーガナイザー訓練組織には代表的なものとして、ガマリエル協会やエイコーンのほかに、工業地域協会(Industrial Area Foundation : IAF)、パシフィック・インスティチュート・フォー・コミュニティオーガナイジング(The Pacific Institute for Community Organizing)、ナショナル・ピープルズ・アクション(National People's Action)などが存在するが、そのうちエイコーン以外の団体は何らかの形で教会を活動の母体とする、信仰に基盤を持った(faith-based)組織である。かつてのオバマを含むオーガナイザーの給与も教会への寄付金から支払われている。実は若き日のオバマはシカゴでキリスト教の仕事をしていたのであり、教会に勤務していたという解釈すらできるのである(McKnight とのインタビュー 2009)。

しかし、そのコミュニティオーガナイズは、これまで一般的に政治とは距離を置いてきた。その理由は、第一に、コミュニティオーガナイズの運動を始めたソウル・アリンスキーが、政治家と決して連携してはならないと考えていたことにある。政治家はむしろ対峙し、追いつめるべき相手だった。第二に、慈善家から非課税で資金提供を受けるには、ＩＲＳコード 503(c)(3)の非営利団体としての認可を受けなくてはならないが、制度上その代償として政治活動には関与できなくなるのである。したがって、アメリカのコミュニティオーガナイズ団体は、組織的には「党派政治」に参与できなかった。

だが、後に二〇〇八年選挙でオバマ陣営は、休職中のオーガナイザー個人にボランティアで、選挙区のリーダーに効果的な戸別訪問の技術を施す訓練をしてもらうという抜け道を見つけ出している。「アリンスキーがオーガナイズの手法を労働運動から地域社会に持ち込んだといえるとすれば、オバマはオーガナイズの手法を地域社会から政治空間に持ち込んだのだ」とマックナイトは述べる。そしてそれを駆動する力になったのが、サジャナーズの会員を中心とする、若年層カトリック信徒やリベラル系福音派であった。彼らの多くは反戦リベラル派とも重複しており、ブッシュ政権のイラク戦争に強い憤りを感じていたことで、二〇〇六年の中間選挙の民主党勝利を支えたのである。

一九四〇年に工業地域協会をシカゴに設立したアリンスキーの初期のオーガナイズは、彼が一九四九年に出版した『ラディカルたちのための起床ラッパ（*Reveille for Radicals*）』でも示唆されているように、独占大資本に対抗した一九世紀末の農民のポピュリズム運動にならった、都市版ポピュリズム運動の色彩を持っていた（Alinsky 1989）。しかし、アリンスキーの死後、一九八〇年代に後継者たちが断行した改革でなされたのは、意外にも教会を軸にした、信仰を基盤とする新たなオーガナイズだった。マックナイトによれば、オーガナイザーに資金を提供できる独立した力が求められたからであり、アメリカの地域社会で圧倒的な集金力を誇っていたのは教会だったからである。「一〇の教会を組織化すると、それぞれが五〇〇人の信徒を抱えているので、それだけで五〇〇〇人を確保できる。（教会には）人と資金があったのだ」とマックナイトは述べる。

オーガナイズを教会中心の形態に移行させる過程で重責を担った一人が、オバマを面接してオーガナイザーに雇用したジェラルド・ケルマンであった。ケルマンとグレッグ・ガルゾらが育てたガマリエル協会は教会との共存共栄を目指してきた。教会の目標は、信者数が多く、より多額のお金を集められ、指導者を輩出できるような教会に育っていくことであるが、オバマらの教会型オーガナイズ世代のオーガナイザーは、こうした教会の目指すところに対応することを迫られ、地域リーダーを育てるだけでなく、教会の教区内部で宗教的活動にも参与することを余儀なくされた。ケルマンは、自分の等身大の問題に置き換えて他者の感情に訴えていくことがオーガナイズの過程で欠かせないと述べるが、アメリカのコミュニティオーガナイザーは、ときに宗教活動家的な性格を併せ持っている。ケルマン自身もユダヤ系でありながら、オバマとの職務上のパートナー関係を解消した後、カトリックに改宗するという特殊な信仰経験を経ている（Kellman とのインタビュー 2009）。

連邦上院議員だったオバマは二〇〇六年六月、サジャナーズ主催の会合で「福音派のキリスト教徒や信心深いアメリカ人に手を伸ばし、私たちの心を説いていかねば、ジェリー・ファルウェル、パット・ロバートソン、アラン・キーズが影響を持ち続けてしまいます。さらに言えば、進歩派が抱く宗教への嫌悪は道徳的にものを語ることを困難にさせています」と述べている。E・J・ディオンヌはこれを、ケネディの一九六〇年ヒューストン演説以来の「信仰と政治をめぐる最も重大な演説」とまで賞賛したが、オバマがウォーリスの宗教左派と手を結んで民主党内の静かな信仰復興を鼓舞したことは、二〇〇八年選挙サイクルに向けてのカトリック票の獲得に大きな影響を与え、オバマ政権の信仰重視策にも受け継がれた(34)。

こうしたオーガナイズ活動を通して教会と連携してきた宗教左派と同時に、民主党系の宗教アウトリーチ専門のコンサルタント会社の胎動も二〇〇五年以降に聞こえてくるようになった。前出のバンダースライスが設立した「公共善ストラテジー」は、シェロード・ブラウン上院議員（オハイオ州選出）、ジェニファー・グランホルム知事（ミシガン州）、キャサリーン・セベリウス知事（カンザス州）等を二〇〇六年中間選挙において全国平均を一〇％上回る得票率で当選させているが、それによってセベリウスのように短期間で民主党の顔に育った人物も少なくない。

このときの選挙戦術は「候補者に信仰への言及を躊躇させない」という単純なものであったが、宗教系の学校での講演、クリスチャン・ラジオでの放送、聖職者との対話集会の中で宗教への理解を語ることで、それまでにない白人福音派票、カトリック票を集めた。ミシガン州では、民主党候補にとってのリトマス試験である人工妊娠中絶について、性教育などの代替策で保守的な選挙民を説き伏せる必要性から、電話による説得に尼僧も動員された(35)。こうした動きは宗教の過剰な政治利用との批判を浴びながらも、リベラルな観点から信仰への敬意を民主党に根づかせようとする信仰派リベラルの努力として、ロー対ウェイド判決の「リトマス」にこだわり信仰をかたくなに拒む世俗派の壁を溶かす新たな試みとして注目された。

カトリック信徒や福音派リベラルの若年層がイラク戦争反対の点から結束したような動きが、継続的に起きるかどうかは、選挙サイクルごとの政治・外交の情勢が規定する主要争点に左右されることはいうまでもない。オバマのオーガナイザー時代の元上司と同僚であるデイビッド・キンドラーやマイク・クルーグリックが指摘するように、アメリカでもオバマの登場まできわめて認知度の低かったコミュニティオーガナイズ活動に、信仰心の強い若年層が教会経由で集いつつある傾向は、宗教左派と民主党にとっては大きな追い風になろう。

要するに、宗教左派の特徴は、第一に、宗教を政治や社会変革の駆動力にするのを躊躇しないこと、すなわち、原理的な世俗主義との決別であるが、第二に、宗教右派のように一部の問題に目的を限定せず、貧困、環境、平和などを幅広く対象とする視野の広さであるといえる。彼らにとって貧困問題とは、アフリカから南アジアまで広がる世界の飢えであり、アメリカ内部の格差問題に限定されない。この点が、同じ民主党内でも、国内問題優先で必ずしも視野が広くない労働組合や各種利益団体とは性質を異にするところである。

その意味で、民主党の宗教アウトリーチの行く末は多難でもある。「ブッシュ共和党」を倒すという共通の目的のもとで世俗派と宗教左派は共闘してきた。しかし、政権を握り議会多数派になると、共通の敵への同盟は再び脆弱になりやすい。二〇〇〇年代の共和党政権時代に、世俗派と宗教左派が一定程度共闘できたのは時期的な必然でもあった。いいかえれば、宗教左派の次なる仮想敵は宗教右派ではなく世俗派であり、対宗教右派としての宗教左派の役割から、民主党内の結束と融和のための宗教左派へと役割の転換が求められている。

狭義の「宗教票」集めから、諸問題を解決するための駆動力としてコミュニティオーガナイズとの連動を含む「運動」への脱皮が求められたのも、その文脈から理解できよう。ここで触媒になる可能性が高いのは、民主党内のリベラル派カトリック信徒と若年層である。キャサリーン・ケネディ・タウンゼンドはカトリック信仰を民主党内で穏健な形で根づかせようと改革を進めてきた一人だが、その主張のユニークさは「避妊具の使用」に象徴される現実的な改革主義にある。[36] 求められているのは「宗教の柔軟性」であり、世俗派も柔軟な宗教とならば、共存に前向きになる可能性があるのである。

二〇〇九年にバンダースライスは、ホワイトハウスで「信仰に基づく隣人パートナーシップ室」に登用され、同じくケレイは厚生省内の「信仰に基づくイニシアティブ・ディレクター」に就任した。ともに草の根の宗教的市民運動の功績を評価されての政権入りだったが、医療保険改革（通称「オバマケア」）に関わる人工妊娠中絶および避妊薬の保険適用問題と、同性婚の合法化という、オバマ政権の二つの政策争点の前線で、カトリック信徒の理解を得ることが優先課題とされた証左となる人事だった。宗教左派運動の指導的な活動家を政権の要職に迎えるに至ったことが、二〇〇〇年代以降の民主党の宗教アウトリーチの一つの到達点をよく示しているといえよう。

小結

本章では、アウトリーチ戦略の内容と経緯について明らかにしてきた。アウトリーチの起源は主として民主党の過去に遡ることができるが、概念・発想の次元としては、非ワスプのカトリックやユダヤ系など欧州系後発移民の流入への対応に起源があり、具体的な次元では、一九六〇年代の公民権運動を境に巨大争点として突出した人種問題への対応としての黒人アウトリーチに源流をたどることができる。公民権運動を支持した民主党は、黒人への同情を示すことで彼らの固定票を確かなものにしたのである。ただし、二〇〇〇年代以降は民主党内でも黒人政治家が人種の亀裂を深めるという問題が生じ、アフリカ系の利害とは直接関係のない争点で大統領選挙が動く、争点の「脱人種化」も見られるようになっており、また黒人の中にも白人候補を支持する「現実的」有権者が生まれるなどの変容も生じている。

さらに、アジア系とヒスパニック系の台頭によるマイノリティの多様化を背景に、公民権支持による黒人向け中心のマイノリティ・アウトリーチは部分的に見直しを迫られ、二〇〇〇年代以降、共和党との集票競争がマイノリティにも拡大することで、きめ細かな選挙運動の重要性が高まった。その過程で、マスメディア利用を中心とした選挙やコンサルタント主導選挙の弊害の克服も求められた。スポット広告は、選挙民グループ別に個別のメッセージを伝えるには効果的とはいえず、画一的で非対面の間接的なコミュニケーションへの反省から、コミュニティリーダーを媒介にした「地上戦」の再評価が都市部を中心になされた。「南部戦略」以後、白人票しか視野になかった共和党も、二〇〇〇年選挙のW・ブッシュ陣営を皮切りに、黒人票とヒスパニック票へのアウトリーチを開始し、二大政党による本格的なアウトリーチ競争の幕開けとなったのである。

また、アウトリーチ戦略が台頭した背景には、一九八〇年代以降深化したイデオロギー的な分極化も関係していた。一九六〇年代以降の公民権運動、ベトナム反戦運動、女性解放運動など「ニューポリティクス」の流れの中、一九七三年の連邦最高裁のロー対ウェイド判決は、宗教保守派の政治参加を招いた。宗教的なアウトリーチは、共和党の福音派キリスト教徒の取り込みに起源が遡れるが、女性票が支配的になったマクガバン改革後の民主党では、人工妊娠中絶の権利を認めるプロチョイスが「党是」となり、宗教組織に手を伸ばすキャンペーン自体がはばかられた。その結果、民主党では長年、宗教アウトリーチが本格的には発展しなかった。そうした党内の空気を一新するかのようにカトリック対策を起点に民主党で宗教アウトリーチの梃入れが行われたのは、二〇〇四年のカトリック候補だったケリーの敗北に民主党関係者が深いショックを受けてからであった。

イラク反戦運動も追い風となった、宗教左派運動と、信仰を基盤とするコミュニティオーガナイズ活動は、オバマの進める医療保険改革を「生命を救うため」として「価値問題」化したことで、保守的な民主党農村部のキリスト教徒の支持を取りつけ、教会との共闘に否定的だった世俗的リベラル派やフェミニストとの共存にも貢献した。

二〇一二年選挙サイクル以降、宗教左派が「宗教左派」という独立した存在としては目立たなくなった印象もあるが、しかし、これは宗教左派運動の衰退ではなく、黎明期の活動家が政権入りするまでに、民主党の宗教アウトリーチと「宗教左派」運動が一体化あるいは制度化した結果であるとも理解できよう。

第3章 「地上戦」の復興と新技術の融合

――「オバマ選挙」以後のアウトリーチ戦略の展開――

はじめに

第2章で見たように、アウトリーチ戦略の根は一九世紀に遡ることができ、アメリカ政治において一定の古い伝統を持つものである。しかし、一九七〇年代以降、テレビ広告などマスメディアの利用を主体としたメディア中心選挙の時代を経て、二〇〇〇年代からはアウトリーチの意義が新しい形で「再発見」されている。候補者陣営にしても、政党機関にしても、インターネットという新技術の活用と「地上戦」を見直すアウトリーチ戦略を同時に展開し始めたからである。いいかえれば、アウトリーチは新技術との融合の中で「新しいアウトリーチ」に進化していったのである。では、この「新しいアウトリーチ」の台頭を政党論の中で考えると、どのように理解できるだろうか。

第1章で確認したように、伝統的な政党組織が衰退して候補者中心選挙が浸透するなかで、アメリカの政党を「政府の中の政党」と「選挙民の中の政党」の二つで構成されるものと見る解釈も生まれた。重要なのは、政党と支持者をつなぐ「活動家」という存在である。「新しいアウトリーチ」が活性化した二〇〇〇年代以降、その役割はとりわけ増している。いいかえれば、政党と支持者をつなぐ、活動家による「コミュニケーション空間」が新たに出現しているのである。

そこで本章から先は、この多様な活動家たちによる新たな「コミュニケーション空間」の誕生を二つの次元で確認していきたい。まず本章では、選挙サイクルごとに、活動家を巻き込んだコミュニケーションがどのように広がっていったのか、時系列的にその特徴を捉えた上で、続く第4章で、いかなる舞台で「コミュニケーション空間」が形成されているのか、その生成を段階別に検討する。

具体的には、本章で、新しいアウトリーチ戦略の展開を、二〇〇八年選挙、二〇一〇年選挙、二〇一二年選挙の三つの選挙サイクルを事例に検討していく。その際、大統領選挙を中心として、連邦議会選挙、知事選挙を付随的に参照することにしたい。あらかじめ述べておくなら、二〇〇八年以降に顕著になるアウトリーチの特徴は、およそ以下の四点にまとめられる。

第一に、民主党におけるマイノリティ向けのアウトリーチと「脱人種」路線の併存である。オバマは、アフリカ系票を二〇〇八年に九五％獲得し、二〇一二年にも九三％と高い支持率を維持した。他方、ヒスパニック系についても二〇〇八年に六七％、二〇一二年に七一％、アジア系についても二〇〇八年に六二％、二〇一二年七三％と、やはり得票を伸ばしている(1)。アフリカ系のみならず、広くマイノリティの支持に支えられた大統領だったといえる。

オバマは二〇〇八年の大統領選挙で人種を強調する選挙戦を行わず、二〇一二年の再選選挙でも「脱人種」路線を踏襲したことで知られる。演説やテレビ討論でアフリカ系のアイデンティティを殊更押し出すことはしなかったからである。二〇〇八年選挙期間に発生したジェレマイア・ライト牧師の過激発言のような突発事案では、フィラデルフィアで行った「人種演説」のようにオバマ自らが危機対応も行うこともあったが(2)、他方それ以外では、候補者本人が「人種」に踏み込むことはほとんどなかった。では、人種マイノリティ向けの伝統的なアウトリーチは消えてしまったのだろうか。実際は、そう単純な転換ではなかった。「脱人種」の一方で、人種アウトリーチ戦略も活発化していたのである。

ちなみに、マイノリティの人気を誇るオバマが立候補者として存在しなかった二〇一〇年中間選挙では、民主党のマイノリティ票集めは不調に終わった。連邦下院選挙の全国調査で、民主党はアフリカ系八九%、ヒスパニック系六〇%、アジア系五八%と、マイノリティ票の割合を軒並み落としたのである。ヒスパニック系向けのアウトリーチを本格化させた共和党が、二〇〇六年に連邦下院選挙全国調査で三〇%だったヒスパニック票を、二〇一〇年には三八%まで伸ばしたのとは対照的だった(3)。

第二に、両党ともに、予備選挙過程を中心として草の根の運動を活性化させるアウトリーチ戦略をとったことである。第1章でも述べたように、二〇〇八年以降の選挙過程では、戸別訪問に象徴される「地上戦」と草の根組織の力が見直された。たとえば、リベラル側ではオバマ支持者の若年層の運動、保守側ではティーパーティ運動に象徴される、地理的に広範囲にまたがる同時発生的な運動が、ソーシャルメディアにより可能になった。アウトリーチの現場としては、こうした運動のエネルギーと活動家のネットワークを集票基盤として取り込むことが、新たな課題として浮上したのである。

第三に、オンライン技術の進歩による変化である。二〇〇〇年代に選挙運動の新たなツールとして定着したインターネットは、アウトリーチの現場にも積極的に取り込まれた。動画配信によって、マスメディアによる報道(無料広告)やスポット広告(有料)を経ずに、幅広い選挙民に一度にメッセージを伝えられるようになっただけでなく、絞り込まれた属性の選挙民に限定的にアウトリーチをすることも可能となった。いいかえれば、デジタルやオンライン技術、さらにはビッグデータ技術の進歩がアウトリーチを変えているのである。

第四に、大統領選挙の重点政策のもとに、様々な選挙民グループ向けの戦略を統一する、統合型アウトリーチの開始である。従来のアウトリーチは、集団ごとの争点や政策選好に対応することが主目的だった。しかし、民主党の場合、党の支持者連合を形成するために、人種マイノリティ、女性、高学歴専門職、ブルーカラー労働者を束ねる、アウトリーチの統合も求められた。その結果、オバマ大統領を中心に据えることで、二〇一二年再選連合が形成されたのである。

以下では、これらの四点を念頭に置きながら、三つの選挙サイクルを順次検討していきたい。

1 二〇〇八年選挙――人種アウトリーチと地上戦への回帰

(1)「脱人種」と「人種」併存アウトリーチ

①「脱人種」概念の含意

「脱人種」という概念が、選挙との関係で使われるようになったのはいつ頃だろうか。それは、白人が多数を占める選挙区で黒人政治家が誕生して以降である。たとえば、一九八九年のダグラス・ワイルダーのバージニア州知事選挙での勝利は象徴的であった。J・マコーミックらは、黒人政治家が、人種に直接関係するイシューへの言及を控え、イシューの人種横断性を強調する行為に体現されるものを「脱人種(deracialization)」と定義している(McCormick and Jones 1993 ; Orey 2006)。(4)

「脱人種」あるいは「ポスト人種」概念については、これまで広範に批判的検討が加えられてきた。F・ハリスによれば、黒人政治家は「独立した黒人政治(independent black politics)」と、白人や他の人種・エスニック集団と連携する「連帯の政治(coalition politics)」との二つの立場の間で揺れてきたが、「連帯の政治」が現存する黒人の社会的窮境を見過ごす傾向も指摘されてきた（Harris 2012）。(5) 二〇〇九年に巻き起こった投票権法の存続をめぐる議論の過程では、初のマイノリティ大統領の誕生が、人種問題の終焉として保守派の方便に利用される懸念も真実味を増した（Bravin 2009 ; Liptak 2009）。

また、社会心理学的な観点からは、象徴的な差別の存在を明らかにした象徴的人種主義（symbolic racism）研究が「脱人種」を神話として批判してきた。M・テスラーとD・シアーズは、近年の選挙と比較して二〇〇八年の大統領選挙では人種がとくに重要な要因となったと論じた。白人有権者は人種リベラル派（racial liberals）と人種保守派（racial conservatives）に分岐し、オバマが人種リベラル派から支持される恩恵に浴した一方で、長年人種リベラルから好まれてきたヒラリー・クリントンが人種保守派に支持された現象などから、テスラーらは人種を分極化の拡大要因と考えたのである（Tesler and Sears 2010）。

マイノリティの政治的台頭に白人が脅威を感じて反動的な作用が生じるとする人種脅威理論もある。アフリカ系人口が多い選挙区では保守的な候補者が善戦することを明らかにした、一九四九年のV・O・キーの研究に遡るものである（Key 1949）。実際、二〇〇八年大統領選挙においても、アフリカ系人口の多い地域に居住する白人有権者がオバマに否定的反応を示し、アフリカ系人口の少ない地域の白人の間ではオバマ支持が伸びたことをT・ドノバンが実証した（Donovan 2010）。また、C・トルバートらは、人種をめぐる保守主義は「希望」や「熱狂」によって軽減され、「恐怖」や「不安」によって加熱されると指摘する感情的人種主義（emotive racism）理論により、二〇一二年大統領選挙でも人種要因が作用したことを示している（Tolbert, Redlawsk and Altema 2012）。このように「脱人種」選挙の浸透が、必ずしもアメリカの社会や有権者意識の「脱人種」化までは意味していないことを示す研究は少なくない。

では、未だに人種要因が後退していないアメリカ社会で、なぜオバマ陣営は「脱人種」戦略を採用したのだろうか。表面上は「脱人種」戦略に見えるキャンペーンの背後に、人種要因に配慮した工夫は施されていなかったのだろうか。

結論からいえば、オバマ陣営はアフリカ系に限定されない幅広い支持層に受け入れられるために、全国向けのマスメディアでは人種色を排除する「脱人種」戦略を採用したが、他方でアフリカ系とマイノリティ層をつなぎ止めるため、個別には特定の人種やエスニック集団の投票率と得票を増すためのアウトリーチを展開した。特定の有権者集団だけにメッセージを伝えられる回路でのみ人種を強調する「二正面」戦略である。これを可能としたのは、戸別訪問による紙媒体の広報物配布という伝統的な地上戦への回帰、そしてソーシャルメディアの利用という、新旧対照的なキャンペーン回路の多層化であった。

②オバマの「脱人種」路線とマイノリティ政治の多様化

二〇〇四年、オバマはボストンの民主党全国大会における演説で「リベラルなアメリカも、保守のアメリカもなく、あるのはアメリカ合衆国だ」と述べ、イデオロギー的分極化の克服を訴えた。「黒人のアメリカも、白人のアメリカも、ラティーノのアメリカも、アジア系のアメリカもない。あるのはアメリカ合衆国だ」とオバマは語り、黒人、アジア系、ヒスパニック系など人種やエスニシティを乗り越える「一つのアメリカ」を強調することで、連邦上院議員選挙に勝利したのである。(6)

「一つのアメリカ」のメッセージは、オバマの言説を人種色が薄められた「カラーブラインド」と呼ばれる枠にはめたが、アフリカ系であるオバマが人種統合的なメッセージを出したことで、伝統的な黒人指導者との差異化に成功し、ブラック・ナショナリズムには嫌悪感を抱く穏健層からも幅広い共感を得ることができた。オバマ陣営のデイビッド・アクセルロッドらの基本方針は「人種ニュートラル」戦略だった。すなわち、候補者の人種属性に依挑せず、人種横断的に多数派の支持獲得を狙う方法である。アクセルロッドは二〇〇六年にマサチューセッツ州知事のデューバル・パトリックを同じ戦略で当選させた実績があった。パトリックに象徴される新世代の黒人政治家は、人種の前景化を避けることで、結果として黒人以外に支持層を広げ、公民権運動世代以上に黒人政治家の躍進を実現したのである（Ifill 2009）。

選挙戦略において、「脱人種」路線が求められるようになったのはなぜだろうか。第2章で確認したように、第一に、黒人政治家が黒人だけの利益を希求することで白人と黒人の分断、ひいては民主党内の分断を促すという問題が生じていた。第二に、大統領選挙の争点の脱人種化と黒人票の性質の変化が見られた。そして第三に、選挙民の多様化、すなわちマイノリティの多様化が顕在化していた。ヒスパニック系の増加に加え、さらに複雑な要因として、松岡泰が指摘するような黒人移民の急速な増加があった。奴隷制と公民権運動を経験した黒人の子孫以外に、二〇〇九年の統計ではカリブ海系黒人移民が約三五〇万人、アフリカからの移民が約一五〇万人存在するが、彼らは文化も利害も異なり、アフリカ系で一括りにした集票活動は難しい。黒人間の経済格差もますます広がっている（松岡 2012）。

このような観点からすれば、二〇〇八年、二〇一二年のオバマの二回の大統領選挙では、いずれも「脱人種」の選挙戦略を採用せざるをえなかったといえる。二〇〇八年の民主党予備選挙を規定した決定的な特殊条件は、イラク戦争とその泥沼化であった。進歩派や反戦活動家だけではなく、穏健な白人ブルーカラー労働者ら伝統的な民主党支持層の間でも、イラク戦争とワシントン政治への不信が相当程度高まっていた。オバマ陣営のデイビッド・プルーフは「イラクは経済問題でもある」とオバマに進言している（Plouffe 2009）。

イラク戦争に当初から反対していたオバマは、連邦議会でイラク戦争への支持投票を行った民主党の有力候補者らとの決定的な差異化に成功した。ジェンダー（初の女性）と人種（初のアフリカ系）の争いになると予想された二〇〇八年民主党予備選挙を実際に規定したのは、イラク戦争への賛否歴、そしてワシントン政治のインサイダーかアウトサイダーかで識別される「変革（チェンジ）」の解釈であった。そもそもオバマは人種属性に依拠して台頭した政治家ではない。オバマの政治的基盤は黒人層ではなく、アクセルロッドなどの陣営幹部やジャン・シャコウスキー連邦下院議員などイリノイ州議会以来の盟友議員に象徴されるシカゴ北部のリベラル派であり、二〇〇二年のイラク反戦演説もシカゴの進歩派が舞台を用意したものであった（Saltzman および Schakowsky とのインタビュー 2009）。

しかし、脱人種の「一つのアメリカ」路線で、マイノリティ向けのアウトリーチが不要になったわけではない。「脱人種」路線の背後で、個別のマイノリティ集団への共感を強調する回路を確保する重要性も再認識されたからである。この背景には三つの事情が存在する。

第一に、民主党予備選挙で頻発するマイノリティ票の奪い合いへの対応である。二〇〇八年選挙では、指名争いの競争相手が黒人からの高い支持を誇るビル・クリントン夫人のヒラリー・クリントンだったことが、オバマ陣営にとって無視できない要因となった。二〇〇七年時点で連邦議会下院黒人議員連盟（ＣＢＣ）など民主党黒人指導者層はクリントン支持に傾き、オバマ陣営として「脱人種」一辺倒で黒人性を一切除外した選挙を貫くことは困難であった（Bai 2008）。

第二に、候補者の属性について、支持層ごとに受容の解釈が異なるという問題である。オバマの生い立ちの「多様性」は、リベラルな白人には魅力的で、無党派層や穏健な共和党支持者に対してはブラック・ナショナリズムのような脅威感を与えない効果があった。しかし、黒人層を納得させるにはあまりに多文化的であり、「十分に黒人的（ブラック・イナフ）」ではないとも考えられた。これは他の新世代黒人政治家にも無縁の、オバマ特有の問題であった。

オバマの多様性は「帰国子女」としての国際性とも重なるが、軍歴もなくアメリカの本土と深い地縁を持たないオバマは、保守派から愛国心を問題視されかねなかった。アメリカ本土に根ざしたアメリカ社会への愛情の証明も求められたが、それはオバマの場合、黒人社会との絆であり、シカゴのサウスサイドにおけるコミュニティオーガナイザーとしての経験であった。いいかえれば、中西部で黒人ゲットーの住民運動の育成に尽くした物語は、リベラル流の愛国心の証明と黒人アウトリーチの双方の意味を持ちえた。

第三に、二大政党が同一の選挙民グループの囲い込みに邁進する、マイノリティ向けのアウトリーチ競争の現出である。かつては民主党が黒人層を取り込めば、共和党が南部戦略で白人の不満を代弁するという、棲み分けが人種政治の基礎であった。しかし、第2章で確認したように、マイノリティの多様化で、マイノリティの支持を民主党と共和党で奪い合う競争が激化し、二項対立の人種政治とは違う意味でのエスニック集団向け対策が急務となった。

オバマ陣営はケリー陣営の失敗に学び、早期からバイリンガル選挙を構築する必要があった（オバマ陣営本部メディア局上級スタッフとのインタビュー 2011）(7)。また、アジア系は人口割合が依然として少ないものの、カリフォルニア州などの集住地域以外に、バージニア州など大統領選挙の激戦州で新たに人口拡大の傾向が顕著で、スイングボーターとしての影響を強めていた(8)。民主党としては脱人種路線と同時に、これまで以上にマイノリティ向け選挙アウトリーチが求められるようになったのである。

③候補者の多層的「物語」と有権者層別の候補者像

オバマの生い立ちは、偶然にも「脱人種」と「黒人性」の双方のアピールを同時に満たせる希有なものであった。オバマの「物語」が他者の心に響く際の、人種に関する質的な含意として注目すべきは、第一にオバマの家庭環境、そして第二に前半生である。前半生はさらに、シカゴ以前（コミュニティオーガナイザー経験前）とシカゴ以後（同経験後）に区切ることができる。

家庭環境の基礎は、白人との共生経験にある。オバマはケニア人留学生とカンザス州出身白人女性の異人種間結婚で生まれたバイレイシャルである。アフリカ系の血を受け継いでいるが、両親はオバマ誕生後すぐに離婚し、インドネシア人の継父との数年間を除けば、母親と母方の祖父母によって白人家庭で育てられた。妹のマヤ・スートロ・インはインドネシア人の継父と母の間に生まれている。初の「アフリカ系」大統領と称されるオバマであるが、ミシェル・ロビンソンと結婚するまでアフリカ系の家族との生活経験が皆無であったことは重要である。

少年期から青年期前半までオバマは、アジア太平洋の影響を強く受けた文化的多様性の中で成長した（渡辺 2009）。ジャカルタでは二つの現地小学校でインドネシア語によって四年間教育を受け、ホノルルでは日系人を中心としたアジア系の恩師や友人に囲まれて学んだ（Suryakusuma とのインタビュー 2009）。一方、大学時代のルームメイトには白人や留学生が多かった。作家志望の青年として、オクシデンタル・カレッジからニューヨークにとともに移り住んだ文学仲間たちと文芸批評や短編小説の創作に熱中している（Mifflin および Moore とのインタビュー 2009）。また、オバマが二つの大学で学んだのが、公民権や黒人研究ではなく、政治思想や国際関係であったことも興味深い（Boesche とのインタビュー 2009）。

しかしながら、オバマは青年期後半から、アフリカ系としてのアイデンティティを強めていった。転機は、シカゴのサウスサイドで住民運動を組織するオーガナイザーとしての経験であった（Kindler とのインタビュー 2009）。そしてミシェルとの縁でロースクール卒業後もシカゴに住み続けた。実際、オバマの公民権への思いは強く、オバマは投票権法の本を執筆することをシカゴ大学ロースクールに約束し、同大学で教授待遇の講師職を得た。ただし、オバマが書き上げたのは、人種をめぐる葛藤とオーガナイズ活動を綴ったリテラリー・バイオグラフィー（文学的自伝）の『*Dreams from My Father*』であった（Baird とのインタビュー 2009）。また、二〇〇〇年の連邦下院議員選挙でボビー・ラッシュに敗北した経験は、黒人同胞の心を摑む努力への契機ともなった。オバマの後見人的存在のアブナー・ミクバによれば、オバマの演説での言葉は後天的に黒人らしさを獲得していったという（Mikva とのインタビュー 2009）。

オバマの場合、「家庭環境」は白人の多い州の白人有権者の支持を得る上で重要な要素であり、「少年期と青年期前半」は黒人以外のマイノリティやニューポリティクス派などリベラル派に魅力的に映る要素である。そして「青年期後半」は黒人層に魅力的に聞こえる要素だったといえる。オバマには、「一つのアメリカ」を自らが内的に体現するような「多様性」とともに、黒人社会への強い帰属を示す物語が混じりあって存在した。

ピューリサーチセンターは二〇一〇年一月、オバマ就任一年後の人種問題をめぐる世論調査を発表したが、「アフリカ系初」の大統領であるオバマの出自をめぐる解釈は象徴的であった。「オバマはブラックか、ミックスド・レイスか」という質問に対して、人種属性ごとに答えが大きく割れたのである。黒人回答者は過半数（五五％）が「オバマはブラックである」と回答し、「ミックス」と答えた人は三四％にとどまった。一方、白人は逆に過半数（五三％）がオバマを「ミックス」と見ており、「オバマは黒人である」としたのはわずか二四％だった。また、ヒスパニック系は六一％がオバマを「ミックス」と回答し、「ブラック」と見なしたのは二三％であった。要するに、オバマは黒人の同胞、白人の理解者、ヒスパニック系など他のマイノリティの代表を包含する存在になりえたのである。(9)

④戸別訪問による「地上戦」と広報冊子

かくしてオバマ陣営には、人種色を排して「一つのアメリカ」を実現する指導者像と、本物のアメリカ黒人としての像とを二つながらアピールするという作業が求められることになった。しかし前者を強調すれば後者は実現できず、後者を強調すれば前者の障害になる。そこで特定の有権者集団だけにメッセージを届けられるアウトリーチの回路では人種を強調し、全国向けのメッセージや空中戦では、人種をあえて語らないという「二正面」戦略が生まれたのである。そしてアウトリーチの回路を支えたのが、特定の選挙民だけに配布することが可能な、戸別訪問で手渡しする紙媒体の広報冊子であり、ソーシャルメディアであった。ここではまず前者について見てみたい。

なるほど、第1章の先行研究の検討で確認したように、一九七〇年代以降の候補者中心選挙ではテレビ広告が全盛となり、一九八〇年代以降の巨額の選挙資金も大半がスポット広告枠の購入に注ぎ込まれてきた。さらに「無料広告」としてのマスメディア利用も進み、候補者は専用機やバスに同行記者団を乗せて、遊説を伝える便宜をはかった。全国党大会にもテレビカメラが入り、代議員による候補者指名の儀式は、演説を連日放送するためのマスメディア向けイベントに変質して久しい（Polsby, Wildavsky and Hopkins 2008）。また、大統領候補者によるディベートは全国中継され、州規模選挙の討論会も地元放送局により州内に中継される習慣が定着している。

しかし、テレビ広告や全国メディアを利用したメディア中心選挙における「表」のキャンペーンは、不特定多数の視聴者や読者全体を対象としたものである。支持政党別、人種別、ジェンダー別、信仰別のキャンペーンには適さない。ディベートの発言においても、報道番組出演においても、政党支持層と支持に傾く無党派層の最大公約数を意識したメッセージ伝達にとどまらざるをえない。特定の視聴者層に狙いを定めた枠別の広告も制作はするが、それを多様な有権者が視聴してしまう可能性は排除できない。

紙製広報物（ダイレクトメールとして配布する冊子のMailer）の効能が再評価されたのは、戸別訪問で相手を確認してから手渡しすることで、居住地域の人口構成や信仰心、党派性まで絞り込んだ、ニュアンスに変化を施したメッセージを限定的に浸透させられるからだった。限定配布の広報物は、伝達経路も絞り込んで管理され、地元メデ

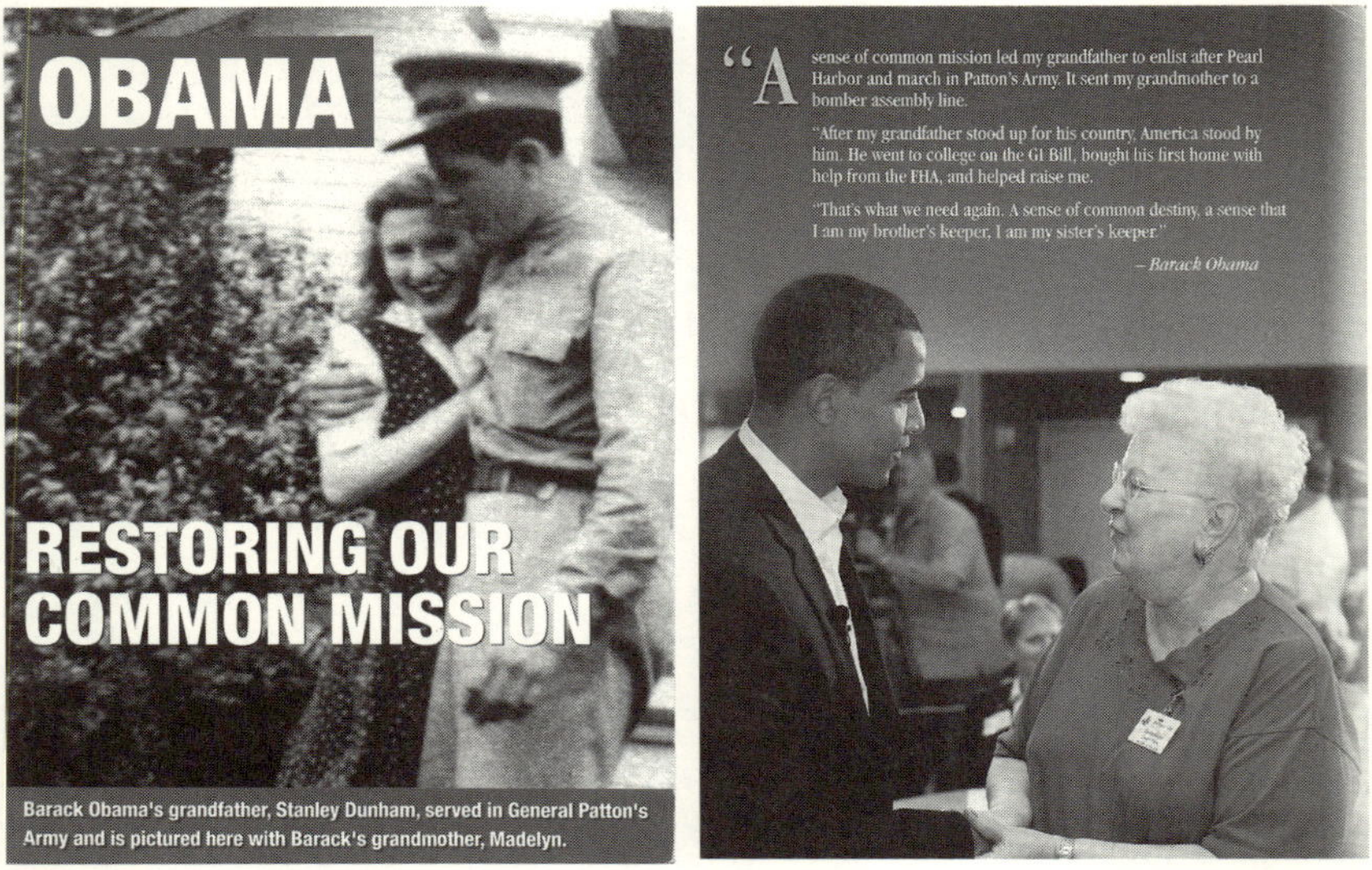

図 3-1　2007 年にアイオワ州内で限定配布されたオバマ陣営広報資料

ィアに配布されることもない。そのため、ターゲット外の有権者が目にしたり、エスニック・メディア以外の主流メディアで記事にされる確率が低く、ターゲット層への候補者の共感を相当程度踏み込んで強調できる。

二〇〇八年のアイオワ州キャンペーンでは、オバマの家庭環境要因が効果的だった。アイオワ州限定で前年から配布された四頁刷りパンフレット（図3-1）には、オバマの母方の祖父母（白人）の若かりし頃の写真を用いて、GI世代の白人一家にルーツを持つオバマを強調した。軍服を着た祖父が祖母を抱き寄せる白黒写真の上に、「私たちの共通のミッションを取り戻す」という白抜き文字を大きくあしらった表紙の下部には、「バラクの祖母のマデリンとともに写る、パットン将軍率いる陸軍に属していたバラク・オバマの祖父スタンリー・ダナム」というキャプションが施されている。それと対をなす、赤色ベースに白抜きの「OBAMA」という上部の題字は、オバマというファミリーネームのルーツまでが母方のカンザス州の白人家庭にあるかに感じられる印象的なデザインであった。そして三頁目には、白人中年女性の握手に応じて耳を傾けるオバマのカラー写真を載せ、以下のようなオバマ自身の言葉を記している。

共通のミッションを感じていた私の祖父は、真珠湾攻撃以後に志願兵となり、パットン将軍の陸軍に加わりました。また、祖母は爆撃機の組立工場で働きました。国に尽くした祖父に、国は報いてくれました。祖父は復員軍人援護法のおかげで大学に進学し、連邦住宅局の財政支援で最初の家を購入し、私を育ててくれたのです。

軍属経験がなく、イラク戦争にも反対していたオバマにとって、有権者に証明すべき課題だった愛国心と最高司令官となる軍に対する敬意とを示す上で、祖父母の存在は貴重であった。

ところで、こうした候補者の、白人との親和性を強調した、白人多数州のアイオワ州でのある種の「白人アウトリーチ」は、間接的な黒人アウトリーチでもあった。G・アイフィルは、一九三〇年代から四〇年代生まれの公民権運動世代の黒人と一九六〇年代、七〇年代生まれの黒人政治家とでは、前者が黒人の政治進出の可能性に限界を定めている点で後者とは大きな世代格差があると指摘する（Ifill 2009）。公民権運動世代の黒人は、黒人はどうせ大統領にはなれないという幻滅感を抱いていたのである。それゆえ、ジョン・ルイスなど連邦議会下院の黒人議員連盟の支持を固めていたヒラリー・クリントンから黒人票を奪うには、こうした黒人有権者内に漂う黒人候補への幻滅感を払拭し、マイノリティが本選で勝利する可能性を具体的に示す必要があった。その意味で、白人が大多数を占めるアイオワ州での党員集会は、黒人有権者の低い期待値を払拭する絶好の機会であった。実際、白人多数州のアイオワでの先行勝利が、間接的に後続の黒人多数州での黒人票対策となり、緒戦以後クリントンの票を侵蝕したのである。たとえば、サウスカロライナ州の民主党予備選挙は、黒人投票率が史上最高となり過半数の五四％を占めたが、得票はオバマが七八％とクリントンの二〇％を圧倒した(10)。

また、人種的にマイノリティ候補であることは、アイオワのような民主党支持層がリベラルな白人州では、不利になるどころか有利な条件にもなった。元アイオワ州ジョンソン郡民主党委員長で、アイオワ州党員集会研究者でもあるD・レドロスクが説明するように、公民権運動世代のリベラルな白人にとって、人種偏見への反対は社会的なアイデンティティであり、アフリカ系と白人とに同等の資質の候補者がいた場合、アフリカ系を選択する社会心理的圧力が生じる可能性がある。共和党の党員集会のようにストローポールと呼ばれる形式的な単純投票ではなく、参加者の面前で支持表明と勧誘まで行う民主党の党員集会では、周囲に自らのリベラルさを誇示する動機が生じる制度的な前提があった。黒人候補が世論調査で支持を集めても秘密投票では白人候補が勝利する現象をブラッドリー効果と呼ぶが、この現象と「ちょうど真逆の作用が生じた」と人種要因の影響をレドロスクは指摘する（Redlawsk とのインタビュー 2010）。

なお、個別のターゲット向けアウトリーチ戦略では、候補者以外の代弁者がメッセージを表す「代理人によるキャンペーン」が用いられるが、冊子でのオバマの祖父母の強調もこの「代理人」の援用である。この場合には、第一次的には「脱人種」路線の方向で用いられているといえる。しかし、「代理人」は人種戦略の方向でも用いられた。その際、アフリカ系対策の柱となったのは、ミシェル夫人のロビンソン家の存在であった。二〇〇八年にデンバーで開催された民主党全国大会初日のミシェルの演説前に放映された人物紹介ビデオは、ミシェルの生い立ちを強調した「サウスサイド・ガール」だったが、二〇一二年選挙の「African American for Obama」のホームページの動画も、ミシェルが語る両親の想い出だった。シカゴ南部の黒人街サウスサイド出身で、多発性硬化症を患っていた父を家族で支え、苦学してキャリアを築いたミシェルは、アフリカ系に希望を与え、マイノリティとの絆を結ぶ上でオバマ陣営にとってこれ以上はない助けとなった。オバマ陣営は二〇〇八年予備選挙でサウスカロライナ州以降、アフリカ系人口の多い選挙区の広報物ではミシェル夫人を多用している（図3-2）。

一般に、特定の州や地域で配布する広報物には、数カ月前に候補者がその地域を遊説した際に有権者と対話した

図3-2　2007年にサウスカロライナ州内で限定配布されたオバマ陣営広報資料

場面の写真がしばしば用いられる。オバマ陣営でも広報物の写真は地元の人口構成を反映するよう工夫された。たとえば、オハイオ州クリーブランドのアフリカ系労働者層向けに配布された小型冊子（図3-3）では、ミシェル夫人と二人の娘との家族写真に加え、オバマがシカゴのサウスサイドで黒人の有権者登録促進運動をしていた頃の、黒人の中年女性と並んで歩く写真が組み込まれた。プロフィール文では「バラクは一〇代の母親のもとに生まれた。父親はバラクが二歳のときに去った」という文章が冒頭に掲げられた。一〇代の妊娠やシングルマザーの多いアフリカ系にとって、アフリカ系の問題をオバマが共有しているとの共感を与えるエピソードが選ばれたのである。さらに「地元製鉄工場の閉鎖で疲弊した地域で、シカゴのサウスサイドの教会と連携してコミュニティオーガナイザーとして活動」という紹介に続き、アフリカ系で初めてハーバード大学の学術誌編集長に選出された快挙のほか、二〇年近く地元教会

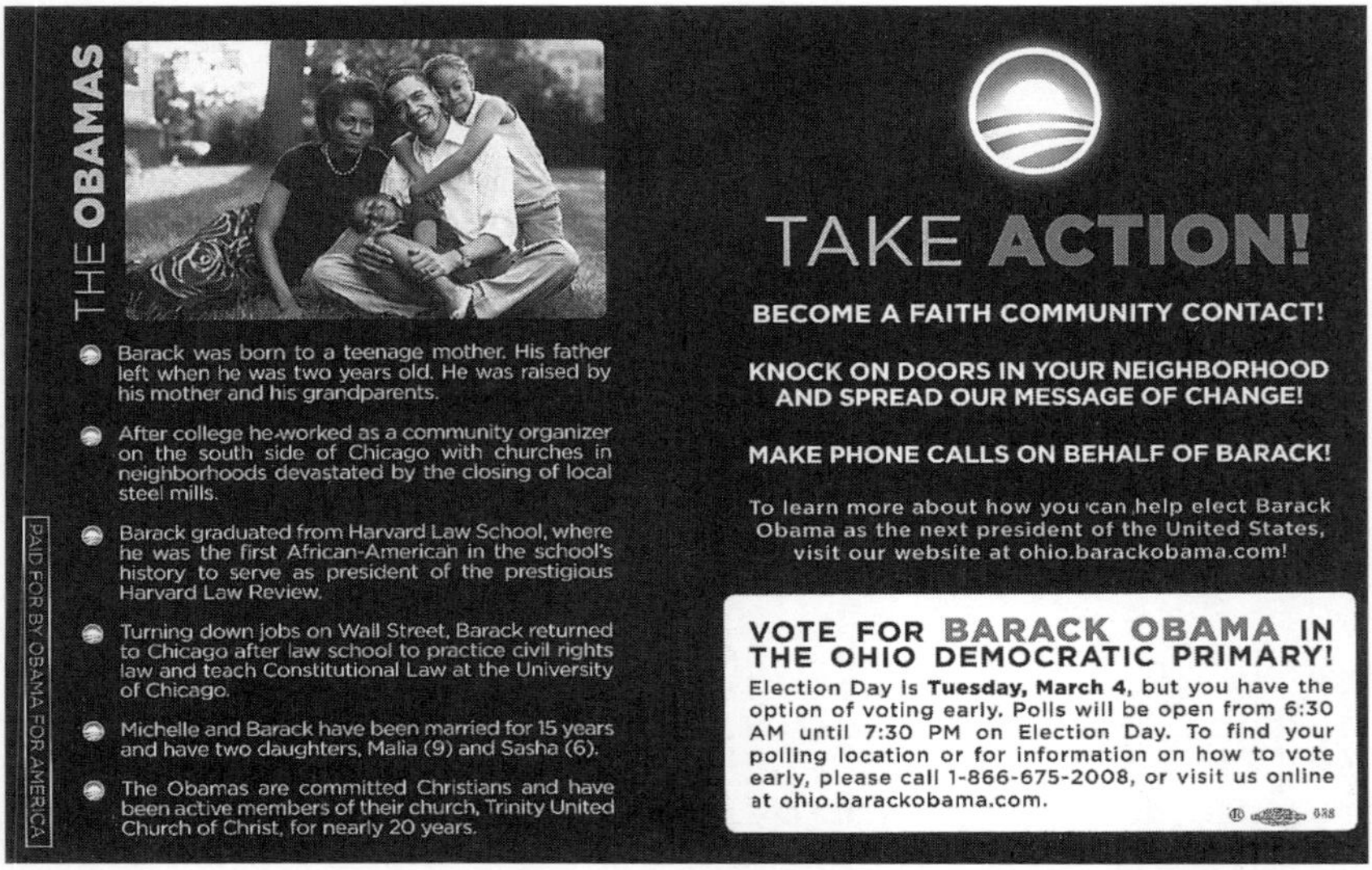

図 3-3　2008 年民主党予備選オハイオ州で限定配布されたオバマ陣営広報資料

に属してクリスチャンとしての信仰を大切にしてきたことなど、黒人教会を母体としたクリーブランドのアフリカ系コミュニティの信仰心にも配慮した文言が並んでいる。

(2) 新技術と伝統的な地上戦の融合

二〇〇八年大統領選挙での勝利を目指したオバマ陣営は、アイオワ州党員集会に一年以上もの間、キャンペーンの資源を投入した。陣営関係者は、アイオワでの勝利が指名獲得を決定的にしただけでなく、そこでの選挙戦が本選以降のオバマ式選挙運動の原型になったと回顧する。第1章で述べたように、制度的欠陥や制約を有する党員集会を、同陣営はなぜ重視したのだろうか。

第一に、共和・民主両党が採用している州ごとの順送り投票(sequential voting rules)では、初戦のアイオワ州党員集会の結果が期待を上回るかどうかで評価される傾向がある。アイオワ州の結果はマスメディアの報道を通して後続州の有権者に伝えられる。期待より高い結果を出せば、指名獲得の可能性があると感じさせることで後続州の票に弾みが生じ、期待より低い結果となれば後続州の票を縮小させかねない。無名の一期目の連邦上院議員だったオバマにとって、アイオワで勝利を逃すことは選挙戦の終了を意味した。選対幹部のデイビッド・プルーフは「もしアイオワで勝てなかったら、ほぼ間違いなく勝利できない。しかし、もしアイオワで勝てたら、扉が開くと信じているし、チャンスが与えられる」と回顧録に記し、危険を冒してでもアイオワ州で実験的な選挙戦を展開する必要性があったことを明かしている。

かくして、後に検討する戸別訪問とオンライン組織の融合のほか、ボランティアの他州からの動員など、アイオワですべてが始動したのである（Plouffe 2009 ; Heilemann and Halperin 2010）。最終的に二〇〇八年のアイオワ州党員集会は、クリントン（二九％）とエドワーズ（三〇％）が期待より低い結果となり、オバマ（三八％）は一位で勝利しただけでなく、期待より高い結果を出したことで指名獲得への期待に弾みを与えた。

第二に、前述のように、ケニア人男性と白人女性の子であるアフリカ系のオバマは人種要因を抱えていたが、リベラル派のトム・ハーキンを上院議員として擁していたアイオワ州では、民主党支持層に限定すれば都市部のデモイン、大学関係者が多数居住している学園町のアイオワシティなど、リベラル度の高い選挙区が少なくなく、公での支持表明を求める民主党の党員集会制度がアフリカ系候補にとって有利に働く。

第三に、ハルらが指摘するようにアイオワ州では「小口の政治（リテール・ポリティクス）」による地上戦がたいへん重要であるが、これもオバマには有利であった。地上戦には、ローカル事務所の運営や地元の人口構成や地理に通じた、アウトリーチに協力的なコミュニティリーダーを数多く抱えることが不可欠であるが、その彼らをまとめあげるには主要スタッフにもアイオワ州の経験が欠かせない。オバマ陣営には、リチャード・ゲッパート陣営にいたプルーフ、ジョン・エドワーズ陣営とポール・サイモン陣営にいたアクセルロッド、アイオワ州出身でアイオワ州世論調査専門家のラリー・グリソラノ、同じくアイオワ州世論調査専門家のポール・ハースタッドなど、アイオワ政治に詳しい上級スタッフが揃っていた(11)。

他方、ヒラリー・クリントンの陣営は、ビル・クリントン陣営がかつて一九九二年にハーキン候補には勝てないと判断してアイオワ州を無視する戦略を採用して以来、アイオワ州を苦手としてきた。一九九六年のビル・クリントンの再選選挙でも民主党内に対抗馬が出ず、やはりアイオワ州党員集会への資源投入の必要がなかったため、二〇〇八年時点までアイオワ専門のスタッフを実戦で育てることができなかった。一般に、アイオワ、ニューハンプシャーなど予備選挙過程での重要州、オハイオなど本選での激戦州への対策では、当該州の選挙区に精通した専門家が陣営に存在していることが重要であるにもかかわらず、コンサルタント主導の選挙によって盲点となりがちだったことがその背景にはある。

このようにオバマ陣営が重視したアイオワ州であるが、陣営が初期に行ったフォーカスグループ調査による同州の分析によれば、オバマを支持していないのは党員集会参加率の高い六〇歳以上の党派的有権者で、彼らは共和党政権と民主党政権の交代だけが関心事であり、民主党支持の目的が限定的であった。また、オバマの経験の浅さが問題視されていた。しかしオバマには、ワシントンのインサイダー政治に懐疑的な「緩やかな民主党支持層」「無党派」「共和党の一部」から支持を得られる可能性が残されていた。そこで非ワシントンの「アウトサイダー」であることを強調する戦略を採用した。政権交代を目的化する交換としてのチェンジではない、共和党と民主党の交代だけでは解決しないものを変革する質的チェンジを志向する反エスタブリッシュメント性が鍵となったからである。

二〇〇八年アイオワ州党員集会では、参加総数が過去最高の一二万五〇〇〇人となってもオバマの敗北が予想されており、勝利するには最低でも一八万人から二二万七〇〇〇人の参加者が要ると陣営内では見積もられていた。また、イリノイ州と隣接した州東部はオバマ優勢地域であったが、州西部に行くほどオバマ支持率が低下していた。

そうした地域でのオバマの生い立ちやプロフィールの浸透度は低かった。ちなみにアイオワ州は、州西部を中心に労組の組織力も弱い（Giangreco とのインタビュー 2009)。

そこでアイオワ州のオバマ陣営は、キャンペーンの効果を高めるために、異なるキャンペーンの部局を連携させる方式（all integrated campaign）を採用した。番組出演やインタビューなどの無料広告部門（TV)、スポット広告などの有料広告部門（paid media)、戸別訪問や電話作戦などのフィールド部門（field)、報道対策部門（press department)、ニューメディア部門（the new media)、オンライン献金集め（online fundraising)、ボランティア獲得（gathering volunteers）などを融合したのである。

融合の好例は、ダイレクトメールとして配布する紙製広報物に付した、八分間のＤＶＤであった。オバマを知らない有権者に彼の生い立ち・略歴を伝え、経験不足要因を補うことがこのＤＶＤの目的だった。ピーター・ジャングレコによれば、党員集会参加権を有するアイオワ州有権者の九〇%が、ＣＤプレイヤーかＤＶＤプレイヤー、あるいはＤＶＤが再生可能なコンピュータを所持しているとの情報があった。それに基づいて、経歴の紹介をウェブの動画ではなく、あえてＤＶＤ化して配布することを選択したのである。

ＤＶＤは選対顧問アクセルロッドの経営する広告会社が製作したが、動画は以下のような構成であった（上段の括弧内はタイムコード、下段は動画を構成する映像、音声、字幕スーパーである。ナレーションを挟まず、文字と音声だけを淡々とつないでいるが、背景に小さな音で軽快な音楽を流している。クライマックス部分に進むに従って、音楽の調子がアップテンポになる工夫が施されている)。

（〇分一〇秒まで）　Obama '08 ロゴ

（〇分三〇秒まで）　二〇〇四年民主党全国委員会「一つのアメリカ」演説

（〇分四八秒まで）白人女性と黒人男性の一般市民がオバマを讃える声
（一分〇〇秒まで）オバマがケニア人の父親とカンザス出身の白人の母親を紹介する演説
（一分一〇秒まで）オバマの父親と母親の写真、生い立ちを振り返る字幕スーパー
（一分一五秒まで）「奨学金で進学した」という字幕スーパーの下にオバマの学生時代の写真と「コロンビア大学で国際関係論の学位を取得」との字幕スーパー
（一分三〇秒まで）「コミュニティオーガナイザーになった」との字幕スーパー、市民と向き合うオバマとシカゴ・サウスサイドの工場地帯の空撮映像
（一分四〇秒まで）SEIU（サービス従業員国際労働組合）ローカル1会長、トム・バラノフへのインタビュー
（一分五〇秒まで）コミュニティオーガナイザー時代の同僚、デイビッド・キンドラーへのインタビュー
（二分〇〇秒まで）市民と対話するオバマ
（二分〇九秒まで）元コミュニティオーガナイザー、ロレッタ・オーガスティン＝ヘロンへのインタビュー
（二分一五秒まで）ロースクールに入学したオバマの決意の発言
（二分二四秒まで）ハーバード大学ロースクールの同級生、カサンドラ・バッツへのインタビュー
（二分五三秒まで）ハーバード大学の恩師、ローレンス・トライブ教授へのインタビュー、「黒人初のハーバード・ローレビュー編集長」という「ニューヨークタイムズ」の記事の見出しとオバマの写真
（三分一五秒まで）有権者登録促進運動をするオバマ、シカゴ大学で教鞭を執る写真とシカゴ大学構内の写真
（三分三〇秒まで）家族について語るオバマへのインタビュー、ミシェル夫人と二人の娘との家族写真

（四分〇〇秒まで）　家族について語るミシェル夫人へのインタビュー
（四分〇八秒まで）　「一九六六年、イリノイ州議会上院に立候補」「イリノイ州議会上院　一九九七―二〇〇五」の字幕スーパーと州議会議員時代のオバマの発言
（五分一〇秒まで）　イリノイ州議会上院議員（共和党）カーク・ディラード、マイゲル・デバレ元州議会議員、ラリー・ウォルシュ元州議会議員へのインタビュー、死刑制度改革、福祉改革ほか当時取り組んだ政策を紹介
（五分三〇秒まで）　「二〇〇三年、連邦上院への無謀な選挙運動を開始」の字幕スーパーと連邦上院への宣言、「主要な候補の中でオバマはイラク戦争に反対していた」の字幕スーパー、イラク戦争反対を表明する勇気を讃えるデック・ダービン連邦上院議員へのインタビュー
（六分〇〇秒まで）　オバマの連邦上院議員選挙への立候補を報道するテレビ記者のリポート映像
（六分三〇秒まで）　オバマの連邦上院議員選挙勝利演説「Yes, We Can」の連呼
（六分四〇秒まで）　連邦上院議員選挙のキャンペーン記録写真
（六分四八秒まで）　兵士の肩に手をのせて何かを語るオバマの写真、「テロリストに武器が流出することを防ぐ法律を支持してきた」との字幕スーパー
（七分〇〇秒まで）　二〇〇五年ウクライナ訪問時のオバマの写真、二〇〇六年アフリカ訪問時のオバマの映像
（七分二〇秒まで）　連邦上院の議会活動、酪農家の相談を受ける姿など市民に語りかける写真
（八分〇〇秒まで）　二〇〇四年民主党全国大会「一つのアメリカ」演説
（八分〇八秒まで）　「ムーブメントに加わって下さい（Join the movement）」の字幕スーパー
（八分一〇秒まで）　Obama '08 ロゴ

ＤＶＤの構成上、オバマを知らない有権者に陣営がオバマについて「知らせたい」メッセージが抽出されており、白人と黒人のバイレイシャルであること、コミュニティ活動に従事していたこと、ハーバード大学ロースクール卒であること、イリノイ州議会上院議員など政治経験の下積み、イラク戦争に当初から反対していたこと、家族愛、演説の巧さ、共和党との超党派路線への親和性と「一つのアメリカ」の思想などが盛り込まれている。他方で、ハワイとインドネシアのアジア太平洋系のルーツ、コロンビア大学編入前のオクシデンタル・カレッジ時代の小説の創作活動など作家としての側面、連邦下院議員選挙の落選経験、宗教や文化争点への見解などは省かれたことが分かる。

この二〇〇八年選挙のアイオワでのＤＶＤが画期的だったのは、従来は分断されていた有料広告のオペレーションと地上戦のオペレーションを融合した点にあった。第一ステップとして、戸別訪問でＤＶＤ入りのダイレクトメール（図3-4）を手渡しすることで、有権者に陣営への親近感を持ってもらった。そして第二ステップとして、添付のＤＶＤで八分間の候補者宣伝を音と映像で行い、第三ステップとして、返信ハガキ（図3-5）や陣営側からの電話による感想聴取を記録することで、フォローアップと名簿更新を進めた。最後に第四ステップとして、ＤＶＤの内容をウェブサイト上にもアップロードした。この過程でオバマ陣営は、有権者のカテゴリー別のメーリングリストとオンライン組織を完成させ、有権者と陣営のコミュニケーションを継続させることに成功した。通常、戸別訪問だけでは広報資料を配布して関係が一過性で終了するが、返信ハガキを配布資料に含めるなどして継続性を持たせたのである。

しかも地上戦と新媒体の融合により、資料に目を通してもらえる確率が高まったのはもちろん、電話作戦のボランティアスタッフにＤＶＤフォローアップの電話をかける口実を与え、感想の聴取を行えるようになったことも大きい。個別の感想から、有権者の持つ候補者イメージや関心争点などについて、陣営独自の有権者データを早期か

図 **3-4** アイオワ州で配布されたダイレクトメール冊子（pp. 20–21）。右側のポケットに DVD が差し込まれた。

図 **3-5** ダイレクトメール冊子（p. 11）にはアイオワ州デモインのオバマ選対（Obama For America）宛のハガキが綴じ込まれた。「党員集会に参加してオバマを支持する」「ボランティアに興味がある」「電子メール登録」のチェック欄に加え，「公的な支持者リストで私の名前を使用してもよい」などの項目が並ぶ。

ら蓄積し、候補者の演説や政策綱領の修正に活かしていく体制を築くことができたのである。

二〇〇七年一月の時点で一〇万枚のＤＶＤが配布され、スポット広告にもウェブサイトの在処をＵＲＬによって明示し、ＳＮＳのフェイスブック、ツイッターなどによる自己増殖（many to many conversation）で拡散された。ジャングレコによれば、このダイレクトメール・ＤＶＤ・戸別訪問・電話作戦・ＳＮＳの融合というアメリカ選挙史上初めての試みは、メッセージング過程とオーガナイジング過程を融合することに斬新さがあったという（Giangreco および Walsh とのインタビュー 2009, 2011）。

さらに二〇〇八年のオバマ陣営が固執したのは、古典的な戸別訪問と電話作戦の手法をオンラインで代用しないことであった。そのため、他の候補よりも事務所の数もスタッフの人数も多くを要した。技術的には、ボランティアにウェブサイトから地域の有権者の電話番号リストをダウンロードしてもらい、自宅で電話をかけた結果のデータをアップロードさせることは可能だった。しかし、ジャングレコは次のように回顧する。「理論的には素晴らしい方法である。しかし、実際に私たちが発見したのは、オフィスに出ずに携帯電話を持ち寄ってグループで電話をかけても、三〇分から四五分ぐらいしか電話をかけ続けないということだった。それに対して、オフィスに出たり、中央ボランティアハウスに来る人は、二時間は電話をかけ続けた。一人だけで行うと数本の電話しかかけない」。「オンラインの手法は新規の支持者を獲得し、キャンペーンの過程に彼らを巻き込み、キャンペーンをよりオープンでアクセスしやすいものにする意味では優れていたが、陣営の関係者の多くは、オバマがアイオワで勝てた理由は、最も多くの事務所を開設し、活動家が集う場を提供したことだと考えていた」。オバマ陣営は、ボランティアがともに軽食を楽しみお互い励まし合う環境で「ピアプレッシャー」を与えたほうが、地上戦が効果的であることを理解していたのである（Giangreco とのインタビュー 2009, 2011；Walsh とのインタビュー 2009）。

アイオワ大学が二〇〇八年のアイオワ州党員集会参加者に対して実施した調査の結果を示した図３-６によると、

党員集会参加者の八四%が電話で、また九四%がロボコールで、さらに九一%がダイレクトメールでコンタクトを受けており、伝統的なコミュニケーションが支配的であったことを示している。インターネット選挙が席巻したという印象が先走りしていた二〇〇八年選挙の段階においても、電子メールによるコンタクトは全体で二五%でしかなかった。

また、図3-7は、新技術の使用をめぐる世代間格差を示している。電子メールによるコンタクトは一八歳から

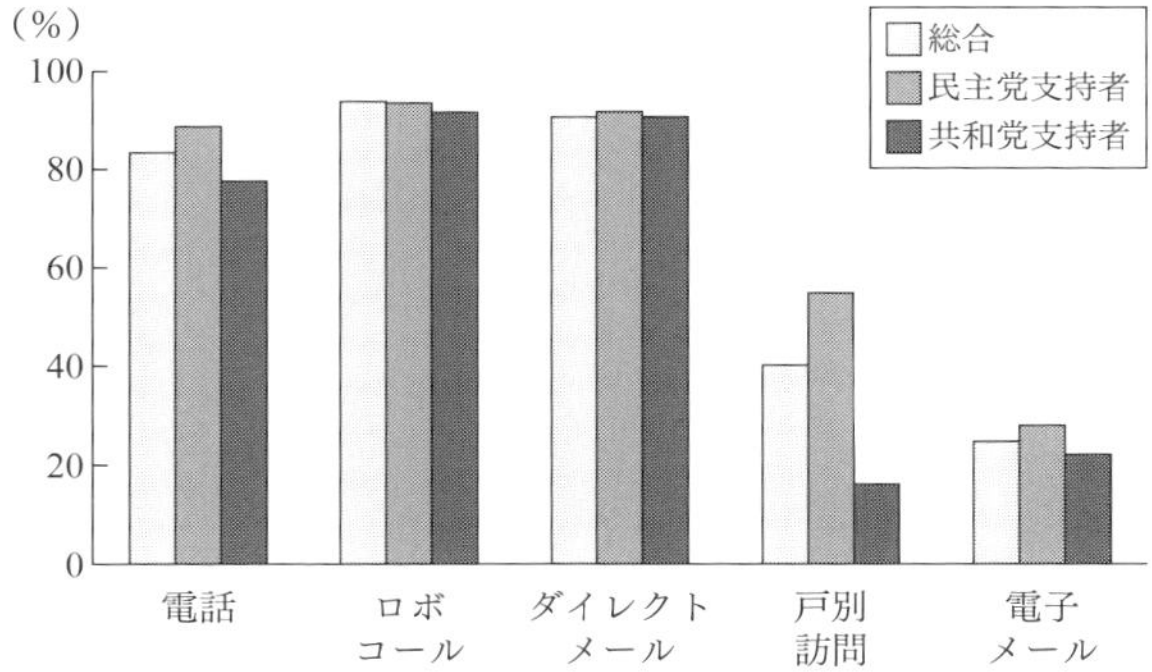

図3-6 2008年アイオワ州の選挙キャンペーンで行われた有権者党派別コンタクト

出所)アイオワ大学ホークアイ世論調査(Redlawsk, David P. and Caroline J. Tolbert. University of Iowa Hawkeye Poll, Iowa City, IA.)を基に筆者作成。

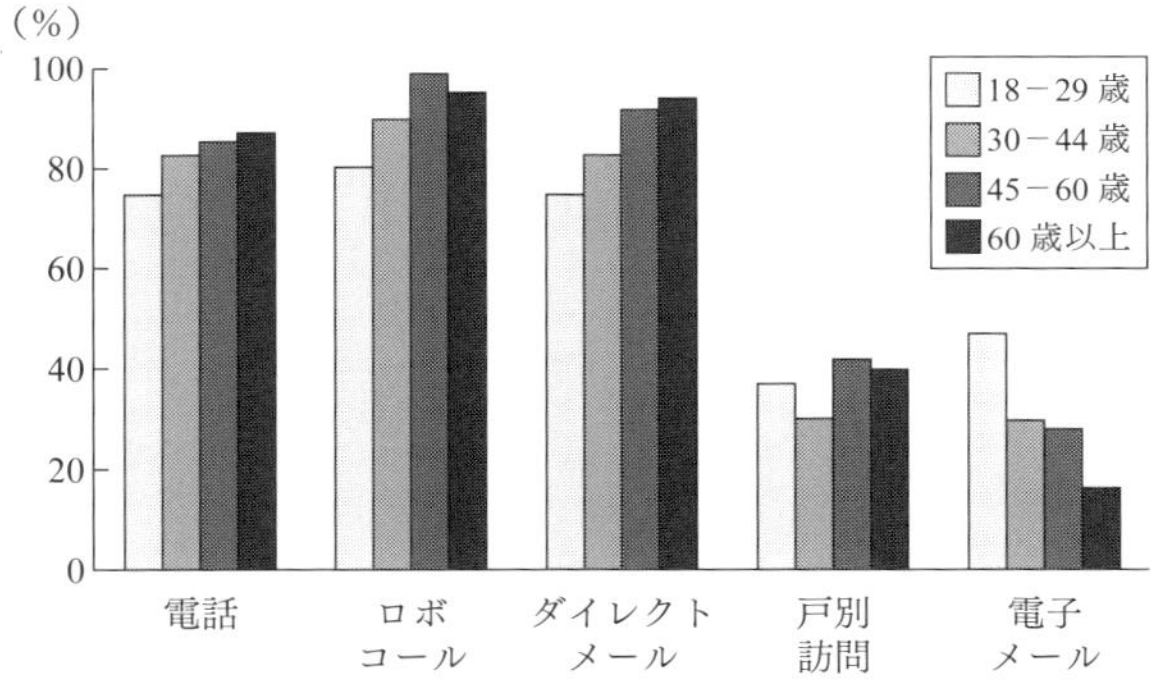

図3-7 2008年アイオワ州の選挙キャンペーンで行われた有権者年齢別コンタクト

出所)アイオワ大学ホークアイ世論調査(Redlawsk, David P. and Caroline J. Tolbert. University of Iowa Hawkeye Poll, Iowa City, IA.)を基に筆者作成。

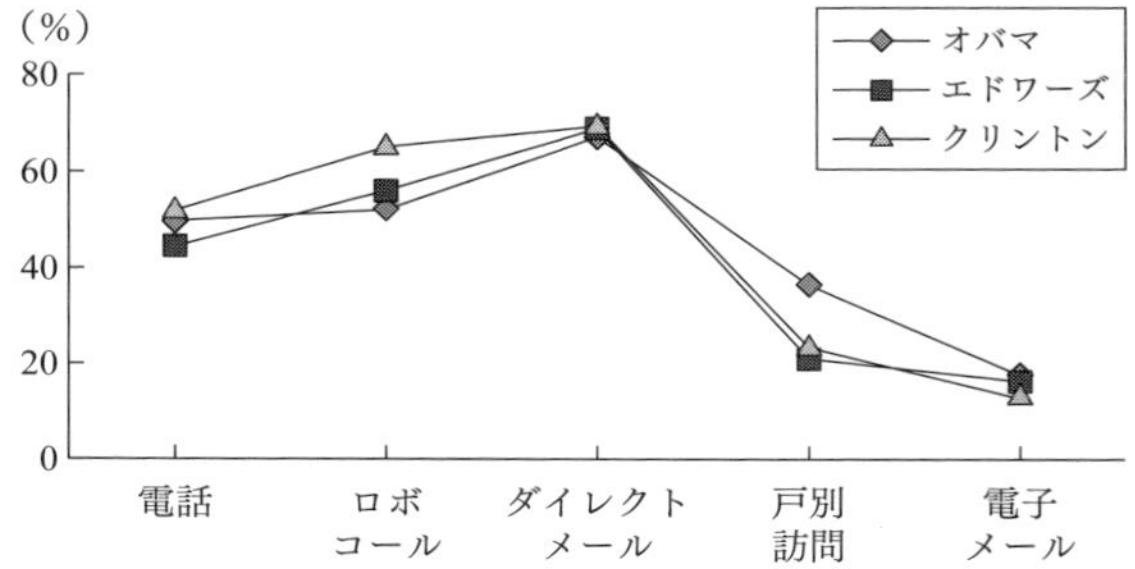

図 3-8 2008 年アイオワ州の選挙キャンペーンで行われた主要三陣営別有権者コンタクト

出所）アイオワ大学ホークアイ世論調査（Redlawsk, David P. and Caroline J. Tolbert. University of Iowa Hawkeye Poll, Iowa City, IA.）を基に筆者作成。

二九歳の若年層に限定的であり（四七％）、逆に若年層は固定電話を引かない傾向が高まっているため電話によるコンタクトが少ない。また、三〇歳から四四歳で戸別訪問での接触が少ないのは、彼らが中堅若手勤労層で在宅率が少ないことが関係していると考えられた。

他方、図3-8は、民主党の二〇〇八年の候補者陣営からキャンペーンの過程でどの方法でどれだけ頻繁にコンタクトを受けたかを示している。オバマとクリントンは電話接触において同程度であるが、オバマはクリントンやエドワーズほどロボコールを使用していない。オバマはクリントン、エドワーズとダイレクトメールでも同程度であるが、戸別訪問と電子メールでは最も高い数値を示している。これはジャングレコなどオバマ陣営アイオワ戦略担当者のキャンペーン戦略をめぐる証言とも一致する。

二〇〇四年のディーン旋風は、あまりにも支持者の自由度を許容したために、支持者が気まぐれに振る舞うことで運動の持続性に問題があった。そのことに学んだオバマ陣営は、自発的な支持者の情熱とトップダウンの管理による伝統的なキャンペーンとの両立に固執したことをジョンソンは指摘している（Johnson 2011）。この分析はジャングレコらの証言とも符合する。オバマ陣営は、伝統的な地上戦に根ざした陣営管理型のアウトリーチによる集票戦略にも相当程度の力を注いでいたからである。

オバマ陣営は選挙民について、マイクロターゲティングを活用して三分類した。第一層は党員集会参加歴ありの者たちで、オバマを売り込む対象だった。第二層は本選投票経験があるが党員集会参加歴なしの集団で、党員集会の参加方法を教育する対象とされた。そして残りの第三層は民主党登録経験なしの集団であった。有権者リストの作成にあたっては、㈠名簿・ハガキに「党員集会にオバマ支持で出席」「オバマ支持で公に名前を出してもいい」と署名した者、㈡電話口頭でオバマ支持表明、名簿・ハガキの署名はなしの者、㈢支持未決定の者、㈣他候補支持に傾いている者、㈤他候補を支持している者、の五つに分類された。その上で、エスニシティ、ジェンダーなどの人口構成上の要因によるクラスターと、結婚歴などのライフスタイルのクラスター、そして職業などを基に、アイオワ州有権者ファイル（Iowa Voter File）が作成された。なお、大学が高校生に大学案内を送付するためのデータも購入し、若年層のデータの厚みを増した。両親の党派記録も調査した上で、民主党支持か無党派なら電話・DVD・ダイレクトメールの対象者とした。

オバマ陣営アイオワ州支部のアウトリーチ対象は、教員、医療専門家、LGBT、平和団体、退役軍人、農家、環境保護団体、アフリカ系、ヒスパニック系、軍人を家族内に持つ世帯、特定の信仰を持つ人々、看護師、障害者、労働組合などに分類され、教会組織はオバマ家が所属していたユナイテッド・チャーチ・オブ・クライストが基軸となった。開拓の手法としては、上記のアイオワ州有権者ファイルを使用した「データからの探索（Data Driven）」と、他州のデータをソーシャルメディアであるフェイスブックのほか電子メールのチェーンなどを利用してたどる、いわゆる「関係者からの探索（Relationship Driven）」との融合によって進められた（Giangreco とのインタビュー 2009, 2011）。また、クレーマーらシカゴのリベラル系選挙専門家やオバマの元同僚であるコミュニティオーガナイザーの援助のもと、戸別訪問や支持者への電話説得の手法を体験的に学ぶ講座「キャンプ・オバマ」を開催し、ボランティアのリーダーを陣営主導で養成したほか、学生アウトリーチ・プログラムと称して州内の各高校から校内の人気者を約一〇名集めて、各校でイベントを開催して高校生の選挙ボランティア参加を促すプログラムも組まれた

(Creamer とのインタビュー 2012；McKnight とのインタビュー 2009)。

結果としてオバマは二〇〇八年大統領選挙で、アイオワ州での勝利を弾みとして民主党大統領候補の指名を勝ち取り、本選もその勢いのまま選挙人獲得三六五人、得票率五三％で、選挙人一七三人、得票率四六％の共和党候補マケインに勝利した。本章の冒頭に記したマイノリティ票の底上げに加え、とくに若年層の掘り起こしが二〇〇八年選挙オバマ陣営のアウトリーチの成果となった。一八歳から二九歳までの若年層の投票率は五一％に達し、二〇〇四年の四九％からは二ポイント、二〇〇〇年の四〇％からは一一ポイントの上昇を記録している。[12] オバマは若年層票の六六％を獲得し、マケインの三二％を大きく引き離したのだった。[13]

さて、本節における二〇〇八年選挙サイクルの検討から明らかなのは、インターネット利用で勝利したオバマという一般的なインターネット選挙の印象に反して、オバマ陣営が選挙運動にコミュニティオーガナイズの手法を取り入れたり、有権者データの早期の蓄積に工夫を凝らすなど、地上戦見直しの選挙でもあったことである。これはオバマ陣営が、地上戦による対面説得が鍵となるアイオワ州での勝利にすべてを賭けたことや、バイレイシャルであるマイノリティの候補者として人種的に白人とアフリカ系に対して異なるメッセージを使い分ける必要があったことなど、オバマ陣営特有の要因とも大きな関係がある。

オンライン技術により地上戦が活性化されるという、新しいコミュニケーションの様式が広まったことは確かだが、これはオンライン技術の進歩だけでも、地上戦の見直しだけでも、片方だけでは生じなかった。しかも、後述するようにこの時期の「コミュニケーション空間」では、地上戦で掘り起こされる活動家層と、コミュニティで候補者を支援する支援者とが完全に一致していたわけではない。二〇〇八年当時、ウェブサイトの閲覧と電子メールの送受信程度のインターネット利用は年配層にもある程度浸透していたが、プライバシーをめぐる抵抗感や技術面での知識不足からソーシャルメディアに手を伸ばさない有権者も中年層以上に多かったため、ソーシャルメディアを介したオンラインの支援者が若年層に大きく偏っていたからである。

ピューリサーチセンターの調査によれば、二〇〇八年五月時点での六五歳以上の年配層のインターネット利用率は三五％に過ぎなかった。しかしその後、年々増加し二〇一二年に過半数の五三％に達している。二〇一四年の調査では五九％の利用率になった。年配層へのブロードバンド普及率も二〇〇八年には一九％に過ぎなかったが、二〇一二年にはまだ過半数には届いていないものの三九％に跳ね上がっている。

ソーシャルメディア利用に関しても、二〇〇八年から二〇一二年にかけては、世代間の差を示しつつ、全体として顕著に伸びている。一八歳から二九歳までの若年層は二〇〇八年当時から約七〇％のソーシャルメディア利用率だったが、その上の三〇代、四〇代になると二〇〇八年時点でわずか三割程度の利用率だった。しかし、二〇一二年になると彼らも利用率が七〇％を上回っている。五〇代、六〇代も二〇〇八年にソーシャルメディアを利用していた人は一割程度に過ぎないが、二〇一〇年には五〇％に達している。ソーシャルメディア利用率が二〇〇八年に一割を下回って最も少なかった六五歳以上の層ですら、二〇一二年には過半数に及ばないものの四〇％近くに達しているのである。ディバイス面でも、ビジネスにおいて主流だったブラックベリーの端末が、スマートフォン中心に切り替わった時期でもある。

オンラインと地上戦が連動することでもたらされた新たな「コミュニケーション空間」は、中年以上の幅広い層の活動家にもソーシャルメディアが浸透し、陣営内の「ビッグデータ」利用が展開していった、(第3節で検討する) 二〇一二年選挙サイクルでようやく本格化し、広がりと立体的な密度を増すのであり、二〇〇八年選挙はその土台作りの時期であったといえよう。(14)

2　二〇一〇年選挙――保守派の草の根運動とヒスパニック票

(1) ティーパーティ運動の展開

二〇一〇年の中間選挙は民主党の大敗に終わり、下院で共和党が四年ぶりに多数派に返り咲いた。連邦上院では民主党が五九議席から五三議席に(六議席減)、共和党が四一議席から四七議席に(六議席増)、連邦下院では民主党が二五六議席から一九三議席に(六三議席減)、共和党が一七九議席から二四二議席に(六三議席増)なった。民主党の敗北は中間選挙では一九三八年以来の規模であり、与党敗北の原則を考慮してもあまりにも大きな敗北だった。皮肉にも民主党の敗因は、七八七〇億ドルの大型景気刺激策、自動車産業救済策、医療保険改革など「大きな政府」的政策を実現したオバマ政権一期目の成果と表裏一体のものであった。経済状況が好転せず(投票日失業率九・六%)、雇用対策が遅れるなかで、ティーパーティ運動の活発化にともない、共和党が保守派や高齢層の支持を増やしたのである。

二〇一〇年選挙の特質は、民主党が失った議席の多さと並んで、民主党の地盤であるリベラルな地域での敗北が相次いだことだった。二〇〇六年の中間選挙と比べて、二〇一〇年に共和党が伸ばしたのは、白人・男性・六五歳以上・高所得者層の票だった。福音派プロテスタントなどの信心深い層が共和党を支持する割合は横ばいで、共和党の大勝利は、経済的に小さな政府を目指すリバタリアン系の伸張が駆動力になったといえる。

この二〇一〇年選挙の共和党のアウトリーチ戦略は三点に集約される。第一に、経済争点中心のアウトリーチである。共和党は一九八〇年代の宗教右派動員とは異なり、あくまで財政・経済争点に絞ったアウトリーチを心がけ、人工妊娠中絶はもとより同性婚などのウェッジイシュー(くさび形争点、すなわち分裂を誘発する争点)は戦略のテーブルにのぼらなかった。この方針は連邦下院共和党の動向とも歩調を合わせていた。下院共和党は二〇一〇年九月一〇日に綱領「アメリカへの誓約（A Pledge to America）」を発表したが[15]、その冒頭には、㈠雇用を創出するとともに、経済的不安定を食い止め、アメリカの競争力を高めること、㈡制御不能な支出を止め、「小さな政府」を実現すること、㈢医療保険改革法の廃止、㈣連邦議会の改革と信頼回復、㈤アメリカの国内外の安全保障維持、が掲げられていたものの、人工妊娠中絶など宗教保守が重視する社会政策への言及はなかった。

第二は、ティーパーティ運動など草の根保守が、コミュニティオーガナイズ活動など民主党、とりわけ労働組合が用いていた古典的な手法を組織作りやアウトリーチに応用しようとしたことであり、そして第三が、有力なヒスパニック系候補を立てることでヒスパニック系へのアウトリーチの新たな展開を開始したことである。一点目はティーパーティの問題とも関連しており、以下では、これらの三点を中心に検討を進めていきたい。

①ティーパーティ運動の起源と特質

「ティーパーティがいつ始まったのか」という問いに対する回答は、実はティーパーティ活動家の間でも一様ではない。マスメディアで流布する一般的理解と草の根の活動家の見解が異なることも少なくない。いいかえれば、ティーパーティを「オバマ政権成立前」に由来する現象と見るか、あるいは「オバマ政権成立後」の現象として捉えるかで、立場の差が歴然となる。「オバマ以前」のW・ブッシュ政権時代にティーパーティの起源があるとする見方は、運動の感情や衝動の勃興に起源を見いだす解釈であり、ティーパーティの発祥を「オバマ以後」とする見方は全国規模の運動形成を起点とする理解である。前者は共和党のエスタブリッシュメントに対する批判を基本哲学としており「反共和党」の色彩が濃いのに対して、後者は共和党批判よりも「反オバマ」を強調しがちで、共和党への親和性もかなりの程度残存している。

「オバマ以前」のブッシュ政権への不満がティーパーティを発祥させたと考えるグループの代表が、ロン・ポールとランド・ポール親子の支持者である。ランド・ポールはティーパーティ運動の始点が父ロン・ポールの二〇〇八年大統領選挙運動にあると位置づける。具体的には、ボストンで二〇〇七年一二月一六日に開かれ、一日で六〇〇万ドルの献金を集めたロン・ポール決起集会である。ロン・ポールのキャンペーンは、ネットに敏感な若年層を巻き込み、泡沫候補と揶揄されながらも二〇〇八年一月三日の共和党アイオワ州党員集会で約一〇％の支持を獲得した。

しかし、イラク戦争や財政支出をめぐりブッシュ政権と共和党エスタブリッシュメントを敵視するロン・ポールは、二〇〇八年九月にミネソタ州セントポールで開かれた共和党大会で発言を封じられた。これに反発したポール支持者が大会会場を取り囲み、ポールの名を連呼するデモをくり広げたほか、「共和国のための集会」と銘打ったもう一つの党集会を隣で開催したのである。一連の行動をランド・ポールは、共和党エスタブリッシュメントと草の根保守の戦いと定義し、ポール支持者による反ブッシュ政権、反共和党エスタブリッシュメントの運動が、二〇一〇年に全国展開したティーパーティ運動の母体になったと主張するのである（Paul 2011）。

ランド・ポールの自著『ティーパーティ・ワシントンに行く（*The Tea Party Goes to Washington*）』は、ティーパーティ運動のアイデンティティの書であるが、たしかに全編が共和党批判で埋め尽くされている。オバマ政権批判は第三章までほとんど言及されず、それも共和党批判の文脈にとどまる。「オバマがブッシュよりひどいことが証明されたことは間違いない。しかし、だからといって党派だけで好悪を決めない限り、ブッシュが望ましいわけでもない。評価基準が支出と予算に絞られれば、ビル・クリントンのほうが支出を抑制できた分、まだブッシュよりましだったと考えるべきである」と述べるランド・ポールは、「ティーパーティと自分を最も強く繋ぐ絆は、自分の党を検証して批判する意志だ」と語る。

ポール派はグループの哲学をレーガン保守とリバタリアニズムに重ねるが、その理念は執拗なまでのブッシュ政権批判に集約される。第一に、テロ対策の名目で警察国家・監視国家化が促進されたことが自由を阻害しているという批判である。具体的には、ブッシュ政権下で推進された愛国者法による私的領域への介入を問題視した(16)。第二に、莫大な支出と財政赤字への批判である。ブッシュ政権をジョンソン政権以来の巨大支出型政権と見なし、イラク戦争はオバマケアと同額のコストを浪費したとポールらは考えた。そして「オバマのアジェンダはブッシュ政権のアジェンダをひっくり返すどころか、その単なる延長でしかない」というのである。ティーパーティにとって共和党エスタブリッシュメントとオバマへの憎悪は「髪の毛一本、二本の差でしかない」とランド・ポールは語る。彼は、筆者の聞き取り調査に対して次のように答え、アメリカの財政の外国依存問題を強調した。

私を当選させてくれた人やティーパーティは、予算の諸問題を解決してほしいと願っていると思う。彼らは歳入より支出が多いことが理解できないのだ。ワシントンでは誰もがそんなに削減できないというのだが、私たちは削減できるし、それを理解しない彼らが私には分からない。入ってくるだけ使うという単純なことだが、[そのためには] 支出の大幅な削減が必要だ。民主党が望んでいる借金は六億ドルで、この日ごとに増える借金の大半は日本にしているものだ。私は前から彼らに警告している。自然災害で日本は大変な目にあっている。日本は以前のように私たちの負債を肩代わりし続けてくれないかもしれない、と。私はあなた方日本も大変な借金を抱えていると考えている。私たちはお互い負債問題を抱えていて、世界中負債だらけだ。私はこの問題は数年内に行き詰まると読んでいるが、[それを防ぐために] 誰かが立ち上がらなければいけない。(Paul とのインタビュー 2011)

初期から参加したティーパーティ活動家は、総じてW・ブッシュ政権の財政政策に不満を持ち、たとえばアルバカーキの活動家ホリー・ファタは「私は今まで、第一に自分は保守であると、その次に共和党支持者であると考えてきた。共和党には心底幻滅した。彼らは巨額の税金を無駄遣いした。二〇〇八年末に緊急経済安定化法を通過させたことがすべての引き金となり、それ以来これは国の進む道ではないと私たちは声をあげるようになった」と活動の動機を語り（Fattah とのインタビュー 2011）、同じく活動家のティナ・カーソンは「財政保守と最小限の政府、さらに経済的な責任、自由市場経済、憲法が保証する自由が、私たちを結束させている。私たちは特定の候補を支持表明しない。自分で誰に投票するか選ぶことが重要である」（Carson とのインタビュー 2011）と述べた。

しかし、ティーパーティの呼称が浸透し二〇一〇年中間選挙に向けた草の根の運動が全国的な広がりを見せたと考えられているのは主としてオバマ政権始動後であり、フォックス・ニュースなど保守系全国メディアなどで流布されるティーパーティ発祥をめぐる「オバマ後」史観も決して誤りではない。というのもティーパーティ運動を燃え上がらせる原因となった諸政策を列挙すると、リーマンショック後の緊急経済安定化法まではたしかにブッシュ政権であるが、大型景気刺激策、ゼネラルモーターズ社救済、キャップ・アンド・トレード法案、医療保険改革など大半はオバマ政権初期の政策なのである。そして最初の反発は景気刺激策の規模が引き金となったものであった。

二〇〇九年二月一九日放送のCNBCの番組「スクオーク・ボックス」において、シカゴの商品取引所からの中継でリック・サンテリが、住宅差し押さえへの救済措置に反対して「シカゴ・ティーパーティをミシガン湖畔で組織する」と絶叫し、その動画が広く共有された。二月二七日、東海岸から中西部、西海岸まで全国各地で四八もの集会が同時に開かれ約三万人が集ったが、驚嘆に値するのはこれがわずか一週間で組織されたことであった(17)。七月以降は反医療保険改革を掲げる集会が多数開かれ、この頃から、地域分散的であったティーパーティの運動にフリーダムワークス（FreedomWorks）と連携した一定の統一的な行動も見られるようになった。この全国的連携の成果が九月一二日のワシントン集会であり、遠くは西海岸からのバスツアーも組まれた。その勢いは、アイオワ州で最もリベラルな都市アイオワシティにおいても川に茶を投棄するデモが四月一五日の確定申告締め切り日（Tax Day）に組織されるほどであった（Keettel および Hagle とのインタビュー 2011）。

「ワシントンポスト」が二〇一〇年一〇月に発表した、ティーパーティ系六四七団体から回答を得た世論調査によれば、ティーパーティの実態はいくつかの特徴に集約された(18)。

第一に、広域性である。アメリカのほぼ全州で分散的に展開しており、必ずしも南部や中西部に限定された運動ではない。リベラルな州や都市にも存在する。これは、後述する民主党支持者とのポピュリズムを介した連携、反警察国家を掲げる社会リバタリアンの合流とも関連すると考えられる。

第二に、全国組織と独立活動の両輪性である。全国組織に属さない五〇人以下の小規模集団が多数を占めており、一〇〇〇人以上のメンバーを抱える組織はわずか三九団体しかなかった。しかも、共和党全国委員会など共和党組織に依拠しない、州ごと地域ごとの独自の展開を基本としていることがうかがえた。全国組織としてフリーダムワークス、「アメリカを取り戻す（Our Country Deserves Better）」、「ティーパーティの国（Tea Party Nation）」、「ティーパーティの愛国者たち（Tea Party Patriots）」、「繁栄のためのアメリカ人（Americans for Prosperity）」などが存在するが、これらの組織がティーパーティを代表しているわけではなく、トップダウンの管理機能もない。

第三に、政治的リーダーの不在である。サラ・ペイリン、ミシェル・バックマンなどティーパーティが好む政治家は存在しても、特定のカリスマ的政治家にリードされた活動ではない。むしろ、活動家はトマス・ジェファーソン、レーガンなど建国の偉人か過去の保守政治家に理念の体現を投影しがちである。集会における政治家の扱い方にもこの特徴が反映される。民主党、共和党を問わず、一般的な政治集会は政治家の演説を拝聴する機会であり、オバマの演説力もこの文脈で力を持った。しかし、ティーパーティ集会はむしろ有権者の声を政治家に伝えるアドボカシーの場である。

政治的リーダーの不在は、一見するとティーパーティが第三政党化したりロス・ペロー現象に類似した展開となる可能性を否定する材料にも見えるが、アイオワ州で共和党支持者でありながらティーパーティ運動を主導するドン・ロシュターが指摘するように、ティーパーティ活動家の少なからざる部分が、リバタリアン党での活動歴を持っていることにも留意しておく必要があるだろう（Racheter とのインタビュー 2011）。政党を否定しているわけではなく、二大政党の既存のエスタブリッシュメントの否定である。前述の「ワシントンポスト」の調査では、調査対象のティーパーティ系団体に関係する八六％の人が初めて政治に参加する者であるとの結果が出ているが、既存の二大政党にコミットしていないことが必ずしも政治参加や政党への無関心と同義ではないのである。

さらに同調査の指摘した項目以外にも重要な特質がいくつかある。第一に、脱党派のポピュリズム性である。S・ラスムッセンとD・ショーンは、ポピュリズムには右派と左派の両方があるとする。右派ポピュリストは政府そのものが問題であると考え、左派ポピュリストは労働組合、リベラル活動家などの間にも存在すると述べる。彼らの定義によれば、「ムーブ・オン」などのリベラル運動もポピュリズムに含まれるが、ティーパーティ運動はその延長上に位置づけられる（Rasmussen and Schoen 2010）。

第二に、合衆国憲法への徹底した執着である。連邦政府を憲法が抑制するとの考えに従い、「大きな政府」の政策に反対する際に、憲法が認めているかどうかという違憲性を拠り所にする。アイオワ大学のT・ヘーグルは、歳出削減や減税への漠然とした関心が具体的な運動に転換するには、それらを糾合する偶然性（luck）が必要だったと述べる。ヘーグルによれば、「共和党員は常に憲法と建国者に立ち返りたがる人の集まり」であり、衝動の運動化に欠かせないラベリングに憲法が格好にして偶然の糾合役となった。いわば、憲法を介して建国者の望んだ国のあり方に戻ろうとすることが運動に正統性を与え、「漠然とした反税感情に歴史的な文脈における意義を付与した」のである（Hagle とのインタビュー 2011）。

民主党側のティーパーティ観は概して厳しかったが、代表的な批判は、運動の自然発生的な草の根性を否定した「人工芝（Astroturf）」説であった。しかし各論のレベルでは、民主党内にもリベラル派と穏健派でティーパーティ評価に温度差が存在した。リベラル派には参加者の草の根的背景をポピュリズム肯定の立場から認める声もあった。たとえば、前述のラスムッセンとショーンの書に推薦文を寄せたジョー・トリッピは、かつて自らが仕掛けたディーン旋風を引き合いに、ティーパーティの反エスタブリッシュメント志向の潜在力を評価していた。

また、本来民主党支持であったはずのブルーカラー中年白人男性層が、ティーパーティ層と一部重なる傾向も否定できないため、ティーパーティ運動参加者を糾弾することが民主党として集票上得策ではないというジレンマもあった。「活動家の動機は純粋であり、問題は彼らが誤ったシングルイシューとイデオロギーに誘導されていることで、むしろ彼らを奪還すべきだ」とした見方である。T・フランクの『カンザスはどうしてしまったのか？（*What's the Matter with Kansas ?*）』がジョージ・W・ブッシュ時代に指摘した、白人ブルーカラー層の民主党離れへの恐怖心が根底にあったといえる。民主党リベラル派は白人ブルーカラー層を二〇一二年選挙の重点的なアウトリーチ対象として掲げていたが、過度なティーパーティ批判がそのアウトリーチにマイナスになることを懸念していたのである（民主党連邦下院議員とのインタビュー 2011；Frank 2004）。

他方、民主党穏健派にはティーパーティの運動のラディカルさに警鐘を鳴らす向きもあった。ティーパーティを反動的な力（reactionary force）に過ぎないと考えるＮＤＮ（かつての New Democratic Network）のサイモン・ローゼンバーグは、「保守とは現在を保守するものであり、反動的な力とは過去へとラディカルに引き戻そうとするものである」と述べる。（民主党による）変革を否定することは時の流れに逆行する意味でラディカルであり、結果としてティーパーティが忌み嫌うブッシュ政権そのものへの退行につながりかねないというアイロニーをはらんでいるという分析である。民主党は二〇一〇年中間選挙でブッシュ政権への逆行か、まだ道半ばであるオバマ政権の成果に賭けるかの二者択一をメッセージとして提示したが、その民主党の見地からは、ティーパーティ運動はラディカルな退行現象の一種と解釈される余地があったのである（Rosenberg とのインタビュー 2011, 2012）。

②政党の動員力強化——アリンスキー的手法の浸透

ティーパーティのラディカル性にちなんで興味深いのは、ジョージ・W・ブッシュ大統領の元側近カール・ローブが若き日に共和党の組織形成や動員の基礎をソウル・アリンスキーの著作から学んでいたことを告白したのと相前後して、アリンスキー的な手法が共和党内に拡がった現象であった。ローブは、かつての共和党学生委員会のテキストがアリンスキーの『ラディカルたちのための法則（*Rules for Radicals*）』だったことを二〇一〇年に出版した自伝で明かしているが、選挙で勝利する組織作りのバイブルとして、アリンスキーの同書は類書の中でもとりわけ有用だったと回顧している（Rove 2010 ; Alinsky 1971）。

第2章で述べたように、アリンスキーはシカゴのサウスサイドの貧困街におけるコミュニティオーガナイズ活動の創始者であるが、保守派が「社会主義者」とラベルを貼ってきた人物でもあり、共和党の重鎮がアリンスキーを手本としていた過去は十分に衝撃的な「告白」だった。さらに興味深かったのは、ローブの「告白」と相前後して、ティーパーティ運動を主導する保守系の著者によるアリンスキー関連書の出版が相次いだことである（Leahy 2009 ; Gullett 2009 ; Merrell 2009）。それまでアリンスキーの一般での知名度は低く、二〇〇〇年から二〇〇八年までに『ラディカルたちのための法則』の実売は三万五〇〇〇部程度だったが、二〇〇九年には同年の前半七カ月だけで一万五〇〇〇部が販売され、八月上旬から中旬の一〇日間だけで一〇〇〇部に達したという。また、同年同月には書籍販売サイトのアマゾンで、ラディカル思想、市政論、社会学・歴史の各部門で一位を記録したが、同書の購入者がほかに購入している書籍にはM・マルキン、G・ベック、M・レビンなど保守系の書籍が並んでおり、保守層がアリンスキーの著書を大量購入する現象が起きたことがうかがえる（Weigel 2009）。

ティーパーティ運動がアリンスキーの手法を導入した背景には、選挙動員に関して保守系の草の根運動が二〇〇八年大統領選挙でのオバマの成功から受けた衝撃があった。フリーダムワークスは、アリンスキーの著作を教科書に、選挙区でボランティアや活動家を誘導するオーガナイザーの訓練「スリーデイズ・ブート・キャンプ」を開催したが、これは二〇〇八年にオバマ陣営がコミュニティオーガナイザーを初めて選挙活動に取り入れたボランティア訓練「キャンプ・オバマ」に酷似していた。フリーダムワークスは、二〇一〇年中間選挙で、フロリダ、オハイオ、ペンシルバニア、ニューヨークの各州におけるGOTVを重視し、アリンスキー的手法を地上戦の要に位置づけてスタッフを訓練した。その手法は、たとえば「味方陣営ができないことに手を出してはならない」「可能な限り敵よりも先に進め」「あざけりは効果的な武器になる」「味方陣営が楽しめる方法が良き戦術」などアリンスキーの格言を引用した複数の項目に凝縮される（Zernike 2010）。

ティーパーティ運動でのアリンスキー理論の援用は、戦術レベルにおける応用と理念レベルにおける（隠された）意図に分けて解釈できる。戦術レベルにおいては、有権者登録促進と投票率上昇に向けた具体的な指針が示されたことで、理念的な運動を地上戦に結びつけるツールが強化され、地方支部における保守系の動員が促進された。アリンスキー理論をいっそう具体化したC・ガレットの『ティーパーティ・ハンドブック』では、複数グループの連携が推奨され、たとえば、全米ライフル協会（National Rifle Association：NRA）に対しても、憲法修正第二条に関心のあるすべての団体との連携を探るべきだとして、シングルイシューに傾きがちな保守系の運動に欠けている異種組織間の連携の重要性が説かれた。

また、イベント開催を重視し、会合を多く開き、会合テーマを参加者共通の問題にすることが目標とされた。メディアで紹介されることを目的に、イベントにドラマ性を付与すべく、茶会事件時代を模した帽子やコスチュームなどの仮装のほか、プラカードや「私を踏みつけるな」というフレーズで知られる黄色いガズデン旗などの工夫も奨励された。過激な示威行動も勧められたが、なかでも、座り込みを意味するシット・イン、納税申告の用紙を大量に届けるフォーム・オーバーロード、騒音をたてて抗議するノイズ・イン、議員の関連産業に対する不買運動などが活動家に推奨された。さらに、ライノ（RINO : Republicans in Name Only）と称される、保守とは名ばかりの穏健な共和党公職者を地方支部から駆逐する、地元共和党の改革活動の継続、そして有権者教育の重要性も強調された。

有権者登録の勧誘では「応答要領」の例文が前述の『ハンドブック』に記載されているが、とりわけ重視されたのは、職業政治家や共和党に不信感を抱く有権者を運動に招き入れるためのレトリックであった。アウトリーチのターゲットは、㈠棄権者、㈡未登録者、㈢二〇〇八年にオバマに投票したオバマ・リパブリカンであった。このうちオバマ・リパブリカンは、親ペイリン・反マケイン層（副大統領候補は評価するが大統領候補が不満だとしてオバマに投票した層）、反ブッシュ層（マケイン政権はブッシュ政権の継続だと見なした層）、反ペイリン層（ペイリンの知識と経験に疑義を示した層）、オバマ積極評価層（既存政党への一定の失望から「変革」を目指すオバマ支持に流れた層）の四層から成り、いずれもティーパーティ運動のアウトリーチの対象とされた（Gullett 2009）。

このように保守系の活動家による戦術レベルでのアリンスキー理論の応用は、純然たる動員技術にとどまっていたが、他方、アリンスキーをクローズアップする理念レベルの意図としては、「反オバマ」感情の増幅があった。たとえば、アリンスキーを扱うティーパーティ系の書籍には、アリンスキーとオバマの関係性を強調することで「社会主義」とオバマ政権を同一視するものも少なくなかった。また、そうした書籍におけるオバマの生い立ちの描写は恣意的で、悪意をともなう要素が混在しており、オバマをムスリムであるかのように喧伝した二〇〇八年選挙でのネガティブ・キャンペーンの焼き直しの様相も呈していた（Merrell 2009）。二〇一一年四月に大統領府が正式な証明書を出すまでにエスカレートした出生問題はその象徴である。看過できないのは、「人種政治」を煽動する派生効果である。アリンスキーは黒人ではないが、保守系の書籍には、ブラックパンサーや牧師のアル・シャープトンに象徴される攻撃的運動手法との類似性を誇張し、それを暗黙のうちにオバマと結びつけるような記述が散見される。このように保守派内に見られる、表の戦術的利用と隠された理念的意図の混在は、アリンスキー研究者のS・ホーウィットによれば「分裂症的」ですらあった（Horwitt 2010 ; Vogel 2010）。

アリンスキー理論を導入する目的が、リベラル派の運動に対する防衛的な予備知識の共有のためなのか、保守系草の根の動員強化を目指した実利目的なのか定まらなかったことが、導入反対論を保守派内に誘発する原因にもなった。D・ブルックスはアリンスキー理論の応用は「過激で反保守的」であると述べ、J・フィーハリーは左派原理を追認することになると警鐘を鳴らした。また、攻撃的手法の拡大解釈により、J・オキーフによる地域支援団体エイコーンの不正撮影やメアリー・ランドリュー上院議員事務所盗聴未遂事件に象徴されるような、自らが「アリンスキー化する危険性」もD・エデンらにより戒められた（Joravsky 2010 ; Vogel 2010）。

しかし、ティーパーティ運動によるアリンスキーの利用は、アリンスキー個人には執着を示す一方で、民主党のオバマ型草の根の基礎には十分な関心を向けなかった。そのため、同じアリンスキー的手法でも、ティーパーティにとっての理解と、リベラル派にとっての位置づけには価値的、質的な乖離が著しかった。「社会主義」のラベリングという理念レベルでの意図に引きずられた弊害ともいえるが、オーガナイズ活動の歴史に対する未熟な誤解も散見された。

第一に、オバマ世代のオーガナイザーはアリンスキーからは指導を直接受けておらず、両者のオーガナイズ手法には大きな隔たりがあるにもかかわらず、ティーパーティ系の論者は両者を結びつけていた点である。アリンスキーは労働組合をモデルに、退役軍人組織、女性組織、教会組織、学校組織、職場組織などグループ別組織の動員力に意義を見いだしたことでコミュニティオーガナイズ活動の基礎を築いた。しかし、一九八〇年代以降、衝突型活動に拒否感を示した宗教家の協力を維持するために、アリンスキーの弟子筋にあたる第二世代が、教会を基盤とするオーガナイズ活動に進化させた。第二世代の指導を受けた第三世代のオバマが経験したオーガナイズ活動は、イデオロギーを排除した信仰基盤の草の根活動で、初期の労組型アリンスキーモデルの過激さとは決別している。オバマらの収入も教会の寄付金で賄われていた。むしろティーパーティのほうがアリンスキー理論に忠実に、初期の労組型戦術を熱心に実践しているのは皮肉な逆転現象であった。

第二に、オーガナイズ活動に要する時間的長さと地域に根ざした人的資源育成の軽視である。オバマ陣営がコミュニティオーガナイザーを投入して集票効果が生じたのは、それらのオーガナイザーが当該選挙区の地域社会を熟知しているという、長期間に及ぶ住民への聞き取り調査や地域参画の成果と無縁ではなかった。オーガナイザーの経験と地域との密接なつながりという人的資源の土台が欠けたまま、技術のみを短期的に持ち込んでも効果は限定的だといえる（Kellman, Kindler, Kruglik および McKnight とのインタビュー 2009；渡辺 2009）。

第三に、アリンスキー理論が本来守ってきた、非政治参加原則に対する認識の欠如である。伝統的にコミュニティオーガナイズ活動は選挙活動と無縁であった。第2章でも見たようにアリンスキーは政治家のことを対峙すべき対象であると位置づけており、学校、警察、政府、政治家と距離を保つことを提唱し、後続のオーガナイザーもそれに従ってきた。この原則が緩和されたのは、貧困対策の文脈でオーガナイズ活動がカトリック教会と連動する過程で、二〇〇〇年代後半に宗教左派運動に合流したからである。二〇〇〇年代以降の民主党系カトリック団体のアウトリーチの指南書には、重要提携団体としてガマリエル協会などのコミュニティオーガナイズ組織が掲載されるようになった。オバマは宗教左派運動と連動することで初めてオーガナイズ活動を政治利用することに成功したのである。本来、宗教右派の信仰票田を持つ保守派が、政治とオーガナイズ活動の接着剤に宗教が必要であるという前提を忘却して、アリンスキー理論だけに傾倒していた現象は興味深い（Korzen and Kelley 2008）。

オバマの恩師の一人であるジョン・マックナイトのように早期から、民主党オバマ陣営によるコミュニティオーガナイズの手法に共和党や保守系活動家が注目し、それを模倣するだろうと予言する声もあった。[19] 一方、「戦術（tactics）は模倣できる。しかし、本来の価値（the values）を付与しなければ、オーガナイズ活動は小さなミリシア（武装集団）の育成に堕す。オーガナイズ活動の価値は常に戦術を超越したものだ」と指摘したD・キンドラーは、ティーパーティのオーガナイズ活動はその反知性主義ゆえに異質なものにとどまっていると分析する。かつてシカゴでオバマのパートナーとしてオーガナイザー訓練を受けたことがあるキンドラーは、オーガナイズ活動の価値をコミュニティから学ぶ柔軟性だと定義する。「オーガナイザー訓練では、住民に批判精神を芽生えさせると同時に、世界を理解しようとする心境にさせる方法について指導を受ける」と説明するキンドラーによれば、ティーパーティ運動は、敵と味方の二元論を際立たせる恐怖と偏見に過度に依存している。世の中に対する興味関心の薄さを反知性主義に見るキンドラーは、知性の度合いにかかわらず住民と向き合う思想の柔軟性がオーガナイザーには求められると解説する。そして、技術だけアリンスキーの手法を真似たため「ティーパーティの活動のほとんどすべてが、ガイドブックからスローガン、示威行動、攻撃性まで、保守派が嫌悪しているはずの労働運動に酷似してきている」と指摘する（Kindler とのインタビュー 2011）。

しかし、アリンスキー的な手法が保守派に驚くほど浸透したのは事実であり、ティーパーティ運動が全盛だった二〇一〇年選挙から数えて二つ目の大統領選挙にあたる二〇一六年の大統領選挙に向けても、その実践は衰えていない。たとえば、チャールズ・コークとデイビッド・コークのコーク兄弟が主催する財団である「繁栄のためのアメリカ人（Americans for Prosperity）」が、フリーダムワークスよりも体系的なコミュニティオーガナイズの訓練講座を企画した。講師を全米に派遣し、各地で毎週セミナー形式のワークショップを開催している。初期のアリンスキーの手法の応用が、過激なティーパーティ活動家向けに限定されていたのに対して、近年では共和党の郡支部の活動家など、政党帰属意識が強い伝統的な共和党支持層も対象にしていることが特徴である。二〇一五年に筆者が実際に参加した同財団の講座は、アイオワ州シーダーラピッドで開催されたものだが、参加者の九割は地元共和党の委員や熱心な政党活動家であり、ティーパーティ系の活動家ではなかった(20)。

③二〇一〇年連邦上院議員選挙——ポール派と政党分断リスク

ティーパーティ系候補者の分類はメディアによって多少の差があったが「ニューヨークタイムズ」の分類に基づくと、二〇一〇年の中間選挙では、連邦下院議員選挙には一二九人、連邦上院議員選挙には九人のティーパーティ系立候補者が出馬した。その内訳は、連邦下院議員選挙では民主党優勢選挙区から六七人、民主党寄り選挙区二九人、伯仲選挙区一九人、共和党寄り選挙区、共和党優勢選挙区がともに七人、連邦上院議員選挙では民主党寄り選挙区から一人、伯仲選挙区四人、共和党寄り選挙区三人、共和党優勢選挙区が一人であった。そして連邦上院では一三人の共和党新人上院議員のうち五人がティーパーティの支持を受けていた。たとえば、ユタ州ではティーパーティ系新人のマイク・リーが現職のロバート・ベネットを破り、アラスカ州では新人のジョー・ミラーが現職のリサ・マーコウスキーを予備選挙で破るなどして注目された。

なかでもティーパーティ運動の象徴であり、保守系活動家の掘り起こしと動員に成功したのは、ケンタッキー州連邦上院議員選挙で勝利した前述のランド・ポールであった。共和党予備選挙では同州現職のミッチ・マコーネルの支持を受けたテリー・グレイソンに五九％対三五％の票差をつけ、ケンタッキー州内一二〇郡のうち一〇九郡で勝利した。本選挙でも州内北部の郡で圧倒的な強さを見せて、民主党のジャック・コンウェイに五六％対四四％で競り勝った。

ランド・ポールは、父ロン・ポール同様に医師であり、デューク大学医学大学院を卒業後、眼科医（手術を専門とする眼の外科医）としてケンタッキー州で臨床に従事したことで州内に地盤を築いた。その間、一九九九年に「ケンタッキー納税者連合」を立ち上げ、主として反税の主張を中心に政治的発言を行ってきた。二〇一〇年の中間選挙では、同連合の活動が曖昧な実態も批判されたが、ランド・ポールが父の影響を受けて反税意識から政治関与を強めていったことは好意的に受け止められ、着実に支持を広げた。親子間の思想が衝突することもなく、ポール派の哲学がおおむね次男ランドに継承されていることも、熱心な支持者を安心させ、ポール派の運動を延命させる要因となっている(21)。

ランド・ポールの上院議員選挙での勝利を支えたのはティーパーティ運動であり、前述のように活動家はアリンスキーの手法を模倣した戦術で地上戦を戦った。しかし、二〇一〇年のランド・ポールの選挙で示された特徴は、第一に、ソーシャルメディアという新技術の駆使、第二に、支援した活動家の争点志向であった。彼らは必ずしも、共和党に対して忠誠心の強い伝統的な意味での政党支持者ではなかったが、医療保険改革法案反対、反増税という明確な経済争点を掲げていた。もともとポール派の中核的な活動家は父ロン・ポールの支持者であるため、支持者もテキサス州を基盤としていた。しかし、ティーパーティ運動がソーシャルメディアを通じて広域に拡大したことで、テキサス州から、あるいはアイオワ州のような中西部からも、活動家が選挙支援のためにケンタッキー州入りし、同州の有権者に州外からもソーシャルメディアで説得活動が展開された。

州の上院議員選挙で活動に従事する運動員が、州民や州の共和党登録者であるべきとの規定がない以上、選挙に州外から地上戦のマンパワー、選挙資金を呼び込み、州の有権者に他州の友人が説得を行うことで、選挙資源はいかようにも増大する。候補者の掲げる政策争点に共鳴する運動を選挙区にこだわらずに地域横断的に形成し、その力を州の選挙区に還元することは、ソーシャルメディアの誕生なくしては実現できなかっただろう。ポールの選挙支援を行い、ティーパーティ運動の活動家でもあるサンドラ・マクラフリンは、アイオワ州在住の弁護士だが、かってはテキサス州、そしてランド・ポールの本拠地であるケンタッキー州ボーリンググリーンにも住んでいた。複数の土地に有する人的交流基盤は、これまでであれば転居ごとにリセットされてしまったが、ソーシャルメディアの発達でむしろオンラインのネットワーク形成に寄与するようになった。マクラフリンはリバタリアンの思想とポール支持を広げるために、フェイスブックにブロガーの記事のリンクなどをアップロードして、友人に拡散することを行った。

ティーパーティ活動家は堅固に組織化されていないし、地理的にも散り散りに存在している。しかし、コミュニケーションの手段にインターネットを用いている。また、私たちにとって重大な、特別な争点を抱えている。政府が管理不能な大きさになっているので、この現状から主導権を取り戻そうという共通の意識だ。［中略］私は二〇〇〇人とフェイスブック上でつながっているが、全員をよく知っているわけではない。私があまりにも多くの情報を貼りつけるので、なかには私のことをブロックする人もいる。私は「何かを私が貼りつけたからといって、私がそれを鵜呑みにしているわけではないので、受信した仲間にそれを基に自分で考えてほしい」といいたい。活動家はビデオをアップロードし、ストーリーや写真を常に貼りつけている。人々の間のコミュニケーションの量があまりにも飛躍的に増大し、情報に通じた人々が育成されている。(McLaughlinとのインタビュー 2011)

「革命」と銘打ったポール派の運動は、ソーシャルメディアを梃に若年層の活動家の掘り起こしに成功した。それは二〇〇八年のオバマ陣営の熱気を彷彿とさせ、争点志向であることも共通していた。オバマ運動では反イラク戦争、ポール親子の支持運動では「小さな政府」が、骨太のシングルイシューとして若年層を駆り立てた。ランド・ポールは二〇一〇年ケンタッキー州連邦上院選挙で若年層の一八歳から二九歳の票では四八%を獲得し、民主党候補の五一%に肉薄したが、そのうち最若年層の一八歳から二四歳では五二%対四七%で民主党候補を上回る票を獲得したのだった[22]。アイオワ州のポール派の活動家であるトラビス・ヘフリンのような若者は、主流メディアへの懐疑心が強い世代であり、マスメディアを中心とした戦略はアウトリーチに有効ではないと考えていた。

最初にポールのことを知ったのはインターネットだった。兄にもユーチューブを見てもらい、兄弟で運動に参加するようになった。まずフェイスブック上に人々を集めて組織する。それから電話を大量に、一日に数百本かける。戸別訪問もして近隣の人と話す。路の脇にヤードサイン（候補者の名前を記した紙製の簡易看板）も立てるし、伝統的な手法を、バランスを取って行っている。テレビ広告は必要ない。ティーパーティ活動家の中には主流メディアを疑っている人が多い。（Heflin とのインタビュー 2012）

ケンタッキー州連邦上院議員選挙の勝利を支えたポール派の州横断的な運動と二〇〇八年のオバマ支援運動の違いは、元オバマ支持者である転向活動家のヘフリンによれば「真の意味での草の根の運動」であるかどうかだったという。主流メディアを利用して著名になったオバマに対して、フォックス・ニュースのような保守系メディアにすら扱われにくいポール親子は、インターネットというオルターナティブなツールによって初めて活動家を活性化したことに特色があったというのである（Heflin とのインタビュー 2012）。

ただ、「ティーパーティ連合」の結束の脆弱さも否定できなかった。ティーパーティは、多様な保守層から構成されており、「反ブッシュ」派にせよ、「反オバマ」派にせよ、財政政策における「小さな政府」という共通項で連合を組んでいるが、内実は、麻薬の一部合法化賛成派やプロチョイス派の社会リバタリアンから、プロライフの宗教右派までが同居している混成状態であった。共和党としては財政問題に有権者の関心を引きつけて「連合」のエネルギーを活用したいが、社会問題を棚上げする「休戦」を提起したインディアナ州知事ミッチ・ダニエルズが批判を浴びたように、安易な社会問題の軽視は、ティーパーティの一部に眠る宗教右派の問題意識を呼び覚ます可能性があった。保守運動内の社会保守化が進行すれば「連合」を破綻させかねなかったのである（Ferguson 2010）。また、外交政策も分裂材料となりえた。W・R・ミードが述べるように、ティーパーティは孤立主義のポール派と対外関与を肯定するペイリン派に分裂しており、ポール派は軍事費も歳出削減の例外としない方針であった（Mead 2011）。こうしたリバタリアンとの共存問題に加え、不法移民問題も共和党のアウトリーチを揺さぶる問題として残されていた。

（2）ヒスパニック系アウトリーチの展開

①二〇一〇年ニューメキシコ州知事選挙——共和党のアウトリーチ戦略

二〇一〇年中間選挙においてティーパーティ運動とともに顕著な特徴であったのは、共和党の新たなマイノリティ・アウトリーチである。とりわけフロリダ州連邦上院議員選挙におけるマルコ・ルビオ、ニューメキシコ州知事選挙におけるスザナ・マルチネスの二人のヒスパニック系候補の勝利は共和党アウトリーチの新たな展開を象徴していた。ここでは後者のマルチネスの選挙区であるニューメキシコ州の現地調査をもとに、この時期の共和党のアウトリーチ戦略を探り、加えて民主党の対抗策も明らかにしたい。

二〇一〇年国勢調査の時点で人口二〇五万九一七九人のニューメキシコ州の人口構成は、白人六八・四％（「白人」は人種分類であるため、エスニシティ分類の「ヒスパニック系」の一部を含む）、ヒスパニック系もしくはラティーノ起源四六・三％、非ヒスパニック系白人四〇・五％、黒人二・一％、アメリカンインディアンもしくはアラスカ原住民九・九％、アジア系一・四％、ネイティブハワイアンもしくは太平洋諸島系〇・一％で、ヒスパニック系の比率が多数となっている。家庭で使用する言語が英語以外の家庭は、全米平均一九・六％に対して三五・九％で、実に三割半の家庭が英語以外の言語、具体的にはスペイン語を家族の言葉にして生活しているバイリンガルの州である。サンタフェを擁するヒスパニック系人口比率の高い北部が下院第三選挙区、また、ラスクルーセズ、ロズウェルなどを擁する南部が第二選挙区、州中央部アルバカーキ周辺の人口密集地域が第一選挙区である。

ニューメキシコ州は大統領選挙における南西部激戦州の一つでもあり、二〇〇八年、オバマ陣営は州全域に三九もの事務所を開設して力を注いだ。そしてアルバカーキ、サンタフェ、タオスなどの都市部で七%の投票率上昇を記録し、オバマ陣営は初投票者の七四%、若年層の七一%、若年層ヒスパニック系の八三%を獲得した。その結果、共和党のマケインに五七%対四二%の得票差で勝利している。

この敗北を受け、共和党はサンベルト諸州での巻き返しに本腰を入れた。その結果、二〇一〇年の中間選挙ではニューメキシコ州で全国初の女性ヒスパニック系の州知事候補スザナ・マルチネスを当選させたのである。マルチネスは共和党予備選挙で次点候補に五一%対二八%の大差をつけて勝利し、本選挙では民主党候補のダイアン・デニッシュを五三%対四七%と六%差で負かした(23)。この共和党の勝利は、フェミニズム運動とマイノリティ擁護を象徴する政党だった民主党の足元を突き崩す事例ともなった。

この二〇一〇年中間選挙以降に顕著な共和党のヒスパニック系アウトリーチ戦略は、次の三つにまとめられよう。

第一に、「福祉に依存する弱者」ではなく「新しいアメリカン・ドリームの担い手」としてのヒスパニック像の形成である。中小企業の起業などで、ヒスパニック系は確実に経済的に成長しているが、二〇〇四年大統領選挙では民主党のケリー陣営が、この変容を読み取れずに「保護すべき弱者」としてヒスパニック系を扱った。他方、保守派の反移民感情に配慮せざるをえない共和党では、移民政策でヒスパニック系を引き寄せる戦略が事実上難しいなか、ヒスパニック系候補者が自らを「成功の象徴」として訴える戦略が有効と考えられた。

第二に、宗教争点を避け、中小企業振興や減税など経済対策に的を絞ったアウトリーチが重視された。カトリック信徒であるヒスパニック系は、社会争点では保守的であるため、共和党が二〇〇四年の同性婚のようなウェッジイシューを用いればアウトリーチに一定の効果があるはずだったが、二〇一〇年以降の選挙サイクルではその戦略は採用されていない。

第三に、共和党や白人政治家が公言しにくい保守的メッセージを、ヒスパニック系候補者に代弁させる戦略である。これは不法移民対策などをめぐる争点で顕著に見られる。具体的には、ヒスパニック系内の合法移民と不法移民の対立を際立たせる戦略が採用されている。

サンベルトに位置するニューメキシコ州は、共和党のヒスパニック系戦略のモデル州として注目された。共和党全国委員会本部がニューメキシコ州に送り込んだアウトリーチ担当者は、共和党ニューメキシコ州委員会エグゼクティブ・ディレクターのブライアン・ワトキンズであった。ワトキンズは、カリフォルニア州議会議員選挙スタッフ、二〇〇六年カリフォルニア州知事選挙アーノルド・シュワルツェネッガー陣営、二〇〇八年大統領選挙ジュリアーニ陣営カリフォルニア州フィールドディレクターなどを歴任しているため、サンベルト地域のアウトリーチに習熟していた。その彼が共和党全国委員会本部「七二時間タスクフォース」ディレクターを務めた後、ニューメキシコ州に赴任したのである。

「政党の戦略としては、課題はさらなる有権者登録の獲得、そしてヒスパニック系へのアウトリーチに尽きる。二〇一〇年選挙のすべてがそこに集約された」とワトキンズは回顧する。経済争点中心のアウトリーチについては、「私たちがすべき最大の仕事は、共和党こそが現在の経済問題を解決する政党だという地位を確立することだ。すなわち、中間層の雇用増大、中小企業の振興である。減税かあるいは他の方法でこれを成し遂げる道を探らなくてはならない。共和党はそうした対話を早期に始める必要がある。他の争点はすべて二次的な扱いにならざるをえない」と述べている。宗教や同性愛などの社会争点を持ち出せば、宗教争点を嫌うリバタリアン系のティーパーティ活動家を離反させ、保守層の内部分裂につながる懸念もあったからだ。

地元のティーパーティ活動家に象徴される白人保守層の支持を安定的に保ち、同時にヒスパニック系アウトリーチを円滑に行うために、文化問題を棚上げにして経済争点に絞ったのである。それにヒスパニック系の間でもカトリック信仰には濃淡があり、ウェッジイシューを用いたアウトリーチにはリスクが存在した。「共和党全国委員会から広範に宗教アウトリーチへの資金提供を受けている」としながらも、共和党ニューメキシコ州委員会では、宗教アウトリーチとヒスパニック系アウトリーチを分離しているとワトキンズは語った。

ヒスパニック系は四六％ほどの人口割合を占めており、疑いなく最優先課題として早期に彼らへのアウトリーチを確実にしなければならないが、白人有権者に対しても同時並行でコミュニケーション、対話、有権者登録促進を行う必要があり、パラレル・オペレーション（同時並行作戦）にならざるをえない。興味深いのは、必ずしもヒスパニック系がブロック投票（集団全体で足並みをそろえる投票行動）を行わないことだ。州北部と州南部では同じヒスパニック系でも、関心のある争点が一〇〇％異なる。州北部のヒスパニック系はこの地に四世代から八世代に及ぶ長期間居住しており、社会問題ではより保守的である。他方、州南部のヒスパニック系は財政政策では北部住民と同じように保守的でもあるが、社会問題ではリベラルな傾向がある。州南部住民は一世代目、二世代目が多く、新移民であり、北部住民ほど同化が進んでいない。（Watkins とのインタビュー 2011）

二〇一〇年知事選挙におけるマルチネス陣営の方針もこれに則ったものであった。マルチネスとともに戦った副知事は、同じくヒスパニック系のジョン・サンチェスであるが、貧困な環境から経済的成功をおさめた自らの経験を基に「アメリカン・ドリーム」をアピールする選挙運動を行った。サンチェスは「資本主義と自由市場を信じ、政府は小さいほどいい」と主張するが、その根拠は自分の成功だという単純化されたメッセージである。「新しいヒスパニック系の世代が誕生している。彼らはより上昇志向で、より高い教育を受けていて、アメリカ社会の中心にしっかりつながっている。以前のヒスパニック系のコミュニティというのは、安い労働力と同義だった。現在では、もっと洗練された層が出現している。ヒスパニック系は元来勤勉で思慮深いが、人口でもアフリカ系を凌駕しつつある」。サンチェスはこのように説明した（J. Sanchez とのインタビュー 2011）。

共和党の戦略で特筆すべきは、ワトキンズのような共和党の白人のアウトリーチ担当者が前述のように経済争点だけを強調するアウトリーチを行う一方で、ヒスパニック系の候補者本人は、宗教的、保守的な言説を厭わないという現象である。サンチェス副知事も、二〇一二年の連邦上院議員選挙に立候補した際、予備選挙で対抗馬となった共和党穏健派の白人女性候補へザー・ウィルソンとの比較で、「常識ある保守の共和党員と自分を呼びたい。私はプロライフであり、伝統的な結婚を信じる」と述べ、同性婚を間接的に批判し、自らの社会争点での保守性を控えめながらアピールした（J. Sanchez とのインタビュー 2011）。

いいかえれば、共和党は党が主張しにくい反移民路線や保守的政策をヒスパニック系の政治家に代弁させる戦略を採用しているのである。とくに犯罪対策は、不法移民の取り締まりを正当化する政策として有用であり、マルチネス知事は地方検事出身である職業的専門性の属性も活かして、二〇一〇年知事選挙では「犯罪に厳しくする。だからこそ国境警備もしっかり行う」と訴えた。ニューメキシコ州の共和党戦略家であるD・アントーンは次のように説明する。

ヒスパニック系は民主党への帰属意識が強く、決して共和党に投票しないと思われがちだが、共和党候補に投票したり、保守的な投票を行うことはある。とりわけ知事選挙ではその傾向がある。ヒスパニック系知事のマルチネスは好例だ。州内には共和党支持者は三六％程度の割合しかいないので、本来ならば当選できない。しかし、マルチネスは民主党保守派を取り込むことで勝利した。この場合の民主党保守派とはヒスパニック系有権者であり、彼らはマルチネスの保守的政策に共鳴し、同時に自らのルーツ、文化、多様性に誇りを感じて投票した者もいた。ヒスパニック系を知事にすることにはアイデンティティ要因も働いたのだ。しかも、民主党支持者の中には、地元初の女性州知事を誕生させようと投票した女性有権者もいた。それらの票を積み重ねると二％、三％になる。それが彼女の得票を五〇％以上へと押し上げたのだ。（Antoon とのインタビュー 2011）

さらに、合法移民と不法移民の亀裂という文脈も作用した。「レーガンは「施しの政党」との対比で「機会の政党」を造り上げた」と述べるヒスパニック系の共和党系コンサルタントのジェイミー・エストラダは、レーガンの唱えた、「個人の責任の促進」に共鳴する合法移民と「施し」を受ける不法移民の対立軸を強調する。望まずにアメリカに連れてこられた黒人は、アファーマティブ・アクションという賠償的な含意のある社会福祉制度に依存せざるをえなかったが、ヒスパニック系は自由移民として国境を渡り、アメリカで社会階層を上昇してきた。両者の経緯はあまりに違うとして、民主党による伝統的な人種アウトリーチとは異なる、自由移民の責任と希望を強調したマイノリティ戦略の再定義であり、これは共和党主導でこそできると考えられた。

不法移民に激しく反対しているヒスパニック系が多数いる。なぜならアンフェアだからだ。多くのヒスパニック系はアメリカで何かを作り上げるために来た。アメリカから吸い取るためではない。ヒスパニック系の少なからざる部分が、最近のヒスパニック移民の中には、無料の医療でも何でもそうだが、ただ福祉を受けるだけのために来ている者がいると考えている。そして今や職を奪いに来ているとさえ思い始めている。合法的にいる人の列に割り込んでくるなと。（Estrada とのインタビュー 2011）

エストラダは、こうしたヒスパニック系の利害をめぐる合法移民と不法移民の分裂が、ヒスパニック系の保守化と関係していると分析する。所属政党を変えないまま、つまり民主党に建前上は登録しておきながら、選挙ごとに保守的な投票行動をもとるヒスパニック層の拡大である。そしてマルチネスがニューメキシコ州の知事になれたのも、単に女性でヒスパニック系だったからではなく、苦労してビジネスで成功した合法移民の味方であるという旗色を鮮明にしたからだという。なるほど、副知事のサンチェスも、古い世代からのヒスパニック系の代弁者であり、ニューメキシコが州に昇格する前のテリトリー時代に家系は遡り、一九三〇年までサンチェスの祖父が政治家だったことを強調していた。

エストラダによれば、ヒスパニック系に向けた共和党の戦略は「人工妊娠中絶を容認している民主党の立場をさりげなく思い出させ、ヒスパニック系の多くが反対する同性婚の広がりについて語り、最後は経済問題について語るのが定石」だという。移民政策で深く考えないまま民主党に共感しているヒスパニック系を覚醒させて、取り込む方策である。

「共和党、民主党などと政党を話題にしてはいけない。最終的に彼らは共和党に鞍替えしてくれるかもしれない。しかし、争点から対話を始めなければならない。個別の争点について語り、政党については語らない。そういうコミュニケーションで接する。共和党員になるように迫れば、有権者はそっぽを向く。有権者の心理として、共和党は金持ちのための政党だというイメージが残っている」とエストラダは語る。

移民政策に関してはヒスパニック系は誰もが被害者意識が強いため、不法移民に限定して批判を集中させる必要があり、合法と不法の区別をつけない大括りの反移民のレトリックは共和党にとってマイナスの効果を及ぼしかねない（Estradaとのインタビュー 2011, 2012）。案の定、マルチネスも予備選挙の投票一週間前に、ティーパーティ系活動家に人気があるペイリンの公式な支持を取りつけた。ニューメキシコ州共和党内で優位性を保つために、ヒスパニック系と同時にティーパーティ系活動家の支持も集めるためであった。経済争点に集中し、不法移民には厳しい態度を見せる必要があったのである（Krebs とのインタビュー 2011）。

②民主党のヒスパニック対策

こうした共和党の戦略に対して、民主党はどのように対抗したのだろうか。オバマ大統領は二〇〇九年の政権発足当初、すでに入国している不法移民の合法化を含む包括的移民制度改革を、医療保険改革などに次ぐ重要政策の一つとしていた。二〇〇八年一一月の大統領選挙でヒスパニック票の六七％を獲得しているオバマは、「壊れた移民システムを継続するわけにはいかない」と述べ、不法移民を「日陰の身から解き放つ」ことを選挙運動期間中から強調していた。一二〇〇万人規模ともいわれる不法移民への合法的地位の付与に向け、政権は一年目のうちに改革に着手する予定であった（Preston 2009）。

しかし、結果として政権一年目に移民制度改革はほとんど前進しなかった。医療保険などの優先課題が進展せず、政策の進行が順送りになったことに加え、懸案の経済が回復しないなか、不法移民の合法化に踏み切れば労働者層から反発が生じると予想されたからである。また、二〇〇八年選挙でオバマが獲得した伯仲州には、移民合法化に同情的とはいいがたいインディアナ、ノースカロライナ、オハイオの各州が含まれていた。ディオンヌによれば、下院議員時代に移民改革推進派だった大統領首席補佐官のエマニュエルですら、移民改革の速度を落とさざるをえない状況に陥っていた(24)。

議会民主党の対応にも微妙な足並みの違いが存在していた。チャック・シューマー上院議員が「不法移民は間違っており、包括的改革の主目的は将来の不法移民を劇的に削減するものであるべき」との原則を政策案の第一項目に掲げて配慮に努めた一方で(25)、二〇〇九年一二月には、五〇〇〇ドルの罰金、英語学習、犯罪歴審査等を条件に出身国への帰国なしに合法的地位を与えることや、国境警備員への追加的訓練、移民刑務所の環境改善などを盛り込んだルイス・グテラス連邦下院議員による法案が連邦議会下院に提出された（Archibold 2009）。他方、オバマ大統領は中間選挙年を一〇カ月後に控えた二〇一〇年の一般教書演説で「私たちは国境を守り、ルールを守って働く者が誰でも私たちの経済に貢献し、国を豊かにできるよう、崩壊している移民制度の立て直しの作業を続けるべきだ」と述べている。実現にはほど遠い現実はあれど、ヒスパニック票対策の文脈では、選挙サイクルを通じて移民改革への意欲が消えていないことを示し続ける必要があったのである（Dionne Jr. 2009）。

そうした状況下にあって、民主党ニューメキシコ州委員長のハビア・ゴンザレスは、エスニック集団の代表政治が終焉を迎えていることを示唆し、次のように述べた。「多くのヒスパニック系は、ヒスパニック系の州知事を当選させることが、必ずしもヒスパニック系のための政策につながるとは限らないことを認識し始めている。今こそ民主党とオバマ大統領は、ヒスパニック系のための政策を打ち出す必要がある。ヒスパニック系は圧倒的に民主党支持者として有権者登録をするが、いざ投票の際には「インデペンデント（無党派）」になってしまう」。

ゴンザレスは、民主党全国委員会と大統領府への注文として、第一に、民主党のリベラル票田向けの従来型のメッセージはヒスパニック系には通用せず、説得の仕方を穏健に変更するべきだとした上で、第二に、ニューメキシコ州や南西部を実際に大統領が訪れるべきだと要請し、第三に、雇用政策を最優先にすべきだとした。また、大統領のヒスパニック系アウトリーチへの直接関与も足りていないとして、オバマの「脱人種」姿勢の弊害も指摘した。さらに、一部反移民的なティーパーティ運動へのヒスパニック系の恐怖心により、ヒスパニック票の民主党からの流出が食い止められているに過ぎない構造にも言及した。

ホワイトハウスも民主党全国委員会も努力はしているし、ヒスパニック系アウトリーチを試みている。しかし、大統領の「直接の関与」こそが支持につながるのだ。ブッシュがヒスパニック系にしたように、あるいはクリントンが黒人にしたように、オバマ大統領の直接の関与が必要である。起業、教育、失業率、高齢者の福祉などヒスパニック系社会の懸案についてのビジョンを明確にオバマ大統領自身が述べるべきである。ティーパーティは民主党にとって最高の贈り物の一つである。今のところ、ティーパーティは主流のアメリカ人からはかけ離れているように見られがちだ。ティーパーティのことを知れば知るほど、ティーパーティが目立てば目立つほど、人々は彼らに違和感を抱く。私たちは共和党をティーパーティと同じように色分けしている。共和党は嫌がるだろうが、私や民主党にとっては同じようなものだからだ。（Gonzales とのインタビュー 2011）

他方、民主党ニューメキシコ州委員会エグゼクティブ・ディレクターのスコット・フォーレスターは、ヒスパニック系へのいっそうの梃入れが必要と考えながらも、二〇一〇年知事選挙の敗北は共和党のヒスパニック候補擁立による「ヒスパニック系の苗字」の問題に過ぎなかったと分析する。「マルチネスは民主党の副知事デニッシュに勝利したが、理由はヒスパニック系の五六％から五八％だけが民主党候補に投票したからだ。全州規模の選挙で勝利するには、六五％の支持が必要だ。マルチネスという名前が彼女のほうに支持をなびかせたのだ」とフォーレスターは述べている。

また、「オバマについてのすべてのデータと世論調査を一〇の争点で分析したところ、ニューメキシコ州では一〇のうち三つの争点でしか優位に立っておらず、三割程度である。しかし、支持率は五〇％を超えているので、多数派は維持している。問題は若年層票である。二〇一二年はさらに厳しい選挙になる。若年層が求めているのは雇用である。高校や大学を卒業しても就職できないという問題の解決策だ」と語り、若年層とヒスパニック系対策を中心に、伝統的な地上戦と新技術とマスメディアを利用した戦略の融合（mixture）の促進を強調した。

州内三三郡を結ぶフェイスブックにリリースやメッセージを載せて、ツイッターにもリンクさせている。ブログ、電子メール、フェイスブック、ツイッターを動員するのは、ニューメキシコ州はアルバカーキ、サンタフェ、ラスクルーセズ以外の地域は過疎地だからだ。多様な方法でメッセージを伝達しなければいけない。そうした遠隔地でも、フェイスブックのフォロワーを三〇〇〇、ツイッターのフォロワーを一〇〇〇に到達させるのが目標である。私たち民主党ニューメキシコ州委員会は、ソーシャルメディアの専門家をフルタイムでの雇用に切り替えた。(Forrester とのインタビュー 2011)

地上戦については、民主党全国委員会本部の巨大な有権者データと、地元のベンダー(コンピュータ関連の販売会社)を用いた携帯電話番号のリスト作成が並行して行われた。過去一〇回の選挙サイクルを遡って「投票率とオバマ支持を掛け合わせ、一〇〇%の投票率でオバマ支持であれば確実な動員の対象とし、七〇%から八〇%であれば説得対象とし、五〇%から六〇%であればターゲットからは除外されるが長期的に投票させるための対象にはなる」と民主党州委員会本部は判断していた。

興味深いことに従来型のメディア戦略も相当程度継続されていた。フォーレスターによれば、二〇一〇年中間選挙では、ニューメキシコでは八〇〇万ドルから一〇〇〇万ドルがテレビ広告に投下された。テレビ広告は州委員会においても「現時点ではまだ最も効率よくメッセージ伝達できる方法」と解釈されていたのである。「新聞は衰退しているがテレビの視聴者は現在でもなお多い。ただ、一〇年後にはインターネットが支配的になっているかもしれない」とフォーレスターは分析していた(Forrester とのインタビュー 2011)。

以上、この節で見てきた二〇一〇年の中間選挙から明らかなのは、共和党側における政党と活動家のコミュニケーションの活性化である。キリスト教保守派の動員以外では、地上戦のアウトリーチにおいては民主党が優勢を保ってきたが、二〇一〇年の選挙サイクルはティーパーティ運動を発火点に、新たな活動家による「コミュニケーション空間」が拡大し、共和党のアウトリーチはヒスパニック系などのマイノリティにも向けられた。民主党側は、大統領選挙とは異なり、中間選挙だったことから、大統領が掘り起こした活動家に一体感を持たせることが必ずしも十分にできず、二〇〇八年に膨張した活動家と政党の「コミュニケーション空間」は縮小せざるをえなかったといえよう。

3 二〇一二年選挙――「ビッグデータ選挙」とアウトリーチ

(1) アウトリーチにおけるメッセージの統一

続く二〇一二年の大統領選挙については、アウトリーチの観点から三つの特徴を指摘できる。第一に、失業率が選挙戦を通じて九%台から八%台に高止まりしたままという経済環境の悪さにもかかわらず、珍しく現職が再選されたことである。オバマ陣営は雇用に焦点を絞ったメッセージをキャンペーンの主軸に据える必要があった。第二に、一般投票では三%程度の差(オバマ五一%、ロムニー四八%)と相当な接戦だったにもかかわらず、選挙人では三三二人(オバマ)、二〇六人(ロムニー)と一〇〇人以上の大差で圧勝したことである。一般投票での僅差と選挙人での大勝の落差は、実際にはオバマ再選への向かい風が全国的には相当強かったことと同時に、激戦州へ資源を集中させたオバマ陣営の戦略の効果の大きさを示唆する。第三に、ターゲットを絞ったアウトリーチを可能とさせた技術革新による基礎票の動員強化である。

二〇〇八年に情熱的にオバマを応援したアフリカ系や若年層の継続的支持を疑問視する見方を覆し、アフリカ系やリベラル派などのオバマの基礎票集団は、二〇〇八年と同様にオバマを支持して投票行動に及んだ(26)。また、オバマ陣営は「愛国主義」から派生した戦略として、中西部の農村・白人・労働者層を離反させない配慮に加え、警官・消防士・退役軍人など公務員を「英雄」として賞賛し、民主党を反戦リベラル色から脱皮させることで、「中間層連合」を形成することを重視した。これはいいかえれば、マイノリティ、女性、若年層、専門職、労働者を階級横断的に束ねる「連合」であった。

そこで本節では、まずオバマ陣営があらゆる有権者集団を「連合」として束ねるために同一メッセージを重視し、「経済愛国主義」を主題とすることでアウトリーチを統一していった戦略とその背景を検討した上で、次に、オバマ陣営によるビッグデータを利用したキャンペーンの展開について見ていきたい。

①二〇一二年大統領選挙におけるオバマ陣営の戦略とその背景

二〇一〇年の中間選挙で民主党の大敗に直面したオバマ政権は、共和党との超党派路線を目指して、中間選挙後に経済政策に限定して中道化に舵を切る歩み寄りの決断をした。顕著だったのはビジネス界への接近で、所得税と配当税の期限付き減税、いわゆる「ブッシュ減税」の延長にも踏み切り、首席補佐官にＪＰモルガン・チェース銀行出身の元商務長官を指名したほか、共和党ブッシュ政権でも完遂できなかった韓国、パナマ、コロンビアとの自由貿易協定（ＦＴＡ）の議会での批准と署名手続きを決断した。

しかし、こうしたオバマ政権の経済中道化に対しては、遅々として進まない雇用対策を背景に、リベラル派の苛立ちが連邦議会で噴出した。下院では二〇一一年八月上旬に、学校、公園などのインフラ整備や医療サービスへのアクセスの拡充にともなって二二〇万人の雇用を創出し、失業率を一・三％下げるとした、リベラル議員連盟の議員による雇用対策の独自提案がなされた。また同じ頃、ウィスコンシン州知事による公務員の団体交渉権の制限に反対するデモとリコール運動が、ニュース専門放送局MSNBCのリベラル系ホストであるエド・シュルツらのキャンペーン報道で過熱した。全国からサービス従業員国際労働組合（SEIU）などの労働組合やコミュニティオーガナイザーが応援に入る一方で、オバマ政権はウィスコンシン州内の運動に明確な協力姿勢を示さなかった。(27)

オバマ政権は、二〇一一年夏にピークを迎えたこれらの「党内外圧」と危機的な失業率に鑑みて、二〇一一年秋より労働者寄りの経済ポピュリズム路線を鮮明にしていった。そもそもオバマ大統領は、政権内の経済専門家による財政問題と雇用問題の扱いをめぐる抽象的議論に不満を募らせていたが、二〇一一年九月に政権内のエコノミストに一度は拒絶されていた雇用対策案を議会に提出する動きに出た。これは雇用対策を重視し、アメリカの経済復活を政権の最優先課題として押し出す「経済愛国主義」の土台となるものだった。これ以後のオバマ政権一期目の運営は、政策案件であっても二〇一二年選挙に向けての再選戦略と不可分の関係にあることが色濃くなったのである。

このオバマ政権による雇用対策法案は、総額四四七〇億ドルの雇用対策を盛り込んだもので、インフラ整備、公共事業、失業者や退役軍人を採用した企業への税制優遇、教育関係、軍関係に焦点が絞られたが、アウトリーチの重点票へのアピールを目指したメッセージ効果が狙われていた。そして同法案を理念化したのが、二〇一二年一月二四日の一般教書演説だった。これは「大きな政府」路線を示して、事実上「中道化」から左旋回するという方向転換の宣言であり、金融規制強化、医療保険改革の再擁護、製造業保護、イノベーション促進などを訴えるものだった。

オバマ大統領は「この経済危機をもたらした政策に戻るつもりはない」と述べ、ブッシュ政権とウォール街を批判し、それまで極力控えてきた階級闘争色を前面に出すことも躊躇せず、金融界出身のウィリアム・デイリー首席補佐官も交代させた。また、国内ハイテク企業への税控除など国内で産業を起こす企業は厚遇するが、空洞化原因を生む企業に厳しく臨むとして、製造業の復活を打ち出した。

こうした経済ポピュリズム路線は、中間選挙後の「中道化」の時期に実現させた自由貿易路線と矛盾を生じかねなかったが、自由貿易協定は雇用創出のためであるというロジックを組み立て、自動車産業を聖域化することで労働者の不安を軽減した。かくして、米韓等の二国間の自由貿易協定のみならず環太平洋経済連携協定（TPP）への取り組みにも広げられた一連の自由貿易政策は、オバマ政権においては「中道化」ではなく「グローバル化への対応」として再定義されたのだった。

②「経済愛国主義」というメッセージ

オバマ政権とオバマ陣営は、雇用をキーワードとして「大きな政府」路線の意義を強調するために、非公式のキャンペーン・スローガンを「ビン・ラディンは死に、GM（ゼネラルモーターズ社）は生き残った（Bin Laden is dead, GM is alive）」とした。これを陣営顧問のアクセルロッドがマスメディアに広め、選挙戦ではジョー・バイデン副大統領が好んで使用した（Com 2012）。このスローガンについて、オバマ陣営で二〇〇八年選挙から戸別訪問など地上戦で使用するダイレクトメールを中心にメッセージ作成を担当している前出のジャングレコは「このスローガンのおかげで、オハイオ州で勝利したのは間違いない」として次のように語った。

これは経済回復のためのメタファーにとどまらず、アメリカのプライドの回復を示唆している。（中略）GMとコルベット［シボレー・コルベット］、クライスラーとジープを破綻させるということは、過去三〇年間のアメリカが破綻するというメタファーである。「もう物づくりをしない、もうミドルクラスはいない」という意味になる。経済の悪化で中間層を支えられず、大学に子供を進学させられず、自分の父親以上の暮らしを二度とできないことを意味する。製造業の経済はそのシンボルであり、自動車産業以上に大きなシンボルはない。

(Giangreco とのインタビュー 2013)

ここで意図されたのは、ゼネラルモーターズ社の救済に象徴される、経済危機を乗り越える政権の強靭さと、安全保障に弱い民主党のイメージからの脱却を掛け合わせることだった。ビン・ラディンという固有名詞は悪の象徴として使われているが、ブッシュが実現できなかった負の遺産であるテロリストの殺害というオバマ政権一期目の外交実績のアピールというだけでなく、一九八〇年選挙のジミー・カーター、一九八四年選挙のウォルター・モンデール、あるいは二〇〇〇年代前半の民主党が象徴した安全保障に弱い民主党のイメージを払拭するという含意があったのである。「私たちは経済を救い、悪者に立ち向かった。私たちはもう、あの古い弱い民主党ではないのだ」「大きな愛国主義がメッセージに織り込まれている」とジャングレコは説明する。

試みられたのは、オバマを強いアメリカのリーダーとして置換するメッセージの作成であり、仮想のモデルはレーガンだった。参考にされたのは、一九八四年のレーガンの二つの広告だった。一九八四年再選キャンペーンで、レーガン陣営は「アメリカの朝」と名づけた前向きなイメージの広告と、アメリカを脅かすソ連の象徴としての熊が迫り来る、不安を煽る広告を別々に製作した。前者はアメリカ人とアメリカの未来の賛美であり、後者は弱腰の民主党では熊(外敵の脅威)には勝てないという批判広告であった。二〇一二年選挙では、かつて一九八四年にレーガン陣営が民主党に対してしたのと同じことを、共和党に対してすることが、オバマ陣営の狙いであった(Giangreco とのインタビュー 2013)。

民主党全国委員会本部コミュニケーション局長のブレッド・ウッドハウスが述べるように、「ロムニーを定義すること」がキャンペーンの要であり、オバマ単体の信任投票ではなく、二つのビジョンの選択であるとして常にロムニーとの対比でメッセージが組み立てられた（Woodhouse とのインタビュー 2013）。資産を海外に蓄積し過去のビジネスの過程で大量解雇も行っていたロムニーは、オバマとのコントラストを明確にしやすい格好の相手であり、オバマ陣営はロムニーが共和党の指名を獲得してから、一貫してロムニーとの対比でオバマのビジョンを提示した。中国もロムニーとの対比における一つのキーワードになった。「私たちにはアメリカ人の自動車労働者がついている。レーガンには「アメリカの朝」がついていた。レーガンは熊と対峙したが、私たちは中国と対峙した」とジャングレコは述べ、一九八四年のレーガン再選キャンペーンと二〇一二年のオバマ再選キャンペーンには愛国主義という共通点があり、二〇一二年選挙では脅威とは経済、とりわけ中国からの経済的脅威であったとする。「ロムニーについてのすべては中国への個人投資、（ロムニーが共同設立した）ベインキャピタルによる中国への雇用の流出、海外への雇用の移転を促進している企業への減税である」として、ロムニーはアメリカの「国益の敵」として位置づけられた（Giangreco とのインタビュー 2013）。

こうしたメッセージの背景には、対中関係をアメリカ人の多くが安全保障争点としてよりも経済争点として懸念しているという状況があった。ピューリサーチセンターの調査（二〇一二年九月一八日）では、対中関係で危機的な問題として、全体の七八％が「負債」であると回答し、次いで七一％が中国への「雇用流出」、さらに六一％が「対中貿易不均衡」と続いている。中国の「軍事力増強」を懸念要素に挙げた人は半数以下の四九％で、共和党支持者ですら四七％に過ぎない。「台湾との緊張関係」を挙げた人は全体で二七％でしかなく、共和党支持者でも二九％にとどまっている。他方、民主党の注目争点であるはずの中国の「人権問題」についても、民主党支持層でも半数の五〇％しか挙げておらず、二〇一二年選挙においては党派を超えて中国が経済的な脅威や不満の対象になっていたことが分かる。(28)

「経済愛国主義」を象徴するのは、キャンペーン終盤の中心的な政策綱領パンフレットとして作成された「新経済愛国主義――雇用対策プランと中間層セキュリティ（The New Economic Patriotism : A Plan for Jobs & Middle-Class Security）」であった。パンフレットを作成したジャングレコによれば、フォーカスグループ調査で対象となった有権者が最も好ましい印象を抱いた見本版が採用されたという。「中間層からの経済の建設」「アメリカ製造業の復活」「メイド・イン・アメリカのエネルギー」「中小企業成長策」「中間層の雇用促進のための教育」「赤字削減と雇用増大のための減税計画」「あなたのための医療」「退職後の安心を守る」の各項目に、三つから五つの政策提言が簡潔にまとめられた。

過去の実績と未来の約束を同時に示すために「インフォグラフィクス」という色付きのグラフが多用され（後掲図3-12）、「過去三一カ月に五〇万人近くの雇用を創出し、二〇一六年までに一〇〇万人の新たな製造業雇用を生む」などオバマ政権の基幹的な実績と政策が盛り込まれ、「ロムニーの政策は二〇〇〇ドルの中間層増税」などロムニーとの比較が随所に載せられた。デザインは星条旗の色である愛国カラーの赤・青・白で埋め尽くされたほか、「製造業の復活」の頁ではクライスラー社のジープ工場で演説する大統領の写真が採用された。大統領の発言の引用は、二〇一二年九月の全国党大会の指名受諾演説など最新のものも使われた。オバマ陣営は同パンフレットを四〇〇万部製作し、一二の激戦州の「説得可能有権者」に三〇〇万部強を配布したという（Giangreco とのインタビュー 2013）。[29]

③両陣営のアウトリーチ対象の比較

オバマ陣営は「プロジェクト・ボート」と称したアウトリーチの部署を独立させ、「説得可能有権者」を高齢者と退役軍人に、「動員可能有権者」をヒスパニック系、女性、若年層、アフリカ系、LGBTなどに絞った。また、カトリック票については、「宗教左派」系の教会・尼僧団体と連携した地上戦を構想した。キャンペーン・ウェブ

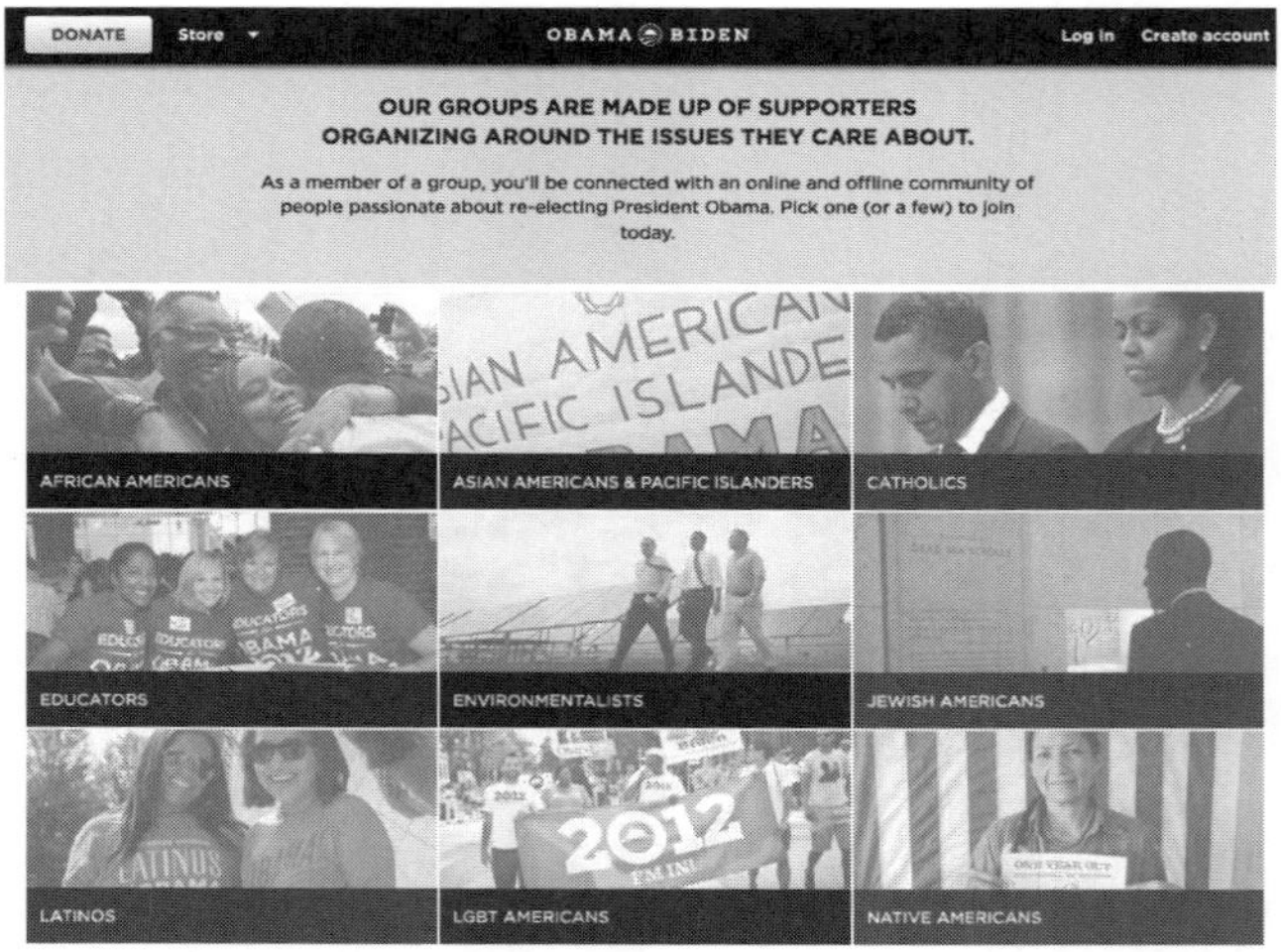

図 **3-9**　オバマ陣営ウェブサイト内の「Groups」の扉ページ

図 **3-10**　ロムニー陣営ウェブサイト内の「Communities」の中段ページ

サイトには両陣営がアウトリーチ対象とすることを公言する有権者集団が並んだ。オバマ陣営のウェブサイト(barackobama. com) には二〇の「グループ」が設けられ、登録が呼びかけられた (図3-9)。他方、ロムニー陣営のウェブサイト (mittromney. com) には一九の「コミュニティ」が設置された (図3-10)。

この種の有権者集団の分類は、項目や仕分け方自体に陣営の意図が滲んでいることが少なくない。そこで表3-

1の中から「両陣営が共に設けた分類」を抽出してみると、「アフリカ系、アジア系と太平洋諸島系、カトリック信徒、教師、ユダヤ系、ラティーノ、信仰を持つ者たち、スポーツマン（猟愛好者）、退役軍人と軍属者を抱える家族、女性、若年層」となっている。

両陣営共通の分類項目を概観すれば、共和党側でマイノリティ票への配慮が目立つ。ロムニー陣営はアフリカ系アウトリーチにも手を広げ（Black Leadership Council）、女性（Women for Mitt）、若年層（Young Americans for Romney）などの分類項目も設けた。

それに対して民主党はマイノリティ、ユダヤ系、教師、女性、若年層などの通常の基礎票に加えて、「愛国」を意識して通常は共和党支持色の強い層にアウトリーチを拡大している。戦争を前面的に押し出さずに「愛国」を訴えるには、退役軍人と軍属者を抱える家族（Veterans & Military Family）を讃えるのが現実的であり、女性票と掛け合わせた「ミリタリー・ママ」をオバマ支持の新たなシンボルにしようと試みた。スポーツマン（Sportsmen）という分類は、釣りや狩りなどアウトドアのハンティングを楽しむ有権者層を意味した分類である。共和党がこの層に個別分類を与えることは、銃規制反対の立場からも基礎票対策として妥当であるが、民主党としては銃規制に厳しい政党と思われることで、ハンティングを愛好する中西部や西部の中道的な民主党支持層やインデペンデント層を失いたくないという意図が滲んでいた。

表 3-1 オバマ陣営とロムニー陣営のアウトリーチ対象の分類

オバマ陣営	ロムニー陣営
アフリカ系，アジア系と太平洋諸島系，カトリック信徒，教師，環境保護主義者，ユダヤ系，ラティーノ，LGBT（同性愛・両性愛・トランスジェンダー），ネイティブアメリカン，看護師，親，信仰を持つ者たち，障害者，農村部住民，高齢者，中小企業経営者，スポーツマン（猟愛好者），退役軍人と軍属者を抱える家族，女性，若年層	信仰を持つアメリカ人，アジア系と太平洋諸島系，黒人リーダーシップ・カウンシル，カトリック信徒，教師，エネルギー重視の有権者，農家と牧場主，元オバマ支持者，医療専門家，ユダヤ系，ヒスパニック系，法律家，ポーランド系，治安専門家，企業活動の自由を支持する有権者，スポーツマン（猟愛好者），退役軍人と軍属者を抱える家族，女性，若年層

出所）オバマ陣営・ロムニー陣営のウェブサイトと関係者のインタビューを基に筆者作成。

宗教分類では両陣営がともに、カトリック（Catholics）、ユダヤ系（Jewish Americans）、信仰を持つ者たち（People of Faith/Americans of Faith for Romney）という区分けを行っていた。第2章で見たように、カトリック信徒は貧困や平和などの問題では、平均的な民主党支持層以上にリベラルであるが、人工妊娠中絶、避妊、安楽死、死刑など生命倫理争点では共和党寄りであり、争点別メッセージの複雑さのために、独立したアウトリーチが求められる。二〇一二年選挙の場合、重点票のヒスパニック系と、ニューメキシコ州など南西部のいくつかの激戦州で鍵とされる票がそれだった。そして民主党のバイデン副大統領、共和党副大統領候補のライアン下院議員は両者揃ってカトリック信徒であり、両陣営がともに力を入れていたのである。

「信仰を持つ者たち」という分類を行い、クリスチャンというプロテスタント色のある分類を明示化しなかったことは、モルモン教のような様々な宗派のプロテスタントから仏教徒やイスラム教徒まで、無神論者と不可知論者以外のすべての者を包含した、曖昧さを残した分類が、両陣営ともに好都合だったことを示唆している。ロムニー陣営は「コミュニティ」として「ロムニーのためのモルモン教徒」を立ち上げなかったし、両陣営四人の正副大統領候補の中で唯一のプロテスタントだったオバマにとっては、信仰心の深さと宗教的多様性への寛容さのバランスに配慮した苦肉の策であった。

他方で、オバマ陣営とロムニー陣営のどちらか片方だけで設けられた分類については、両方を照らし合わせることで両陣営の意図がより鮮明になる。「オバマ陣営だけが設けた分類」を見ると「環境保護主義者、ＬＧＢＴ（同性愛・両性愛・トランスジェンダー）、ネイティブアメリカン、看護師、親、障害者、農村部住民、高齢者、中小企業経営者」といった項目が並ぶ。また、「ロムニー陣営だけが設けた分類」としては「エネルギー重視の有権者、農家と牧場主、元オバマ支持者、医療専門家、法律家、ポーランド系、治安専門家、企業活動の自由を支持する有権者」などが挙げられる。

両陣営の対比からは、同じ関心領域や争点を共通しつつも立場や利害が対立している分野が明確になる。オバマ陣営の環境保護主義者（Environmentalists）とロムニー陣営のエネルギー重視の有権者（Energy Voters for Romney）では、オバマ陣営のサイトがソーラーパネルを視察するオバマを看板写真に掲げたのに対し、石炭など化石燃料を引き続き重視する姿勢を鮮明にしたロムニー陣営のサイトは炭坑労働者を看板写真にした。また、オバマ陣営が看護師（Nurses）と障害者（People with Disabilities）をそれぞれ独立した部類としたのに対して、ロムニー陣営は医療専門家（Healthcare Professionals for Romney）をアウトリーチ対象として臨床医の写真を看板に掲げた。これは医療保険改革という、両党が対立する争点をめぐり、患者と医師の利害対立を象徴している。民主党が看護師の分類を設けたのは、同じ医療従事者でも、看護師は医師とは違って、利益団体としては組合の労働者層に属しているからである。

同じことをいっているようでいて表現に差が出ているのが、オバマ陣営の中小企業経営者（Small Business Owners）とロムニー陣営の企業活動の自由を支持する有権者（Romney Voters for Free Enterprise）である。中小企業経営者は、「小さな政府」を重視する保守派の中核的な支持層であるが、大企業やエネルギー産業の支持を受けるロムニーとしては、「中小」に企業を限定せずに自由な企業活動を賛美する定義のすり替えを行う必要があった。オバマ陣営が設けた農村部住人（Rural Americans）とロムニー陣営の農家と牧場主（Farmers & Ranchers for Romney）も、同じ層を指しているようでいて定義に差異がある。ロムニー陣営が、農業を営む経営者を意識した定義なのに対して、オバマ陣営のほうは、農村暮らしを好む者や環境主義者全般を指している。もちろん、農場を所有せずに農業関連労働に従事するヒスパニック系などの移民労働者全般も含む。

このほか、ロムニー陣営は「元オバマ支持者」のコミュニティを設け、現職への失望をキーワードにオバマの基礎票を崩す姿勢もアピールした。奇異だったのはロムニー陣営がポーランド系の分類を独自に設置したことである。

ポーランド系は伝統的には大都市を中心に民主党の票田となってきたホワイト・エスニックである。共和党としても、四〇万人以上のポーランド系が在住する激戦州のオハイオ州対策を無視できなかったとも考えられるが、M・ボールが指摘するように、外交的含意が少なくなかった。対ロシア強硬姿勢によってオバマとの差異化を狙うロムニーは、反ロシア感情の強いポーランドを二〇一二年夏の外遊先に加え、冷戦を終結したレーガンの威光にあやかってレフ・ワレサ元大統領と会談もしたのである（Ball 2012）。

しかし、ロムニー陣営が形式的に各分野に目配りをした散発的なアウトリーチに終始したのに対して、オバマ陣営はアウトリーチ対象のすべてのグループを前述の「経済愛国主義」の論点で統合した。たとえば、アフリカ系に向けては「アフリカ系アメリカ人コミュニティに対するオバマ政権のインパクト」と名づけたメモを作成した。「雇用回復」「中小企業支援」を二大看板に、保険加入率の低いアフリカ系の実情に配慮して医療保険改革の実績を強調するトーンが貫かれ、他方、人種問題に関連する項目は「正義と犯罪対策」として最終頁でごくわずかに言及される程度となった(30)。女性向けの実績報告リリースでも、「中間層のセキュリティ」と題して、女性のための減税と雇用対策のほか、子供たちへの教育投資を強調する一方、人工妊娠中絶のプロチョイスなど単一争点的なフェミニズム色は皆無に等しく、全体は経済項目で貫かれていた(31)。

最も象徴的だったのは、本来宗教票であるはずのカトリック信徒に向けたオバマ陣営の配布物であった。「この選挙におけるカトリックのための選択」と題されたこの広報物でも、全五項目中三項目が経済関係（「経済回復と仕事の尊厳」「税の公平性」「自動車産業救済」）であり、一般的にカトリック信徒の関心事とされる項目は二つだった（「医療保険へのアクセス」「女性と家族への支援と人工妊娠中絶を求める女性の数の削減」）。雇用の回復、自動車産業の救済などを、人道と働くことの尊厳に結びつけることで「経済愛国主義」に包含したのである(32)。このようにオバマ陣営のアウトリーチ戦略が強引なまでにスローガンとの関連性にこだわるメッセージ統合型だったのに対して、ロムニー陣営は集団別の関心事に忠実に寄り添う分散型であり、ロムニーのキャンペーンの独自性はアウトリーチのメッセージの末端にはうまく反映されなかった。

そもそも二〇一二年選挙サイクルの共和党側では、予備選挙過程から放送広告に依存したメディア戦略へと逆行する動きが生じ、アウトリーチ戦略の比重が相対的に後退していた。これは、年間五〇〇〇ドルに制限されていた個人献金に変容が生じたのが原因であった。二〇一〇年に最高裁判所は、政治的な主義主張を表明する「政治活動」を「選挙運動」とは区別し、「言論の自由」を根拠に個人や企業が無制限に献金できるとの判断を示した。これにより巨額の政治資金が流れ込むスーパーPACと称される政治活動委員会（Political Action Committee）が誕生した。いうまでもなく、スーパーPACは候補者の陣営とは直接関係がないというのが建前であり、資金は主として批判広告に使用される。(33)

二〇一二年の共和党予備選挙では激しい批判広告が、テレビだけでなく、ラジオ、インターネットなどあらゆる媒体で、かつてない規模で流された。「ロサンゼルスタイムズ」の調査によれば、二〇一二年二月半ばから三月の短期間だけでも、四五にのぼるスーパーPACが、八二四〇万ドルを広告に投入した。そしてその過半数が批判広告であった。とりわけロムニーを支えるスーパーPACが、リック・サントラムとニュート・ギングリッチを攻撃する広告に、それぞれ、およそ二〇〇〇万ドルも注いだのである。

（2）「ビッグデータ選挙」とアウトリーチ——新技術と地上戦の融合の深化

①政党による有権者データ蓄積

二〇〇八年の大統領選挙では、オバマ陣営による（小口の）オンライン献金やソーシャルメディアを活用した支持拡大が注目されたが、オンラインによる支援者、とくにソーシャルメディアを利用してのそれは、まだ若年層に大きく偏っていた。しかし、そこから二〇一二年までの四年間は、ツイッターやスマートフォンが爆発的に普及するなど情報通信技術の発展が凄まじく、ソーシャルメディアの利用も若年層を超えて浸透していった。

そうしたなか、二〇一二年選挙におけるオバマ陣営の戦略のもう一つの特徴は、ビッグデータを各部門の頂点に位置づけ、ビッグデータの分析結果からキャンペーンが動いた点にある。それは、激戦州一〇州[34]で過半数を獲得するという目標に絞って人的・財政的な資源配分をすることを前提に、説得・動員可能性の高い有権者だけを抽出する戦略であった。オバマ大統領の顧問で二〇〇八年にオバマ陣営で選対本部長を務め二〇一二年選挙にも影響を与えた前出のプルーフは、二〇一三年二月に次のように概括している。

現在でもなお一九八〇年代のようなキャンペーンを行っている陣営が多数ある。彼らのキャンペーンで最も重要なのはテレビ広告だ。テレビ広告はとりわけスイングボーターに手を伸ばすには、依然として最も効果的な方法である。しかし、それは多くの要素の一つに過ぎない。私たちはデジタル、テクノロジー、草の根にしっかりと資金を注いだ。重要なのは私たちがどのようにデータを使用したかである。大統領がどこに行くか、大統領夫人がどこに行くか、資源をどのように割り当てるか、等々の決定をどのようにしたかである。今回［二〇一二年］、私たちは選挙資金を効率的に利用する（optimize）するためにテクノロジーを活用した。特定の州やメディア市場において、誰に手を伸ばす必要があるか、どの番組を彼らが観ているか、何に彼らは反応するのかを知ることで、資金の無駄遣いを防ぐことができるし、キャンペーンの効果も高められるからだ[35]。

アメリカの選挙の集票戦略がビッグデータに到達する前段階には、おおむね四つのイノベーションがあった。第一はテレビの到来、第二に世論調査技術の発展、第三にコンピュータ・データベースによる有権者ファイルの登場、第四はマーケティング、ダイレクトメール産業の発展と選挙への応用である（Creamer とのインタビュー 2012）。その結果、第1章でも述べたように、商業活動のデータから潜在的な支持者を探るマイクロターゲティングが始まり、二〇〇〇年代前半に共和党がこれを先駆的に取り入れた。また、民主党側も膨大な個人単位の消費活動の記録を過去の投票記録とともにデータベース化したボーター・ボウルト（Voter Vault）によって、民主党支持の多い地域や選挙民グループの中に「共和党的な」消費活動をしている選挙民を探りあてることが可能となったのである（Humberger and Wallsten 2006; 渡辺 2008a）。

他方、これも前述したように（第2章）、民主党のデータ選挙と新たなアウトリーチ戦略は、二〇〇四年に予備選挙に敗れたディーンが民主党の全国委員長に就任したところから本格的に始まった。ディーンは技術革新と有権者ファイルの全国一元化に投資を行ったのである。それ以前にも、共和党によるマイクロターゲティングへの対抗を意識した民主党は、二〇〇二年に一億六六〇〇万件の登録済み有権者データを有するデータマート（DataMart）と、資金集めとボランティア獲得用のデムジラ（Demzilla）を造り上げていた。ディーンはそれらの統合を進め、それによって二〇〇七年に完成されたシステムがＶＡＮ（Voter Activation Network）であった。ＶＡＮはフィールドで集められたデータを民主党全国委員会本部に集積させる仕組みで、各州が独自に有権者ファイルを作成するのではなく、一つの巨大な有権者ファイルを作成することで全国レベルの運動の展開に便宜をはかった。さらに、各州の候補者がウェブでＶＡＮのデータにアクセスするボートビルダー（VoteBuilder）も提供された。投票区のキャプテンが数百ヤード範囲の戸別訪問対象のデータをダウンロードできるようになり、上院・知事選挙、州議会選挙など地方選挙でも活用された（Issenberg 2012b）。このＶＡＮは二〇〇八年の予備選挙でのオバマ陣営の勝利にも貢献した。

民主党がその上で、さらに統合的なデジタルデータセットを作り上げたのは二〇一〇年であった。別個に存在していた献金者、ボランティア、有権者ファイルのリストをマッチングさせたのである。投票歴、ボランティア歴、献金歴と献金経路、有権者登録などから個人像を統合的に把握するのは歴史上初めてだったと、二〇一二年のオバマ陣営主任分析オフィサーのダン・ワグナーは指摘する。[36] 分析の目的は、㈠オバマを好いている人、㈡嫌っている人、㈢オバマに投票する可能性がある人、㈣投票しない人、㈤説得可能性のある人を判別し、説得可能性がある人にアクセスすることであった。より単純にいえば、支持と不支持、中間の説得可能性が残っている層を割り出す作業である。[37] 過去のマイクロターゲティングが消費者データに依存していたのに対し、二〇一二年のオバマ陣営は投票記録と人口構成・居住地域・経済力といった伝統的な指標を細かくたどることを重視したのである。

②データ分析と技術開発のための組織形成

二〇一二年オバマ陣営の情報通信戦略をめぐる第一の特質は、情報通信の技術開発を外部発注で済まさず、史上最大規模の常勤スタッフ集団を雇用して内部化したことである。共和党のロムニー陣営が外部発注を中心にしていたのとは対照的である。主任テクノロジーオフィサー（ＣＴＯ）のハーパー・リードは、「大きなウェブ・アプリケーションを製作した五年から一〇年の経験」を基準に、シリコンバレーからグーグル、ツイッター、フェイスブックなど二五人のハードコア・エンジニアを、投票日の一年七カ月前から雇用した。

情報通信に関する組織は四つの主要なセクションに分かれていた。民主党全国委員会本部出身のワグナーが統括する分析局（Analytics）が有権者データ分析を行い、各部門はそのデータを指針に行動した。二週間おきに行われる全国世論調査、専門会社が行う州別世論調査とは別に、毎晩八〇〇〇から一万二〇〇〇規模のサンプルの調査を陣営独自に行ってデータが更新され、それによって二七〇の選挙人獲得に有利な州のランクづけ（rank order）がなされた。[38] リードが率いる技術局（Technology と称されていた）ではシステムとアプリケーションの設計と開発を行い、ジョー・ロスパーズとテディ・ゴフが率いるデジタル局（Digital と称されていた）では献金集めのほか、ウェブサイトなど陣営のデジタル・コミュニケーションを担当した。そして、民主党全国委員会本部内部に位置づけられていたオーガナイジング・フォー・アメリカ出身のジャーミー・バードが率いる全国フィールド局（National Field）が動員、有権者登録促進、GOTVなどの地上戦を担当した。

オバマ陣営は既成のアプリケーションの使用を極力避け、陣営技術局のエンジニアによって陣営独自の選挙用ソフトウェアを開発する道を選んだ。バードは「テクノロジー、デジタル、フィールド、コミュニケーションを繋ぐ方法を思案したが、これをそのまま購入できるベンダーが存在していなかった」と回顧する。ベンダーから既成商品を購入すれば「オバマ陣営のプログラムを既存の技術にあてはめなくてはならない」ため、「自分たちの技術を自分たちのプログラムにあてはめること」をオバマ陣営は選んだ。[39]「製品を製造することではなく、オバマの当選のため」（リード）、「民間セクターのベストのデジタル技術と競争できる何か」（プルーフ）を意識し、陣営はアマゾン・ウェブ・サービス（AWS）上にコードネームを「ノーウェル（Narwhal）」としたデータ・プラットフォームを築いた。複数のベンダーが保有していたデータを一元化し、後述する「ダッシュボード」に集積されるボランティアが集めた地域の有権者情報や「ツイッター・ブラスター（Twitter Blaster）」が捕獲したデータもリアルタイムで更新された。

③地上戦――組織作りと動員・説得活動

情報通信戦略に関するオバマ陣営の第二の特質は、「地上戦」の効果を最優先と考えるべしというコンセンサスが築かれていたことであった。オバマ陣営はオンラインで組織を代替させることをせず、人的な組織作りを重視して各州の支部オフィスを多数開設した。激戦州の事務所開設数は六三一と、ロムニーの二八二を大きく上回った。また組織形成では、「チーム」と呼ばれる編成を行った。オバマ陣営は、オバマもかつて経験しているコミュニティオーガナイズ活動の組織モデルである「スノーフレーク・モデル」でフィールド活動を地域ごとに組織したのである。具体的にいえば、中心のフィールドオーガナイザーが周辺の複数の近隣チームリーダー（ＮＴＬ）を管理する。各チームは最低三人のコアチームメンバー（ＣＴＭ）――電話説得キャプテン、戸別訪問キャプテン、データキャプテン――から構成される。チームによっては、有権者登録キャプテン、デジタルキャプテン、若年層キャプテン、信仰キャプテンなども存在した。そしてチームごとに責任を持たせることで、数百万のボランティアに能動的な参加意識をもたらしたのである。(40)

二〇〇八年選挙の際には、ロスパーズらが開発したソーシャルメディアのMyBO（My. BarackObama）で支持者のオンライン参加を拡大させた。しかし、このMyBOはソーシャルメディアとしては優れていたが、もっぱらオンライン献金を促すバーチャルな支援空間を意識して設計されていた。オンライン上にコミュニティは形成されたが、フィールド活動の実働部隊との連動性はほとんどなかった。オバマ支援のオンライン組織と戸別訪問など地上戦に実際に参加するボランティア組織は別個に存在して活動していたのである。すでに指摘したように、二〇〇八年選挙サイクル時点では、オンラインによるバーチャルな次元と地上戦の次元が、完全に一致して連動できていなかったために、活動家による「コミュニケーション空間」の奥行きが一面的なものにとどまっていた。二〇一二年のオバマ陣営はその空間の広がりと密度を増すことを意識したのである。

二〇〇八年選挙ではオハイオ州の現場担当だったバードは、デジタル空間とフィールド空間について「ほとんど別の、二つのキャンペーンを行っているように感じられた。オンラインで参加する人々が一方でいて、他方で地元の事務所に足を運ぶ人々がいた。二〇〇九年から二〇一二年の選挙までに私たちが努力したのはその壁を取り払うことだった」と二〇〇八年の反省点を述べる。(41) バードは二〇一二年のシステムについて、「オンラインで集まった者が最終的には近隣のチームリーダーと合流できるような、オンラインと結合するフィールド作戦」、「地元のボランティア事務所で働いているチームリーダーが、帰宅してオンラインでもつながれる」オンラインとフィールドの一体化を目指した。そしてこの方針を満たすために陣営技術局が試行錯誤で開発したアプリケーションが「ダッシュボード（Dashboard）」であった（図3-11）。

このアプリケーションでは、陣営ウェブサイトのアイコン Get Involved で電子メールアドレス、住所、郵便番号を入力して登録すると、州内の自分の地域に一番近い「チーム」に割り当てられる。そこでフェイスブックと同じように自分のプロフィールを作成する。「ダッシュボード」上の My Team には自分の「チーム」の加入数が表示され、中では「チーム」関係者のツイッターのメッセージが更新されている。二〇〇八年との違いは、実働的な地上戦の仲間である「チーム」をオンライン上にオーバーラップさせたことであり、Google Maps に「チーム」の事務所が表示され、写真付きのチームリーダーと地域のフィールドオーガナイザーのページにリンクしている。つまり、「チーム」の事務所に出向いてボランティアとしての訓練を受け、実際の活動に参加して初めて有用なソフトウェアなのである。

「ダッシュボード」上では、ハウスミーティングへの参加、戸別訪問、データ入力、電話説得、事務所での仕事、メディアへの手紙書きなど希望の仕事をチェックできる。また、関心のある政策なども登録する。性別、エスニシティ、人種などの情報も記入

図3-11 「ダッシュボード」のメイン画面
出所）オバマ陣営広報用動画。

させ、ボランティアを同じ人種や信仰を持つ対象者に割り当てることで対話効果を上げた。Eventsでは、直近の地域のキャンペーンのイベントが更新される。イベントはフェイスブック、ツイッターなどとワンクリックで共有可能である。Groupsには、オバマ陣営が分類したエスニシティ、政策などサブカテゴリー別の有権者集団の地元支部がオンライン上で集う仕組みになっている。Make Callsには、「コールツール（Call Tool）」というアプリケーションが組み込まれており、地域内あるいは自分で選んだ州の有権者データから名前と電話番号と、キャンペーンの進展に合わせて更新される会話の台本概要が表示される。Resourcesには、ボランティア活動上のアドバイスが地域のリーダーや陣営関係者から送られてくる。アメリカの戸別訪問や電話は勧誘以前に選挙区の有権者実勢調査でもあり、ボランティアが集めた最新の世帯情報（住所や電話番号の正誤から居住家庭のエスニシティや言語まで）もすべてデータに取り込まれて共有された。Grassroots Fundraisingは、一度に最大二〇名まで知人を招いてオンラインでの資金集めを各自が主導できるシステムである。自分で個人的な献金総額の目標を決める。Numbersには、自分の活動の足跡が残る。ボランティア勧誘、ハウスミーティング、電話などの回数が成果として表示される。My Messageでは、メンバー内でのメッセージの交換とシェアが可能となっている。「チーム」の登録者には日々の活動報告がメールされた。顔写真付きで活動が載ることでチーム内の競争意識も養われ、仲間に対する責任やソーシャルプレッシャーが生じる仕組みである。最後にGet Fired Upでは、活動家と接するオバマや地域の活動家の最新の動画が更新されるように設計されている。

前述のように二〇一二年選挙に際してオバマ陣営は、たとえばアフリカ系アウトリーチ（African American for Obama）として、「雇用」「中小企業」「消費者保護」「失業保険拡大」「医療保険」「社会保障とメディケア」「教育」「正義と犯罪対策」「都市政策」の九項目にわたる支援をウェブ上で打ち出したが、有権者への浸透には活動家同士の「ダッシュボード」などソーシャルメディア経由の拡散を効果的に用いたのである。

複数のソーシャルメディアのコミュニティが設置されたが、たとえば「バーバー・ビューティーサロン・プログラム」は、二〇〇八年にサウスカロライナ州などで成功したプログラムの拡大版であった。理髪店や美容室が黒人にとって地域住民の交流の場であり、三時間の滞在も日常的である習慣に注目し、理髪店や美容室を有権者登録促進やGOTVのハブとした。ほかに「黒人ビジネス・キャプテン・プログラム」「シビック・オーガニゼーション・キャプテンズ・プログラム」など、それぞれアフリカ系の経営者のネットワークを作ったり非営利団体のリーダーを巻き込むプログラムを展開した。同様の活動はヒスパニック系、アジア系など他のマイノリティ向けにも広範に組織された。

また、投票日直前のGOTVに威力を発揮したのは「フェイスブック・ブラスター（Facebook Blaster）」であった。フェイスブック上の友人関係を陣営で捕捉し、それらのデータを基に、激戦州にフェイスブック上で友人のいる支持者に対して「オハイオ州のあなたの友人のボブがまだ投票していないので、行くように勧誘してほしい」と直前にメッセージ送信をした。一方、「ツイッター・ブラスター」では、流通しているツイートを解析して効果的なメッセージを各自に送信した（Madrigal 2012）。

④空中戦――有料メディアと無料メディア

オバマ陣営の情報通信戦略をめぐる第三の特質は、空中戦の効率化である。地上戦に最大限の資源を振り向けるために、スポット広告の投下市場の絞り込みは避けられなかった。プルーフは「テレビ広告で資源を消耗しないことに注力した」[42]と述べるが、オバマ陣営の意識にはロムニー陣営のスーパーPAC資金による空中戦依存選挙との差異化があった。二〇％を説得可能票と仮定し「二〇％が誰なのかを探し当てて当該の層に有料メディアをいかに投下するか」に注力したとグリソラノは述べる[43]。

オバマ陣営は、ケーブルテレビやデジタルビデオレコーダー（DVR）のセットトップボックス（ケーブルテレビの視聴データを記録する装置）の視聴データを、説得可能性のある有権者の住所と照合した。効果的なテレビ広告枠の購入に活躍したツールは「オプティマイザー（Optimizer）」である。一日を九五の一五分枠に分割し、六〇チャンネルすべてのうちどのタイムスロットに説得可能性の高い有権者がいるかを、広告枠一ドルあたりについて測定した（Issenberg 2012b）。選挙広告の放映一回あたりの費用はロムニー陣営の六六六ドルに対してオバマ陣営は五九九ドルだったが、オバマ陣営は五五万回広告を放送したので総額では大きな節約となった（Madrigal 2012）。

また、デジタル広告ではバナー広告よりも動画再生前のプリロール（Pre-Roll）広告が効果的と判断された。T・ウォルシュは「ブラウザーを開くと常にバナー広告は目に入る（see）が注意して見る（notice）ことはない。アニメーションになっていようがいまいが」と述べる（Walsh とのインタビュー 2013）。

他方、無料メディア対策（マスメディアへの出演）でも、出演番組の選択と陣営幹部の発言内容の調整にデータが活用された。「ラボルト報道官がMSNBCに出演して発言をする、あるいはローカルのメディア市場に出るというとき、陣営は特定のメディア市場におけるターゲットを定義し、出演予定番組の実際の説得可能率を示す」とワグナーは説明する。分析チームは、特定の番組を視聴している説得可能有権者の数を有権者ファイルと照らし合わせることで説得可能率を割り出した。フロリダのローカル番組を例にとれば、第一にフロリダにおけるオバマ陣営の趨勢、第二にフロリダの有権者の構成、第三に最低五一％の支持を獲得するために抵抗を最小限に抑える方法を、出演する報道官に伝える。選挙民の構成には地域差があるので、州別の情報提供が有益になるが、その際重要になるのは有権者登録、説得、投票率の三つの要素である。ワグナーは次のように述べる。

アイオワ州の大統領選挙年の平均投票率は八〇％を超えている。フロリダ州の大統領選挙サイクルでの投票率は六二％程度である。すなわち、フロリダのような州で勝利するためにしなくてはならないことは、アイオワ州向けのこととは完全に異なる。したがって、フロリダのような州、しかもタンパのようなメディア市場で陣営が行うべきことは、有権者登録対策と説得のミックスである。タンパでは主として投票率が大切になるし、とりわけ期日前投票が重要になる。そこで期日前投票を喚起するようなコミュニケーションがタンパ向けの番組出演のレトリックでは求められる。(44)

⑤選挙資金集め

二〇一二年選挙におけるオバマの情報通信戦略に関する第四の特質は、資金集めである。二〇一二年選挙においてオバマ陣営は約六億九〇〇〇万ドルをオンラインで集め、二〇〇八年の約五億ドルを大きく上回った（Scherer 2012）。応用された技術はA／Bテストで、サイトの色から文言、オバマの写真までがテストされ、反応が良いものに更新された。オバマ陣営はメールの送付先を一八の小グループに分割して返答率を精査した。反応が悪かったグループは、最も反応が良かったグループに比べて一五％から二〇％の成績で、額にして二〇〇〇万ドルもの差があったという。反応が芳しくないグループにはメールの送信を停止した。また、大統領夫妻の遊説先の選択のほか献金パーティのゲストの選択にもデータが利用された（Christian 2012）。

（3）デジタル媒体を利用した活動家教育

以上に見たようにオンラインの新技術は集票を効率的かつ効果的にする上で支配的な役割を果たすようになった。しかし、新たな情報通信技術の浸透は有権者との関係の変質も迫っている。スマートフォンとソーシャルメディアの普及が一般の選挙民に意見表明のツールを与え、かつては相手陣営の批判広告に限定されていたネガティブ・キャンペーンが、市民を主体に無尽蔵に拡散することが避けられなくなった。ピューリサーチセンターの調査（二〇一一年一二月）によると、ソーシャルメディア上では対候補者の言説が報道に比べて圧倒的にネガティブな方向に傾斜している。(45) 選挙民を単なる操作対象にとどめておくことができなくなったとして、二〇一二年オバマ陣営デジタル局長のゴフは二〇一二年と二〇〇八年の差異を次のように述べる。

二〇〇八年は陣営の即時対応が足りなくても、地元密着が足りなくても、誤ったトーンでメッセージを発してしまっても、支持者はウェブから逃げてしまうだけだった。二〇一二年にはウェブから逃げてしまうだけでなく、大統領に不信感を抱く理由をツイートしてしまう。彼らを上手く遇しなければ、キャンペーンにとって甚大なダメージとなる。私たちが彼らを正しく動かせれば、最高の資産にもなりうる。したがって、二〇一二年には人々にある種の関係性と経験と彼らが欲しがるツールを与えることが必要だったし、彼らの深い理解によって、私たちの代理としてフィールドの仕事を任せられるようにもなった。(46)

従来、戸別訪問、電話説得ではボランティアの自由度は制限されていた。戸別訪問では与えられたリストの家を訪問して配布物を渡し、電話では陣営が用意した会話台本を読み上げるだけであった。しかし、二〇一二年のオバマ陣営は、地上戦をフィールドで担うボランティアにも、有権者を説得し、候補者への批判や事実関係の誤解に反論を行う裁量と自由を与えた点で画期的であった。オンライン空間の会話が高速に大量に飛び交うなかで、活動家の自主的な会話を許容しなければ、デマや誤解を修正する時機を逸する。また、激戦州で一票でも競り勝たねばならない接戦選挙の底上げにおいては、基礎票の民主党支持者を「動員」する投票率対策だけでなく、説得可能性のある有権者を口頭で（あるいはオンラインでの会話で）「説得」する必要性もあった（Giangreco とのインタビュー 2013）。

オバマ陣営のジャングレコが指摘するように「アンフェアに攻撃される立場でいるほうが、ソーシャルメディアやインターネットでは有利である」ことも陣営は理解していた。相手陣営発の、あるいはオンラインに流布する出所不明のネガティブな情報を早期に捕捉して修正や反論を行うため、支持者向けの情報提供の密度と速度を増した。それがオンライン時代の選挙に不可避にともなう主体不明のネガティブ・キャンペーンに対応する解であった。そのため、活動家の教育では以下の三つのインフラが提供された（Giangreco とのインタビュー 2013）。

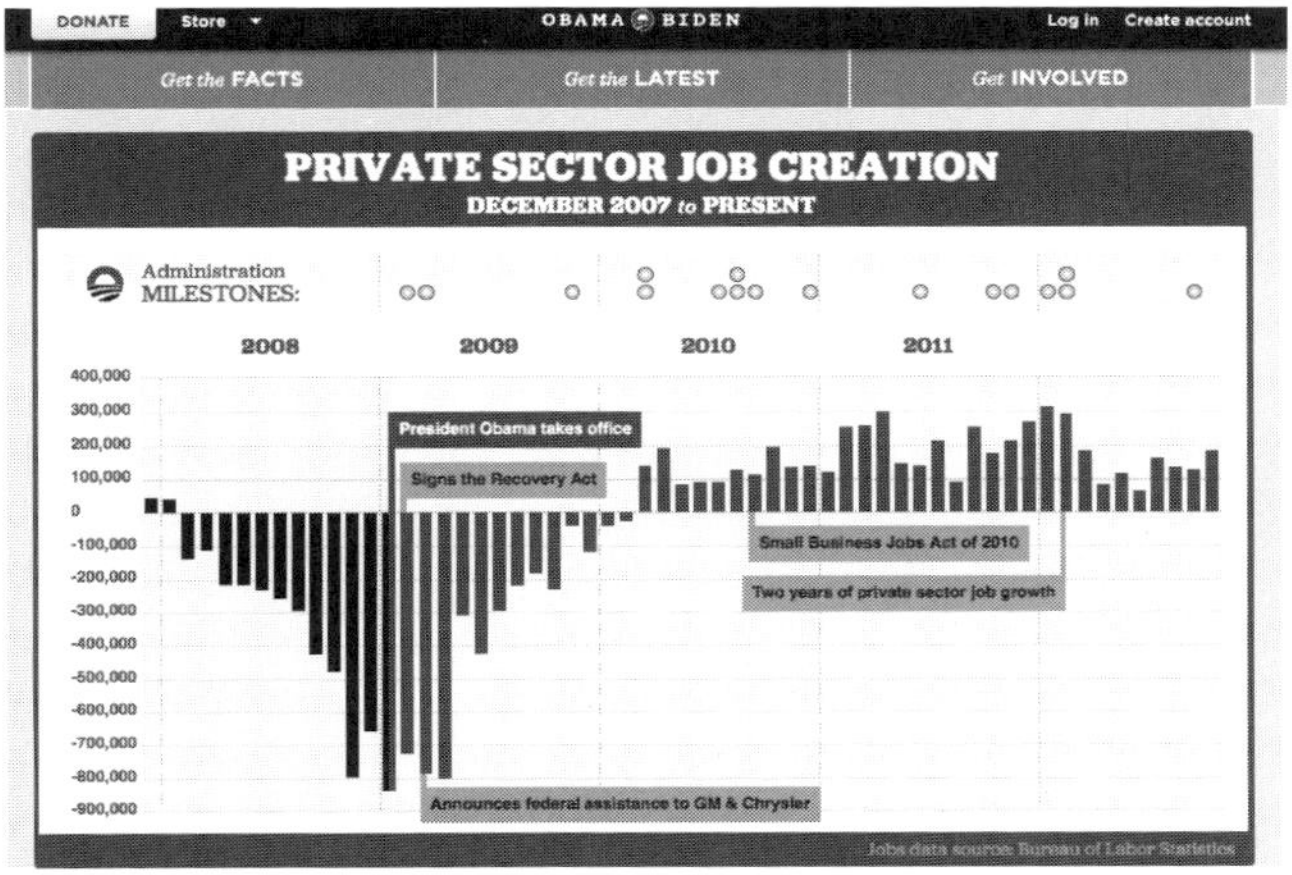

図 3-12　民間の雇用創出の推移を示したインフォグラフィクス
出所）「Barackobama.com」内「Get the FACTS」。

①陣営幹部作成のインフォグラフィクス

まず、二〇一二年のオバマ陣営では、重要争点のポイントとなるデータを視覚的に強調するグラフをデジタル媒体で拡散させた。たとえば失業率についてはブッシュ政権との比較でオバマ政権以降を横軸に色分けして並べて、オバマ政権期に入って雇用が上向いている様子を工夫して描いた。表示には、フォーカスグループ調査、ダイヤル・テストのほか、オンラインでもテストされたなかで、被験者の人気が最も高かったという前述のインフォグラフィクスが使用された（図3-12）。

②陣営幹部によるユーチューブ動画

次に、ロムニー陣営からの攻撃内容をいち早く知らせ、攻撃

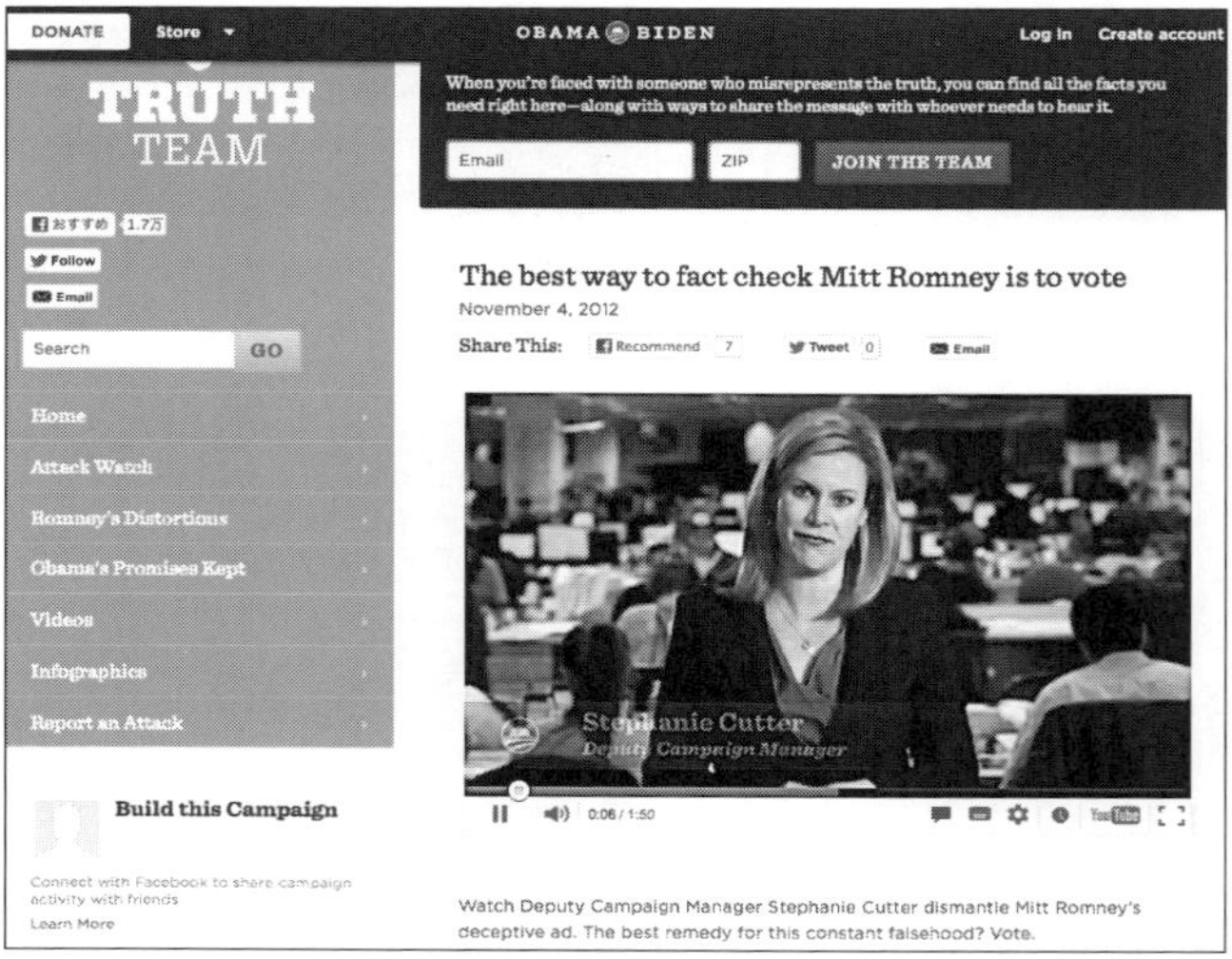

図 3-13　オバマ陣営のカッターが解説する敵陣営についての情報提供動画

出所）「Barackobama.com」内「Truth Team」。

のどこが誤りかを知らせる「Truth Team」による情報共有が、陣営サイト内に埋め込み式のユーチューブで行われた。フォーカスグループによるテストで被験者が「賢く、熱心で、親しみがある」と高得点を与えた陣営の選対副委員長ステファニー・カッターが、動画のスポークスパーソンを務めた（図 3-13）。動画の目的は相手陣営を攻撃することではなく、オバマ支持者向けに相手側の攻撃の論点に関する情報をいち早く教育することにあった。支持者は「共有する」をクリックして、短いメッセージを添えて拡散することが期待された（Giangreco とのインタビュー 2013）。

③陣営幹部からの「発言要領」電子メール

選対顧問のアクセルロッドと選対本部長のジム・メシーナなど選対幹部から、オバマ陣営の方針や政策的な立場について逐一「発言要領（Talking Points）」が支持者に電子メールで送られ、支持者が対面であるいはフェイスブックで友人に説明をするための情報源となった。選対幹部から直接メールで送信される情報は「最も信頼度が高いソース」として、テレビ広告やダイレクトメールよりも活動家の情報の基礎となった。電子メール送付は二〇〇八年にも多用されたが、支持者を「事実」で情報武装する発想は二〇一二年から始まったといえる。

(4) メディア報道の誘導

有権者との関係が大きく変質しているのに対して、陣営とマスメディアの関係がオンライン技術の浸透後もさほど変容していないことにも、触れておかなければならない。インターネットの選挙利用が促進された理由の一つに、バイアスが存在するマスメディアを飛び越え、選挙民に直につながるという動機があった。しかし、二〇一二年二月のピューリサーチセンターの「選挙についての情報源」調査で、インターネット二五%に対してケーブルテレビが三六%という結果が出ているように、選挙民の多くは近年でもなお主流メディアから選挙情報を摂取している。[47]そこにオンライン経由でマスメディアの報道に影響を与えるインセンティブが陣営側に生じた。

二〇一二年選挙のオバマ陣営で最も効果的に用いられたのはツイッターである。オバマ陣営は絶えずツイートすることでマスメディアの報道とサイバー空間のディスコースのトーンを誘導することを目指したが、主体は候補者のオバマ本人ではなく陣営幹部であった。一四〇字という文字数はマスメディアの報道の方向を誘導し、記事に発言を引用させるのに適当な短さであった。スピーチライターとの打ち合わせなしに、速射的にツイートするには大統領本人よりも陣営幹部のほうが効率的である。アクセルロッドは二〇万のフォロワーを集めた。ピューリサーチセンターは、二〇一二年六月四日から一七日までを対象にした調査結果として、フェイスブック、ツイッター、ユーチューブ、ブログの四つのプラットフォームでオバマ陣営から六一四の情報がポストされ、ロムニー陣営による一六八回を大きく引き離していると発表しているが、これは前述の陣営戦略と符合する。内訳はツイッターが突出しており四〇四回であったが、ロムニー陣営の同期間のツイートはわずか一六回であった。[48]

ただ、この戦術の効果を上げるには、陣営内のメッセージの統一性（message discipline）を維持し、発言者の数を極限まで絞ることが条件となる。オバマ陣営ではツイートの発信は、アクセルロッド、メシーナ、ラボルトなど上級スタッフと、コミュニケーション担当幹部に絞られ、陣営組織内のメッセージの擦り合わせの頻度と密度も高められた。ラボルト、カッターとコミュニケーション局長のブレント・コルバーンによる電話会議は一日二回、東部時間午前八時三〇分と午後五時三〇分に行われ、当日の課題、大統領の発言、相手候補の動き、陣営幹部が行う発言予定、翌日の課題などを確認し、「デイリーガイダンス」という内部文書が共有された。また、毎週土曜日には陣営本部の選挙区対策の部署と民主党全国委員会の電話会議も定例で開かれていた。大統領ディベートの最中は激しいツイートで報道誘導が行われたが、主流メディアの視聴者層の偏りの影響を受けた報道や世論調査を修正することも意図されていたのである。

二〇一二年の一回目のディベートではCNNテレビが視聴者の即席世論調査（flash poll）でオバマ敗北を印象づけたが、オバマ陣営は「討論会を視聴している人の平均年齢は高齢で、共和党支持率が高い」と数字の偏向性を問題視し、陣営が独自の世論調査を外部発注で実行し、選挙終盤三週間だけで五七の調査を行った上でその結果を公表した。他方、ロムニー陣営は選対本部長がツイートせず、中堅以下のスタッフによる散発的ツイートに終始したため、引用に結びつくほどの報道誘導の主導権をとれなかった（Giangreco および Creamer とのインタビュー 2013）。

このように、オンライン技術の選挙利用は、有権者のビッグデータから陣営戦略を立案するまでに深化している。二〇一二年選挙サイクルにおける「コミュニケーション空間」の形成の特質は、ビッグデータの応用によって政党機関の役割が大きくなっていることと、地上戦に集う活動家とオンライン上の活動家の連動がきわめて広範に実現され、コミュニケーション空間に立体的な深みを与えたことに求められよう。また、共和党がティーパーティ運動の勃興以降、草の根の活動家との交流を増し、両党ともに活動家とオンライン空間のコミュニケーションの密度を高めていることも重要な特徴である。

しかし、ビッグデータの浸透と同時に、選挙過程のオンラインのコミュニケーションは、あくまで伝統的手法の効果を増進させる補助装置として浸透していることにも留意しておく必要があろう。二〇一二年オバマ陣営主任技術オフィサーのリードは次のように象徴的な総括をしている。

「自分の電子メールリストに、もっと多くの人を載せるにはどうしたらいいか?」とアドバイスを求める人にはこう伝える。「フィールドスタッフ（地上戦スタッフ）を雇うしかない」と。つまり、これはバランスの問題である。ツイッターだけに依存すればうまくいかないし、私たちが証明したように、旧式の伝統的スタイルのオーガナイズ活動だけに依存すれば、それもまたうまくいかない。私たちには両方必要なのだが、どちらか一方でもう一方を代替することはできない。

オンライン技術の浸透は、戸別訪問での説得や候補者批判への自主的応戦など、活動家の裁量範囲を増大させる方向で、活動家の選挙参加の質的転換を促している。

他方、陣営とマスメディアの関係性に限っていえば、オンライン技術浸透以前の形態に停滞するなかで、皮肉にもオンライン技術が伝統的マスメディアに対する古典的なスピン操作（メディアを介した世論誘導）に利用されている状況が否定できず、従来型のメディア戦略の存続に力を与えていることも事実である。アメリカの「選挙デモクラシー」は、マスメディア利用を中心とした選挙に完全に代替する形でインターネットを台頭させたわけではなく、主流メディアの影響を部分的に、ある意味では大いに引きずったまま新技術を利用している。その様態はソーシャルメディア中心の選挙とも、マスメディア利用中心の選挙とも、地上戦中心の選挙とも、どの単純なラベルを貼ることも適切とはいえない過渡的かつ複雑な段階にある。

小　結

本章で明らかにした点は主に次の五つにまとめられよう。

まず第一に、オバマの二〇〇八年選挙に象徴された、新たな「脱人種」戦略は、あくまで旧来型のアイデンティティ政治とマイノリティ向けアウトリーチの温存を前提としていたということである。マスメディアを介した戦略で、国民向けの「統合」メッセージを大統領や候補者が語れば語るほど、個別のアイデンティティに配慮や関心を向けてほしいとの願望も高まる。伝統的な意味での白人と黒人の二項対立的な人種政治は陳腐化しつつあるが、それはマイノリティのアイデンティティに即応した選挙の消滅を意味していない。

ただし、オバマの人種アウトリーチには、旧来型のアイデンティティ政治とは異なり、人種政治を規定してきた白人と黒人のカラーラインをカラーブラインド路線によってではなく、異なる角度から相対化するという特徴もあった。父方のケニアのルーツは、アメリカネイティブの黒人とは異なるアフリカ系移民の共感も呼び、アフリカからの自由移民の増加で変容するアメリカのアフリカ系の多層化と絶妙な相性を見せた。また、多感な時期をハワイでアジア系に囲まれて育ち、母と妹を介して東南アジアにルーツを持つオバマの多文化性も、他の脱人種世代の黒人政治家にはないオバマ特有の資質であった。アジア系の公民権活動家たちはオバマを「初のアジア系大統領」として祝福した（渡辺 2009）。アメリカの多様性を象徴する「物語」を抱えるオバマは、白人への対抗軸として狭く捉えられがちな黒人政治家には収まらないという意味では、間違いなく「脱人種」の政治家であり、アジア系、ヒスパニック系を超えて広くマイノリティの期待を担う存在となりえたのである。

しかし、他方でそこから明らかにされたのは、候補者の経験や条件が相当程度キャンペーンの言葉の波及力や説得力を規定するということであり、オバマ陣営流の「代理人」アウトリーチの成否も候補者の家族を含めた「物語」に左右されたということである。形式的に同じような「脱人種」戦略をとりつつ地上戦で個別のアウトリーチを展開しても、メッセージの力は候補者の「物語」によって差が出るだろう。二〇〇八年、二〇一二年のアウトリーチはオバマという大統領候補者により活性化したが、アフリカ系候補としてもオバマは例外的な存在であり、オバマ流の「二正面」選挙の効果を一般化するには依然として限界も存在する。

第二に浮き彫りとなったのは、民主党を脅かすまでに活性化している共和党のマイノリティ票への本格的な進出、さらにそれにともなう共和党支持基盤の分断懸念の問題である。二〇〇四年の大統領選挙で共和党全国委員会は、自身も同性愛者であるケン・メルマン委員長の指揮の下、ヒスパニック系、カトリック信徒、郊外女性層を重視し、アジア系とアフリカ系の得票にも触手を拡大することで、南部戦略からの転換を行った。共和党はその後も、この二〇〇四年選挙サイクルの路線を継承し、二〇一〇年中間選挙以降、ヒスパニック系へのアウトリーチを本格化させ、中間選挙で勝利を勝ち得た。

しかし、ヒスパニック系アウトリーチと、ティーパーティ運動に象徴される保守派の活動家の取り込みが両立するという確証はない。ディオンヌが指摘するように、反移民感情も皆無とはいえないティーパーティ支持層はすでに、共和党がマイノリティ向けアウトリーチに注力する方針に違和感を抱いていた（Dionne Jr. 2010）。保守派活動家の内では、スペイン語話者の拡大に対して州の英語公用化が関心事に浮上しつつある（Derksen および McLaughlin とのインタビュー 2011）。保守派の草の根活動家の活性化とマイノリティ層の取り込みをどのように両立させるのかが、共和党にとって今後の課題となろう。

第三に明らかにされたのは、オンライン技術の選挙利用が、有権者データから陣営戦略を立案するまでに深化していることである。しかし、選挙過程のオンラインのコミュニケーションは、戸別訪問（地上戦）やテレビ広告

（空中戦）に象徴される伝統的な選挙キャンペーンの代替になるのではなく、伝統的手法の効果を増進させる補助装置として浸透している。むしろ、ソーシャルメディアを用いた選挙戦略は、政党や陣営が上から押しつけるものではなく、自発的な活動を引き出すという形態で浸透しているといえる。宣伝をして投票させるという、有権者を受動的な存在として扱う方向から、有権者の主体性を引き出す選挙への変容である。

そしてソーシャルメディアは、旧来の人種やエスニシティ間だけで緊密に連携して利益促進を目指すためのプラットフォームにもなれば、異なる人種や信仰の市民と横断的につながる機会をも提供している。政党や候補者陣営は、複数の「コミュニティ」への参加を想定しており、選挙ボランティアの活動は特定の人種や属性だけで行われるわけではない。ソーシャルメディアを通じて、たとえばアフリカ系、女性、バプティスト信徒という一人が抱える複数のアイデンティティに手を伸ばすことが容易になったとも考えられる。オバマ陣営では、選挙サイクルを規定する重点イシューで人種・エスニック集団を束ね直し、人種横断的な連帯を試みる動きも顕著であった。二〇〇八年にオバマ陣営が主導した「イラク戦争に反対する退役軍人・アフリカ系・ヒスパニック系」という人種横断的なコミュニティの形成はその好例であるが、ソーシャルメディアのコミュニティは、アイデンティティ政治を緩和する可能性もあるのである。ハリスがいう「連帯の政治」と「独立的黒人政治」は、前者の中に後者を包摂することができれば、必ずしも二者択一である必要はない。

そして第四に、活動家と政党による「コミュニケーション空間」が、二〇〇八年から二〇一二年選挙サイクルにかけて、段階を経て成長したことを確認した。二〇〇八年以降、アウトリーチ戦略による地上戦を維持しつつ、インターネットを通じて地理的な近接性を超えたバーチャルなコミュニティが形成され、そのコミュニティに向けて地上戦を展開していくという、新たな形のキャンペーンの実態が出現している。その意味で、伝統的なアウトリーチ戦略はこの時期以降、「新しいアウトリーチ戦略」になったと考えることもできる。

他方で、インターネットと地上戦の融合は、二〇〇八年段階では従来の地上戦にインターネット技術を加えた「足し算」に終わっていた側面もあり、二〇一二年に向けて両者の融合が洗練されていったのである。

また、「コミュニケーション空間」は、アウトリーチをめぐる前述のすべての傾向とも連動している。たとえば、共和党側のティーパーティ運動は「コミュニケーション空間」の広がりを増したが、その広がりが政党の分断を招くとすれば、「コミュニケーション空間」の量的な拡大が、そのまま政党に有利になるとは限らない。

最後に五つ目として、新しいアウトリーチ戦略といっても、従来のマスメディアを舞台にしたメディア戦略の代替物になるわけではないということである。政党は依然として広範囲の選挙民向けにマスメディアを利用した戦略も継続している。二〇〇八年以降、新しい情報通信技術と組み合わせて、戸別訪問を軸とした地上戦が活性化された後も、二〇〇八年、二〇一〇年、二〇一二年の選挙を通じて、スポット広告は消えていない。特定の人種や狭い範囲の選挙区での票の掘り起こしにはアウトリーチが有効であるが、広域選挙区向けの「脱人種」メッセージではマスメディアを通じたメッセージ伝達にも有効性はあるからである。

もちろん、一九八〇年代から九〇年代までと比べれば、政党のマスメディア向けメディア戦略の力点と戦術は変化している。有権者データの蓄積によって、広告を放送する地域と枠が取捨選択され相当程度絞り込まれるようになった。激戦州の必要な有権者だけに伝達する手法として、動画サイトのプリロール広告など個人向けのマイクロターゲティングによる広告も出現している。

また、全国政党機関ではスポット広告の「有料メディア」よりも、報道機関にニュースの枠内で取り扱わせる「無料メディア」の波及力が評価されている。その延長でテレビ報道の内容をツイッターやフェイスブックのネットワークで拡散させる手法も台頭している。民主党全国委員会本部コミュニケーション局長のウッドハウスは、「番組であろうと広告であろうとテレビの影響力は衰退傾向にあり、ソーシャルメディアや対人交流が増大する」

としながらも、マスメディア向けの戦略は無党派層対策では、依然として有用であると述べている。

特定の論争が激化した際は、ケーブルテレビで放送される政治討論がキャンペーンの他の記事のトーンを動かす。数十万人がMSNBCを、二〇〇万人がフォックス・ニュースとCNNを視聴している。これらのケーブルテレビを視聴する有権者のうち「説得可能性」のある者は半分もいない。しかし、［民主党全国委員会本部コミュニケーション局として］出演者を送り込むオペレーションには力を入れる。とくに［二〇一二年選挙では］MSNBCとCNNに［出演者を］送り込んだ。重要なのはプライムタイムと朝番組である。とくに「MSNBCの朝番組」「モーニング・ジョー」には出演者を立てる。同番組の［視聴者のうち］最大四〇％が説得可能な有権者であるとの調査結果を入手しているが、予想外に無党派層が視聴している。しかし、フォックス・ニュースを常に見ている有権者が番組に影響されて投票行動を一から決めるとは考えていない。（Woodhouse とのインタビュー 2013）

二〇一二年選挙では、スーパーPACが批判広告への潤沢な資金を担保し、共和党のマスメディアにおける戦略とりわけ予備選挙での選挙手法を、ネガティブ・キャンペーン中心の「有料広告」に引き戻したが、本選挙でその共和党のロムニーは敗北した。インターネット技術の洗練度が高まるなか、今後のメディア戦略では資源「投入」の方法が問われているといえる。

第4章　予備選挙・党大会・政権運営
――「コミュニケーション空間」の誕生――

はじめに

この章では、前章で扱った二〇〇八年、二〇一〇年、二〇一二年の三つの選挙サイクルの事例を踏まえた上で、アウトリーチ戦略が活動家の活性化を通してもたらす効果とその限界の両面を明らかにする。

同じ集票活動でも、従来の選挙コンサルタント主導の、テレビ広告に代表されるマスメディアを舞台にした戦略と、アウトリーチとが一線を画しているのは、アウトリーチ戦略が投票を超えて政党と政策に及ぼす質的な影響力を有していることにある。前章で見たように、二〇〇八年選挙サイクル以後、戸別訪問と新技術の融合によって、新たな支持者が掘り起こされている。彼らは、テレビ広告で一過的に誘導される有権者とは異なり、候補者の所属する政党や候補者が運営する政権への関心が高く、そのため、政党や政権と連動して政策課題の実現を草の根で支援する、争点重視の活動家による「コミュニケーション空間」が形成されるようになっているのである。

このように、選挙サイクルに限定されずに、政党と政権への帰属が具体的な支援活動として継続的に表現されるのは新たな現象だといえる。かつての都市部のマシーン政治とは異なり、移動性の高い活動家が転居先の土地からでも、インターネットによって州や地域を横断して、結束を維持できるようになった。また、地上戦によって納得できる深い「説得」で掘り起こされた有権者は、単なる「票」ではなく、永続的な「支持者」、さらには潜在的な「活動家」として成長しているのである。

そこで本章ではまず、アウトリーチの効果として、前章で選挙サイクルごとに検討したアウトリーチ戦略の結果、どのような段階で新しい活動家の「コミュニケーション空間」が創設されたのかを明らかにする。具体的には、予備選挙、全国党大会、政権運営の三つの段階に分類して説明する。また、GOTV、政治参加のインフラ整備という側面においてアウトリーチ戦略がもたらす効果についても検討したい。その上で、政党と活動家を結びつける「コミュニケーション空間」の創設が、アメリカの政党構造モデルの見直しを迫るものであることを指摘し、新たな構造モデルを提示する。

さらに本章では、アウトリーチの限界についても明らかにする。たとえ二大政党の候補者と活動家が全国委員会本部の助けを借りてアウトリーチ戦略を実施したとしても、「ネットワーク」の規模と「空間」の密度には差異が生じる。大統領選挙時のアウトリーチと中間選挙時のアウトリーチに差はあるのか。もしあるとするなら、どのような理由でその差が生じたのだろうか。誰が大統領候補者になるかによって生じる差はあるのか。オバマであったから、マイノリティが動いたのか。仮に候補者がヒラリー・クリントンなら、どうなると予測されるのか。もし候補者が白人男性ならば、どうなると予測されるのか。勝敗の見込みはアウトリーチ戦略にどのような効果を及ぼすのか、などを第2節で網羅的に検討したい。

1　アウトリーチ戦略の効果——新しい「コミュニケーション空間」の創出

（1）予備選挙段階

①予備選挙過程と民主党のアウトリーチ戦略

予備選挙過程では、全国政党機関は中立の立場を求められるため、特定の候補者陣営に梃入れすることは困難である。そのため、全国委員会本部が主体的にアウトリーチ戦略に関与するには、大統領選挙や連邦上院選挙の本選挙過程が好都合と考えられがちである。しかし、予備選挙におけるアウトリーチ戦略の意義は皆無でないばかりか、その質的な効果は無視できない。アウトリーチによる活動家の掘り起こし、アウトリーチ戦略を担当するスタッフの経験蓄積、地方政党組織の活性化が、予備選挙段階を通して行われるからである。

民主党側の事例は、すでに前章でオバマ陣営のアイオワ州党員集会での戦略について確認したが、重要な点は、第一に、予備選挙過程でなされた活動家の掘り起こしである。ニューメディア技術の導入と戸別訪問を結合させた、オバマ陣営の新たなアウトリーチ戦略は、主としてアイオワ州党員集会に照準を絞った予備選挙の運動過程で開発された。二〇〇八年の民主党大統領選挙を支えた活動家も、コミュニティオーガナイズの手法を駆使して、予備選挙過程で掘り起こされたといえる。インターネットやソーシャルメディアが利用されるようになり、かつては州内にとどめられていた活動家やボランティアの供給も、オンラインを経由して州横断的に拡大したのである。さらに、予備選挙の先行州で掘り起こされた活動家が、予備選挙の後続州の仲間に投票を呼びかけるなど、活動家の州横断的な連帯もオンライン経由で生じた。

第二に、予備選挙と全国政党機関が時間差を持ちつつ連動した、アウトリーチ戦略を担当するスタッフの経験蓄積とノウハウの開発である。第1章第2節で検討したクレイスらの研究が明らかにしたように、民主党によるニューメディアを活用したアウトリーチ戦略の起源は、二〇〇四年のディーン陣営によるオンライン戦略であった。すなわち、民主党のニューメディア利用によるアウトリーチは予備選挙過程で浸透していったものであったといえる。

たしかに、予備選挙において全国政党機関が特定候補をアウトリーチ戦略で支援することは困難だが、クレイスが述べているように、人的資源が全国政党機関から候補者陣営に流入することでアウトリーチ戦略が深化した例は少なくない。アウトリーチ戦略に必要な高度な経験と情報を有した人材が、候補者の予備選挙陣営において試行錯誤で技術を蓄積し、さらにそれを政党の全国委員会本部内で体系化し、次の選挙サイクルではまた他の候補の予備選挙陣営に全国政党機関のノウハウを注ぎ込む、というサイクルが現出しているからである。この人材と情報の、予備選挙から全国政党機関、そしてまた次の予備選挙へというモデルを、民主党が二〇〇〇年代に確立したといってよい。アウトリーチ戦略の人材と知識は、二〇〇四年予備選挙（ディーン陣営）を始点に、民主党全国委員会本部を経由し、二〇〇八年予備選挙（オバマ陣営）に流れ込んだのである。

第三に、民主党支持層に多いマイノリティ集団に対して予備選挙過程でとられた特別のアウトリーチ戦略の効果である。いうまでもなく、アメリカでは予備選挙において各州の順送り投票が採用されている。予備選挙は、とくに緒戦の重要州や中盤の激戦州では、マイノリティ集団にも人口の実数以上の影響を及ぼせる機会となる。緒戦州にはメディア報道が集中しやすく、集団のメッセージを広く全国に届けやすいアドボカシー効果があり、これは、周辺に追いやられている集団が政治的な影響力を増大させる絶好の機会なのである。アジア系、ユダヤ系、カトリック信徒などの少数派や非主流派にとっては、アウトリーチ戦略の誘いに応じるメリットが十分にある。またLGBTの場合でも、票が民主党候補に自動的に入るものとして軽く扱われがちな本選挙よりも、複数の民主党候補者間で票と献金の激しい奪い合いが行われる予備選挙過程でこそ、アウトリーチ戦略に呼応する意欲が湧く(1)。

要するに、争点志向の選挙民グループには、予備選挙に立候補している複数の候補者を、彼らへの支援を餌に競わせることで、グループに親和的な政策を予備選挙での候補者に採用させ、ひいては本選挙における政党の政策綱領に反映させることを目指す動機が存在するのである。

それでは共和党側においては、予備選挙過程でのアウトリーチ戦略の効果、とりわけ質的な効果は、どのような側面で認められるのだろうか。

②地方政党のアウトリーチと組織の活性化

共和党側では近年、ティーパーティ系などの新しい活動家による、地方政党組織の活性化が見られる。第1章でも述べたように、予備選挙の普及によって、アメリカの政党の候補者指名機能が奪われたことは、「政党の衰退」を部分的に助長した。しかし、別の側面から考察すると、地方政党とりわけ州政党にとって、予備選挙過程は政党活性化の機会でもある。そして、政党の基礎票となる予備選挙の有権者へのアウトリーチの有力な舞台になっている。

共和党の地方政党の熱心な支持者は白人高齢者であるが、二〇一〇年中間選挙とティーパーティ運動以後、若年層掘り起こしの動きが活発化している。たとえば、共和党のストローポールは、その貴重な舞台である。前にも触れたストローポールは、しばしば「模擬投票」と訳され、大統領選挙の前年にアイオワ州やネバダ州などで行われる行事である。(2) 共和党アイオワ州委員会がアイオワ州エイムズで開催するストローポール（Ames Straw Poll）は、一九七九年より大統領選挙前年の八月中旬に行われているが、筆者が現地調査により観察した二〇一一年（八月一三日）の模擬投票総数は一万六八九二票であった。二〇〇七年（八月一一日）の一万四三〇二票を大きく上回っているが、さらに重要な点は参加者の顔ぶれである。二〇一一年度には若年層、他州からの活動家、そして絶対数は少ないものの非白人のマイノリティの参加がうかがえ、従来の共和党に新たな刺激と活性化の契機を与えたのである。

ストローポールには非公式の党内世論調査という意味合いもあり、二〇一一年には、ティム・ポーレンティがアイオワ州と同じ中西部のミネソタ州を地盤としていながらストローポールで三位に終わったことで、選挙戦からの離脱を決めた。このように候補者の進退に影響を与えることも皆無ではない。しかし、予備選挙・本選挙の選挙結果への影響は限定的であり、政党にとってのストローポールの真の意義は参加者の投票にはない。前述のように「模擬投票」と訳されることが多いが、投票だけをして帰宅する参加者はほとんどいない。むしろ政党が自分の政党内に存在している多様な結社や活動家に、争点や政策についてのアドボカシーの機会を存分に与え、州政党および郡政党の足腰となる活動家の結束を強化する「政治の祭典」であり、アウトリーチの重要な機会ともなっている。

実際、模擬投票そのものは列に並んで、投票ブース内で候補者一覧の中で誰かを選んで投票するという単純な作業で終わる。(3) 二〇一一年には、候補者の名前をマークシートで塗りつぶす投票方式で実施されたが、マークシートの最下段に空欄があり、そこに立候補していない人物の名前を書いてもよい。空欄に書かれた候補の名前の集計も行われ、報道に向けて発表される。要するに、選挙民や活動家側から、立候補を促す嘆願も兼ねているのである。投票を終えてからが、ストローポールの本番であり、参加者は敷地内に立ち並ぶ候補者のテントや利益団体などのブースを一つ一つ回って一日を過ごす。

このようなストローポールは「州政党」、「候補者」、「利益団体・活動家」の三つのレベルでそれぞれ違う目的を有している。第一に、州政党レベルでの目的は、共和党州委員会の巨大な資金集めパーティとしての意味である。ストローポールのチケットは投票券を兼ねているが、この売上が党の州中央委員会に入る仕組みとなっている。(4) 票を購入するシステムには州内外から批判も根強いが、二〇一一年には二〇ドル強のチケットが票数にして一万六八九二票分販売されたことから、二〇ドルで計算しても三三万七八四〇ドルの収益が一日で州共和党に入ったことになる（Obradovich 2013）。

第二に、ストローポールの候補者レベルでの目的は、基礎票となる活動家にアウトリーチをすることにある。候補者は会場内に博覧会のパビリオンのようなテントを建設する。このテント形式の出店を出せるかどうか、そもそも出すか出さないかの判断が、緒戦のアイオワ州をどのように考えているか、また運動の財政的・組織的な現状をそのまま表すことになる。二〇〇七年にストローポールで勝利しているロムニー陣営は、パビリオンを設営する財政力がありながら二〇一一年にはストローポールに参加しない戦術を採用した。ロムニーはその穏健な姿勢から、ティーパーティ運動による活動家の保守化が著しいアイオワ州で、予備選挙前に余計な反発を受けることを避けたい思惑があった。他方、ギングリッチ元下院議長がパビリオンを出さなかったのは、二〇一一年八月時点では資金と組織の準備ができていなかったからである。

各候補がテントで行うのは、まず有権者名簿の作成である。これがアイオワ州党員集会に向けた草の根の組織作りの基礎になる。参加者に「レジストレーション」と称する候補者陣営ごとの支援者登録を促し、電子メールアドレス、住所、携帯電話番号などの個人情報を集める。潜在的支持者の名簿作成を早めにしておくことで、翌年のアイオワ州党員集会におけるアウトリーチ競争を有利に展開できるからである。また、争点ごとのアンケートや候補者に関する詳細な世論調査を行い、候補者の政策綱領や演説の内容、演説場所や重点ポイントの決定などに活用する。陣営は、候補者を支持していない人も含めてなるべく多くの有権者を自分のテントに集めなければならない。そのための工夫に各陣営は様々な趣向を凝らす。候補者テントでは、無料のランチやスナックを提供し、名前と連絡先の登録による有権者情報と引き換えに、ギフトの入ったバッグを渡す(5)。

もちろん、アウトリーチだけでなく、候補者からのメッセージ伝達も重要な目的である。ストローポールには、主流メディア、ブロガーが全米から集まるため、演説は全米に報道され、ネットで情報が拡散される。ローカルニュースでしか放送されなかった時代とは異なり、州横断的に読者を抱えるブロガーが、インターネットで瞬時に情報を伝える二〇〇〇年代後半以降、ストローポールの一日でどれだけ目立つかが、他州での支持基盤の形成のためにも重要となった。模擬投票の集計結果が出る夕方、プレスセンター前の演台で正式な演説の機会がある。しかし、より重要なのは、各候補のテントで行う「決起集会」の演説である。ここには、候補者に必ずしも賛同していない、共和党内各派の有権者が集う。通常は選挙過程のフィールドにおいては、同じ場所で複数の異なる候補者の支援者が鉢合わせすることは稀だが、支援する候補者の異なる選挙民が、同時に複数の候補者や支援者と交流することで、州の共和党組織の結束を固めるのである。

二〇一一年においても、宗教右派が支援する候補者であるサントラムのテントには、ポール支持者のリバタリアンが結集して、人工妊娠中絶や愛国者法について激しい討論が展開されたほか、バックマン、ポールなどティーパーティ系の候補者のテントには、伝統的な共和党支持者が詰めかけ、民主党候補に本選挙で勝つための共和党候補選びと政党結束の方策について、活動家同士の討論も行われた。テントでは候補者がハンドマイクを握り、「タウンホール・ミーティング」形式で、活動家の質問に回答した。

二〇一一年までストローポールはアイオワ州の州都デモインから車で一時間弱ほど北上したエイムズのアイオワ州立大学で開催されていたが、そこにアイオワ州全土の各郡から日帰りか一泊で、各陣営のほか利益団体などが、宣伝と結束のために観光バスをチャーターして有権者を乗せてくる。有権者が自分の車でエイムズまで乗り入れることも可能であり、実際そのようにする参加者も少なくないが、州の各郡の委員は新たな活動家とのネットワーク形成の機会を重視しているため、バスツアーでの交流が奨励されている(6)。活動家たちがエイムズ近郊のホテルを候補者陣営ごとに本拠地として貸し切り、ストローポールの前夜から翌日まで交流と議論を重ねる様は、本章で後述する全国党大会における活動家交流のモデルに酷似している。

そして第三に、利益団体や活動家レベルの目的として無視できないのが、争点や政策を主張するアドボカシーである。ストローポールの会場入り口付近には、利益団体や思想団体、宗教団体がブースを出店することが許されている。教会や利益団体にとってメンバー数を増やす機会である。二〇一一年の会場では、中絶反対派のプロライフ団体が胎児の巨大写真を掲げてハガキサイズのカードを配布し、全米ライフル協会が、テントで入会登録を行うと引き換えに協会のグッズをもらえるサービスで広報活動を行った。また、候補者以外の共和党の政治指導者や著名人も存在感を示すために参加する。二〇一二年大統領選挙には立候補しなかったマイク・ハッカビーは、二〇一一年会場にブースを出店し、アイオワ州の宗教右派ボランティアが運営を支えた。さらに、地域色のある産業団体も参加する。二〇一一年の会場のエネルギー産業のテントでは、バイオエタノール燃料の広報が展開されていた。(7)

従来、こうした共和党の予備選挙過程における地方政党イベントは、広告等の主流メディアを利用した戦略とは異なる形での、草の根の福音派キリスト教徒票の掘り起こしの場所だった。しかし、二〇一一年以降、リバタリアンやティーパーティに象徴される新しい種類の争点・政策重視型の活動家が、共和党の地方組織の運営や活動に次々と入り込むとともに、若年層の掘り起こしが進み、様相が大きく変わってきている。こうした予備選挙過程における地方政党の活性化に関しては、ストローポールと並んで、大統領選挙ディベートがその好例となっている。

共和党の予備選挙における大統領選挙ディベートは、二つの主催者によって開催される。表面的な主催者はディベートを番組として放送するテレビ局や協賛相手の新聞社といった報道機関であるが、正式な主催者は地方政党、具体的には開催地の党の州委員会である。たとえば、二〇一一年八月一一日にアイオワ州エイムズで開催された共和党大統領選挙ディベートは、アイオワ州共和党委員会と、フォックス・ニュース、「ワシントンエグザミナー」紙が共催する形をとっていたが、観覧チケットの収入は州の党中央委員会への献金となり、メディア企業の事業部門の興行収入にはならない。

このように州政党委員会が主催する予備選挙ディベートは、アイオワ、ニューハンプシャーをはじめとした緒戦諸州の政党組織にとって、州党幹部と候補者陣営の関係強化をはかる重要な意味がある。近年、ここにも新しい活動家が参加する傾向が見え始め、ティーパーティ系候補者が立った二〇一二年大統領選挙での予備選挙ディベートではそれが著しかった。予備選挙ディベートの観客は通常は政党支持者に限定され、伝統的に討論開始前のレセプションでは政党幹部が交流を行うが、(8) こうした地方政党のインナーサークルにも、新しい活動家が積極的に参加するようになったのである。

③地方政党のエリートの刷新——共和党アイオワ州組織の事例

ティーパーティ運動の浸透と彼ら新しい活動家への政党のアウトリーチの副産物として、かつては伝統的な政党人に担われていた政党の地方組織のプレイヤーの顔ぶれが、一部更新される現象が、二〇一二年選挙過程の共和党では顕在化した。共和党の地方組織にとって、ティーパーティ活動家へのアウトリーチによる囲い込みには、二つの動機があった。

第一に、ティーパーティ運動の動員力を共和党に取り入れることによる、民主党との競争力の強化である。とくに若年層の参入によって党の若返りに寄与すると考えられた。第二に、ポール親子派など、共和党エスタブリッシュメントに対して批判を唱えるリバタリアンの活動家が党内分断の火種になりかねない危険性に鑑みて、逆に彼らを党内に囲い込むことで第三政党化を封じ込めるという狙いである。二〇一二年の大統領選挙において、ポール派の第三政党化が防げたのは、共和党地方組織が、リバタリアンや無党派的なティーパーティ活動家をも政党組織に迎え入れたからである。彼らをネオコンや穏健派と対立させて共和党候補の一本化を阻害する勢力にしてしまうよりは、党に取り込むという選択であった。とりわけアイオワ州では二〇一一年四月、ランド・ポールを州都デモインの州共和党会議の基調講演者に招いて懐柔を試みるなど、ティーパーティの党内への取り込みに腐心していた。

新しい活動家の、共和党地方組織への合流の象徴的な事例は、アイオワ州におけるポール支持の活動家による州代議員増員運動であった。二〇一二年のアイオワ州党員集会において、投票後に行われる集会に、ポール支持者は、三、四人ずつ分散して潜り込み、ポール派の代議員立候補者の席を確保する作戦を実施して自派から代議員を輩出することを目指した。共和党の州代議員の選出手続きは、党員集会の投票が終わった後に参加者の中から仲間うちで選出する形で行われるからである。小グループごとに立候補者が演説をし、それに対する賛同者の大小で選出するが、この内輪の手続きは政党のルールに詳しい者にしか知られておらず、大半の党員集会参加者は大統領候補への支持投票だけして帰ってしまう。ポール支持者は事前に長期の「党員集会訓練（コーカス・トレーニング）」を実施した上でしっかりと代議員選出まで会場に残り、各グループに分散して仲間うちで特定の立候補者を立て、ポール派であることを隠したままで立候補者を支持することで代議員の数を増やした。二〇一二年の共和党全国大会に向けて、アイオワ州からは代議員が二五人、同数の補欠代議員と併せて選出されたが、共和党ジョンソン郡元委員長のビル・キートルによれば、アイオワ州連邦下院第一選挙区から第四選挙区までそれぞれ三人の代議員が選出されたなかで、伝統的な共和党地方政党関係者（party regular）といえるのは第二選挙区選出の代議員ボブ・アンダーソンのみであり、それ以外の選挙区ではポール支持者の活動家が代議員となる現象が生じたのである。

代議員団の名誉団長は共和党州知事のブランスタッドであったが、実質的な権限を有した団長はドリュー・アイバーズであり、彼もやはりポール支持者であった。アイバーズはこれまでジョン・バーチ協会派のジョン・スミッツのほか、ロバートソン、パット・ブキャナンなどイデオロギー的に偏りのある候補を支持してきたが、二〇一〇年以降はティーパーティ運動に傾倒していた。また、第二選挙区選出の代議員エド・ケレニーは伝統的な共和党支持者に近かったが、ティーパーティ運動を経てポール支持運動に参加していた。さらにアニー・デグルートは、リバタリアン色の強い保守系若年層全国組織「ヤング・アメリカンズ・フォー・リバティ」のアイオワ州議長で、地域のリバタリアン学生の票のとりまとめ役であった。共和党郡委員会の中央会合にも出席するなど、共和党郡委員との関係も良好であったが、ポール支援の活動家であった。アイオワ大学の学生でもあるデグルートは、第二選挙区の補欠代議員に最年少で選出された（Keettel とのインタビュー 2012）。(9)

要するに、ポール派とティーパーティ活動家側も自ら、第三政党路線ではなく、共和党の地方組織に入り込む道を目指したのである。キートルが述べるように、地方政党の幹部に反発がなかったわけではないが、「オバマよりは共和党に親和性があるティーパーティ活動家は共和党内に取り込まねばならない」と考えられたのである（Keettel とのインタビュー 2012）。リバタリアンとの政策的不和が先鋭化するリスクを吟味した上で、（第三政党化を避けつつ）地方政党の活性化を優先させる選択がなされたのだ。この傾向によって生じたのは、地方政党のエリートの部分的交代であった。かつてカークパトリックが「政党衰退」の根源として批判した、代議員の構成要素の部分的変動という現象面だけを取り出せば、民主党のマクガバン改革との類似性もうかがえた。

しかし、共和党で二〇一一年以降に生じた現象は、地方政党が活動家や若年層を囲い込むアウトリーチの動機と、活動家の政党改革志向の合致であった。サンドラ・マクラフリンらのリバタリアンはポール陣営の支援活動の傍ら、共和党ジョンソン郡の郡委員会運営にも積極的に関与し、二〇一二年党員集会の会場キャプテンを務めた。また、登録カードを持参したが当日の記録用紙に名前がない有権者が多く発生するなど、混乱が後を絶たない党員集会の運営改革案を郡委員会の中央執行部に提起した。アイオワ州において二〇一二年以降、郡政党の運営に関して問題提起がなされる原因となったのは、二〇一二年の党員集会においてロムニーとサントラムの票の誤集計と撤回が発生したためであった。(10)

マクラフリンは、「私たちは共和党から人を閉め出すことと、本心から政党に仲間入りして学びたいと考えているかもしれない人を招き入れることとの間でバランスを保つ必要がある。私たちは開放的な包容力で知られているわけではないが、そうであらねばならない。党員集会についての合理的な手続きは議論されてしかるべきであり、叡智を結集して確立されてしかるべきなのだ」と述べ、若年層とリバタリアンをはじめとする新しい血を地方政党に迎え入れる姿勢を求めるとともに、頻発している不正な手続きを放置するなど郡委員が政党の内部改革を怠るのであれば、アイオワ州党員集会の特別な地位へのメディアでの批判が高まり、緒戦一番目の地位を剝奪されるのも時間の問題であると警告した（McLaughlin とのインタビュー 2012）。

（2）全国党大会段階

①全国党大会を主戦場としたアウトリーチ戦略の試み

第1章で述べたように、ベアとボジィティスはデモクラシーの政党エリート理論により、ポルスビー、カークパトリックらの政党改革による「政党衰退」論を牽制し、一九六〇年代の「社会運動」の担い手が政党に入り込んで改革する現象を評価する姿勢を示した。大衆と連結した「新エリート」の補充により政党は「再生」すると考えたからである。しかし、この理論は代議員に焦点を絞っているため、全国党大会の形骸化と特別代議員制度の存在を考えれば、党大会への「新エリート」の参入がすぐに「政党再生」につながるということまでは実証できていないといえる。政党の候補者決定機能は失われたままであり、他方で党大会のメディアイベント化の流れには拍車がかかっているからである。

しかし、ベアとボジィティスの提起した「新エリート」の参加の本来の意義は、オンラインの新技術によるアウトリーチを介した双方向コミュニケーションによって、むしろ二〇〇〇年代になって実現の方向にあるのではなかろうか。インターネット技術の浸透により、形骸化した全国党大会に新たな活動家が参加するインセンティブが提供されているからである。それは政党と活動家をつなぐ新たな「コミュニケーション空間」としての全国党大会の再生である。

党大会の正式な存在理由は、代議員による大統領候補者への投票と指名受諾と党綱領の採択であるが、一九五二年の党大会にテレビが導入されて以来、「全国の視聴者に候補者と党を売り込むことを目的に計画される」ようになった。そのため、代議員の点呼や党綱領の採択は午後の早い段階に済まされ、プライムタイムには、各党が選抜した主要議員や候補者の家族、党関係者、一般有権者、敵対政党の造反者などの演説がテレビ放送を意識して組まれる（Polsby, Wildavsky and Hopkins 2008）。オバマが、二〇〇四年の民主党全国大会（マサチューセッツ州ボストン開催）での演説で、全国的な知名度を得たのは周知の通りである。

しかし、民主党全国委員会は、党大会を演説の中継という単なる「空中戦」の道具から脱却させる動きを顕在化させている。各アウトリーチ部門のほか、党や陣営の外部の同盟団体（allied organizations）や有権者集団が主催するイベントを、大会期間中に大会会場で開催することで、エスニック集団や利益団体のアドボカシーと、有権者との相互交流をはかっているのである。いいかえれば、候補者の指名や党綱領の採択などを伝統的な正規の第一の党大会機能、テレビ放送によるマスメディア向けのイベントとしての姿を第二の党大会機能とすれば、これらに加えてアウトリーチという第三の機能を全国党大会に組み込む試みである。

筆者は二〇〇八年（コロラド州デンバー開催）、二〇一二年（ノースカロライナ州シャーロット開催）の両民主党全国大会に参加したが、どちらの大会でも大会委員会と民主党全国委員会は、演説用のスタジアムやホール以外にコンベンションセンターを確保し、開催都市の中心地内の大型ホテルの会議室を有権者集団イベントに割り当てていた。二〇〇八年大会ではイベント開催地のコンベンションセンターと演説会場のスタジアム（ペプシセンター）が遠く離れていて不都合だった点に学び、二〇一二年大会ではコンベンションセンターとスタジアム（タイムワーナーケーブルアリーナ）を徒歩で移動できるように工夫されていた。これにより連邦議員、党幹部、代議員が複数のイベントを梯子して出席できるようになった。イベントに大物が参加することによる集客効果と討議やネットワークの密度の向上は無視できない価値となる。

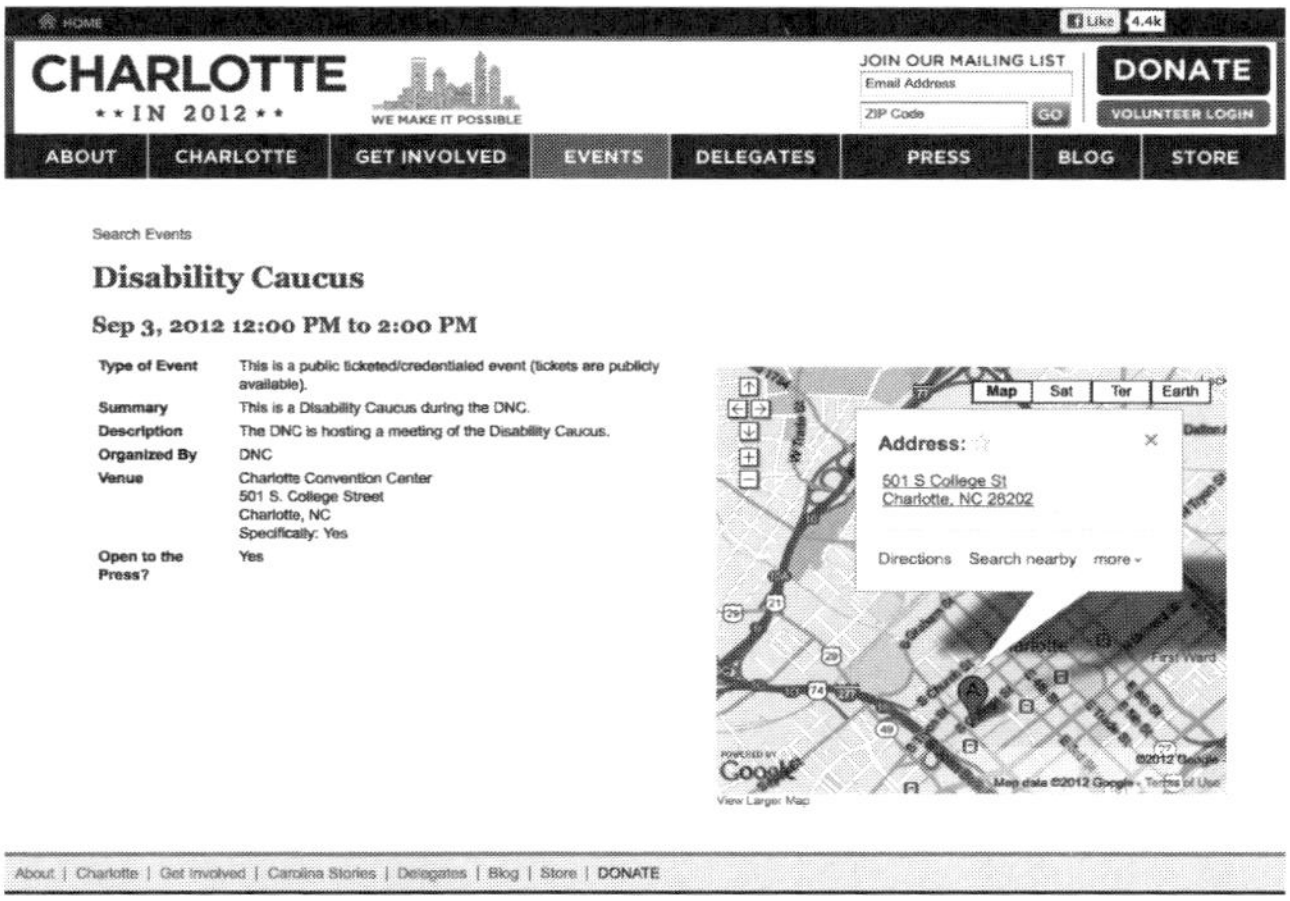

図4-1　2012年民主党全国大会の初日に開催された民主党全国委員会の障害者有権者コーカス（部門別集会）の案内。イベント項目をクリックすると上記の案内が表示される。

コンベンションセンター以外にもホテルやレストラン各所で適宜開かれる膨大な数のイベントは、従来は毎朝の州別代議員決起集会で配布される代議員向け冊子に紹介されるだけで、一般市民の参加はもとよりプレス取材にも困難がともなった。しかし、二〇一二年大会では、イベント内容と場所の情報を党大会委員会が絶えず発信しスマートフォン端末からグーグルマップと連動する形で確認できるようにしたことで、他州から来訪した非代議員のオバマ支援者の出席率とプレス取材の便宜が格段に増した（図4-1）。

また、両党は党大会において、ブロガー向けの無料の無線インターネット接続（Wi-Fi）スペースをグーグル社の協力を得て提供した。全国党大会を取材する主流メディアは、夜のテレビ中継や大物政治家の発言だけに関心があり、有権者集団のイベントは報道の対象外にあった。そこで、主流メディアとは関心事が異なるブロガーやエスニック・メディアに新しいツールを与えることで、陣営のアウトリーチ対象のグループが主催するイベントがソーシャルメディア経由で全米の支持者にも届くインフラストラクチャーを定着させようと試みたのである。これにより、テレビで党大会中継を視聴していなくても、ソーシャルメディアを通じて党大会会場で開催されている個別のイベントをチェックするという有権者が増えた。こうした党大会のアウトリーチ機能の発掘は、テクノロジーの発展に支援されたといえるし、形骸化しつつあった党大会に新たな役割を与えたともいえよう。

②有権者向け党大会イベントの実際——二〇一二年民主党全国大会

二〇一二年、民主党は非代議員参加者の数が代議員を上回る「開かれた党大会」を目指し、初日を家族で楽しめるカーニバルの日としたほか、演説会場に入れない非代議員の一般市民にもイベント限定のパスを発行した。

党大会での有権者イベントの主催団体は、民主党全国委員会各種コーカス（部門別集会）と一般団体に分けられる。イベント開催件数は二〇一二年民主党大会（九月三日〜七日）では、初日（カーニバル開催日）は四三件、二日目（各演説初日）九〇件、三日目（クリントン元大統領演説の日）七八件、四日目（オバマ・バイデン正副大統領指名受諾演説日）三八件、大会終了翌日が六件となっていた。開催数は二日目をピークに下降線をたどっている。これは第一に、主催団体がイベントの注目度を上げるために、出席者やテレビ・新聞など主流メディアの取材が集中する主要演説と重ならないよう予定を組んでいるからで、指名受諾演説のある最終日のイベント数は、二〇一二年に試験的に開催された、正式な党大会議事の開始前日のカーニバルの日よりも少なかった。第二は、大半のイベントが連日数回にわたって開催されるからである。決起集会的な顔合わせの食事イベントを複数回開いて、民主党全国委員会のコーカスや他のシンポジウムへの参加を促すことで、民主党全国委員会や主催団体側にも有権者集団側にも重層的な交流が生まれ、ネットワークが築かれた。

イベントはおおむね第3章第1節で見たオバマ陣営のグループ分類にそった形で開催されたが、二〇一二年民主党全国大会での代表的なイベントを抜粋すると、表4-1のように四つのカテゴリーに分類できる。このうち、「コーカス・ミーティング系」とは、民主党全国委員会の主要コーカスやそれに類似した有権者集団別の集いで、基調演説にゲストを招き決起集会的な色彩を帯びる。「政策別シンポジウム系」は、特定の政策課題や有権者の利害に深く入り込んだ討論を行う。「キャンペーン訓練系」は、有権者やコミュニティリーダー向けのフィールドオペレーションのセミナーである。そのほかに、州や地域別の集会、大学の同窓会、地域的な民主党のサークル、メディア主催のイベントなども開かれる。

③全国党大会におけるアジア系アウトリーチの事例

次に、全国党大会におけるエスニック集団向けのアウトリーチの実際を確認してみたい。まず取り上げるのはアジア系である。政党がアジア系向けアウトリーチを見直している背景には、四つほど理由が挙げられよう。

第一に「決めかねている有権者（undecided）」の多さである。NAAS調査では、アジア系の約三分の一の三二％が未定（undecided）と回答しているが、これに対して一般有権者全体の未定の平均は七％である。

第二に無党派（non-partisan）の多さである。アジア系の五一％が無党派と回答している。これはインデペンデント（independent）か、政党帰属（party identification）を考えたことがない層を指しているが、全米平均の無党派の四〇％を一〇ポイント以上も上回っている。

第三に激戦州での人口増加率の高さである。従来アジア系はハワイや西海岸など一部の州に偏っていたが、近年では他州への拡大が確認される。とりわけネバダ、ノースカロライナ、バージニアの諸州で、それぞれ一一六％、

表 4-1　2012 年民主党全国大会における開催イベント一覧

《コーカス・ミーティング系》
「アフリカ系アメリカ人コーカス」「ヒスパニック系コーカス」「エスニック・カウンシル・コーカス」「AAPI コーカス」「ネイティブアメリカン・カウンシル・コーカス」「信仰カウンシル」「若年層カウンシル」「障害者コーカス」「退役軍人と軍属者を抱える家族のカウンシル」「LGBT ウェルカム・レセプション」「イタリア系アメリカ人代議員レセプション」「女性コーカス」「ラティーノ・リーダーズ・ネットワーク昼食会」「全米黒人州議会議員コーカス昼食会」「民主党副知事昼食会」「LGBT コーカス」「高齢者カウンシル」「全米市長会議昼食会」「農村カウンシル」「中小企業経営者カウンシル」「AAPI 代議員とアジアン・ヘラルド・ライブラリーとカロライナのアジア系商工会の集い」「グローバル・ジューイッシュ・アドボカシー主催：黒人・ユダヤ系コアリション／インド系・ユダヤ系関係の促進／多様性の国の中のラティーノとユダヤ系」「AAJ 全米法曹協会ホスピタリティ・スイート」「アニマルライツ・コーカス」「アイルランド系アメリカ人民主党員党大会パーティ」「プロチョイス・アメリカ党大会レセプション」
《政策別シンポジウム系》
「エネルギーと選挙」「ビジネス推進モーニングカフェ」「健康な子供たちへのホームラン」「米墨関係の将来」「プロチョイスの党の中でプロライフになれるか？」「全国ヒスパニック系リーダーシップ・アジェンダ」「プログレッシブ・アクション・サミット」「神話と現実：アメリカの選挙におけるユダヤ系票」「2012 教育タウンホール」「イスラエルとパレスチナ和平」「競争力とイノベーションについてのラウンドテーブル」「政治における宗教の役割」「カトリック・カンバセーション：2012 年を超えて公共善の政治を」「投票権インスティチュート」
《キャンペーン訓練系》
「AAPI アクティビスト・トレーニング」「ユダヤ系コミュニティ・トレーニング」「アジア系アメリカ人と太平洋諸島系の選挙ブリーフィング」「2012 年選挙へのミレニアル・インパクト」「トルーマン・バリューズ・アンド・コミュニケーションズ・トレーニング」
《その他（地域別・文化イベント・同窓会・メディア主催）》
「カリフォルニア州民主党朝食会」「ニューサウス・アンド・ニューサザナー」「NASCAR ホール・オブ・フェーム」「2012 年民主党大会におけるジョージワシントン大学の集い」「エミリーズ・リスト・キャンペーンレセプション」「DL 21C's シャーロット党大会パーティ」「『ヒル』主催：医療保険タウンホール」

出所）2012 年民主党全国大会の委員会公式サイト内のスケジュールを基に筆者が分類・作成。

八五％、七一％の増加（二〇〇〇年〜二〇一〇年）となっている。アジア系の六分の一（一七％）が激戦州に居住し、激戦州におけるインド系、韓国系の比率が高いのに対して、中国系、フィリピン系の比率は低い。オバマ支持率トップのインド系の比率が激戦州において高く、ロムニー支持率がアジア系の中では高いフィリピン系の比率が激戦州で低いことは、民主党には有利に作用した。

第四に、民主党にとっては、アジア系に自覚に親和的な有権者が多いことである。「民主党支持」の有権者はアジア系の三三％（一般平均一四％）を占め、「民主党寄り」となると四六％（一般平均二三％）にのぼる。NAAS調査では、このうちより民主党寄りな集団は、インド系と韓国系で、より共和党寄りなのはフィリピン系とベトナム系であった。

こうしたなか、民主党は、アジア系の党内影響力の増大というインセンティブをアジア系議員や団体に与えることで、オバマ再選へのコミットメントを高める相互利益の関係を構想した。「私たちはラティーノのように人口は多くない。しかし、説得可能性の高い有権者の数は多い」と述べる民主党全国委員会本部アジア系アウトリーチ局長でフィリピン系のナオミ・タクヤンは、激戦州の人口増加をとくに重要視して「とりわけ下院議員選挙区では私たちアジア系は勝敗を決するマージンの存在であることを強調する必要がある」と指摘した（Tacuyan とのインタビュー 2012）。タクヤンと民主党全国委員会本部のアウトリーチ方針にアジア系の影響力拡大の好機を見て取ったアジア系議員は、二〇一二年党大会のアジア系コーカスに集った。そしてカリフォルニア州選出連邦下院議員のジュディ・チューは昼食会での演説で次のように述べた。

最も重要なことは、私たちは激戦州で急速に人口が伸びていることです。バージニアでは七〇％、ネバダでは倍増しています。これが何を意味するのかといえば、今年の選挙でアジア系が大きな変化を起こせるということです。信じてください。全国メディアも注目しています。私はアジア太平洋諸島系の台頭についてＣＮＮ、ＭＳＮＢＣ、ＮＰＲ（National Public Radio）から取材を受けました。

また、クリントン政権で商務長官を務めたミネタは、同じイベントの演説で次のように語った。「コミュニティとして私たちは長年周辺的存在に押し込められてきました。しかし、二〇一二年選挙ではオバマ大統領の勝利を決する存在（the margin of victory for President Obama）です。だから、この選挙は皆さんにとって重要なのです」。

このようにアジア系側のインセンティブは、党や候補者を勝たせることにとどまらず、選挙人制度における激戦州で勝敗を握る存在となることで、これまで一部地域に限定されていたアジア系の影響力を高め、政権の政策への取引効果を狙うものだった。実際、激戦州での人口増加を重く見たオバマ政権は、二〇一二年の党大会で異例にも数多くの政権のＶＩＰをアジア系コーカスに送り込んだ。母親が日系のピート・ラウス大統領顧問、中国系のクリス・ルー大統領補佐官が、政権の雇用対策や医療保険の成果を訴えた。他方、父方がインドネシア人の血を引く大統領の妹のマヤ・スートロ・イン博士は、非政策的な観点から「大統領はＡＰＩ（Asian Pacific Islanders）コミュニティに個人的に深い絆を持っているが、それは家族と彼のインドネシアとハワイで過ごした経験に根ざしている。それらは決して小さなことではない」としてアジア系とのつながりを語った。

選挙はアメリカの様々な有権者集団にとって、自らの利益を拡大し、存在感を増進する格好の機会であり、候補者や政党と有権者集団の利害が一致することで集票効果が倍加する。こうした取引関係の密度を濃くするイベントは、候補者の関係者、政権スタッフと陣営スタッフ、そして有権者集団が一堂に会する全国党大会に乗じてでなければ、ほぼ実現できない。一九七〇年代以降加速してきた候補者中心の大統領選挙運営において役割を減じてきたともいわれる政党であるが、政党と候補者陣営の深い連携が欠かせないアウトリーチの例として民主党の試みは興味深い。

④全国党大会におけるユダヤ系アウトリーチの事例

二〇一二年の大統領選挙においてはユダヤ系アウトリーチも、両党にとって過去のどの選挙サイクルにも劣らぬ重要性をもって受け止められた。人口は少ないもののフロリダ州など激戦州でスイングボーターである上に、資金獲得競争における存在感は圧倒的であった。しかし、両党にはその手法に大きな違いがあった。ロムニー陣営と共和党が宗教保守の立場とも共鳴するイスラエル重視の姿勢を鮮明にしたのに対し、オバマ陣営と民主党は広い意味でのリベラル・コアリションの中にユダヤ系を再包摂するアウトリーチを志向したからである。

二〇一二年選挙におけるロムニー陣営ユダヤ系アウトリーチのハイライトは、夏のイスラエル訪問であった。オバマ大統領がイスラエルとイランの緊張の狭間にいる機会に、イスラエル寄りの立場を示すとともに、ロムニーの外交経験が浅いという印象を払拭することが目的とされた。二〇〇八年夏にオバマも大統領選挙候補者としてはイスラエルを訪問しているが、大統領就任後はカイロを訪問しているにもかかわらずイスラエルを訪問していないのはイスラエル軽視であるというのが、ロムニー陣営の着目点だった（Cupto 2012）。

一九七二年以降、民主党のユダヤ系得票は約七〇％で推移してきた。一九八〇年だけ四五％と極端に少ないのは、イランアメリカ大使館人質事件の対応でカーター大統領への不満が高まり、ネオコン系が共和党のレーガン支持に転向した時期だったこともあるが、独立系のジョン・アンダーソンが一般投票で六％台を獲得し、ユダヤ系票が分散したことも無関係ではない。それでも一九八〇年選挙でのユダヤ系の共和党支持は三九％で、民主党を上回ったわけではなかった。民主党得票の実質的な下限は六四％、上限はクリントンが一九九二年に獲得した八〇％とされている。二〇〇〇年には正統派ユダヤ系のリーバマン上院議員が副大統領候補だったが、民主党が獲得したのは七九%であった。

ユダヤ系が人口規模の実勢以上の重要なアウトリーチ対象である背景には、第一に、アジア系と同様に激戦州での選挙人獲得への資源投下がますます重視されている傾向がある。人口はフロリダ州では約四%、オハイオ州では約二%と、激戦州におけるユダヤ系人口は一桁台に過ぎないが、勢力が拮抗している選挙区では数千、数百のスイングボーターが命運を決することがある。ユダヤ系市民の大半は都市部に集住しており、オハイオ州ではシンシナチに二万七〇〇〇人、クリーブランドに八万一五〇〇人、コロンバスに二万二〇〇〇人のユダヤ系がいるとされている。二〇〇八年のフロリダではオバマは非ユダヤ系の得票では五〇%、マケインが四九%であったが、ユダヤ系得票ではオバマが七四%、マケインが二六%と引き離していた。それにより州内総得票ではオバマ五一%、マケイン四八%であった。すなわち、わずか四%の人口のユダヤ系が最後の一%の底上げに貢献していた(11)。

第二に、LGBTと同じく、政治参加へのインセンティブの大きさと高学歴率の高い専門職ネットワーク、さらに信仰グループでもある結束の強さも重視されている要因である。スーパーPACの導入で激化した大口献金者獲得争いでも、人口規模には表れない重要性が潜んでいた。さらに二〇一二年選挙で民主党が重視したのは、「経済愛国主義」のもとにユダヤ系を内政におけるリベラル・コアリションに包摂して、軍事強硬的なイスラエル政策と切り離すことであった。そもそもユダヤ系有権者はリベラル志向が強く、二〇一二年三月のユダヤ系有権者を対象としたJ-Street調査では、「ほとんどすべてのケースで人工妊娠中絶は合法であるべき」と回答した人が九三%、「同性婚は合法」と回答した人が八一%、「年収一〇〇万ドル以上への増税を支持」との回答が八一%、「富裕層優遇が行き過ぎていると思う」との回答が七三%、「貧富の格差是正に政府がさらに役割を果たすべき」との回答が六四%だった。社会・文化争点できわめてリベラルな上に、経済的には富裕層も多い有権者集団であるにもかかわらず過度な「富裕層優遇」を戒める格差是正に関心が高いことも、民主党とオバマ支持を裏づけていた。表4-2

が示すように、民主党が大敗した二〇一〇年中間選挙ですらユダヤ系は約六六％が民主党を支持した(12)。

民主党はシャーロットで開催された全国党大会を最大限に活用して、ユダヤ系とその他の民主党の支持基盤の一体感を醸成した。民主党全国大会において、ＡＪＣ（アメリカユダヤ系委員会）は「ユダヤ系コミュニティの発展は、アメリカや外国の他の信仰やエスニック集団の発展と結びついている」として、「ユダヤ系とヒスパニック系」「ユダヤ系とインド系」など様々な集団との対話集会をソーシャルメディアで広く参加者を募って開催し、党大会を舞台にオンラインの回路によって集団間の相互連携を育てたのである。

また、J-Street など「親イスラエル政策」と「和平」を両立させようというリベラル系のユダヤ系団体も、民主党大会期間中にシャーロットで活発にシンポジウムを開催し、内容をオンラインで拡散させた。民主党大会イベント「神話と現実――アメリカの選挙におけるユダヤ系票」では、「アメリカのユダヤ系は、なにより政治的に進歩派であり、必ずしもイスラエルだけに関心のあるシングルイシューの有権者ではない」というメッセージを民主党内外に発し、イスラエルと周辺諸国の関係を平和的に解決したいオバマ政権の意図とシンクロナイズさせた。二〇〇〇年代のブッシュ政権における「ネオコン」台頭にともなって生じた「ユダヤロビー」論などが、アメリカの一般のユダヤ系有権者について間接的に与えたミスリーディングな印象の修正も目的とされた。

たとえば、J-Street のスローガンは「Pro-Israel」「Pro-peace」であり、メンバーの市民もきわめてリベラルでフレンドリーである。これは、一般的なユダヤ系ロビー団体のイメージを塗り替えるものであった。実際、ユダヤ系団体はアイデンティティも多様であって必ずしも一枚岩ではな

表 4-2　2010年中間選挙のユダヤ系と他の集団からの両党得票率

（%）

	民主党	共和党
ユダヤ系票	*66*	*31*
未婚女性票	61	38
ヒスパニック系票	60	38
若年層票（30歳以下）	55	42
カトリック票	44	54
プロテスタント票	38	59
白人福音派票	19	77
上記以外の宗教	74	24
無宗教	68	30

出所）Democracy Corps, J-Street 2010年出口調査を基に筆者作成。

表 4-3　ユダヤ系が重視するトップ二項目の争点

（%）

争　点	回答率
経済	62
医療保険	31
財政赤字と政府支出	18
社会保障とメディケア	16
税	14
テロリズムと安全保障	13
教育	12
イスラエル	7
環境	7
イラク・アフガニスタンとの戦争	6
不法移民	6
エネルギー	4

出所）2012 年 J-Street 調査を基に筆者作成。
註）複数回答のため合計は 100 % を超える。

く、多くのユダヤ系がイラク戦争にも批判的であった。表4-3が示すように、一般のユダヤ系有権者の関心事は経済や医療保険であり、イスラエルやイラク、アフガニスタンでの戦争はそれぞれ約七%、約六%にとどまっている。マイアミ大学のI・シェスキンの二〇〇八年の調査でも、イスラエルはユダヤ系有権者の優先度として、経済、医療保険、ガソリン価格、教育、税などの争点よりも下位で、一五項目中八位であった[13]。

ただし、オバマ陣営のユダヤ系アウトリーチはイスラエルを軽視したわけではない。「オバマ政権は厳しい財政状況にもかかわらず二〇一三年度予算において三一億ドルのイスラエルへの防衛協力の予算を要求した」と記した「オバマ大統領のイスラエルへのスタンス」などの公式声明でイスラエル重視を表明しつつ、草の根のレベルではリベラル・コアリションに包み込む二層構造のアウトリーチを工夫したのである。ここに現職候補による外交の公式姿勢と政党主体の草の根イベントの併用戦略の意義が存在した。

激戦州であるフロリダ州の約六四万人のユダヤ系のうち、五五万人がパームビーチ、マイアミデード、ブロワードの三つの郡に居住するが、大半はニューヨーク州などからの退職移住者などリベラル系で占められていることから、イスラエル擁護の強硬路線をアウトリーチの切り口にしたロムニー陣営には当初から一定の困難がともなった。それに対して、外交政策を棚上げしてユダヤ系をＬＧＢＴ票や女性票などとのリベラル・コアリションに溶け込ませる、J-Streetなどのエスニック団体、民主党全国党大会委員会、オバマ陣営の合同アウトリーチは、従来は限定された参加者による内輪の催しであった党大会のエスニック・イベントをオンライン空間にも拡散させることで、共和党との対比を鮮明にすることに成功した(14)。

⑤共和党大会におけるアウトリーチの試み

では、共和党全国大会におけるアウトリーチ戦略による「コミュニケーション空間」の創造には、どのような特徴が見られるだろうか。第2章、第3章で確認したように共和党にとってもマイノリティ票の開拓は急務であり、全国党大会の会場選択にもそうした意向が滲んでいた。二〇一二年共和党全国大会はフロリダ州タンパで開催されたが、これはアウトリーチの戦略上の含意が反映された選択だった。タンパは非ヒスパニック系の白人が人口の約半分にとどまり、二五％強を占めるアフリカ系のほか、キューバ系移民の多さで知られる。一八九〇年代にタバコ産業に職を求めてキューバ移民が押し寄せた結果、タンパ周辺にはキューバ料理、スパニッシュ料理の老舗が集うなどエスニック色が濃厚であり、タンパを全国党大会の会場として選んだ背景にはヒスパニック系有権者へのメッセージが込められていた。当然、激戦州の中でもフロリダは共和党にとって要の州であった（Gizzi および Keettel とのインタビュー 2012）。

しかし、そうした配慮はありながらも、党大会をアウトリーチという第三の機能において活用する動きは民主党主導で展開している。筆者は二〇〇八年（ミネソタ州セントポール開催）と二〇一二年（フロリダ州タンパ開催）の共和党大会で現地調査を行ったが、メイン会場を訪れる者は議員団とプレス関係者、そして代議員とその家族にほぼ限られていた。基本的に共和党の全国大会は、登壇者演説のテレビ放送を主目的にしたマスメディア向けのイベントという第二の党大会機能にとどまっている傾向が、二〇一二年時点の実状としては濃厚であった。

なるほど、登壇者の選抜ではマイノリティ向けのアウトリーチを意識した人選が行われている。二〇一二年には、ヒスパニック系へのアウトリーチを意識してヒスパニック系のニューメキシコ州知事スザナ・マルチネス、フロリダ州選出上院議員マルコ・ルビオ、また、インド系でサウスカロライナ州知事のニッキー・ヘイリーなど南アジア系のマイノリティ政治家も登壇させた。さらにアフリカ系のライス元国務長官の演説も目玉の一つとして「白人の政党」という印象の払拭に努めた。共和党の選挙関係者が異口同音に指摘するように、共和党はマイノリティ候補者を立てる戦略で人口構成の変容に敏感に対応している（Estrada および Watkins とのインタビュー 2011）。党大会では代議員の仮装姿もテレビ放送の興味深い被写体となるが、スタジアムの観客席よりもテレビカメラに映りやすい中央フロア席に、アジア系、アフリカ系などを、チケット交換によって席移動させるという多様性の演出が、二〇〇八年の全国大会からすでに確認できた(15)。

ただ、それらはいずれもマスメディアを通じてマイノリティに手を伸ばす共和党のイメージ戦略であり、基本的には旧来の「メディア中心選挙」の中でのアピールにとどまっている。二〇〇八年、二〇一二年の共和党全国大会では大規模なラジオブースが設置された。メイン会場内で著名な政治番組のディスクジョッキーがマイクを構え、代議員が目の前でラジオの生放送を観覧できるようにしたのは、保守系トークラジオのリスナーに支持者が多い共和党ならではの工夫であったが、しかし、これもマスメディア利用に依存した広報活動であることに変わりはない。共和党の地方政党組織が主催する前述のストローポールのようなイベントとは異なり、選挙民グループ向けのアウトリーチを重視している様子は見られない。民主党全国大会のような選挙民グループ向けのイベントがコーカスと連動して開催されることも少ない。例外は、全米ライフル協会による銃所持の権利派へのアウトリーチと、教会関係者による宗教右派へのアウトリーチであるが、メイン会場内に彼らのブースが設置されることはなく、開催地のホテルや周辺で党大会に便乗する形で集会が開かれる。党大会の会場に代議員以外の、チケットを持たない自由参加者が集うことは基本的に想定されていないのである。

しかしながら、二つの点において共和党全国大会でも「コミュニケーション空間」の創設に向けた変化が確認できる。第一に、インターネットの浸透による変化である。共和党全国大会のウェブサイトは民主党と同様にフェイスブックとツイッターに接続され、動画共有サイトのユーチューブ、写真共有サイトのフリッカーで、党大会の動画や写真がオンラインで共有された。また、各自のブログで党大会について紹介することを推奨するウェブサイトが設置され、「ファクトシート」と呼ばれる共和党の政策や情報についての一覧をオンラインでダウンロードできるサービスが提供された。「プレスリリース」の欄では、記者であるなしにかかわらず、プレス向けの情報がダウンロード可能になり、一般のブロガーや活動家が、かつては党大会の記者証を手に入れた限られた記者にのみアクセス権があった情報を相当程度共有することが可能となった。とりわけ「壁のない党大会（Convention Without Walls）」と題されたオンラインのプロジェクトは、共和党大会の体験や政治論をブログで語り、それをオンラインでシェアすることで、党大会を地理的な隔たりを越えた同時体験に進化させようという試みであった。また、民主党全国大会と同様にグーグル社が無料のインターネット接続を提供する、ブロガーや一般参加者向けのプレスルームも用意され、主流メディアを媒介しない形で、代議員として党大会に参加していない政党支持者や活動家とオンラインでつながる「コミュニケーション空間」の創造が目指された。

二〇一二年段階では、民主党のように、代議員以外の参加者に党大会の当日券を発行する形で、人種や争点志向のコーカスを実際に共和党大会の会場内で開催するまでには至っていない。しかし、ニューメディアを駆使したコミュニケーションにより、全国大会を開催地に地理的に限定された存在から、空間的に開放する方向では、共和党も同様の成果をあげている。

第二は、州や郡の政党組織におけるエリートの刷新による効果である。二〇〇八年全国大会では、共和党はロン・ポール支持派を排除したため、ポール派は党大会が開催されたミネソタ州セントポール内で疑似党大会を別に主催することで共和党への抗議を行った。これに対して二〇一二年の共和党全国大会では、副大統領候補となったポール・ライアンの紹介、ロムニーの支持率の浮揚、ティーパーティ運動の活動家の取り込み、という三つの目的があったが、この三つ目がとりわけ重要であった。共和党とロムニー陣営は、ポール支持者の代議員を排除することが困難な以上、予備選挙過程での地方組織と同様——前述のように二〇一二年には、共和党の州委員会の委員長ポストをポール派が占めるなどの異常事態が起きたアイオワ州以外でも、党内に若年層のポール支持層やティーパーティ活動家が多数を占めた州は少なくなかった——、彼らを仲間に受け入れる包摂策を採用せざるをえなかったのである。

たしかに、ポール支持者がロムニーの指名に対して抗議を示すなど敵対的な行為も予測され、共和党の結束の瓦解を印象づける逆効果も懸念された。実際、党大会に乗り込んだポール支持者は、共和党大会の前日の日曜日に、反ロムニー集会を開催した。また、正規の共和党代議員になったポール支持者は、第一に点呼投票（ロールコール）で、ロムニーではなくポールに票を入れること、そして第二に会場内で主流メディアや非主流のネットジャーナリストらに向けたデモ行進を行うことを計画していた。この動きを察知したロムニー陣営は、通常は指名受諾演説の前日（三日目）に行われる点呼投票を初日に前倒しして、短時間で済ます方法を採用した。そうすることで、ポール支持者の反ロムニー票をメディアに大きく報道させないようにするのが狙いだった[16]。実際、投票結果では、アイオワ州は二八票中二二票をポールに入れ、約八割がポールを支持したことになるが[17]、混乱は一過的なものとして収束し、ポール派やティーパーティ活動家の怒りの矛先は、党大会後の本選挙過程で民主党とオバマ政権に向いていった。

これはポール支持層のほうでも、原理的なリバタリアニズムが共和党内で影響力を維持し続けることを優先したからでもある。その象徴として、ランド・ポール連邦上院議員は党大会での演説を引き受けた。ランドはそこでロムニー批判を展開することもできたが、ケーブルテレビで全米に生放送されている現場で、共和党とロムニーを批判してロムニー支援の結束に水を差せば、共和党での政治生命が終わる可能性が高かった。ポール支持者もランドとリバタリアニズムが共和党内で延命することを望んだ。役割を認識していたランド・ポールは、連邦準備制度批判や孤立主義外交には触れず、共和党やロムニー陣営と辛うじて意見が一致している財政健全化と減税路線などの問題に絞って「小さな政府」を訴えた。二〇一二年共和党全国大会は、大会会場内に「大会開催中に増えた負債額」を電光掲示板に表示する演出で財政健全化を訴えたが、これはランド・ポールとポール・ライアンによる財政保守路線の強調と共鳴し、「小さな政府」の主張で政党の結束に貢献した。

かくして二〇一二年の共和党全国大会は、ティーパーティ活動家やポール支持層などの政党のアウトサイダーにとって、政党を攻撃対象と捉えるのではなく、政党の内部に自らも構成員として入り込んで影響力を浸透させる路線を選ぶ契機となった。党大会中に部分的に、政策やイデオロギーをめぐる路線対立による異議が表明されることはあっても、保守系の活動家を、政党の外側から政党を否定する集団として排除するのではなく、批判者のエネルギーを政党内部の活性化に転化していく方向である。その結果、二〇一二年全国大会においては、予備選挙段階における地方政党組織のエリート刷新による代議員の顔ぶれの更新が、全国党大会における共和党エリートの刷新を促し、政党に若年層の活動家を包摂して、党内議論を活性化したのである。いいかえれば、党内の結束に亀裂を入れるリスク要因を招き入れることと引き換えに、全国党大会において活動家による「コミュニケーション空間」が生み出されたのだ。

（3）政権運営段階

①大統領選挙運動の活動家組織と全国政党機関——オーガナイジング・フォー・アメリカ

二〇〇八年の大統領選挙でオバマ陣営が掘り起こした支持層は、その情熱の強度において異例の強さを誇り、初めての投票者を含む非党派層や若年層の多さが特徴的だった。それゆえ民主党とオバマ政権移行チームは、熱烈な支持層を、政党と新政権を支える活動家集団として取り込む方法を模索した。支持者側としても、選挙運動の情熱の延長上で、政権と再選を支えていく、なにがしかの「ネットワーク」に合流する動機を持っていた。

そこで、オバマの熱心な支持者を基礎として、オーガナイジング・フォー・アメリカ（Organizing for America : OFA）が、民主党全国委員会本部の内部に組織された。一九七〇年代以降のアメリカにおける候補者中心選挙の流れの中で、とりわけオバマのように自らの個人的な魅力で支持を集めた候補者の支持者が、全国政党機関に包含される形でネットワークに加わることは興味深い現象であった。すなわち、民主党全国委員会本部が、大統領個人の支持者ネットワークを吸収した格好となったのである。

もっとも、第1章で示したように、全国政党機関は一九八〇年代以降、政党組織の機能面で大いに勢力を盛り返していた。各州の連邦上院議員選挙等との合同選挙においても、アウトリーチに欠かせないリサーチ機能を担う全国委員会本部の役割は増大した。第2章で確認したように、ディーン委員長以降の民主党全国委員会本部は種々のアウトリーチ改革を行い、二〇一二年のオバマ再選の基盤を築いた有権者データの蓄積と分析や、データ専門家の育成でも、全国委員会本部がこれを牽引したのだった。

オーガナイジング・フォー・アメリカは、二〇〇八年大統領選挙のオバマ陣営が引き継がれる形で、二〇〇九年に民主党全国委員会本部の一部として組織され、当初はオーガナイズド・フォー・アメリカと呼ばれていた。組織の目的は、第一にオバマ政権の政策課題の実現を補助することであり、第二に二〇〇八年のキャンペーンに参加した活動家のネットワークを次の選挙のフィールド活動にも組み込めるように維持することであった（Creamer とのインタビュー 2014)。

オーガナイジング・フォー・アメリカは政党の全国組織に、選挙支援活動ではない政策支援活動を持ち込んだ点で、かつてない政党と活動家の直接的な融合例であったが、実際にはオバマ政権の政策課題を網羅的に支援するのではなく、医療保険改革というシングルイシューに特化したキャンペーンを行った。二〇〇九年にオーガナイジング・フォー・アメリカから送信された電子メールの四四％が医療保険に関連するもので、献金要請（二四％）や経済予算関係（一七％）のメールとの比重差は明瞭だった。アリ・メルバーは、このオーガナイジング・フォー・アメリカの会員を四つのカテゴリーに分類している。すなわち、最も情熱的な「特別活動家（super-activist）」、オバマ政権の政策や戦略に異論も口にしつつ参加している「批判的参加者（critical participant）」、オバマ支持者でありながらボランティア活動には参加しない「支援的傍観者（supportive bystanders）」、オバマを支持しているもののオーガナイジング・フォー・アメリカへの登録を取り消した「元会員（former members）」である。また、オーガナイジング・フォー・アメリカの一期目が医療保険改革の運動に注力したことから、「批判的参加者」として「医療保険活動家（health care activist）」が合流した（Melber 2010）。

オーガナイジング・フォー・アメリカの医療保険改革キャンペーンについてメルバーは、二〇〇九年夏期に展開された「間接的なオーガナイズ活動（indirect organizing）」と、それ以降の「直接的な立法ロビー活動（direct legislative lobbying）」とに分類している。前者は、支持者拡大のために近隣に電話と戸別訪問を仕掛けるイベントを行うこと、後者は連邦議員に対して足並みの揃ったロビー活動（ロビイング）を行うことを意味した。

オーガナイジング・フォー・アメリカが公表したところでは、二〇〇九年一年間で二五〇万人の会員が、医療保険改革法案のために在宅、あるいは戸外で何らかの活動に参加したという。具体的には、活動家による連邦議会への一〇〇万回以上の電話、二三万人による自らの医療保険をめぐる物語の寄稿、地域メディアへの二五万通の手紙、六万五〇〇〇人による連邦議会へのロビー活動のイベント、全米各地の支部での三万七〇〇〇のイベントがなされたとしている。集会ではオーガナイジング・フォー・アメリカが配布したオバマからのメッセージ動画が上映され、寄せられた医療保険の個人的な物語は一部がテレビ広告の原案にも用いられた（Bird 2010）。

「直接的な立法ロビー活動」のほうは二〇〇九年秋以降に本格化した。同年一一月、オーガナイジング・フォー・アメリカは、オバマが二〇〇八年の本選挙で多数票を獲得した選挙区から選出された共和党議員で医療保険改革法案に反対した議員三二人を抽出し、オバマ支持者が裾野に存在する選挙区事情を追い風に、これらの共和党議員に賛成に回るよう説得して圧力をかける方針を打ち出したのである（Melber 2010）。

個人サイトにリンクを張り、争点について実話を共有し、選挙区の議員に電子メールを送り、運動に献金を行うといった、ロビー活動をネットで支援するモデルそのものは、オーガナイジング・フォー・アメリカが開発したわけではない。二〇〇〇年前後にはすでに、ネットロビー活動を支援するコンサルタントが勃興していた。たとえば、二〇〇〇年に成立した「女性に対する暴力防止法（Violence Against Women Act）」は、黎明期のネットロビー活動による立法実績として著名である。人種やエスニシティ、また政治思想や信仰が異なれば、日常生活圏で深く付き合うことは稀だが、このときは「家庭内暴力」という一点で、イデオロギーや人種の差を超えて、地域横断的に支持者がサイバー上に集ったのである（Fielding とのインタビュー 2001；Bennett and Fielding 1999）。

しかし、当時の中心主体はいずれもロビー活動を請け負うコンサルタントであり、請負案件が成否にかかわらず終了すれば、支援者の「コミュニケーション空間」も雲散霧消した。それに対して、オーガナイジング・フォー・アメリカは主体が政党であり、シングルイシューの立法化を目的にしつつも、活動家の持続的な「コミュニケーション空間」の創設を目論んだ点で、コンサルタントによるネットロビー事業とは、まったく異質の挑戦であった。

②オーガナイジング・フォー・アクションと二〇一三年政府閉鎖問題

二〇一二年の再選キャンペーンの後、オーガナイジング・フォー・アメリカは、内国歳入庁の分類では「社会福祉」団体に相当する501(c)(4)の、独立した非営利団体として改組され、名称はオーガナイジング・フォー・アクション(Organizing for Action：OFA)となった。献金の上限はなく、献金者の開示義務もないが、二〇一二年オバマ陣営のキャンペーン・マネージャーでオーガナイジング・フォー・アクションの議長に就任したメシーナは、あえて献金者を開示することで透明性を強調する意図を示した。新生オーガナイジング・フォー・アクションの目的は、大統領の政策課題を実現させ、再選を土台として支えた基礎的な支援者を、絞り込まれた政策争点をめぐる政治的オペレーションに継続的に参加させていくことにあったが、具体的には、イベント開催の拠点としての機能が重視された。改編後のオーガナイジング・フォー・アクションは、ロビー活動に多様な同盟的組織の活動家と共同で参加する形をとるなど、活動をある程度分散させる方法を採用した(Bykowicz and Lerer 2013；Zeleny 2013)。

オーガナイジング・フォー・アクションについては事例分析の先行研究がほとんど存在しないが、ここではオーガナイジング・フォー・アクションの文書資料に基づいて、二〇一三年末の政府閉鎖対策を例に、オーガナイジング・フォー・アクションが関与した活動家ネットワークのオペレーションを検討したい。以下に掲げるのは、「Summary Phase II Budget Battle Field/Press Operations」と題された二〇一三年一一月二一日付のメモランダムである。冒頭には、「今後二カ月半の計画」と題して、民主党の伝統的な支持基盤である労働組合などとの共同作戦の進捗状況を踏まえた、共和党が多数を占める議会への政府閉鎖に関する行動指針が記述されている。

「OFA(オーガナイジング・フォー・アクション)」

間接的イベントと政府閉鎖闘争で活性化した一二〇万のOFAメンバーを関与させるアクション・プランを考案。迅速な回答を目指して一週間に一通の電子メール［情報提供メール：educational emails］を送信。一一月一五日には政府閉鎖に反応した一二〇万のOFAメンバーに電子メールを送信。時間的余裕のない状況下で連合全体の行動の「足場」となるように、ターゲットを定めたマーケットにおいてイベントを開催できるように準備。「Never do this again（決して繰り返すな）」と銘打った、政府閉鎖に関する嘆願をオンラインで引き続き共有。共和党下院議員に嘆願を提出。同時に、OFAとしては移民、気候変動、医療保険改革法施行、防衛に関するアクションも準備。医療保険改革法に最大の焦点を絞る。一二月一日の予算にアクションの狙いを定め、個人の物語と、予算がどのように影響を受けるのかを扱ったオンライン・ビデオをリリース。

「SEIU（サービス従業員国際労働組合）」
一一月一八日に設定されたオンライン一斉アクションにより、連邦議会に一万四〇〇〇回の電話による嘆願が行われたが、それに加えて、AFL、AFSCME、ARAと連携し、一二月一日に予算対策のロビー活動日を設定。予算の強制削減を止めるために「thunderclap」を計画する。

「AFSCME（州・郡・市職員組合）」
一〇月二七日に地盤が脆弱な共和党下院議員に狙いを定めたオンライン・プッシュを実施。一一月一八日のオンライン一斉アクションに合流。一二月九日の週に鍵となる選挙区においてアーンドメディア（ブログ、ソーシャルメディアなど）[18]イベントを開催し、同じ週にオンライン・プッシュも発動。さらに活動家がUSAction主催のイベントに参加。

「AFL-CIO（アメリカ労働総同盟・産業別組合会議）」
各州・選挙区における民主党予算委員会議員との草の根会合に向けたプッシュ。給与カットを抑制するオンライン対策とメディア対策。二八の共和党下院議員選挙区［労組が密集した選挙区と地盤が脆弱な共和党議員］に焦点を絞り、フィールド・アクション、電話作戦、オンライン請願、タウンホール・ミーティング、強力なオンライン活動を一月まで継続。民主党議員と緊密に連携。一一月一〇日の週に、地元新聞で一斉に論説記事を掲載。感謝祭の議会休会中にいくつかのイベントを計画中。

「Alliance for Retired Americans（ARA, アメリカ人退職者の同盟）」

説得可能性のある共和党支持者と、社会保障削減に同意して「［リード・］リブル議員の手紙」に署名をした五一人の共和党議員といった予算関係者をターゲットに、選挙区内でのメディアイベントを計画。リブル下院議員に狙いを定めたイベントは一一月四日の週に開催され、メディアで報道された。退役軍人記念日の休会にかけて一〇のイベントを開催し、ロドニー・デイビスに狙いを定め、［マーティン・］ハインリッヒ上院議員を支える活動を含め、メディアで良好な扱いを受ける。中国の消費者物価指数についてのソーシャル・セキュリティ・ワークスの報告が発表され、社会保障の削減阻止を求める。上記の選挙区で新聞論説とオンライン作戦を計画。USAction、Daily Kos ならびに Progressive Caucus とともに請願活動。社会保障あるいはメディケアを削減しないように議会に求める署名を現時点で八〇万獲得。

「USAction（ユーエス・アクション）」

主たる計画として二五の共和党議員を標的にした「改善」イベントを一二月一二日の全国一斉アクションの日に開催する。一般市民の生活に対する支障に「改善」命令を出すことが目的の一部。一二月一二日まで準備を行い、共和党のターゲット選挙区でのイベントに注力。ＡＲＡと共同で行う請願のキャンペーンは、一二月六日、一一日、一二日に予算委員会の議員に一斉に届ける。

「National Committee to Protect Social Security and Medicare（社会保障とメディケアを守る全国委員会）」一二月五日にケンタッキー、ウィスコンシン、オハイオ、バージニア、フロリダの主要なターゲット議員に対するアクション。社会保障とメディケアを削減しないように電話、オンライン、メディアイベント、会員からの抗議の手紙を届ける陳情。

メモランダムには、このほかにも計一二団体に及び、政府閉鎖をめぐる行動の進捗状況と今後の作戦指針が詳細に記されている。[19] 民主党全国委員会本部の一部門として、医療保険改革を要求する市民団体とは立場の違いがあった一期目のオーガナイジング・フォー・アメリカと異なり、連携団体と並列の立場で共同歩調による活動を行っている様子が明らかである。また、同メモランダムの別欄には、「補足的な共同戦略イニシアティブ」も記載されていた。それは、共和党の予算方針と政治的注目のために政府閉鎖を再び試みる「ポスター・チルドレン」と称された一三議員のリストを掲げ、ターゲット議員として攻撃対象とするのが狙いであった。これらのターゲットは、ライアン議員やリブル議員のような「象徴的な意味で重要なターゲット」と「政治的地盤が脆弱な共和党議員」の混合であった。「アーンドメディア作戦、テレビ広告、フライアラウンド［同じことを繰り返す周回飛行的な攻撃］などで集中攻撃の対象とする」と同文書は記している。政府閉鎖問題でオーガナイジング・フォー・アクションほかの活動家ネットワークの攻撃対象とされた共和党議員について、同文書は表4-4のようにまとめている。

この表は左から、選挙区、議員名、分類、党派的投票指数（Partisan Voting Index）、PPP（Public Policy Polling）世論調査における支持率、PPP世論調査における政府閉鎖前後の支持率、選挙区における二〇一二年大統領選挙のオバマ得票率、選挙区における二〇一二年連邦下院議員選挙の共和党候補得票率を示している。ターゲットの一三下院議員のうち一〇議員は、二〇一二年大統領選挙でオバマが過半数を獲得した選挙区の共和党議員であり、次

表4-4　ターゲットとされた共和党議員

District	Member	Tier	PVI	Approval-PPP Poll	Initial Support vs. Dem-PPP Poll	After Hearing shutdown Info R vs. Dem-PPP Poll	Obama12	R House12
WI-1	Ryan	1	R + 3	49 %	50 %	48 %	47.4 %	54.9 %
WI-8	Ribble	1	R + 2	42 %	47 %	45 %	47.6 %	55.9 %
CA-10	Denham	1	R + 1	37 %	44 %	44 %	50.6 %	53.5 %
CA-21	Valadao	1	D + 2	50 %	50 %	50 %	54.6 %	58.9 %
CA-31	Miller	1	D + 5	27 %	39 %	39 %	57.2 %	55.2 %
CO-6	Coffman	1	D + 1	31 %	41 %	41 %	51.6 %	48.7 %
FL-2	Southerland	1	R + 6	41 %	43 %	41 %	46.5 %	52.7 %
IA-3	Latham	1	Even	36 %	43 %	42 %	51.4 %	52.3 %
IL-13	Davis	1	Even	32 %	43 %	42 %	48.6 %	46.6 %
MI-1	Benishek	1	R + 5	33 %	35 %	35 %	45.3 %	48.2 %
NY-11	Grimm	1	R + 2	45 %	47 %	45 %	51.6 %	52.8 %
OH-14	Joyce	1	R + 4	23 %	43 %	44 %	47.6 %	54.3 %
VA-2	Rigell	1	R + 2	42 %	45 %	43 %	50.1 %	53.8 %

出所）Summary Phase II Budget Battle Field/Press Operations.

回の中間選挙で脆弱な立場にある議員が選ばれている。[20] ターゲットの選挙区はウィスコンシン、カリフォルニア、コロラド、フロリダ、アイオワ、イリノイ、ミシガン、ニューヨーク、オハイオ、バージニアの一〇州に点在している。オンラインでのコミュニケーションによる活動家のネットワークによって、地理的な隔たりを超えた統一的なオペレーションが各州で可能となっているのである。

(4)GOTVの効果

①GOTVが投票率と政治参加率に及ぼす量的な効果

ここまでアウトリーチの質的効果として、予備選挙・全国党大会・政権運営という三つの段階における「コミュニケーション空間」の生成を見てきたが、次にアウトリーチの効果の、他の側面についても検討しておきたい。一つは、エスニック集団向けのアウトリーチにおけるGOTVの効果である。それはどの程度の効果があるのだろうか。第1章で確認したグリーンとガーバーの実験は、戸別訪問の有効性を明らかにしたが、彼らが初期の実験で十分考慮していなかった人種要因など、「アイデンティティ政治」を梃にしたアウトリーチの効果については、特定の人種を対象にした実験が二〇〇〇年代を通して行われ、アジア系、ヒスパニック系などのマイノリティへのGOTVの効果が認められるようになった。

M・R・マイケルソンによる、二〇〇一年選挙の戸別訪問についての実験では、市民の投票義務とヒスパニック系の結束を呼びかける内容をそれぞれ戸別訪問のメッセージにしたところ、民主党支持のヒスパニック系で七一％の投票率上昇が見られ、二〇〇二年選挙の際の実験では、前回投票している有権者の中で非ヒスパニック系の運動員の戸別訪問を受けた有権者は、コントロールグループの一三・三％に対して二七・三％、ヒスパニック系の運動員の接触を受けた有権者は、コントロールグループの九・七％に対して三五％という高い投票率を見せた（Michelson 2005）。また、これも第1章で見たJ・ウォンやR・ラミレスの実験にあったように、スペイン語やアジア系言語への翻訳とエスニック集団向けのメッセージによるアウトリーチに、投票率の上昇に関して、二桁のポイント増ではないにしても一定の肯定的な効果が認められている（Wong 2005; Ramirez 2005）。

ここでは、第1章で確認したこうしたGOTVの実験結果とは別に、世論調査についても言及しておきたい。たとえば、単なる政党・候補者陣営からの接触だけでなくエスニシティを絡ませたアウトリーチと支持率上昇との相関をある程度実証した調査として、S・ヌーノの研究がある。その調査結果によれば、ヒスパニック系は同じヒスパニック系のコミュニティリーダーや担当者を介して接触した場合とそうでない場合とでは、投票行動に目立った差を生じさせた。これは共和党候補者に対する効果でとくに顕著であった(21)。

カリフォルニア、フロリダ、イリノイ、ニューヨーク、テキサスの五州の、ほぼ均等な数の成人ヒスパニック系有権者を対象に英語とスペイン語で行われた調査では、回答したヒスパニック系有権者の、共和党候補ブッシュと民主党候補ゴアへの支持率は三二％対五九％であった。そのうち、表4-5にあるように、共和党側でも民主党側でもアウトリーチによる党派的な接触を行った場合、接触しなかった場合よりもそれぞれ七ポイントほど支持率が

表4–5　政党からのエスニック接触による支持率の変化

（%）

ブッシュ支持率		ゴア支持率	
全体	32	全体	59
共和党による接触を受けた有権者	39	民主党による接触を受けた有権者	66
共和党からラティーノ運動員による接触を受けた有権者	41	民主党からラティーノ運動員による接触を受けた有権者	65
共和党からラティーノ以外の運動員による接触を受けた有権者	36	民主党からラティーノ以外の運動員による接触を受けた有権者	66

出所）Nuno 2007 : 285 Table 2 “Vote Preference by Party and Ethnic Contact” を基に筆者作成。

高まった。しかし、共和党からヒスパニック系の運動員によって接触を受けた層では四一%の支持率となっているのに対して、共和党から非ヒスパニック系を仲介にして接触を受けた層では三六%の支持率で、接触の効果は低めに表れた。民主党支持層については、アウトリーチの接触を行う民主党の運動員がヒスパニック系であるか非ヒスパニック系であるかの違いで支持率の顕著な差は認められなかった。

ヌーノはこの調査結果について次のように述べている。「候補者の選択に関して、政党によるGOTVは肯定的な効果をもたらすはずなのだが、民主党についてはその限りではないようだ。一つの可能性として説明できるのは、ほとんどのラティーノ[22]にとって民主党は支持政党であり、同じエスニシティの運動員による接触を通じて支持を獲得する余地が少ないということである」。要するに、共和党でこそ、新たな票の開拓のために、エスニシティを強調したアウトリーチが有効なことを示している。

ヌーノは、集団ごとに仲介者を挿んで支持を得るこうしたやり方を「メッセンジャーの政治」と名づけているが、この理論の効果については次のように概括している。「共和党候補は民主党の堅固な支持者の支持を簡単に得ることはできないが、彼らのメッセージは無党派層や過去に共和党に投票したことがある民主党支持層には有効である。民主党側ではこのモデルの有効性は認められなかったが、民主党支持者内でも動員活動が票を確実にすることに寄与している可能性はある」（Nuno 2007）。

ヌーノの研究が示唆するのは、第一に、共和党では、同じアウトリーチでも誰が行うかによって効果に有意な差が生じるということである。マイノリティの政党という印象の薄かった共和党にとってこそ、メッセンジャーの属性が重要であるということだ。これは前章で確認した、共和党が二〇〇〇年代後半から力を入れている、ヒスパニック系候補者を擁立するサンベルトのアウトリーチ戦略とも符合する。第二に、党派的な基礎票ではなく、浮動票の新規開拓にいっそう効果的だということである。属性による効果の差異と併せて、党派的なブロック投票が確立しているアフリカ系よりもアジア系、ヒスパニック系に効果が出やすいのは、こうした条件が関係していよう。

比較的新しい二〇一二年のデータも検討してみたい。二〇一二年の選挙後にアジア太平洋諸島系を対象に実施されたNAASの調査によれば、政党・選挙陣営から選挙関連の接触があった割合は、それぞれ中国系三九％（モン族（中国南部や東南アジアにいるミャオ族系の移民）四九％）、日系三六％、韓国系三三％、ラオス系三三％、ベトナム系二八％、フィリピン系二八％、カンボジア系二八％、インド系二五％であったが、投票率は日系八九％、インド系八八％、ベトナム系八一％、韓国系七九％、フィリピン系七八％、中国系七一％（モン族八九％）、カンボジア系六二％、ラオス系四〇％であり、アウトリーチの接触が多い上位四グループの投票率はおおむね高かったものの、アウトリーチ接触率が三割以上のラオス系の投票率が低かったり、逆にアウトリーチ接触率が二〇％台にとどまっているインド系の投票率が高いなど、二〇一二年の短期のサイクルで見た場合、必ずしも相関関係が認められない。

この点については、激戦州か非激戦州かという居住地差を加味して検討する必要がある。二〇一二年の同調査によれば、激戦州（一七％）と非激戦州（八三％）を比べると、アウトリーチの接触は激戦州が四八％（接触主体：民主党六三％、共和党五四％、コミュニティ活動家二四％。複数回答）で、非激戦州が二七％（接触主体：民主党四二％、共和党三六％、コミュニティ活動家二五％。複数回答）であり、アウトリーチは激戦州で濃密に行われていることが確認できる。

投票率の低いラオス系は、カリフォルニア州、テキサス州、ミネソタ州、ワシントン州、テネシー州などに集中しており、オハイオ州、フロリダ州、バージニア州、ペンシルバニア州、ウィスコンシン州、ニューハンプシャー州、アイオワ州、ネバダ州、コロラド州といった主要な九つの激戦州にはほとんど居住していない。激戦州ほど運動員の情熱の度合いが高い「説得」になるので、ラオス系の場合、アウトリーチの接触の質的な密度が低かった可能性がある。他方、インド系は、フロリダ州に約一二万九〇〇〇人弱、バージニア州に約一〇万人、ペンシルバニア州に同じく約一〇万人など、人口率上位の八州のうち激戦州が三つあり、最重要激戦州のオハイオ州にも約六万四〇〇〇人が二〇一〇年国勢調査上では居住している。アウトリーチの接触率自体は高くなかったが、激戦州において個々の接触の質が濃密だったことは推測できる。

しかし、直近の選挙への動員活動であるGOTVの効果測定ならばともかく、量的効果といえどもアウトリーチの効果を一つの選挙サイクルにおけるアウトリーチと投票率だけで測ることは、アウトリーチ特有の効果である中長期的な政治参加への意欲の醸成を吟味する上では、必ずしも妥当ではないだろう。J・ウォン、K・ラマクリッシュナン、T・リー、J・ジューンは「政治参加」を広く定義しているが、アウトリーチの効果を考える上でこの理解は示唆的である（Wong, Ramakrishnan, Lee and Junn 2011）。アウトリーチ戦略の行為そのものは選挙サイクルにおいて政党や候補者陣営によって投票や有権者登録の増加を意図して行われるのだが、結果として得られる可能性のある効果はこれらにとどまらない総合的な「政治参加」だからである。

ウォンらは、政治参加の主要な五つの形態として、投票、政治献金、政府公職者への接触、コミュニティ活動、抗議活動があるとする。これらを細分化した一〇項目の政治参加について、前出のNAASが二〇〇八年の調査（大統領予備選挙後、本選挙前に実施）の結果を公表している。調査項目は、有権者登録、前回大統領選挙での投票、二〇〇八年党員集会あるいは予備選挙での投票、選挙陣営での勤務経験、政治献金、公職者への接触、コミュニティ活動、オンライン政治への参加、抗議活動、二〇〇六年の移民問題に対する抗議活動への参加率である。インド系、中国系、フィリピン系、日系、韓国系、ベトナム系を対象に多言語調査が行われた結果、あらゆる項目で政治参加率が高い者は九%、投票の意思を示している者が四三%、有権者登録をしていた者が五四%であった。すべての項目で政治参加率が高い層の、政党からの接触経験の割合は七三%で、全体の二六%と比べて顕著な数値である。また、「一切参加していない者」は、政党からの接触を受けてもなお参加していないというわけではなく、そもそも四%しか政党からの接触を受けていない。政治参加率の高いアジア系有権者については、住宅所有率、教育レベル、二世以降、英語理解率の高さなどの特徴からして、政治に振り向ける時間的余裕と政治知識の量的な確保が関連していることがうかがえるが、政党からのアウトリーチの一定の効果も確認できる。

②質的効果としての「アイデンティティ政治」との連動

他方、政党が媒介になるGOTVの効果としては、量的効果にとどまらず、人種やエスニシティに関連した「アイデンティティ政治」との連動に基づく質的効果も認められる。汎エスニックなアイデンティティの昂揚を刺激する現象はその一つである。J・チューとN・マスタファは二〇〇〇年代半ばに、台湾系、韓国系、フィリピン系、インド系、バングラディシュ系などのアジア系の若者六人をディスカッションさせる実験取材を通じ、「アジア人」と「アメリカ人」と「アジア系アメリカ人」の狭間にある新世代に、新たなアイデンティティが生成しつつあることを浮かび上がらせた。その際、出身文化への健全な尊敬と好奇心を併せ持つ精神的に安定した新たなアジア系アイデンティティは、インターマリッジを拒んで頑なに集団内部の伝統を維持しようとしても生まれないし、他方でアジア系の外見とアクセントを嫌悪し「アメリカ社会」への同化を加速することでも生まれないと結論づけた。むしろ、異なるアジア系グループが相互に交流することで開花する、とチューらは指摘する（Chu and Mustafa 2006）。

この異なるグループの相互交流による「アジア系」意識の開花のメカニズムを、選挙アウトリーチに応用したのが民主党だった。アジア太平洋諸島系を一つのグループとしてあえて扱い、お互いに接点を持たせることで、コミュニティの政治意識の活性化を狙うのが、民主党のアウトリーチ担当者が二〇〇〇年以後に都市部で開拓した手法であった。エスニック集団の出身国別の区分を前提としながらも、従来のアウトリーチ概念を一段踏み越え、エスニック集団のアイデンティティの融合による再強化を目指すものであった。具体的には、エスニック集団のアイデンティティと集団間の関係を、選挙キャンペーンの力で変容させ、より強固な支持基盤を生み出す狙いがあった。

一九八〇年代以降のマルチカルチュラリズムと「アイデンティティ・ポリティクス」は、アジア系にも大きな影響を及ぼした。その際、アイデンティティの単位が、個別の出身地域・国別に分裂していったため、東アジア系、南アジア系、太平洋諸島系は同胞意識をお互いに抱きにくかった。ちなみに、インド系がアジア系の一員と考えられるようになったのは比較的近年の一九八〇年代からであり、それまでインド系は白人のカテゴリーに混ぜられていたほどである。「アジア系」という区分は、選挙の現場においても、国勢調査にそったあくまで便宜上の分類である。実際には中国系やインド系に対して個別の文化やアジェンダを尊重したアウトリーチを、それぞれ展開せざるをえないのが、「アジア系」アウトリーチの常態だった。チャイナタウン、リトルトーキョーのようなコミュニティを形成し、文化圏も出身国別に確立していた「アジア系」は、「アジア系対策」という概念で括るにはあまりに分裂した存在だったのである。現に、同じアジア人同士の婚姻によって生まれた子供は、「アジア系」でもハーフでもなく、どちらか片方の出身国の成員と見られることが少なくない(23)。

出身国別のグループ意識が確立している上に、利害関係が錯綜しているアジア系同士に「連帯」を感じさせ、アジア系としての団結によるさらなる政治力を引き出そうとした試みは、エスニシティの境界線の修正と再定義に向けた挑戦でもあった。二〇〇〇年のヒラリー・クリントンの上院議員選挙初戦とゴアの大統領選挙におけるニューヨーク州でのキャンペーンで、マンハッタンなどメトロポリタンエリアのアジア系を対象にこの先駆的な実験が展開された。それぞれの集団のアイデンティティを別個に尊重するこれまでの個別アウトリーチと、「アジア太平洋諸島系」という人工的共同体への統合を狙う共同体想像型アウトリーチとを同時に並行して行ったのである。

二〇〇〇年以前、ニューヨーク州の民主党では、アジア系のアウトリーチは出身国ごとに別々のオペレーションで行われることが多かった。中国系アウトリーチをニューヨーク市郊外のクイーンズ区のフラッシングで展開すると同時に、パキスタン系アウトリーチをムスリムの多い同じクイーンズ区のジャマイカで展開するという具合で、相互のアウトリーチに連携はなかった。とくに人口の多い中国系は、コミュニティ内での組織の力が強く、選挙支援においても中国系単独での活動を好む傾向があった。こうしたニューヨーク州のアジア系に、「同じアジア系の一員」としての人工的なエスニック・アイデンティティを覚醒させ、ブロック票として連帯感を醸成するのは困難であるかに見えた。

その意味で、二〇〇〇年のニューヨークでのヒラリー＝ゴア陣営が、広報資料の翻訳版を言語ごとに作る従来型の個別集団アウトリーチに加えて、アジア系の複数の言語を一枚の紙媒体で表示する象徴的なキャンペーンを試みたことは、共和党のみならず民主党の他州の選挙委員会のエスニック・アウトリーチ担当デスクと比べても斬新であった。中国語（繁体字）、韓国語、ウルドゥー語、タガログ語、ベンガル語、ヒンディー語、英語の各言語に、投票を呼びかける文言を翻訳したが、これらすべての言語を紙媒体の片面一頁に詰め込み、アジア系全体を同時に配布対象としたのである（図4-2）。「複数のアジア言語の単一媒体での併記はアメリカの選挙キャンペーン史上初めての挑戦だった」と、二〇〇〇年民主党ニューヨーク州合同選挙本部のアウトリーチ局長であったクリストファー・マギネスは指摘した（McGinness とのインタビュー 2005）。

また、アジア系の異なるグループを同時にパーティやイベントに招待して、交流の場を設けることを選挙陣営側

Paid for by the New York State Democratic Party　Judith Hope, Chair　www.nydems.org

図 4-2　2000 年民主党ニューヨーク州合同選挙対策本部によるアジア系選挙民への投票勧誘広報物

のイニシアティブで行う試みもなされた。こうした場合、必ずしも集票を目的とした政治色の強い内容や献金パーティにしないことが、参加者の警戒心を解きほぐす上で肝要である。それは、時間をかけてアジア系同士の連帯を育んでいくなかで、政治に関心のない無党派層の掘り起こしを行うことが狙いであり、即効的な集票のためではないからである。量的効果よりも質的効果を優先したアウトリーチ戦略といえよう。ヒラリー＝ゴア陣営が二〇〇〇年にニューヨークで行ったこうしたアジア系イベントのうちで代表的なのは、エンパイアステートビル付近のコリアンタウンで開催されたもので、クリントン政権の当時の商務長官ミネタをゲストにアジア系各層を集合させたイベントであった。これは、これまで他のアジア系と深く交流することのなかった、政治性の薄いニューヨークの日系にとっては、他のアジア系との接点作りの場となった（渡辺 2001）。

もちろん、日系の人口が少ないことはもとより、アジア太平洋諸島系の人口も他のエスニック集団と比べるとはるかに少ない。したがって、アジア系を対象にした実験的キャンペーンは、旧来の個別集団向けのアウトリーチと比較しても、短期的な量的効果は保証されない。しかし、こうしたイベントを陣営が主催することで、候補者、この場合はヒラリー・クリントンがニューヨークのエスニック・コミュニティに与えた好印象は大きかったことは指摘しておかなければならない。その証拠に、上院の一期目を通して中道化したヒラリーから、リベラル派が多数派を占めるニューヨークのアジア系支持層が離反せず、二〇〇六年の再選にあたっても投票行動の面では強く支持し続けた。二〇〇六年選挙の出口調査では、自らを「リベラル」と分類している層の九一％が上院選でヒラリーに投票した。これはイラク戦争への賛否で、民主党内でリベラル派の勢力が強まり、反ヒラリーの流れが生じていた情勢に鑑みると、異例の支持だったといえる。二〇〇八年の大統領予備選挙においてもヒラリー陣営は、女性の六二％などニューヨーク州ではリベラルなマイノリティ基礎票を死守してオバマに勝利した。ニューヨーク州で行われた二〇〇〇年、二〇〇六年、二〇〇八年の選挙でヒラリー・クリントンのマイノリティ地盤が弱体化したことは一度もなかった。(24) 二〇〇〇年以降のアウトリーチ戦略の中長期的な質的効果と見ることもできよう。共通の候補者や議員を同じ利害でもって応援させる目的から、対立関係にあるエスニック集団間の一部に接点を作る過程で、異なる集団の端々をパッチワークのように結び合わせる機会が、数年に一度のサイクルで訪れる非日常の選挙によってもたらされていることは興味深い。比較的疎遠な関係にあるエスニック集団に連帯意識を醸成するキャンペーンの試みは、政党や候補者の集票という短期的な目的を超越し、歴史的・経済的・政治的な理由でお互いに友好的な関係にはないエスニック集団間の対立の緩和と融合を促進する可能性を秘めているともいえる。これは、選挙キャンペーンの予期せぬ副次的な効果でもあり、他のエスニック集団間にも部分的に適用可能なものであるかもしれない。

もちろん、アウトリーチを行う政党や陣営側の直接の目的は集票上の実利的な効果であるが、試行錯誤の中で、結果として選挙過程でエスニック集団内のアイデンティティのあり様とエスニック集団間の関係性の構造に変容をもたらす機会が提供されてきたのである。その意味においてアウトリーチ戦略を、量的効果のみを目指した手法であると捉えるとすれば、アメリカ社会の構成要素である多様なアメリカ人のアイデンティティの変容過程をたどる上でも、選挙がもたらすコミュニティへの社会的影響を理解する上でも、不十分であろう。

J・ウォン、P・リエン、M・M・コンウェイによるアジア系アメリカ人の政治参加についての研究は、「アイデンティティ自体は政治参加を促進しない。政治参加につなげるには、動員や、政治過程への力強い誘引がなければならない」という結論を導いている。その際、投票行動を超えたコミュニティ活動を育むことが最も効果的であるとしている。この分析結果は、民主党が手探りで改良を重ねてきたコミュニティベースのアウトリーチの試みとも実によく符合する（Wong, Lien and Conway 2005）。先に検討した、ソーシャルメディアを援用した全国党大会でのアウトリーチも、ウォンらが指摘する、政治参加を促進する「動員や、政治過程への力強い誘引」の実例として理解できよう。

(5) 政治参加のインフラストラクチャー構築

活動家がインターネットの新技術を媒介にして、政党のアウトリーチのインフラストラクチャー構築に積極的に参加する現象も、アウトリーチの質的な効果として指摘できる。アウトリーチのインフラを育てるのは、集票活動の主体である政党や候補者陣営だけではないからである。エスニック集団ごとに様々な団体が、マイノリティ選挙民と政治の「橋渡し役」になっている例を確認できる。たとえば、急速に発展したインターネットをめぐる新技術と歩調を合わせて存在感を増した組織に、アジア系有権者のための組織ＡＰＩＡボート（APIAVote：APIA は Asian & Pacific Islander Americans の略）がある。内国歳入庁が認定する501(c)(3)団体で、非営利・非党派の公益団体である。非党派（non-partisan）であるため、特定の政党、候補者のために集票活動を手伝うことは制度上できない。しかし、アジア系選挙民の広義の政治参加、たとえば投票率を上げるために様々な活動を展開している。

政党や候補者にとっても、こうしたエスニック団体と協力関係を結ぶことには、アジア系の票と献金を呼び込む上で意味がないわけではない。ＡＰＩＡボートは、創立者で中国系のクリスティーン・チェンが、かつて勤務していたアジア系のための公民権擁護団体ＯＣＡ（Organization of Chinese Americans）からスピンオフさせる形で二〇〇七年に始動させた。アジア系全体の利益向上を目指し、東アジア系、南アジア系、東南アジア系が合流する汎エスニックな姿勢を重視している。インターネットが浸透して以降、比較的近年に誕生した団体である。

チェンによれば、組織の目的の一つ目はアジア系有権者の支援である。具体的には、有権者登録、有権者教育、ＧＯＴＶ、選挙監視協力である。州によって法律が異なり、改正も頻繁なため、州ごとの情報を収集して、各州で選挙トレーニングをしてもらう。一四州に連携団体があり、オンラインでの情報提供を積極的に行っている（Chen

とのインタビュー 2014)。APIAボートのサイトから「有権者（Voter)」の項目をクリックすると、「有権者教育一〇一（Voter Education 101)」の中に、基礎的ではあるが、なかなか即答できないようなQ&Aが用意されている。「有権者登録」「投票日前」「事情通の有権者になるために」「投票日当日関連」の題目ごとに丁寧な解説、たとえば「登録の締め切りはいつか」などの問いに対する解説が書かれている。APIAボートは全国組織であり、サイトにはアラスカからハワイまで、文字通り全米のアジア太平洋諸島系の有権者が訪れるため、アラバマからワイオミングまでアルファベット順に五〇州の情報が細かく記載されている。「実家から離れている学生はどこで投票すればいいのか」という単純な想定質問から、「アメリカ市民だが英語が話せない友人がいるが、どこで友人への支援を受ければよいか」という、ヒスパニック系と並んで一世移民が途絶えないアジア系らしい項目もある。

「候補者（Candidate)」をクリックすると、二〇一二年大統領選挙のオバマ、ロムニー両陣営のアジア太平洋諸島系向けの政策公約が電子版で見られる。これは大変便利である。候補者の人種・エスニック集団向けの綱領は、候補者のサイトから探そうとしても見つけにくい所に埋め込まれており、選挙が終了すると閉じてしまうことも少なくない。「争点（Issues)」のアイコンは、「The National Council of Asian Pacific Americans（NCAPA)」が発行している「2012 Policy Platform」にリンクされていて、アジア系にとって各政党の政策がどのようなインパクトを持つのかを学べる仕組みである。「有権者の諸権利（Voter Rights)」「若年層票（Youth Vote)」などの項目でも、有権者へのオンラインのガイド役に徹している。

驚かされるのは「有権者のリソース（Voter Resources)」内で、オンラインで共有されている各州のアジア系有権者の支援や投票促進のための素材である。たとえば、バージニア州の「ハガキによるリマインダー」をクリックすると、英語、中国語（繁体字)、韓国語、ベトナム語、ベンガル語で、投票日と投票支援ホットラインの電話番号が記されたPDF原稿がダウンロードできる。ジョージア州の項目では、投票を呼びかけるロボコールのサンプルがMP3音源で埋め込まれており、ダウンロード可能である。英語、北京語、韓国語で、それぞれいくつかのバージョンが用意されている。不在投票のガイドも、英語、北京語、韓国語、ベトナム語で用意されている。かつて筆者がニューヨーク州民主党の陣営でアウトリーチに携わっていた二〇〇〇年頃は、まだブロードバンド環境も未成熟で、コミュニティリーダーがアジア系内で自主的に有権者教育やGOTVを行うには、隣近所で声がけをして教え合うという、ある種原始的な、気の遠くなるほど非効率な方法しかなかった。ちなみに、APIAボートがこうした選挙関連の素材の多言語翻訳にこだわるのは、アジア系では言語の壁が投票の阻害要因として依然として無視できないという、彼らの現場の皮膚感覚と調査結果の双方に基づくものである。

チェンがいうAPIAボートの二つ目の目的は、政党と主流メディアにアジア太平洋諸島系の選挙民の重要性を広報・教育することである。APIAボートは二〇〇八年、二〇一二年と、共和党、民主党双方の全国党大会に連続して参加し、アジア系有権者と政党との接点を築くイベントを開催するなどしている。しかし、チェンらアジア系の活動家リーダーたちからすれば、政党や候補者陣営は、たとえ民主党であろうとも、アジア系有権者の実態について依然として無知であり、アジア系アウトリーチは的外れな「漂流」に陥りがちだと受け止められている。

アジア系の活動家にとって長年の不満の種は世論調査だった。アジア系は人口が少ないことや言語障壁があることから、アジア系の政策選好や投票行動の実態が、正確に主流メディアや政党に吸収、反映されることが少なかった。英語で行う世論調査とアジア系言語で行う調査では、結果にかなりの差が生じることに気がついていたチェンらは、コムキャスト社の協力で独自の世論調査に乗り出した（APIAVote Post Election Survey）。これを契機に二〇一二年選挙以降、主流メディアから注目されるようになり、APIAボートの認知度が高まったという。調査結果は共和党も民主党も手に入れられるようにオープンな形で提供されているが、「おそらく民主党のほうが、特定の州のアジア系アウトリーチへの資源配分を決める参考にしたり、政党内部で有効利用している」とチェンは述べる

(Chen とのインタビュー 2014)。

またAPIAボートが、選挙過程を通じたアジア系の影響力拡大のための広報の一環として行っているのが、「候補者フォーラム (candidate forum)」と呼ばれる候補者による討論会である。中立の立場から共和党と民主党の候補者を招待し、司会者が質問をして政策論争を深めるイベントである。非党派団体として特定の政党のみに肩入れできないので、独立系の立候補者にも声をかける。アジア系有権者が増加傾向にありスイングボーターの役割を果たしつつある州や選挙区を選んで、協賛団体と組んでフォーラムを開催する。(26) こうしたマイノリティ団体主催の候補者討論会そのものは以前から存在したが、APIAボートの討論会が独特だったのは、オンライン媒体を持つエスニック・メディアを巻き込んで、州内外にイベントを配信・拡散したことである。エスニック・メディアは二〇〇〇年代後半から急激にオンライン化が進んでいる。

たとえば、首都ワシントン圏でアジア系のエスニック・メディアとして、英語で広く読まれているものに一九九三年創刊の「Asian Fortune」があるが、近年はオンライン版によって読者層が飛躍的に広がっている。元来、エスニック・メディアは特定地域の狭い範囲のコミュニティで移民やマイノリティの「生活情報」を提供する媒体だったが、近年オンライン技術によって記事、映像、音声が、異なる州や地域にも伝えられ、それを契機に遠隔地のマイノリティ同士の交流も促進されるようになった。記事や画像が簡単に貼りつけられるようになったことで、ソーシャルメディアを利用した広報にも有益になり、キャンペーンの効率性から小規模のイベントには尻込みしがちだった政治家の積極的な参加も後押しすることになった (Chen とのインタビュー 2014)。(27)

マイノリティ集団が、政党や候補者に存在をアピールする上で、APIAボートのような非党派・非営利のエスニック団体の役割は小さくない。そして、有権者の政治参加を促進するインフラを構築する過程では、インターネット技術による支援がブレイクスルーになった。有権者教育、GOTV、世論調査等によるアジア系有権者についての情報の提供、エスニック・メディアと協力してのイベント開催などは、人口規模ではアフリカ系を追い越したヒスパニック系の陰に隠れがちなアジア系にとって、マイノリティとしての利益拡大の手段であり、票の獲得を狙う政党と利害が一致する「双方向」の取り組みでもあるのだ。

(6)「アメリカの政党構造モデル」の見直し

前述のように、アウトリーチの質的な効果として浮き彫りになることの一つは、インターネット技術の利用と活動家の活性化による新しい「コミュニケーション空間」の出現であるが、こうした新たな空間の出現はこれまでの「アメリカの政党構造モデル」をどのように修正する可能性があるのだろうか。この節の最後に、第1章で確認した「政党構造モデル」の見直し論をもう一度簡単に振り返った上で、筆者自身のモデルを提示してみたい。

まず第一に、ハーンソンが提示した「仲介者としての全国政党モデル」である。政党の全国機関が候補者と選挙民との仲介者であるだけでなく、選挙民とのコミュニケーションをはかる上での技術や資源を有するアクターと候補者との関係をも仲介するというもので、ここでいうアクターとは、たとえばＰＡＣやコンサルタントが念頭に置かれている。このモデルは、全国政党機関のスタッフが自らを「候補者のアドバイザー、同盟者、信頼できる相手」として、提供するサービスの向上を目指していることを示し、全国政党機関の活性化を明らかにした（Herrnson 1988）。

第二に、オールドリッチが示した新制度主義理論である。このモデルは、三部構造にとどまらない政党理論を提起した点で画期的であった。政党は、政治アクターによって創造され、形態も変更されていく「内生的」な制度として捉えられた。直接予備選挙制度、マシーンの衰退、候補者中心の選挙運動様式といった波の中で、政治アクターは自らの目的に合致する政党形態として、選挙を助けるサービスを候補者に提供する政党を求めるようになった。

そして利益追求者はマシーン政治による利益を求める者から、政策と争点志向の活動家に交代し、候補者は党の指名獲得や本選挙などでこうした活動家の援助を欲するようになった。オールドリッチはこれらを「選挙の中の政党」として統合し、「政府の中の政党」との二部構造によってモデル化したのである（Aldrich 1995）。

第三に、マスケットが示した「非公式の政党」モデルである。このモデルでは、政治アクター、すなわち政党の範囲の解釈をめぐる修正が行われた。マスケットは、立法指導者、利益団体、活動家などを含む政治インサイダーの総体を「非公式の政党」と名づけて、政党を広い概念で把握した。そして、「非公式の政党」のアクターが候補者指名の過程でゲートキーパーとしての役割を果たし、候補者は「非公式の政党」の助けなしには指名を得られない構造から、これを「指名中心政治の理論」と称した。伝統的な政党形態におけるマシーン政治と現代の政党の差異は、イデオロギー的な活動家の存在の有無で、マシーンは、雇用などの経済利益では必ずしも動いてくれないイデオロギー的活動家を信用しないが、「非公式の政党」はむしろイデオロギーで動く活動家の力に依存すると理解された（Masket 2011）。

第四に、ブロックスによる「パートナーとしての政党フレームワーク」モデルである。これは、政党が、ハーンソンのいう仲介者としてのサービスを超え、戦略的な資金配分を通して候補者の「パートナー」に成長したと捉える、一種のリソース・モデルである（Brox 2013）。

では、アウトリーチ戦略はこれらの「政党構造モデル」見直し論にどのような示唆を提供できるであろうか。アウトリーチは、新たな選挙民グループの影響力増大への意欲を梃に、人種・エスニック集団や争点志向の活動家が組織する集団に、政党の選挙に協力する、あるいは参加する動機を与える。そうした自発性を引き出すなかで、活動家による選挙民への戸別訪問が、オンラインによる組織化と組み合わされた形で行われるようになったのである。

ここで見直される可能性があるのは、公職者・候補者と全国政党機関と支持者の関係である。これまで選挙運動

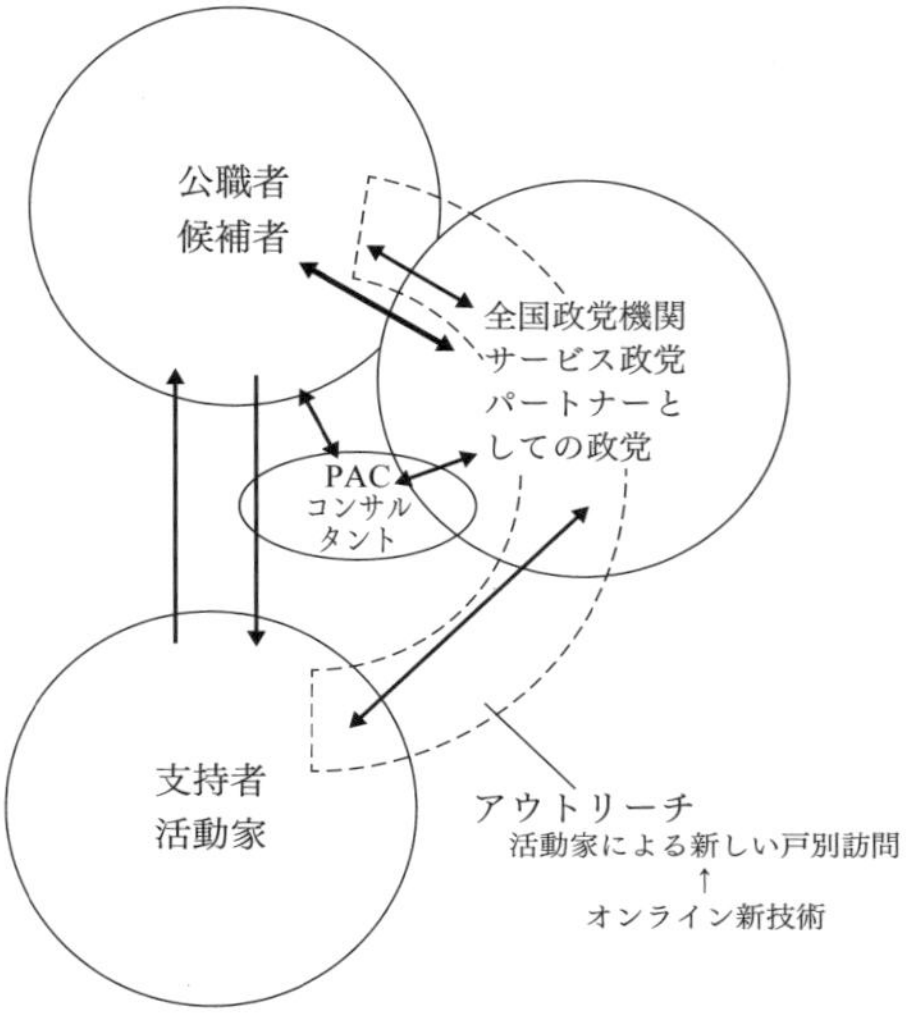

図 4-3　渡辺による新しい「コミュニケーション空間」モデル

はコンサルタントの主導によりマスメディアを中心に行われ、全国政党機関もそれを仲介しているだけで、政党が演じる役割は小さいという理解があった。それは支持者と全国政党機関の間に、コンサルタントによるマスメディアを利用した戦略しか存在しておらず、双方向のコミュニケーションが成立していなかったからである。いいかえれば、公職者・候補者、全国政党機関、支持者の三者をそれぞれ双方向に結びつける空間は想定されていなかった。しかし、本章で確認してきたように、支持者の中から生まれた活動家が公職者・候補者や政党と支持者とを相互に結びつける役割を演じるようになっている。活動家は公職者・候補者や政党から単にコントロールされる存在ではなく、アウトリーチに触発されて自発的に公職者・候補者や政党と結びつくようになっているのであり、それがまた公職者・候補者と政党との相互関係をも強めている。そしてオンライン技術によって、そうした双方向の関係が媒介され立体化されるとともに、地理的制約を飛び越えて広域化・全国化しているのである。これが本書でいう新しい「コミュニケーション空間」の誕生である。

ハーンソンの「仲介者としての全国政党モデル」も、戦略的な資源配分を根拠にそれを「パートナー」に昇格させたブロックスのモデルも、公職者・候補者に対する全国政党機関の選挙過程での役割を評価する根拠を明らかにはしたものの、選挙運動の担い手がコンサルタントであり、運動の手段がマスメディアによる広告であったため、公職者・候補者や政党と支持者とを結びつける存在が欠落していた。この存在として考えられるのが活動家であり、戸別訪問の復活による活動家の対面型選挙運動や、政党組織への参加が、欠落を補完する可能性を持っている。たしかに、オールドリッチの理論を土台に政党概念を発展させたマスケットのモデルでは、活動家は「非公式の政党」に組み込まれる存在であったが、マスケットは、候補者指名における門番としての役割にしかその意味を見いだしていなかった。

しかし、「公職者・候補者」「支持者」「全国政党機関・コンサルタント」を活動家によるフィールドとオンラインの「コミュニケーション空間」が包括的につなぐとすれば、政党研究における三部構造以後の「政党構造モデル」見直し論を、戸別訪問の復活とニューメディアの浸透という実情に照らして、補完的に修正できる。その「コミュニケーション空間」モデルを概念図で示したのが、図4-3である。では、この新しい「コミュニケーション空間」はどのようなときに広がり、どのようなときに狭くなるのだろうか。それは次にアウトリーチ戦略の限界を検討することで理解できよう。

2　アウトリーチ戦略の限界——その範囲と効果の多様性

この節では、本章でこれまで検討してきたような効果を持つアウトリーチ戦略の限界について考察しておきたい。なぜなら、たとえ二大政党の候補者と活動家が全国政党機関の助けを借りてアウトリーチ戦略を実施したとしても、新たな「コミュニケーション空間」の規模と「空間」の密度には差異が生じうるからである。すなわち、いつ誰が行ってもアウトリーチ戦略が量的・質的に同様の効果を発揮するとは限らず、形成される「コミュニケーション空

なるものだろうか。

間」の規模と密度は多くの要因によって左右される。それでは、アウトリーチ戦略の効果を左右する条件とはいか

(1) 大統領選挙と連邦議会選挙

まず重要なのが、選挙のサイクルおよび種別との関係である。第一に指摘できるのは、大統領選挙時のアウトリーチと中間選挙時のアウトリーチの差である。一般に中間選挙サイクルでは、現職大統領の属する党側にのみ直接的に大統領要因が作用し、現職大統領が属さない党は大統領要因の影響を直接的には受けないという「不均衡」が存在するとされる。ただし実際には、大統領府における野党であっても、現職大統領の支持率や現政権での実績が選挙戦とアウトリーチ戦略にある程度影響を与えることは避けられないだろう。

この点で参考になるのが、合同選挙におけるアウトリーチである。第2章で見た二〇〇〇年ニューヨーク州連邦上院議員選挙の事例で確認したように、合同選挙では、連邦上院議員選挙などの候補者の陣営本部が、同じ選挙サイクルで立候補している同じ党の大統領候補者の陣営の州支部を兼ねる。その際、アウトリーチに用いる広報媒体に大統領候補の写真を使うことが可能となり、フォーンバンクや戸別訪問でボランティアが使用する勧誘原稿でも、大統領選挙候補の名前や政策に言及できる。したがって、大統領選挙には関心を持っているが地方選挙には関心が低い有権者へのアプローチ、あるいは、落下傘候補としての立候補で地元とのつながりが希薄であったり地元での知名度が低い地方選挙の候補者のキャンペーンといった場合に、大統領選挙との合同選挙は大きな効果を発揮できる可能性がある。ただし、たとえ同じ党の大統領候補であっても、効果の深さを決めるのは大統領候補の当該選挙区での支持率であり、当該選挙区で支持を得にくい候補の場合には効果は限定的であるどころか逆効果になることもありうる。予備選挙での対抗馬の地元州や、人種・宗教・地域性その他の要因で大統領候補者とかけ離れた地域

表4-6　選挙サイクルごとの連邦公職選挙候補者と大統領・大統領候補との関係

	連邦公職選挙候補者の政党と大統領・大統領候補との関係	影響	陣営のアウトリーチ戦略における方向性
大統領選挙年	大統領府における与党（大統領の再選選挙）	あり	現職大統領の支持率が高く，地元選挙区との相性が良い場合は，大統領と関連づけた選挙運営，逆の場合は関連を抑制
	大統領府における与党（大統領の改選選挙）	あり	現職大統領と大統領候補の支持率がともに高い場合は両者をアウトリーチに利用し，片方だけあるいは両者の支持率が低く地元選挙区との相性が悪い場合は，現職や候補者名を抑制
	大統領府における野党	あり	大統領候補の支持率が高く，地元選挙区との相性が良い場合は，候補者と関連づけた選挙運営，逆の場合は関連を抑制
中間選挙年	大統領府における与党	あり	現職大統領の支持率が高く，地元選挙区との相性が良い場合は，大統領と関連づけた選挙運営，逆の場合は関連を抑制
	大統領府における野党	なし	

出所）筆者作成。

での合同選挙の場合も同様である。いいかえれば、大統領候補者の存在そのものが「メッセージ」となるため、たとえばカトリック信徒の大統領候補であれば地方選挙のカトリック票獲得に望ましいし、南部出身の大統領候補であれば南部の地方選挙では歓迎されるなど、大統領候補の属性が合同選挙を通じて地方選挙におけるアウトリーチ戦略の方向性や効果まで規定しうるのである。

こうした点を踏まえて、大統領選挙年と中間選挙年における、連邦公職選挙の候補者の政党と大統領・大統領候補の関係、影響の有無、陣営のアウトリーチ戦略における望ましい方向性をまとめたものが表4-6である。

付け加えておくなら、大統領選挙サイクルの年であれば、各地のアウトリーチで掘り起こされた活動家は、近くの激戦州に動員されてその州における活動に従事することが可能になる。すなわち、その場合のアウトリーチ活動の目的は地元候補の当選ではなく、大統領選挙の激戦州へのマンパワーの供給であり、大統領選挙サイクルにおいては、勝ち目のない選挙区であってもアウトリーチによる活動家の参加意欲の活性化は無駄ではない。活動家にとっても、地元選挙区の候補者の勝利には見込みを感じられなくても、あるいは居住地域が自分の支持政党とは正反対の勢力が多数を占める地域であっても、他州での活動に参加することで選挙への参加意欲を失わずにいられるのである。

第二に、予備選挙期間と本選挙期間におけるアウトリーチの差がある。伝統的に予備選挙に熱心に参加する有権者は、マシーン政治以来、党派的な有権者であり、GOTVの動員対象にはなってもアウトリーチによる票の掘り起こし対象にはなりにくいため、予備選挙におけるアウトリーチの効果は、本選挙に比べると限定的だと見なされてきた。前章で確認したように、オバマ陣営の初期のフォーカスグループ調査によるアイオワ州の分析でも、党員集会参加率の高い有権者は政党帰属意識の強い旧来の六〇歳以上の党派的有権者が多く、彼らは二〇〇八年にはヒラリー・クリントンを支持していた。彼らのような、伝統的な政党忠誠心の強い有権者だけを（多少なりとも）取り込もうとするのであれば、共和党批判によるネガティブ・キャンペーンと動員活動だけでよいであろう。

しかしオバマには、ワシントンのインサイダー政治に懐疑的な「緩やかな民主党支持層」「無党派」「共和党の一部」から支持を得られる可能性が残されていた。そこで、これまで政党の党員集会に参加したことのない若年層やどちらの政党の予備選挙にも参加してこなかった無党派層にアウトリーチをしたのである。政党帰属意識ベースではなく、争点や政策への関心から政党に合流する活動家の掘り起こしには、予備選挙過程でもアウトリーチが有効になりつつあるといえる。

他方、共和党でもこの点に関してアウトリーチに違いをもたらす条件が存在した。まず、共和党では地方政党が一律に活性化傾向にあるわけではなく、州による格差が見られた。ティーパーティ系活動家やリバタリアンが地方政党に熱心に参加した目的は、共和党の予備選挙過程で自分たちの影響力を拡大することであり、いきおい指名競争に影響力の強い州に参加は集中し、運動は局地的に活性化することになった。また、前述のように、共和党はティーパーティ運動によるエネルギーを党内に取り込むことで、第三政党化の脅威を封じ込め、地方政党のエリート交代による活動家の新陳代謝を促進したが、二〇一二年選挙においてティーパーティ系活動家やリバタリアンが熱心な活動を展開した期間は、アイオワ州党員集会前から共和党全国大会までであった。

（2）候補者の当選の見込みと人気

以上のような選挙サイクルや種別の問題に加えて、候補者の勝利の見込みと人気が、それぞれの選挙区で、アウトリーチをどの程度まで行えるかを左右する。連邦上院議員選挙を州ごとに見ると、共和党支持層が過半数の「赤い州」と民主党支持層が過半数の「青い州」、また下院の選挙区単位でも、共和党あるいは民主党の候補者が本選挙では絶対に勝利できない選挙区が存在する。あるいは、候補者の政策、人種、エスニシティ、信仰、ジェンダーなどの属性が、選挙区と相性が良いまたは悪いと目されるケースが存在する。ブロックスが明らかにしているように、全国政党機関からの選挙資金の配分も、候補者の勝利の見込みによって左右される（Brox 2013）。勝利の見込みが低い候補者の陣営には、全国機関からの資金援助は限定的にならざるをえず、勝利の見込みはさらに低くなる。高い場合はその逆となる。

また、候補者の性質は活動家の種類を規定するが、これがアウトリーチに用いられる新技術の有効度にも影響を与える。たとえば、前章で検討した二〇一二年大統領選挙では、共和党のロムニー陣営が（外部発注によって）オバマ陣営と類似したデータ選挙の取り組みを行いながらも、敗北していることは示唆的である。R・ドレイパーが指摘する民主党の優位性は、データマイニングによるテクノロジー競争に安易に還元できない点を見逃してはならないだろう（Draper 2013）。有権者データやオンライン組織は「地上戦」と結合しなければ効果が望めず、それゆえ、新技術に親和的な若年層、あるいは伝統的に結束の強いマイノリティ組織を民主党が基盤にしている優位性は無視できないのである。二〇一二年の共和党候補についてのツイッターやブログの書き込みで例外的に肯定的な扱いを受けたのはポールだったとの調査結果[28]があるが、共和党候補ではポール支持層だけ若年層の比率が突出していた。オンライン技術のアウトリーチ効果を引き出すには、支持層の質的条件との相性が関係するのである。

ところで、これらの条件は、いいかえれば、いずれも候補者に従属する要因である。候補者は、変容する流動的な存在であるため、アウトリーチの効果の永続性や安定性を保証するものではない。オバマのように個人としてきわめて特異なレベルの支持を集めることができる候補者や現職大統領を抱えているサイクルでは、連邦公職選挙の議席数における党勢の躍進やアウトリーチの効果は望みやすいが、現職や候補者の支持率が低い場合にはその限りではない。

(3) コンセンサス形成・統一的政策形成の難しさ

アウトリーチは、そもそもそれを行う州や選挙区内に、対象となる集団が、集団としての自己承認の要求と、政策を通して利益拡大をはかりたいという動機を持って存在していることが前提となる。そのため、たとえば激戦州であることは、絶対票数の少ない少数集団にもスイングボーターとしての影響力発揮の好機を与えるので、好条件の一つになる。政党帰属意識ではなく争点や政策への関心、しかも集団のアイデンティティを梃にするアウトリーチでは、単に民主党優勢、共和党優勢という選挙区の党勢は、効果の絶対的な条件にはならない。特定の属性が持つ意味は、特定の地域の人口構成やイデオロギー的傾向によって規定される。たとえば「アジア系」であることの意味は、アジア系が数%の地域と、アジア系の多い西海岸とでは異なるのはいうまでもない。

したがって、本章第1節で検討した「アジア太平洋諸島系」の統合的アイデンティティの醸成を刺激するアウトリーチの試みも、ニューヨーク、ロサンゼルスなどのように、マイノリティ人口の絶対数とともに、マイノリティの一定の競争的、拮抗的な多様性が確保されていることが条件になる。アジア系そのものが多数派で、マイノリティの多様性が低い選挙区ではこの試みは有効ではなく、アジア系の政治参加の動機にはなりえない。この例にあてはまるハワイ州では、アジア系アウトリーチが陳腐化しているがゆえに、候補者が「アジア系」であることは本土のようには集票効果を意味せず、むしろアジア系内のサブカテゴリーに対応するアウトリーチが欠かせない。たとえば、ハワイ州議会上院の日系議員クレランス・ニシハラの選挙区では、増大傾向にあるフィリピン系へのアウトリーチに力を入れなければ議席の安定が確保できなくなっているという（Nishihara およびWakai とのインタビュー 2012 ; Tsujimura とのインタビュー 2012)。

しかし、たとえ好条件のもとで多くの制約がクリアされ、アウトリーチ戦略がうまく働き、候補者が当選したとしても、とくに大統領候補の場合には、選挙民グループごとに異なるメッセージと政策提案を届けているので、最終的にすべての選挙民を満足させるような政策を実行することは難しい。単なるレトリックに終わる可能性もある。アウトリーチは基本的に、異なる選挙民グループとの閉鎖体系の中でそれぞれ行われるコミュニケーションである。閉鎖体系の中では、グループに好意的なメッセージを伝え、対象の選挙民グループの期待値を上げるほど効果がある。それゆえ、アウトリーチが首尾よくいけばいくほど、政策成果への期待も高まる。

しかし、アウトリーチは選挙民グループごとに水面下で行う政策の約束であるため、実際に政策に結びつける上では、閉鎖体系の外側で、利害が異なる集団ごとに調整すべき問題が発生し、政権期間中に公約を果たすことが困難になる。いいかえれば、就任後は選挙民の不満が逆に高まる種をアウトリーチが事前に植えつけていることにもなる。アウトリーチがレトリックとして効果を発揮する上でリスクを除外できるのは、政策実現に対して口約束が可能な初戦までであり、二期目を目指した再選選挙では一期目に公約が果たせなかったことへの説明責任がともなうため、アウトリーチに限界が生じかねない。

マイノリティ票、とりわけ一朝一夕には解決困難な人種をめぐる問題は、アウトリーチの弊害としての落胆が生じやすい例であると考えられる。たとえば、オバマは黒人有権者に対しては「初のアフリカ系」大統領として期待値を高めたが、政権一年目の雇用対策の遅れが黒人層の不満として噴出し、民主党内の分裂を誘発しかけた。二〇〇九年一二月二日、黒人議員連盟所属の下院議員一〇名が金融規制改革法案の下院金融委員会での審議をボイコットする実力行使に訴え、マキシーン・ウォーターズ下院議員らは四〇億ドルの黒人コミュニティへの割り当てを求める声明を発表した。ウォール街の金融機関救済などオバマ政権の方針に全面的に協力してきたにもかかわらず、黒人向けの雇用対策が後手に回っていることを不満としての抗議だった（Edney 2009）。

こうした黒人議員連盟の抗議行動に対し、「アフリカ系コミュニティにできる最重要のことはアメリカ全体のコミュニティのためにできることと同じであり、経済と雇用を回復することである」とオバマは述べ、特定のエスニック集団を起点に考えることは望ましくないと呼びかけて沈静化をはかった。だが、前章で見たように、アフリカ系の割合の多い地域と、白人が多い地域とで、地上戦でのアウトリーチの手法を使い分けていたオバマにとって、政権発足後のこうした事態は不可避でもあった。コンセンサスの形成と統一的政策の形成の難しさを象徴する、アウトリーチの限界例といえる。

小結

集票活動の効果としては、通常は量的な効果しか想定しない。選挙の勝敗を決する得票数（大統領選挙では選挙人の底上げにつながる激戦州での得票数）あるいは得票につながる支持率が、効果の絶対的な基準となる。アウトリーチによる投票率の上昇と得票数の増加、支持率の上昇は、可視化されうる量的な効果である。アウトリーチ戦略の効果を計測する上でも、こうした量的な効果は重要であり、本章第1節のＧＯＴＶの効果でも確認した通りである。

しかし、マスメディア利用中心の戦略による集票効果が存在する一方で、それとは異なるアウトリーチ特有の効果として、質的な効果にも目を向ける必要がある。アウトリーチ戦略によって有権者にもたらされる質的な変化といいかえてもよい。それは、アウトリーチによって刺激され、掘り起こされるターゲットの有権者層の政治参加への意欲増進であり、その結果として活性化された活動家と候補者や政党とによる「コミュニケーション空間」の生成である。スポット広告などの空中戦やコンサルタントによるマーケティング的な誘導が、選挙民を操作の対象物として客体化しているのに対して、アウトリーチ戦略では選挙民の主体的な政治参加や選挙協力という質的効果を引き出す「コミュニケーション」をともなう。こうしたことが可能なのは、有権者集団が社会的な自己承認と利益拡大を欲するなかで、選挙運動が最も身近な方法として用意されているという、「選挙デモクラシー」と人種・エスニシティ要因が折り重なった、アメリカ特有の社会環境が大いに関係している。

アウトリーチ戦略の効果としての「コミュニケーション空間」の形成について本章では三段階にわたって検討したが、まず予備選挙段階では、州の地方政党が草の根の運動の活力を基に活性化していることを確認した。もともと、政党の州委員会主催の各種イベントには基礎票へのアウトリーチという目的が存在したが、インターネットを駆使した運動の活性化現象の後、これらの州政党主催の活動も連鎖的に活性化され、地方活動家のネットワーク形成の場としても機能し始めている。次に全国党大会段階では、インターネット技術の浸透で、全国党大会に新たな活動家の参加が促されていることを明らかにした。それは従来のメディアイベントとしての党大会とは異質の、候補者や政党と活動家をつなぐ新たな「コミュニケーション空間」としての全国党大会の再生である。全国党大会におけるアウトリーチが、とりわけマイノリティの有権者集団の選挙参加の意欲を刺激している現象も分析した。最後に政権運営段階としては、二〇〇九年にオバマ陣営のスピンオフ組織として民主党全国委員会本部内に設けられた活動家組織オーガナイジング・フォー・アメリカのような「コミュニケーション空間」も創造されていた。

また、アウトリーチ特有の量的な効果は、アジア系、ヒスパニック系において戸別訪問の投票率上昇への一定の有効性、同じエスニック属性の運動員を通じた接触による支持率上昇などGOTVの効果に認められている。さらに、注目すべきは人種やエスニシティのアイデンティティと連動した、主体的な政治参加を促す質的効果である。こうした効果により、インターネット技術と活動家による対面型集票活動に支えられた新しい「コミュニケーション空間」が生み出され、それは、候補者と政党・コンサルタントと支持者の三者を結びつける、これまでのアメリカの政党構造モデルとは異なる、新たなモデルを提示しうるものである。

その上で明らかにしたのは、アウトリーチの限界である。たとえ二大政党の候補者と活動家が全国政党機関の助けを借りてアウトリーチ戦略を実施したとしても、アウトリーチ戦略の効果は、条件次第で均一ではない。アウトリーチ戦略が効果的に働く条件が整っているときにこそ「コミュニケーション空間」は広く、そして濃くなり、逆にアウトリーチ戦略が効果を発揮する上で制約が存在すると「コミュニケーション空間」は狭く、薄くなると考えられる。加えてアウトリーチの効果は、大統領選挙サイクルか連邦議会選挙かという条件、また大統領候補の勝算、そしてコンセンサス形成や統一的政策形成の難しさという制約と無縁ではいられないのである。

終　章　デモクラシーの変容とその未来

「新しいアウトリーチ戦略」がもたらしたもの

本書で妥当性の実証を試みた仮説は、二〇〇〇年選挙サイクル以降に、民主党、共和党の二大政党が重視し始めた新しいアウトリーチ戦略は、インターネット技術を利用しつつも、活動家が対面活動を通じて集票や動員を行い、多様な活動家が接触し相互に交渉し合う新しい「コミュニケーション空間」を形成している、というものであった。アウトリーチ戦略がアメリカのそれまでの選挙運動と比べて画期的だったのは、コンサルタントの主導する選挙、マスメディア利用を軸とする選挙の趨勢の中で、地上戦の再評価を選挙運動にもたらしたこと、そして選挙運動と政党政治に「双方向性」を持ち込んだことであった。マスメディアを介して操作する対象として選挙民を扱うのではなく、属性アイデンティティを刺激して、自発的・主体的な政治参加を引き出す戦略だったからである。人種マイノリティ集団に対する働きかけには、大多数の白人も視聴するスポット広告などのマスメディア利用が不向きであるという、旧来のメディア戦略の限界への認識から、むしろ対面での説得による、説得対象と同じ人種の運動員を通じた、人間味を感じさせる語りかけが効果的であると考えられた。かくして、一九七〇年代以降のマスメディアを中心とした選挙戦略の中で脇役に追いやられていた感のある戸別訪問が再評価された。

そして、二〇〇〇年代後半以降にアウトリーチ戦略を飛躍的に深化させたのはインターネットの新技術だった。二〇〇〇年頃までの選挙へのインターネットの利用は、ホームページの開設や動画のアップロードのようなものが中心で「空中戦」の二次形態と見られた。しかし、第3章の事例研究で明らかにしたように、ソーシャルメディアの誕生によって、草の根のオンライン組織が形成できるようになり、「地上戦」と融合するに至った。技術発展に対する適応として、政党はアウトリーチ戦略を多用したのである。そうしたアウトリーチ戦略の効果として、活動家の「コミュニケーション空間」が創設されていることについて、第4章で三段階にわたって検討した。

予備選挙段階では、民主党では二〇〇八年のオバマ陣営の例が象徴するように、民主党全国委員会本部から流入したアウトリーチ戦略のスタッフによって、コミュニティオーガナイズ方式の組織形成を土台に、活動家の掘り起こしが行われた。共和党においても、インターネットを駆使した運動の活性化が、地方活動家のネットワーク形成の場を生み出し、州政党組織のエリートの刷新も引き起こしていた。

全国党大会段階では、インターネット技術の浸透が、主として民主党全国大会に新たな活動家の参加を促した。従来のマスメディア向けのイベントとしての党大会とは異なる、政党と活動家を結ぶ、あるいは活動家同士の相互の接触を加速する新たな「コミュニケーション空間」としての全国党大会の再生であった。そこでは、マイノリティの有権者集団の選挙参加への意欲が刺激されている。共和党のほうでも、民主党と同じようにオンラインで支持者や活動家とつながることを目指し、予備選挙段階の成果である地方政党組織のエリートの刷新の結果として党内に新たな活動家を包摂することになった。

そして政権運営段階では、二〇〇九年にオバマ陣営のスピンオフ組織として民主党全国委員会本部内に誕生した活動家組織ＯＦＡのような「コミュニケーション空間」も創造された。アウトリーチ戦略で掘り起こされた争点・

政策追求型の活動家を政党に包摂するために、争点・政策への関与の仕組みが、選挙目的以外の政権運営においても形成されたのである。全国政党機関内に組織するか（オーガナイジング・フォー・アメリカ）、501(c)(4)に該当する独立した非営利団体として同盟的な団体と連携しつつ政党や政権のアジェンダを支えるか（オーガナイジング・フォー・アクション）といった、組織形態の試行錯誤は続くであろうが、第一に医療保険改革法の成立という立法成果を残した点で、第二に二〇一二年に同組織の活動家が支えたことでオバマ再選を実現している点で、政権運営段階においても、少なくとも民主党側では成果を残している。

たしかに、サイモン・ローゼンバーグが述べるように、ＯＦＡはオバマという候補者個人を支援する活動家の組織でもあり、政党からの権限委譲を象徴する側面が皆無ではない（Rosenberg とのインタビュー 2013）。事実、二期目のオーガナイジング・フォー・アクションは民主党全国委員会本部から完全に切り離された。しかし、全国委員会からのＯＦＡの離脱は、迂回的ではあるが、政党による政策課題への支援の効果をさらに高める目的で決断されたものであった。

そして、いずれの段階においてもインターネットを用いることで、これまでになかった形で物理的な地域を越えて、バーチャルなコミュニケーション空間を創造し、そこに集う人々に地上戦を展開するという、まったく新しいアウトリーチ戦略が生まれている。民主党・共和党の二大政党が重視し始めたアウトリーチで掘り起こされた活動家は、オンライン技術の有効活用によって、選挙終了後もサイクルを横断して政党に関係を持ち続けている。多様な活動家が接触し相互に交渉し合う、機能的な「コミュニケーション空間」が、かつてのマシーン政治の代替として誕生しているのである。したがって、本書で掲げた仮説は実証されたと結論づけたい。

ただ、二〇〇八年選挙サイクルにおいては、オンラインと地上戦が完全に連動していたわけではなく、活動家のコミュニケーション空間は二〇一二年選挙で本格的に成熟したといえるだろう。コミュニティリーダーの助けを必要とするアウトリーチ戦略は、活動家によるコミュニケーションの場が創設されて初めて有機的に働く。アウトリーチ戦略の台頭は、マシーン政治時代への逆行でも、マスメディア依存の戦略でもなく、人が人を説得する基本に政党が立ち返ることができたことを意味しよう。

もちろん、アウトリーチの活動は候補者や政策の方向性によって変質していく。それだけに現時点では、アウトリーチの実態から浮かび上がるものは、活動家のコミュニケーションの場の誕生であり、定型的な政党のネットワークとまではいえない。今後も候補者によってアウトリーチの方法や焦点は変化していくだろう。オバマは人種的な背景を武器に人種マイノリティや若年層にアピールしたが、ヒラリー・クリントンならば女性に、共和党保守派ならば福音派キリスト教徒に焦点を絞ったアウトリーチが展開される可能性が想定できる。そこでは、異なる活動家による「コミュニケーション空間」がその都度形成されることだろう。候補者によって可変的で、未定型な特質が、アウトリーチ戦略の性質でもあり、その意味でアウトリーチの可能性は、制約や限界と表裏一体の関係にある。

アウトリーチ戦略の未来

ところで、アウトリーチ戦略の未来には、まだまだ未知の領域が残されていることも指摘しておかなければならない。

第一に、伝統的な選挙民分類の再編成がもたらすアウトリーチ戦略の将来の行方である。たとえば、ヒスパニック系の増大は量的な側面に関心が集まりがちであるが、その増大の仕方には地域差があり、また第3章の事例で明らかにしたように、必ずしも民主党支持に結びつく保証はない。ヒスパニック系をマイノリティ向けのアウトリーチの枠内にとどめるのか、それともカトリック・アウトリーチに分化させていくのか、あるいはイデオロギーや別の争点に引き寄せていくのか、人口構成の変容がもたらす影響は、人口の増減だけでは予測できない。もちろん、人種やエスニシティは今後もアメリカ社会における主要な対立軸として機能していくであろうが、エスニシティの構成と社会的なコンテキストの変容は不可避である。従来は同じ教会に通う、同じコミュニティの同じ人種との連帯だけだったものが、オンラインでの交流によって、これまでにないアイデンティティ意識や争点への関心が生み出される可能性がある。

また、韓国系を中心にアジア系に福音派キリスト教徒が増えていることから、アジア系でも信仰アウトリーチの要因が絡むようになったが、彼らは当然、共和党の支持基盤として掘り起こされてきた白人福音派有権者とは異なるイデオロギーや争点関心を形成する可能性がある。共和党の票田としては衰退傾向にある宗教右派的な福音派とは異なる、新しい穏健なアジア系キリスト教徒がどのような政策選好や政党への関与の仕方を示すのか、政党のアウトリーチの課題となる実証研究は未発展である。

マイノリティをめぐる意識の変化への適応も課題として浮上してくるであろう。とくに民主党のアウトリーチは人種問題から派生し、マイノリティの権利保護と表裏一体のものとして成長してきた。しかし、マイノリティ集団の権利意識や主要争点は変容する。背後に控えているのは、民主党の存在意義そのものに関わる危機意識であり、たとえばマギネスは次のように指摘する。「民主党が背負っている歴史的役割に、社会的権利を得られていなかった集団の権利獲得運動に肩入れしてきた過去がある。黒人、女性の権利、同性愛の権利などと連動してきたわけだ。しかし彼らがもう「庇護」を必要としていないのだとしたら。民主党が選挙民をとりまとめる共通の理念は何だろうか」（McGinness とのインタビュー 2005）。アメリカの政治関係者、選挙アウトリーチの現場が焦点を絞るのは、投票行動と属性アイデンティティの関係における質的変化であり、政党、とりわけ民主党がこうした変化にどのように適応するのかは自明ではない。

第二に、共和党政権下におけるアウトリーチと「コミュニケーション空間」の創設の行方である。共和党政権下においても共和党全国組織が、大統領候補者の個人的支援組織を包摂するＯＦＡのようなネットワークを形成するのだろうか。人種アウトリーチを主たる目的としてこなかった共和党が、ヒスパニック系の増大で人種アウトリーチをどのように扱うのか、その際に政党の支持者連合の再編成が行われるのかどうかは、今後、共和党大統領による政権が誕生した暁に明らかになろう。

第三に、アウトリーチの「効果」と「限界」の変容である。投票行動研究における実験では、非党派のＧＯＴＶの効果を明らかにするものが現在でもなお主流であるが、政党の協力を得た実際の政党によるアウトリーチの実験でなければ、アウトリーチの効果測定の精緻化は進まない。今後、女性、ヒスパニック系、アジア系などが大統領選挙で政党の指名を獲得すれば、同じ選挙サイクルにおける各州でのアウトリーチの展開と効果は、二〇〇八年のアフリカ系候補者におけるそれとは異なるだろうし、詳細な事例分析が期待されよう。

それに関連して起きている興味深い現象は、利益団体や政党が自ら実験を行い、そのデータを説得可能票の割り出しに利用し始めていることである。二〇〇八年の大統領選挙を前にして、グリーンとガーバーが始めた実験に刺激を受けたＡＦＬ‐ＣＩＯが、コントロールグループとトリートメントグループに集団を分けて自分たちのメッセージの効果を測定し、それをオバマ陣営に売り込んだことを端緒に、候補者陣営や政党による独自の実験が徐々に浸透している。本来は学術目的で進められた、有権者の反応をテストする実験が、選挙戦略の現場に有用性を認められて取り入れられるという展開は興味深い。実験を応用するには一定の長い時間が必要であるため、二〇〇八年の大統領選挙に利用するには時間的余裕が十分ではなかった。それ以後も部分的な「参考」にとどまっていた実験の応用は、二〇一六年大統領選挙サイクルからは、本格的に浸透しているとジャングレコは指摘する（Giangreco とのインタビュー 2015)。

第四に、かつては小さなコミュニティの中で戸別訪問を通じて行っていた人種別・属性別のアウトリーチが、ソーシャルメディアによって空間的に広がったことの延長上で、「空中戦」も個別のアウトリーチに活用可能な形態に変質しつつあることである。各家庭に向けて放送されるケーブルテレビの広告の内容に変化をつけることが可能になりつつあるのだ。同じチャンネルの同じ番組を観ていても、それぞれの家庭の政治的な思想や人種などによって、放送する広告のメッセージに微妙な変化をつけることが、技術的には可能になりつつある。放送されている番組のコンテンツは同じでも、広告だけは世帯の好みに合わせた個別向けのものにするマイクロターゲティングの応用である。二〇一二年のオバマ陣営で開発されたビッグデータをさらに精緻化していけば、近い将来「空中戦」のアウトリーチ化が可能になるという（Grisolano および Giangreco とのインタビュー 2015)。

つまり、これまでエスニック・メディアを通してしかできなかったアウトリーチの広告戦略がいよいよマスメディアでも可能となることを意味している。ただ、能動性や主体性を引き出すアウトリーチの効果が、マスメディアを用いた「空中戦」のアウトリーチ化でも得られるという保証はない。テレビ広告を通して流されるメッセージは、それがたとえ有権者の属性や好みに合わせたものであっても、コミュニケーションとしては一方通行だからである。

そして最後の、アウトリーチの未知の領域は、「コミュニケーション空間」が創設された結果、活動家の間で政党志向が強まるのか否かである。活動家が政党志向を高めるかどうか、政策志向の活動家が政党中心志向になるかどうかは、まだ未知数だからである。仮に民主党がオーガナイジング・フォー・アクションのような組織を次の政権に継承していくとすれば、いったん民主党全国委員会に組織をバトンタッチしなければならないが、候補者陣営にとって自らの支持者組織を、政党や他の候補者の支持者組織に移行させることは容易ではない。一九七〇年代以来の候補者中心選挙が消滅したわけではない上に、特定の候補者に共感を抱いて集った組織が、そのまま政党の支持者連合に転化して、同じ情熱で活動家が参加する保証はないからである。

「有権者の政治的な態度は、候補者と相手候補と時の情勢によって変化するものであり、有権者データの賞味期限は選挙サイクルごとである。二〇一六年の大統領選挙にそのまま二〇一二年の大統領選挙のデータは使えない。基本的には二〇一六年の候補は別の組織作りとデータ収集を一から行うしかない」とジャングレコは述べ、その非効率性を受け入れるべきだと指摘する。まずは民主党がオーガナイジング・フォー・アクションに集う活動家をどう継承していくのかが試金石になるであろう。

デモクラシーにおけるアウトリーチ戦略の功罪

本書ではこれまでデモクラシーにおける選挙とアウトリーチの位相を考えてきた。アウトリーチ戦略とその発展に注目すると、これまで見えなかったアメリカ政治のどのような側面が明らかにできるのであろうか。

二〇〇〇年以降、新しいアウトリーチ戦略が顕著化し、とくに二〇〇八年より民主党のオバマ陣営が同戦略を前面に押し出した。これは、これまで相対的に未組織であった選挙民グループが選挙に動員されたこと、すなわち、これまで選挙政治の周辺にいた選挙民グループを選挙に参加させることを通じて、アメリカ政治の民主化を促進したことを意味する。

アメリカでは歴史的に大政党が選挙競争を通じて、新たな移民、アフリカ系、女性など新しい選挙民を政治に参入させ、アメリカ政治を民主化させる役割を演じてきた。伝統的政党組織の衰退、政党支持者の減少、候補者中心の選挙運動様式の台頭などにより、政党の役割の低下が指摘され、ともすればアメリカの大政党が歴史的に大きな役割を演じてきたことが忘れられてきた。しかし、アウトリーチ戦略の拡充は、アメリカの政党がこの歴史的な役割を放棄していなかったことを示唆していよう。つまり、アメリカ政治全体に目を向ければ、大政党は現在でもなおアメリカ政治を民主化するダイナミックで重要なエージェントなのである。

たしかに、第4章で見たようにアウトリーチは、閉鎖体系の中での個別集団へのリップサービスにつながりかねず、当選後の政策調整をかえって困難にする可能性がある。しかし、それでもアウトリーチによって選挙過程に巻き込んでいくことは、デモクラシーにとっては正の効果を持ってきた。本書冒頭の「はじめに」で提起した問題に立ち返れば、アメリカ人にとっての政治参加は、投票日一日の行為に限定されない。J・ウォンらのアジア系に対する調査の項目にあるように、投票以外にも、政治献金、政府公職者への接触、コミュニティ活動、抗議活動などで多面的に行使されるものなのである。

思想信条があらゆる局面を通して表明され、それ自体に政治参加の意義が認められる。そしてアウトリーチは政治参加のすべての局面に関係するといえる。エスニック集団のコミュニティリーダーのもとでコミュニティ活動が活性化され、日常的な政治的抗議活動のネットワークと連動する。労働組合であったり、教会であったり、様々な結社かもしれない。集団が応援する候補者に献金もするだろう。選挙陣営や政党からすれば、アウトリーチは集票のための活動にほかならない。しかし、選挙民のグループと活動家側に視点を切り替えてみれば、アウトリーチは幅広い政治参加という「コミュニケーション空間」に接続されるブリッジなのである。

伝統的に地方政党組織の活動に熱心だった層は、経済的・時間的に余裕のある自営業者や、仕事と政治活動が一体化している利益団体の関係者が多かったが、インターネットの拡充で、経済的・時間的に必ずしも余裕のない周辺の有権者にも政治参加が容易になりつつある。これは政党や候補者のアウトリーチにとっての利益であるだけでなく、政治の民主化の点でも望ましいことだろう。

もちろん、アウトリーチ戦略がマクロレベルで民主化に貢献している一方で、ミクロレベルで弊害をもたらしていることも見逃すわけにはいかない。その最たるものは、分極化の幇助である。ピューリサーチセンターが、一九八七年から二〇一二年までの間に、四八の政治的な価値観について質問した調査によると、党派的な次元での分極化が一八ポイントも高まっている。同調査は「ブッシュ政権、オバマ政権期に分極化が促進された」と結論づけているが[(1)]、有権者が持っている争点をめぐるイデオロギー的な指向性は、選挙過程で受ける刺激でも変容する。とりわけ争点志向の活動家が参入しやすい予備選挙過程では、イデオロギー的に偏りのある有権者の争点への関心にも候補者は耳を傾け、人口比率上の実数からすると少数の声でも影響が増幅される。

イデオロギー的な分極化の生成が、政党の選挙キャンペーンと不可避的に結びついているとすれば、アウトリーチが分極化の加速要因である負の面も否定できないだろう。マスケットがカリフォルニア州の事例で指摘するように、「非公式の政党」の活動家は、候補者指名過程で影響を及ぼして分極化を促進している（Masket 2011）。人種アウトリーチにおいても、第4章で明らかにしたようにアイデンティティ政治を焚きつけることに政党が加担している側面があり、実際には「一つのアメリカ」を遠ざける原因を政党や候補者側もアウトリーチによって再生産している。

政党の活動家包摂の動きが、結果として全体の分極化を促進した面も否定できない。ティーパーティ運動は共和党を活性化したが、他方で、根が反エスタブリッシュメント運動であるだけに、穏健派と活動家の対立も党内にもたらした。活動家の参入で政党が活性化することの代償である。誰でも容易に政党の運動に参与できるアメリカの開放的な制度の特質として、政党内にイデオロギー的に過激な活動家が入り込むことは避けられない。ローゼンバーグが「ティーパーティは短期的には共和党を利しても、中長期的には害する可能性がある」と述べるように（Rosenberg とのインタビュー 2010, 2011）、ティーパーティ運動は共和党を活性化しつつも、他方ではイデオロギー的な分極化の生成要因となってきたのである。

そもそもティーパーティと共和党主流派の間の政策的な溝は大きかった。二〇一一年二月のピューリサーチセンターの調査では、政府支出について教育、公立学校、メディケア、犯罪対策、環境保全などの項目で、共和党ティーパーティ系と非ティーパーティ系が増大と削減で大きく食い違う回答を示しており、その差は三〇％以上、最大四五％に及んでいた。共和党非ティーパーティ系と民主党のギャップのほうがむしろ少ない項目も多々ある。穏健な共和党政治家をライノ（Republicans in Name Only：名ばかりの共和党員）と呼び、「共和党が今や民主党のようになってしまった」（Thayer とのインタビュー 2011）と考えるような活動家を共和党は包摂する道を選んだのだが（Brox 2013）、その結果として分極化を深めているのである。

他方、民主党側でもオバマ政権の内政担当高官は「オバマは再選のために、社会政策でリベラル性を維持しつつも、財政政策では中道化せざるをえなかった」とは述べるが（オバマ政権大統領府内政担当者とのインタビュー 2011）、経済に加え外交・安保でも中道化が加速した場合、リベラル派との不協和音が拡大しかねなかった。二〇一二年選挙サイクルにおいて、民主党は活動家のエネルギーを政党に取り込み続けるために、社会争点で相当にリベラルなイデオロギーに踏み込んだ。オバマ大統領の同性婚への賛同表明は、第一次的にはスーパーPACに対抗する政治資金の獲得が狙いであったが、同性愛者団体側へのアウトリーチにおける「双方向」の含意としては、当然のことながらイデオロギー的なリベラル性を政党内で増していくことであった。活動家の掘り起こしと活性化による「コミュニケーション空間」の創設は、活動家によって政党が極端な方向に引っ張られることによる分極化という深刻な副作用をともなっている。(2)

いいかえれば、イデオロギー的には保守とリベラルの二つの方向性の分極化が進行している上に、二大政党の内部が結束しているわけではないのである。このアメリカ特有のジレンマに政党は悩まされている。共和党が「小さな政府」の方針でまとまりを見せつつも、底流ではリバタリアン、ネオコンサーバティブ、宗教保守などで分裂しているのと同じように、あるいはそれ以上に民主党は複雑である。それが選挙での集票のみならず政策実現をも阻んでいる。

たとえば、女性解放運動が人工妊娠中絶の権利擁護というシングルイシューに拘泥してきたことが、党内で貧困、平和などに強い関心のあるカトリック信徒との共闘を阻害する要因になってきた。一方、そのカトリックは人工妊娠中絶や避妊薬への保険適用に反対し、オバマの医療保険改革の足を引っ張った。また、同じく民主党の基礎票である黒人が、牧師と教会を基盤にした信仰心を持つ集団であることも、同性愛者との不和の原因である。南部・中西部に多い文化的保守の民主党支持者は、銃規制法案に反対し、反移民感情ものぞかせる。

また、石油・石炭・自動車など化石燃料に関係する産業が多くの労働者の雇用を安定させてきた地域では、代替エネルギーには賛同を得られない。人口構成の変容によるマイノリティの多様化は、アファーマティブ・アクションの存続論争や利益の配分をめぐる綱引きを、不法移民をも巻き込んで深化させている。伝統的なアメリカ黒人と自由移民のアフリカ系との微妙な関係も新たな問題である。軍需に雇用を支えてもらっている労働組合は、反戦リベラル派とは戦争観が異なる。

このように、主として「宗教」をめぐる問題、「雇用」をめぐる問題、アイデンティティをめぐる問題が、人権、環境保護、経済格差解消など、リベラル・アジェンダの実現を内部的に阻害している。保守とリベラルの分断という大きな分断の内部に、保守内部の、リベラル内部の、立体的に錯綜した分断が存在していることが、アメリカ政治の複雑さの根源にある。

しかし、こうした異なるグループの接点を見つけて、政党の共通のアジェンダに収斂させていく作業も、アウトリーチの役割の範疇にあるかもしれない。本書で見たように、民主党は世俗派一辺倒の政党から脱却し、リベラルな福音派やカトリック信徒の草の根運動を取り込むことに成功した。イラク戦争が起点になったこの世俗派・信仰派の連合は、医療保険をめぐって分裂しかけたが、無保険者の救済、貧困対策を結び目に連合を維持した。アフリカ系の同性婚反対の姿勢にしても、公民権という結び目をクローズアップするアウトリーチができれば、同性愛者との連合を維持できよう。そこでアウトリーチが、アメリカのデモクラシーのこうしたジレンマの処方箋として果たす役割は少なくないはずである。

すなわち、黒人アウトリーチ、同性愛者アウトリーチが公民権で共同プロジェクトを志向すれば、あるいは労組アウトリーチ、カトリック・アウトリーチが失業者と貧困問題で共闘すれば、それはそれで新しいアウトリーチ戦略になりえるし、結果として異なるグループの、政党への求心力を高める可能性がある。その意味では、アウトリーチの副作用は、複数の異なる選挙民グループを統合する、統合のアウトリーチに修正が施されていけばという条件付きで、少なくとも政党内の分断を抑制する機能を果たすかもしれない。

要するに、アウトリーチ戦略がアメリカ政治に持つ最も重要な含意は、選挙政治の周辺にいた選挙民グループを次々と選挙に参加させることを通じて、アメリカ政治の民主化を促進するのに貢献したことであった。繰り返すなら、アウトリーチ戦略から見れば、アメリカの大政党はアメリカ政治を民主化するダイナミックで重要なエージェントであるといえる。しかし、新しい選挙民の動員は対立を煽りながらイデオロギー的分極化の中で行われているものであり、新しい選挙民の動員に不可欠なコンセンサスの形成にはつながっていない。マクロレベルでは民主化を促進する政党の重要な役割の象徴として機能し、ミクロレベルでは分極化と密接な関係を持つ二面性を有している。だが、政党内の異なる選挙民グループを結びつける統合作業においては、アウトリーチが分断修復の役割を果たす可能性もあり、デモクラシーにおけるアウトリーチの意義は軽視できない。

政党と候補者にとって選挙は議席を増やすため、勝利するためのものである。しかし、活動家にとってはキャンペーンを通して、自らの主張を政党や候補者に聞き入れてもらうアドボカシーの機会でもある。現に意中の候補を予備選挙で勝利させれば、政党の公認候補にさせることができる。そして皮肉にも、このアメリカの政党の開放的な制度が、かえって二党体制の維持を強化してきた。二〇一二年大統領選挙で、リバタリアンが第三政党運動ではなく、共和党内での影響力の獲得を選んだように、あるいはティーパーティが共和党内の改革を選んだように、既存の政党内で予備選挙を通して党内イデオロギーの変革を目指すほうが現実的であり、むやみに第三政党運動を起こせば票を分裂させ、相手側の政党を利することになるからである。このことがアメリカで本格的な第三政党が出現しにくいことと関係しているとすれば、アウトリーチもそのアメリカ独特の二大政党制を支える動力となっているといえるだろう。

今後もアメリカの有権者は、全国向けの主流メディアやインターネットを通じた、政党や候補者からのアメリカ国民向けの統合的メッセージと、戸別訪問やソーシャルメディアを介したアウトリーチ戦略による、人種・エスニシティ・信仰などのアイデンティティを刺激する個別的メッセージの双方に同時にさらされていくだろう。アウトリーチ戦略を単なる集票のための誘導として狭義の機能から一面的に捉えれば、コンサルタント主導の選挙マーケティングとの差異は自明ではないかもしれない。しかし、選挙キャンペーンへの政治参加の過程でもたらされる、より広義の意義を射程に捉えれば、アウトリーチほどアメリカのデモクラシーのダイナミズムを支えてきたエッセンスをよく示すものはない。

多様なアメリカ社会で、統合と差異の双方に揺れ動く有権者が政治とつながり続ける「結び目」としてのアウトリーチは、今後もデモクラシーの進展と分裂の契機をもたらし続けるだろう。そうした両義性を抱えた営みだからこそ、アメリカ政治の変容を浮かび上がらせる「鑑」になりえるのかもしれない。

あとがき

ワシントン州シアトルのウイング・ルーク博物館で、武術家にして映画俳優・脚本家・監督でもあったブルース・リー（李小龍）の没後四〇年を偲ぶ展示会「Do You Know Bruce ? : Breaking Barriers」が二〇一四年から三年限定で開催されている。興味深いのは、この博物館がアジア系アメリカ人の歴史を共有することを目的としていることだ。リーはアメリカでは「アジア系アメリカ人」であり、アジア系の地位向上に尽くした人物として賞賛されている。たとえば、リンダ夫人の自著を原作にしたロブ・コーエン監督の映画「ドラゴン――ブルース・リー・ストーリー（*Dragon : The Bruce Lee Story*）」（一九九三年）はその意味できわめて象徴的な作品である。武術を介してアメリカで承認を勝ち得ていく青春と異人種間結婚をめぐる苦悩と喜びが清々しく描かれている。

一方、香港・新界の沙田にある香港文化博物館でも、ブルース・リーの展示会「武・藝・人生――李小龍」が二〇一三年から五年限定で開催されている。子役時代の映像や貴重な遺品の展示に加え、楊逸徳監督のドキュメンタリー「李小龍風采一生」（二〇〇九年）の上映が目玉だ。このドキュメンタリーが興味深いのは、出演するリーの香港側の友人・知人らが、揃いも揃って香港人としてのリーを熱弁することである。夫人のリンダは添え物のようで、「李小龍は香港のもの」という空気感に満ちあふれている。

どちらかが間違いということではない。リーがリンダ夫人に見せていた「顔」と、香港の旧知の仲間と広東語で会話する際に見せていた「顔」は必ずしも同じではないからだ。アメリカ西海岸と香港の両方で、異なる周囲の

「語り」がある。それはまるでハワイ、インドネシア、西海岸、シカゴ黒人社会、ハーバード大学で、それぞれ違う「顔」を持っていたバラク・オバマをめぐる「語り」を彷彿とさせる。

アウトリーチのフィールドは、リーのようにアメリカと出身国の両方に多面的なアイデンティティを抱えた移民たちの、歴史の縮図でもあった。アメリカの華人社会は、中華人民共和国成立以前の広東移民の伝統をそのまま「保存」した空間でもある。近年は北京語が浸透しつつあるが、未だに繁体字、広東語が主流だ。アメリカの地方都市にクローンのように存在する中華料理店は、大概は日本食と韓国料理を加えたハイブリッドだが、大都市のチャイナタウンに一歩足を踏み入れると、香港や広州と寸分違わない味と外観の料理が並ぶ。ニューヨークのチャイナタウンで飲茶（ヤムチャ）に行けば、顔が東アジア人ならまず広東語で話しかけられる。アメリカの移民社会では、アメリカ社会全体に向けて提供されるものと、自分たちの移民社会の中で共有していくものが異なっているが、エスニック集団の外からは、前者と後者の違いはなかなか見分けがつかない。

エスニック集団の「個別のアメリカ」があり、他方で統合的な「全体のアメリカ」がある。「個別のアメリカ」はどのように「全体のアメリカ」に連結するのか。これは本書の前提となる根本的な問題意識であった。「個別のアメリカ」をめぐる優れた研究成果は、今さら筆者が指摘するまでもない。マルチカルチュラリズムに照らして、マイノリティの歴史とアイデンティティについて夥しい優れた研究が蓄積されている。他方で統合の過程について理念面から掘り下げる試みも多数なされてきた。本書が挑戦したのは、選挙過程において「個別のアメリカ」と「全体のアメリカ」が接続する結び目を探ることだった。選挙は政党や候補者が票を無心する機会のように理解されがちだ。しかし、個別集団にとっては票と引き換えに自己主張するまたとない機会でもある。

このことを再認識させられたのは、筆者の議会勤務経験における選挙区対応であったが、より立体的な把握はアウトリーチの仕事を通したコミュニティリーダーとの綱引きを通じてであった。エスニック集団の野心家や活動家は自主的に選挙イベントへの協力を申し出るが、自らの勢力拡大や、なかには地方議会への出馬まで見据えて陣営に近づく者もいた。活動家の政党への参与は、周辺的存在である彼らを「全体のアメリカ」に溶け込ませる包摂の営みでもあるが、他方で「個別のアメリカ」のアイデンティティを政治過程に反映させる行為でもある。その橋渡しをするのがアウトリーチである。

振り返れば、二〇〇〇年に連邦上院議員選挙ヒラリー・クリントン陣営と大統領選挙アル・ゴア陣営ニューヨーク州支部のアウトリーチ局で、アジア太平洋諸島系の集票を任される機会に恵まれたことは、あまりに貴重であり、この経験からすべては始まった。しかし、アウトリーチ戦略は選挙関係者の間でもフィールド部門経験者の「伝統芸」のような扱いでブラックボックス化されており、メディア・コンサルタントはもとより、候補者ですらそのすべてを把握しているわけではない。経験したことは何だったのか理論的に意味づけたい、そしてそれを広く共有したいという想いが膨らんでいったが、それは複数の領域を架橋する願望でもあった。

いいかえれば、選挙過程をめぐる現場の「経験の知」とアカデミアの「分析の知」の架橋である。S・アイゼンバーグが指摘しているように、アメリカの選挙の実践者は、政治学者の分析を現場から遊離した机上の空論として軽視しがちだ。他方で、アメリカの政治科学は、イェール大学のD・グリーンとA・ガーバーがGOTV実験に踏み出すまでは、政治の現場と距離を置くことを旨としてきた。アメリカでは選挙運動の実態記録は、一部の政治学者の記述的手法を除けば、ジャーナリストの仕事とされてきた。元陣営顧問らが回顧録を公刊することもあるが、選挙コンサルタントはあくまでマスメディアをめぐる戦略や世論調査の専門家であり、イメージ戦略やスピン操作には長けていても、現場のアウトリーチの実態に詳しいわけではない。

そして、ジャーナリズムの記述だけに依存することにも問題が存在した。アメリカでもジャーナリスト、とりわけ大手媒体の記者には、候補者を追いかけざるをえないという不可避のジレンマがあるからだ。これは筆者が政治記者だった頃に身をもって経験してきたことでもある。「密着」の基本は候補者取材である。キャンペーン用の大型飛行機に同乗し、ディベートを観戦して原稿を書く。しかし、カメラや記者を前にしての候補者の一挙一動は、たとえニューハンプシャー州の場末のカフェにおける地元客との「ふれあい」であろうと、タウンホールミーティングであろうと、その時点で演出を意識した広義の「空中戦」であり、候補者だけにいくら密着してもアウトリーチ戦略は見えてこない。アウトリーチを可視化するには、陣営と支持基盤を取材しなければいけないのだが、それらの取材はデイリーの紙面や放送になかなか直結しない。

また、アメリカで選挙が一つの産業として確立していることも、逆説的に現代アメリカ選挙の実態把握を鈍らせる一因となってきた。コンサルタントには選挙の勝利や支持率上昇への効果をビジネスのために強調する動機がある。そのため、勝因が自らの分野のコンサルティングにつながるよう、選挙運動史を書き換えてしまう衝動を捨てきれない。

いつしか筆者は、アメリカの政治学者には滅多に会わない選挙過程のフィールドで聞き取りを行い、他方で候補者の「競馬競争」（ホースレース）の予想に執心するアメリカのジャーナリストの手が回らない「地上戦」戦略や政党の活動実態を調査し、アメリカにおける「担当者不在」の空白の領域を徐々に引き受けるようになっていた。それは外国人だからできたことでもあるし、アメリカのデモクラシーを選挙研究から探るうちに開けた道でもあった。外国人のフィールドワークに対しては、コンサルタントや政党関係者の自社宣伝やスピン操作の食指は動かなかったが、それだけに国内のプレスには語らない素直な声を聞かせてくれた。

これまでアメリカ研究という枠をはみ出したことは一度もないが、文学や思想を経て大学院から外交研究、そして内政研究へと変遷をたどった。その過程で痛感したのは外交政策に対する内政要因の大きさだった。国際関係論の理論とは異なる次元で、五〇州の利害を代弁する連邦議員、利益団体や支持基盤、そしてメディアが形成する世論などが影響を与えている。この問題意識は連邦議会、選挙事務所での実務経験で確信に変わった。その意味で、筆者の研究は内政要因を外交政策と架橋する未完の試みでもある。

「アメリカ人には〝日本のトクヴィル〟といえばいい」とあまりに過分かつ強引な定義をしてくれたのは、蒋介石夫人研究で知られるジャーナリストのローラ・タイソン・リーだったが、「議会研究のR・フェノにあたるような質的研究を」と背中を押し続けてくださったのは上智大学の前嶋和弘先生だった。怠慢と能力的な限界ゆえに、期待に十分に応えられているとは思えないが、「現場の知」と「分析の知」、「分析の知」の内部における「臨床と記述の知」と「理論と解釈の知」を、なんとか自分なりに繋ぎたいという想いだけで走り続けた一五年であった。

ところで本書は、二〇一五年に早稲田大学大学院政治学研究科に提出・受理された博士学位請求論文「アメリカ公職選挙におけるアウトリーチ戦略の展開――新たな「コミュニケーション空間」の創出」を原型にしている。博士論文の執筆にあたっては、それまで発表してきた文章が大幅な加筆修正を経て取り込まれている。第1章は『メディア・コミュニケーション研究』六三号（二〇一二年）掲載の拙稿と『現代アメリカ選挙の集票過程――アウトリーチ戦略と政治意識の変容』（日本評論社、二〇〇八年）を基に大幅に加筆を行った。また、第2章も同拙著の関連章を原型にしつつ大幅に改稿している。第3章では、『アメリカ研究』四八号（二〇一四年）、『ティーパーティ運動の研究――アメリカ保守主義の変容』久保文明・東京財団「現代アメリカ」プロジェクト編（NTT出版、二〇一二年）、『オバマ政権と過渡期のアメリカ社会――選挙、政党、制度、メディア、対外援助』吉野孝・前嶋和弘編（東信堂、二〇一二年）所収の拙稿を基に修正を施した。第4章は、『オバマ後のアメリカ政治――二〇一二年大統領選挙と分断された政治の行方』吉野孝・前嶋和弘編（東信堂、二〇一四年）、東京財団「現代アメリカ」プロジェクト「インターネットとアメリカ政治」（二〇一四年）に寄稿した拙論を基に大幅に加筆を行っている。

博士学位請求論文審査の主査の早稲田大学政治経済学術院教授・吉野孝先生、副査の早稲田大学同学術院教授・

田中愛治先生、おなじく副査の東京大学法学部教授・久保文明先生には、感謝の言葉が見つからない。吉野先生からは、アウトリーチ研究が政党研究に対していかに貢献できるかという大きな課題に始まり、政党モデルの概念図から構成まで懇切丁寧なご指導を頂戴した。田中先生には、仮説から用語に至るまで、目から鱗が落ちるようなご指摘を拝受した。そして久保先生には、アメリカ研究における学術的価値を見いだしていただき、数多くの共同研究と寄稿を通して鍛えていただいた。また、審査委員ではないにもかかわらず、前嶋和弘先生は草稿に丁寧に目を通してご助言をくださり、公共政策研究会（PPSS : Public Policy Study Society）の先生方にも研究会で貴重なご指摘を賜った。中山俊宏先生には共著『オバマ・アメリカ・世界』（ＮＴＴ出版、二〇一二年）の鼎談を通じて慧眼に満ちた視点を頂戴した。記して深く御礼申し上げたい。しかし、当然ではあるが本書の分析や記述に誤りや不適切な部分があれば、それはすべて筆者の責任である。

実に一五年に及ぶ本研究の着想の原点となったのは、小著『アメリカ政治の現場から』（文藝春秋、二〇〇一年）であった。編集担当の鈴木重遠氏、同書を基調とした報告の場をアメリカ政治研究会（学習院大学）で作って下さった久保文明先生、砂田一郎先生、『新版　アメリカ学入門』（南雲堂、二〇〇四年）でご高評くださった古矢旬先生にも心より御礼申し上げげたい。また、事例研究を展開した本書にとって、前編的な位置づけにある拙著『現代アメリカ選挙の集票過程』の上梓という一里塚なしに、アウトリーチ戦略をめぐる研究は前進しなかった。出版の意義をお認めくださった日本評論社の遠藤俊夫氏と守屋克美氏にあらためて深く御礼申し上げたい。

いうまでもなく、本書はこれまで筆者が関わりを持ったすべての知的交流の恩恵を受けている。元早稲田大学教授の留守晴夫先生、シカゴ大学教授のブルース・カミングス先生と夫人のメルディス・ジュンユン・ウー先生、そして共同研究あるいは研究発表の場でお世話になり、貴重な示唆をくださったすべての先生方に感謝の意を示したい。マーク・ブラッドレー教授、ジョン・ミアシャイマー教授をはじめとしたシカゴ大学の諸先生、同大学で議論を重ねた学友諸兄にも謝意を示したい。広島大学の渡邉聡教授とニコル夫人、そしてジャン・シャコウスキー連邦下院議員ご夫妻、ヒラリー・クリントン前国務長官、ビル・クリントン元大統領と議会および陣営事務所の同僚諸兄、民主・共和両党の政党関係者とコミュニティリーダー、シンクタンク、日米の外交官と政治関係者にも深く感謝したい。また、エド・トンプソン氏とニッキ夫人のほか、拙著『評伝バラク・オバマ』（集英社、二〇〇九年）取材でお世話になったバラク・オバマ大統領の恩師・学友など関係者との対話はアウトリーチ研究にも実に啓発的だった。

アメリカ連邦議会とニューヨークの選挙陣営を経て、帰国後に就職したテレビ東京の諸先輩と同期、後輩、そして報道の現場をともにした各社の記者仲間諸兄、メディア関係者にも深い謝意を記したい。小泉内閣以降の日本の政治・外交に迫る仕事と、二度の北朝鮮をはじめとした諸外国での海外取材は、政治学と質的研究に間接的に資する多くの蓄積を可能としてくれた。妥協が許されない記者活動と研究を両立する意志を維持できたのは、『戦争とテレビ』（みすず書房、二〇〇四年）の翻訳経験から、ジャーナリズムとアカデミズムの架橋にも、僭越ながら自らの使命感の領域を拡大していたからかもしれない。退社後の研究拠点を与えてくれたコロンビア大学、ジョージワシントン大学、そして二〇一〇年から奉職している北海道大学大学院メディア・コミュニケーション研究院の諸先生にも深謝したい。

二〇一一年度以降は日本学術振興会から複数の科学研究費補助金を、また平成二三年度、二六年度には放送文化基金研究助成を頂戴した。公益財団法人の世界平和研究所、東京財団、日本国際問題研究所にも多大なご支援を賜った。研究代表者の諸先生、関係組織の皆様に記して御礼申し上げる。また、名古屋大学出版会の橘宗吾氏の導きがなければ本書は実現しなかった。編集部の皆様、カバーデザインをご担当くださった竹内進氏にも記して御礼申し上げる。様々なかたちで筆者の心の支えであり続けている親友諸兄、そして両親にも感謝したい。

私事で恐縮であるが、筆者は在米研究中に二つの訃報に相次いで接した。「アメリカでがんばって下さい」と見送ってくれた従兄弟の大石芳文は一九九八年八月に二一歳で亡くなり、祖父の大石三郎は翌年九月に他界した。奇しくも筆者のアメリカ政治研究はこの時期以後、浅学の身には不相応な幸運に恵まれ、発展することができた。すぐに帰国してお別れをいえなかった二人の墓前に本書を捧げたい。これまで筆者を支えてくれたすべての方々、本当に有り難うございます。

渡辺将人

二〇一五年仲秋

《著者略歴》

渡辺将人《わたなべまさひと》

1975年　東京都生まれ

2000年　シカゴ大学大学院国際関係論修士課程修了，MA（International Relations）

2015年　博士（政治学，早稲田大学大学院政治学研究科）

1999年ジャニス・シャコウスキー下院議員事務所，2000年ヒラリー・クリントン上院選挙本部＝アル・ゴア大統領選挙ニューヨーク支部（アジア系集票担当）。2001年テレビ東京入社。報道局にて「ワールドビジネスサテライト」を経て，政治部記者（官邸・外務省担当，野党キャップ）。退社後，コロンビア大学，ジョージワシントン大学客員研究員。

現　在　北海道大学大学院メディア・コミュニケーション研究院准教授

著訳書　『現代アメリカ選挙の集票過程——アウトリーチ戦略と政治意識の変容』（日本評論社，2008年）

『見えないアメリカ——保守とリベラルのあいだ』（講談社，2008年）

B・カミングス『アメリカ西漸史——《明白なる運命》とその未来』（訳，東洋書林，2013年，第50回日本翻訳出版文化賞受賞）他

現代アメリカ選挙の変貌

2016年1月15日　初版第1刷発行

定価はカバーに
表示しています

著　者　渡　辺　将　人

発行者　石　井　三　記

発行所　一般財団法人　名古屋大学出版会

〒464-0814　名古屋市千種区不老町1名古屋大学構内
電話(052)781-5027/FAX(052)781-0697

印刷・製本 ㈱太洋社　　ISBN978-4-8158-0824-2

乱丁・落丁はお取替えいたします。

索　引

ア　行

カ　行

サ　行

タ　行

ナ　行

ハ　行

マ 行

ヤ　行

ラ・ワ行

A–Z

図表一覧

参考文献・インタビュー調査一覧

【外国語文献】

Abbott, Matt C. 2004. "RNC Catholic Outreach Program Making Inroads in Illinois." Illinois Leader. com (May 10). <www. illinoisleader. com/opinion/opinionview. asp? c=15265> accessed on May 12, 2004.

Abramowitz, Alan I., and Walter J. Stone. 1984. *Nomination Politics : Party Activities and Presidential Choice*. Praeger.

Addonizio, Elizabeth. 2006. "A Social Approach to Voter Mobilization and Election Day." Unpublished Manuscript. Institution for Social and Policy Studies, Yale University.

Aldrich, John H. 1995. *Why Parties ? : The Origin and Transformation of Political Parties in America*. The University of Chicago Press.

Aldrich, John H. 2011. *Why Parties ? : A Second Look*. The University of Chicago Press.

Alinsky, Saul D. 1969. *Reveille for Radicals*. Vintage.

Alinsky, Saul D. (1971) 1989. *Rules for Radicals*. Vintage.

Ansolabehere, Stephen, and Shanto Iyengar. 1997. *Going Negative*. Free Press.

Archibold, Randal C. 2009. "New Immigration Bill Is Introduced in House." *New York Times* (December 15).

Arterton, Christopher F. 1978. "The Media Politics of Presidential Campaigns : A Study of the Carter Nomination Drive." In James David Barber, ed., *Race for the Presidency : The Media and the Nominating Process*. Prentice-Hall.

Baer, Denise L., and David A. Bositis. 1988. *Elite Cadres and Party Coalitions : Representing the Public in the Party Politics*. Greenwood Press.

Baer, Denise L., and David A. Bositis. 1993. *Politics and Linkage in a Democratic Society*. Prentice Hall.

Bai, Matt. 2008. "Is Obama the End of Black Politics ?" *New York Times Magazine* (August 6).

Ball, Molly. 2012. "Why is Mitt Romney Going to Poland." *Atlantic* (July 27).

Barber, Benjamin R. 1988. *A Place for Us : How to Make Society Civil and Democracy Strong*. Hill and Wang.

Barnes, Fred. 1995. "Don't Run, Colin, Don't !" *The Weekly Standard*, Vol. 1, Issue 9 (November 13).

Barone, Michael. 2001. *The New Americans : How the Melting Pot Can Work Again*. Regnery.

Barone, Michael, and Richard E. Cohen. 2006. *The Almanac of American Politics 2006*. National Journal Group.

Barone, Michael, and Richard E. Cohen. 2008. *The Almanac of American Politics 2008*. National Journal Group.

Barone, Michael, and Richard E. Cohen. 2014. *The Almanac of American Politics 2014*. The

University of Chicago Press.

Bartels, Larry M. 1988. *Presidential Primaries and the Dynamics of Public Choice*. Princeton University Press.

Bedolla, Lisa Garcia, and Melissa R. Michelson. 2009. "What Do Voters Need to Know ? : Testing the Role of Cognitive Information in Asian American Voter Mobilization." *American Politics Research*, Vol. 37, No. 2 : 254–274.

Bedolla, Lisa Garcia, and Melissa R. Michelson. 2012. *Mobilizing Inclusion : Transforming the Electorate through Get-Out-the-Vote Campaigns*. Yale University Press.

Bennett, Daniel, and Pam Fielding. 1999. *The Net Effect : How Cyberadvocacy Is Changing the Political Landscape*. E-advocates Press.

Benoit, William L. 2007. *Communication in Political Campaigns*. Peter Lang.

Berinsky, Adam J. 2005. "The Perverse Consequences of Electoral Reform in the United States." *American Politics Research*, Vol. 33, No. 4 : 471–491.

Bimber, Bruce and Richard Davis. 2003. *Campaigning Online : The Internet in U. S. Elections*. Oxford University Press.

Bird, Jeremy. 2010. "Organizing for America : Looking Back, Marching Ahead." *Huffington Post* (January 6, 2010).

Bolton, Alexander. 2006. "Dems up Latino outreach." *The Hill* (April 12).

Bone, Hugh A. 1958. *Party Committees and National Politics*. University of Washington Press.

Bravin, Jess. 2009. "Showdown on Voting Rights : In Texas Case, a Divide Over How Far Minorities Have Come." *Wall Street Journal* (March 28).

Brox, Brian J. 2013. *Back in the Game : Political Party Campaigning in an Era of Reform*. State University of New York Press.

Bykowicz, Julie, and Lisa Lerer. 2013. "Stalled Obama Campaign Machine Restarted for New Agenda." *Bloomberg* (March 28). <http://www.bloomberg.com/news/2013-03-28/stalled-obama-campaign-machine-restarted-for-new-agenda.html> accessed on March 29, 2013.

Carville, James. 1996. *We're Right, They're Wrong : A Handbook for Spirited Progressives*. Random House.

Carville, James, and Paul Begala. 2006. *Take It Back : A Battle Plan for Democratic Victory*. Simon & Schuster.

Chibbaro, Lou, Jr. 2006. "Dems Abolish Gay Outreach Post : Gay Democrat Resigns in Protest over Dean's Restructuring Moves." Washingtonblade.com (February 3). <http://www.washingtonblade.com/2006/2-3/news/national/dems.cfm> accessed on August 29, 2006.

Cho, Wendy K. Tam, and Suneet P. Lad. 2004. "Subcontinental Divide : Asian Indians and Asian American Politics." *American Politics Research*, Vol. 32, No. 3 : 239–263.

Chow, May. 2003. "APA Leaders Condemn Prop. 54 : But Connerly Says Health Argument is Bogus." AsiaWeek.com (August 8). <http://news.asianweek.com/news/view_article.html?article_id=cf9d4fda5690244a9af692aefb528cf3> accessed on July 1, 2004.

Christian, Brian. 2012. "The A/B Test : Inside the Technology That's Changing the Rules of Business." *Wired* (April 25). <http://www.wired.com/business/2012/04/ff_abtesting/> accessed on March 1, 2012.

Chu, Jeff, and Nadia Mustafa. 2006. "Between Two Worlds : Born in the U. S. A. to Asian Parents, A

Generation of Immigrants' Kids Forges a New Identity." *TIME* (May 1).

Clemetson, Lynette. 2004. "Asian-Americans Notes Issues Central to Them for Elections." *New York Times* (February 13).

Clift, Eleanor, and Tom Brazaitis. 1996. *War Without Bloodshed : The Art of Politics*. Scribner.

Clinton, Bill. 2004. *My Life : The Early Years*. Vintage.

Clinton, Hillary Rodham. 2003. *Living History*. Simon & Schuster.

Clinton, Hillary Rodham. 2014. *Hard Choices*. Simon & Schuster.

Connerly, Ward. 2003. "Not a Chance : The Electoral Journey of Proposition 54." National Review Online (October 15). <http://www.nationalreview.com/comment/connerly200310150818.asp> accessed on July 1, 2004.

Cook, Rhodes. 2004. *The Presidential Nominating Process : A Place for Us ?* Rowman & Littlefield.

Corn, David. 2012. *Showdown : The Inside Story of How Obama Fought Back against Boehner, Cantor and the Tea Party*. William Morrow.

Corrado, Anthony, and Molly Corbett. 2009. "Rewriting the Playbook on Presidential Campaign Financing." In Dennis W. Johnson, ed., *Campaigning for President 2008 : Strategy and Tactics, New Voices and New Technique*. Routledge.

Cosgrove, Kenneth M. 2007. *Branded Conservatives : How the Brand Brought the Right from the Fringes to the Center of American Politics*. Peter Lang.

Cotter, Cornelius P., James L. Gibson, John F. Bibby, and Robert J. Huckshorn. 1989. *Party Organizations in American Politics*. Praeger.

Creamer, Robert. 2007. *Listen to Your Mother : Stand Up Straight ! : How Progressives Can Win*. Seven Locks Press.

Crouse, Timothy. 1973. *The Boys on the Bus*. Ballantine Books.

Cumings, Bruce. 2010. *Dominion from Sea to Sea : Pacific Ascendancy and American Power*. Yale University Press.

Cupto, Marc. 2012. "Mitt Romney's Jewish Outreach Won't be Easy." *The Miami Herald* (July 30).

Damas, Raul. 2002. "PanderCare." National Review Online (May 30). <http://www.nationalreview.com/comment/comment-damas053002.asp> accessed on July 1, 2004.

Daniels, Roger. 1998. *Asian America : Chinese and Japanese in the United States Since 1850*. University of Washington Press.

Davis, Richard. 1999. *The Web of Politics : The Internet's Impact on the American Political System*. Oxford University Press.

DeSipio, Louis. 1996. *Counting on the Latino Vote : Latinos As a New Electorate*. University of Virginia Press.

Diamond, Edwin, and Stephen Bates. 1992. *The Spot : The Rise of Political Advertising on Television,* 3rd ed. MIT Press.

Dionne, E. J. Jr. 2006. "Polarized by God ? American Politics and the Religious Divide." In Pietro S. Nivola and David W. Brady, eds., *Red and Blue Nation ? : Characteristic and Causes of America's Polarized Politics, Volume One.* Brookings/Hoover.

Dionne, E. J. Jr. 2009. "Buying Time on Immigration." *Washington Post* (May 4). <http://www.washingtonpost.com/wp-dyn/content/article/2009/05/03/AR2009050301848.html> accessed on May 5, 2009.

Dionne, E. J. Jr. 2010. "Is the Tea Party Out to Banish Bush-Style Conservatism ?" *Washington Post* (November 18). <http://www.washingtonpost.com/wp-dyn/content/article/2010/11/17/AR2010111705313.html> accessed on November 19, 2010.

Donovan, Todd. 2010. "Obama and the White Vote." *Political Research Quarterly*, Vol. 63, No. 4 : 863–874.

Draper, Robert. 2013. "Can the Republicans Be Saved From Obsolescence ?" *New York Times Magazine* (February 14).

Dreier, Peter. 2011. "Lessons from the Healthcare Wars." *The American Prospect* (May 1).

Edney, Hazel Trice. 2009. "CBC Members Vow to Escalate Protests." *Washington Informer* (December 14).

Edsall, Thomas Byrne. 2006. *Building Red America : The New Conservative Coalition and the Drive for Permanent Power*. Basic.

Edsall, Thomas Byrne, and Mary D. Edsall. 1991. *Chain Reaction : The Impact of Race, Rights, and Taxes on American Politics*. W. W. Norton.

Edwards, Lee. 1999. *The Conservative Revolution : The Movement That Remade America*. Free Press.

Eldersveld, Samuel J., and Hanes Walton, Jr. 2000. *Political Parties in American Society*, 2nd ed. Bedford/St. Martin's.

Emerson, Michael O., and Christian Smith. 2000. *Divided by Faith : Evangelical Religion and the Problem of Race in America*. Oxford University Press.

Epstein, Leon D. 1986. *Political Parties in the American Mold*. University of Wisconsin Press.

Espinosa, Gaston, Virgilio Elizondo, and Jesse Miranda, eds. 2005. *Latino Religions and Civic Activism in the United States*. Oxford University Press.

Faux, Jeff. 2008. "What to Really Do About Immigration." *The American Prospect* (January/February).

Feldman, Noah. 2005. *Divided By God : America's Church-State Problem—and What We Should Do about It*. FSG.

Fenn, Peter. 2009. "Communication Wars : Television and New Media." In Dennis W. Johnson, ed., *Campaigning for President 2008 : Strategy and Tactics, New Voices and New Technique*. Routledge.

Fenno, Richard F. 2003. *Going Home : Black Representatives and Their Constituents*. University of Chicago Press.

Ferguson, Andrew. 2010. "Ride Along with Mitch : Can the Astonishing Popularity of Indiana's Penny-Pinching Governor Carry Him to the White House in 2012 ?" *The Weekly Standard*, Vol. 15, No. 37 (June 14).

Feuerherd, Joe. 2004. "Translating Values Into Votes, Republicans Seek Parish Directories." *National Catholic Reporter*, Vol. 1, No. 26 (July 21).

Fishel, Jeff, ed. 1978. *Parties and Elections in an Anti-Party Age : American Politics and the Crisis of Confidence*. Indiana University Press.

Fletcher, Michael A. 2005. "GOP Plans More Outreach to Blacks, Mehlman Says." *Washington Post* (August 7).

Frank, Thomas. 2004. *What's The Matter with Kansas ? : How Conservatives Won The Heart of*

America. Henry Holt.

Friedan, Betty. 1964. *The Feminine Mystique*. Dell.

Fritz, Ben, Bryan Keefer, and Brendan Nyhan. 2004. *All the President's Spin : George W. Bush, the Media, and the Truth*. Touchstone.

Galvin, Daniel. 2009. "Can Obama's 'Organizing for America' Evolve into a Party-Building Entity ?" Britannica Blog (November 16). <http://www.britannica.com/blogs/2009/11/can-obamas-organizing-for-america-evolve/> accessed on May 1, 2012.

Germany, Jule Barko. 2009. "The Online Revolution." In Dennis W. Johnson, ed., *Campaigning for President 2008 : Strategy and Tactics, New Voices and New Technique*. Routledge.

Gershtenson, Josepth, 2003. "Mobilization Strategies of the Democrats and Republicans : 1956-2000." *Political Research Quarterly*, Vol. 56, No. 3 (September) : 293-308.

Gerson, Michael J. 2007. *Heroic Conservatism : Why Republicans Need to Embrace America's Ideals (And Why They Deserve to Fail If They Don't)*. HarperCollins.

Gilliam, Franklin D. Jr., Shanto Iyengar, and Adam Simon. 1996. "Crime in Black and White : The Violent, Scary World of Local News." *The International Journal of Press/Politics*, Vol. 1 : 36-23.

Gimpel, James G. 1996. *National Elections and the Autonomy of American State Party Systems*. University of Pittsburgh Press.

Gimpel, James G., and Jason E. Schuknecht. 2004. *Patchwork Nation : Sectionalism and Political Change in American Politics*. University of Michigan Press.

Gimpel, James, Daron Shaw, and Wendy Tam Cho. 2006. "Message and Mobilization among Asian Americans : A 2004 Texas Field Experiment." Unpublished Manuscript. Institution for Social and Policy Studies, Yale University.

Green, Donald P. 2004. "Results from a Partisan Phone and Canvassing Mobilization Campaign in Pennsylvania Primary Election." Unpublished Manuscript. Institution for Social and Policy Studies, Yale University.

Green, Donald P., and Alan S. Gerber. 2004. *Get Out The Vote ! : How to Increase Voter Turnout*. Brookings Institution Press.

Grossman, Lawrence. 1995. *The Electronic Republic : Reshaping Democracy in the Information Age*. Penguin.

Gullett, Charly. 2009. *Official Tea Party Handbook : A Tactical Playbook for Tea Party Patriots*. Warfield Press.

Hall, Randy. 2006. "Agenda Trumping Party for Homosexual Political Groups." CNCNews.com Cybercast News Service (April 5). <http://www.cnsnews.com/ViewPolitics.asp?Page= /Politics/archive/200604/POL20060405a.html> accessed on August 29, 2006.

Harris, Fredrick C. 2012. *The Price of the Ticket : Barack Obama and the Rise and Decline of Black Politics*. Oxford University Press.

Hartmann, Susan M. 1989. *From Margin to Mainstream : American Women and Politics Since 1960*. Knopf.

Heilemann, John, and Mark Halperin. 2010. *Game Change : Obama and the Clintons, McCain and Palin, and the Race of a Lifetime*. Harper.

Hero, Rodney E. 1992. *Latinos and the U. S. Political System : Two-Tiered Pluralism*. Temple

University Press.

Herrnson, Paul S. 1988. *Party Campaigning in the 1980s*. Harvard University Press.

Herrnson, Paul S. 2002. "National Party Organizations at the Dawn of the Twenty-First Century." In Maisel L. Sandy, ed., *The Parties Respond : Changes in American Parties and Campaigns*, 4th ed. Westview Press.

Herrnson, Paul S. 2008. *Congressional Elections : Campaigning at Home and in Washington*, 5th ed. CQ Press.

Horwitt, Sanford D. 2010. "New Rules for New Radicals : The Tea Party Discovers a Taste for.... Saul Alinsky !" Brennan Center for Justice (May 12). <http://www.brennancenter.org/blog/archives_books/new_rules_for_new_radicals_the_tea_party_discovers_alinsky> accessed on August 10, 2010.

Hull, Christopher C. 2008. *Grassroots Rules : How the Iowa Caucus Helps Elect American Presidents.* Stanford University Press.

Humberger, Tom, and Peter Wallsten. 2006. *One Party Country : The Republican Plan for Dominance in the 21st Century*. John Wiley & Sons.

Huntington, Samuel P. 2004. *Who are We ? : The Challenges to America's National Identity*. Simon & Schuster.

Ifill, Gwen. 2009. *The Breakthrough : Politics and Race in the Age of Obama*. Doubleday.

Issenberg, Sasha. 2012a. *The Victory Lab : The Secret Science of Winning Campaigns*. Crown Publishing.

Issenberg, Sasha. 2012b. "How President Obama's Campaign Used Big Data to Rally Individual Voters." *MIT Technology Review* (December 16).

Jamieson, Kathleen Hall. 1996. *Packaging The Presidency : A History and Criticism of Presidential Campaign Advertising*. Oxford University Press.

Jelen, Ted G., and Clyde Wilcox. 2002. *Religion and Politics in Comparative Perspective : The One, The Few, and The Many*. Cambridge University Press.

Johnson, Dennis W. 2001. *No Place for Amateurs : How Political Consultants are Reshaping American Democracy*. Routledge.

Johnson, Dennis W. 2011. *Campaigning in the Twenty-First Century : A Whole New Ballgame ?* Routledge.

Joravsky, Ben. 2010. "O'Keefe is Alinsky in a Funhouse." *POLITICO* (February 26).

Judis, John B., and Ruy Teixeira. 2002. *The Emerging Democratic Majority*. Scribner.

Karamargin, C. J. 2004. "Kerry Running Mate : the Hispanic Factor." *Arizona Daily Star* (May 31).

Karis, Mark. 2010. *Don't Tread on Us ! : Signs of a 21st Century Political Awakening*. WND Books.

Kessel, John H. 1988. *Presidential Campaign Politics : Coalition Strategies and Citizen Response*. Dorsey Press.

Key, V. O., Jr. 1949. *Southern Politics in State and Nation*. A. A. Knopf.

Key, V. O., Jr. 1952. *Politics, Parties, and Pressure Groups*, 3rd ed. Thomas Y Crowell.

Kim, Hyun. 2005. "How the Democratic National Committee Handles Asian Pacific Islander American Outreach." *Asian American Policy Review*, Vol. 14 : 7.

Kinsey, Dennis E. 1999. "Political Consulting : Bridging the Academic and Practical Perspectives." In Bruce I. Newman, ed., *Handbook of Political Marketing*. SAGE.

Kirkpatrick, Jeane. 1978. *Dismantling the Parties : Reflections on Party Reform and Party Decomposition*. American Enterprise Institute for Public Policy Research.

Kirkpatrick, Jeane, and Warren E. Miller. 1976. *The New Presidential Elite : Men and Women in National Politics*. Russell Sage Foundation.

Klein, Joe. 2003. "How to Build a Better Democrat." *TIME* (May 19).

Korzen, Chris, and Alexia Kelley. 2008. *A Nation For All : How the Catholic Vision of the Common Good Can Save America from the Politics of Division*. Jossey-Bass.

Kotler, Philip and Neil Kotler. 1999. " Political Marketing : Generating Effective Candidates, Campaigns, and Causes." In Bruce I. Newman, ed., *Handbook of Political Marketing*. SAGE.

Kreiss, Daniel. 2012. *Taking Our Country Back : The Crafting of Networked Politics from Howard Dean to Barack Obama*. Oxford University Press.

Ku, James. 2005. "On Message : Republican National Committee's Vision for Expanding the Party and Reaching out to Asian Pacific Islander Americans." *Asian American Policy Review*, Vol. 14 : 1.

Lawrence, Regina G., and Melody Rose. 2010. *Hillary Clinton's Race for the White House : Gender Politics and the Media on the Campaign Trail*. Lynne Rienner.

Leahy, Michael Patrick. 2009. *Rules for Conservative Radicals*. C-Rad Press.

Ling, Peter J. 2003. *The Democratic Party : A Photographic History*. Thunder Bay Press.

Lipset, Seymour Martin. 1996. *American Exceptionalism : A Double-Edged Sword*. W. W. Norton.

Liptak, Adam. 2009. "Justices Retain Oversight by U. S. on Voting." *New York Times* (June 22).

Lubell, Samuel. 1952. *The Future of American Politics*. Harper & Row.

MacManus, Susan A. 2000. *Targeting Senior Voters : Campaign Outreach to Elders and Others with Special Needs*. Rowman & Littlefield.

Madrigal, Alexis. 2012. "When the Nerds Go Marching In." *The Atlantic* (November 16). <http: //www.theatlantic.com/technology/archive/2012/11/when-the-nerds-go-marching-in/265325/> accessed on March 3, 2013.

Magnusonith, Ed. 1984. "Pressing the Abortion Issue." *TIME* (September 24).

Marlin, George J. 2004. *American Catholic Voter : 200 Years of Political Impact*. St. Augustine's Press.

Masket, Seth. E. 2011. *No Middle Ground : How Informal Party Organizations Control Nominations and Polarize Legislatures*. University of Michigan Press.

Mayer, Jeremy D. 2002. *Running on Race : Racial Politics in Presidential Campaigns 1960–2000*. Random House.

Mayer, William G. 1996. "Forecasting Presidential Nominations." In William G. Mayer, ed., *In Pursuit of the White House 2000 : How We Choose Our Presidential Nominees*. Chatham House.

Mayer, William G., and Andrew E. Busch. 2004. *The Front-Loading Problem in Presidential Nominations*. Brookings Institution Press.

Mayhew, David R. 2008. *Parties and Policies : How the American Government Works*. Yale University Press.

McAuliffe, Terry. 2007. *What A Party ! : My Life Among Democrats : Presidents, Candidates, Donors, Activists, Alligators, and Other Wild Animals*. Thomas Dunne Books.

McCormick, Joseph E., and Charles E. Jones. 1993. "The Conceptualization of Deracialization : Thinking Through the Dilemma." In Georgia Persons, ed., *Black Politics : Issues of Leadership and Strategy*. HarperCollins.

Mead, Walter Russell. 2011. "The Tea Party and American Foreign Policy : What Populism Means for Globalism." *Foreign Affairs* (March/April).

Melber, Ari. 2010. "Year One of Organizing for America : The Permanent Field Campaign in a Digital Age." techPresident Special Report (January). <http://techpresident.com/files/report_Year_One_of_Organizing_for_America_Melber.pdf> accessed on March 3, 2013.

Merrell, Alexandrea. 2009. *Rules For Republican Radicals*. Republican Radical Inc.

Michelson, Melissa R. 2005. "Meeting the Challenge of Latino Voter Mobilization." *The Annals of the American Academy of Political and Social Science*, Vol. 601 (September) : 85-101.

Micklethwait, John, and Adrian Wooldridge. 2004. *The Right Nation : Why America is Different*. Penguin.

Miller, Zeke J. 2013. "Democrats Now Serve Two Masters : DNC and Organizing for Action." *TIME* (April 3). <http://swampland.time.com/2013/04/01/democrats-serve-two-masters-dnc-and-organizing-for-action/> accessed on May 15, 2013.

Mitchell, Andrea. 2005. *Talking Back ... To Presidents, Dictators, and Assorted Scoundrels*. Viking.

Moore, James, and Wayne Slater. 2007. *The Architect : Karl Rove and the Dream of Absolute Power*. Three Rivers Press.

Newman, Bruce I., ed. 1999. *Handbook of Political Marketing*. SAGE.

Newport, Frank. 2004. *Polling Matters : Why Leaders Must Listen to the Wisdom of the People*. Time Warner.

Nichols, Hans. 2004. "Democratic Groups Fill Gap in Race for Hispanic Support." *The Hill* (May 19).

Nimmo, Dan. 1970. *The Political Persuaders : The Techniques of Modern Election Campaigns*. Prentice-Hall.

Nivola, Pietro S., and David W. Brady, eds. 2006. *Red and Blue Nation ? : Characteristic and Causes of America's Polarized Politics, Volume One*. Brookings/Hoover.

Norpoth, Helmut, and Shanto Iyengar. 2002. "It was About Ideology, Stupid : The Presidential Vote 2000." (April 24). <http://pcl.stanford.edu/common/docs/research/norpoth/2002/ideologypres.pdf> accessed on May 5, 2004.

Norrander, Barbara. 1989. "Ideological Representativeness of Presidential Primary Voters." *American Journal of Political Science*, Vol. 33 : 570-587.

Norrander, Barbara. 1993. "Nomination Choices : Caucus and Primary Outcomes, 1976-1988." *American Journal of Political Science*, Vol. 37, No. 2 : 343-364.

Nuno, Stephen. 2007. "Lationo Mobilization and Vote Choice in the 2000 Presidential Election." *American Politics Research*, Vol. 35, No. 2 : 273-293.

Obama, Barack. 2006. *The Audacity of Hope : Thoughts on Reclaiming the American Dream*. Three Rivers.

Obradovich, Kathie. 2013. "What if Iowa Republicans decide to drop straw poll ?" *Des Moines Register* (August 5). <http://www.desmoinesregister.com/article/20130806/OPINION01/308060030/Obradovich-What-Iowa-Republicans-decide-drop-straw-poll-> accessed on August 10,

2013.

Orey, Byron D. 2006. "Deracialization or Racialization : The Making of a Black Mayor in Jackson, Mississippi." *Politics & Policy*, Vol. 34, No. 4 : 815-816.

Owen, D. and R. Davis. 2008. "United States : Internet and Elections", in S. Ward, D. Owen, R. Davis and D. Taras, ed., *Making a Difference : A Comparative View of the Role of the Internet in Election Politics*, Lanham, MD : Lexington Books.

Parker, David C. W. 2008. *The Power of Money in Congressional Campaigns, 1880-2006*. University of Oklahoma Press.

Patterson, Thomas E. 2003. *The Vanishing Voter : Public Involvement in an Age of Uncertainty*. Vintage.

Paul, Rand. 2011. *The Tea Party Goes to Washington*. Center Street.

Pelosi, Christine. 2007. *Campaign Boot Camp : Basic Training for Future Leaders*. Poli Point Press.

Petersen, William. 1971. "Success Story : Outwhiting the Whites." *Newsweek* (June 21).

Phillips, Kevin P. 1969. *The Emerging Republican Majority*. Arlington House.

Phillips, Kevin P. 2004. *American Theocracy : Peril and Politics of Radical Religion, Oil, and Borrowed Money in the 21st Century*. Penguin.

Plouffe, David. 2009. *The Audacity to Win : The Inside Story and Lessons of Barack Obama's Historic Victory*. Viking Adult.

Polsby, Nelson W. 1983. *Consequences of Party Reform*. Oxford University Press.

Polsby, Nelson W., Aaron Wildavsky, and David A. Hopkins. 2008. *Presidential Elections : Strategies and Structures of American Politics*. Rowman & Littlefield.

Pomper, Gerald M. 1980. *Party Renewal in America : Theory and Practice*. Praeger.

Prendergast, William B. 1999. *The Catholic Voter in American Politics : The Passing of the Democratic Monolith*. Georgetown University Press.

Preston, Julia. 2009. "Obama to Push Immigration Bill as One Priority." *New York Times* (April 8).

Putnam, Robert. 2000. *Bowling Alone : The Collapse and Revival of American Community*. Simon & Schuster.

Ramirez, Ricardo. 2005. "Giving Voice to Latino Voters : A Field Experiment on the Effectiveness of a National Nonpartisan Mobilization Effort." *Annals of the American Academy of Political and Social Science*, Vol. 601 (September) : 66-84.

Ranney, Austin. 1975. *Curing the Mischiefs of Faction : Party Reform in America*. University of California Press.

Rasmussen, Scott, and Doug Schoen. 2010. *Mad As Hell : How the Tea Party Movement Is Fundamentally Remaking Our Two-Party System*. Harper.

Redlawsk, David P., Caroline J. Tolbert, and Todd Donovan. 2010. *Why Iowa ? : How Caucuses and Sequential Elections Improve the Presidential Nominating Process*. The University of Chicago Press.

Reed, Ralph. 1994. *After The Revolution : How The Christian Coalition Is Impacting America*. Word.

Reiter, Howard L. 1985. *Selecting the President : The Nominating Process in Transition*. University of Pennsylvania Press.

Reiter, Howard L., and Jeffrey M. Stonecash. 2011. *Counter Realignment : Political Change in the Northeastern United States*. Cambridge University Press.

Republican National Committee. 1995. *Campaign Planning : State Legislative and Local Campaign Manual*. Republican National Committee.

Republican Party of Iowa. 2012. "A Precinct Chair's Guide to Organizing Your Precinct Caucus : 2012 Edition."

Rosenstone, Steven J., and John Mark Hansen. 1993. *Mobilization, Participation, and Democracy in America*. Macmillan.

Rove, Karl. 2010. *Courage and Consequence : My Life as a Conservative in the Fight*. Threshold Editions.

Rozell, Mark J., and Clyde Wilcox. 1999. *Interest Groups in American Campaigns : The New Face of Electioneering*. CQ Press.

Russell, Joel. 2004. "The Political Pipeline." *HISPANIC BUSINESS* (September).

Sabato, Larry J. 1981. *The Rise of Political Consultants : New Ways of Winning Elections*. Basic Books.

Sabato, Larry J. 1988. *The Party's Just Begun : Shaping Political Parties for America's Future*. Scott, Foresman.

Scherer, Michael. 2012. "Obama's 2012 Digital Fundraising Outperformed 2008." *TIME* (November 15). <http://swampland.time.com/2012/11/15/exclusive-obamas-2012-digital-fundraising-outperformed-2008/> accessed on January 15, 2013.

Schlesinger, Arthur M., Jr. 1992. *The Disuniting of America*. W. W. Norton.

Schlesinger, Arthur M., Jr. 2004. *War and the American Presidency*. W. W. Norton.

Segura, Gary M., and Shaun Bowler, eds. 2005. *Diversity in Democracy : Minority Representation in the United States*. University of Virginia Press.

Shapiro, Walter. 2003. *One-Car Caravan : The Amazing True Saga of The 2004 Democratic Race from Its Humble Beginnings to the Boston Convention*. Public Affairs.

Shaw, Catherine M. 2004. *The Campaign Manager : Running and Winning Local Elections*. Westview.

Shea, Daniel M. 1995. *Transforming Democracy : Legislative Campaign Committees and Political Parties*. State University of New York Press.

Shea, Daniel M., and John C. Green. 2007. *Fountain of Youth : Strategies and Tactics for Mobilizing America's Young Voters*. Rowman & Littlefield.

Shea, Daniel M. and Michael John Burton. 2001. *Campaign Craft : The Strategies, Tactics, and Art of Political Campaign Management*. Praeger.

Shibley, Mark A. 1996. *Resurgent Evangelicalism in the United States : Mapping Cultural Change Since 1970*. University of South Carolina Press.

Shibley, Mark A. 1998. "Southernization." In William H. Swatos, Jr., ed., *Encyclopedia of Religion and Society*. AltaMira Press.

Smith, Oran P. 1997. *The Rise of Baptist Republicanism*. New York University Press.

Smith, Tony. 2000. *Foreign Attachments : The Power of Ethnic Groups in the Making of American Foreign Policy*. Harvard University Press.

Sorauf, Frank J. 1967. "Political Parties and Political Analysis." In William Nisbet Chambers and Walter Dean Burnham, eds., *The American Party Systems : Stages of Political Development*. Oxford University Press.

Sorauf, Frank J., and Paul Allen Beck. 1992. *Party Politics in America*. HarperCollins.

Stricherz, Mark. 2007. *Why the Democrats are Blue : Secular Liberalism and the Decline of the People's Party*. Encounter.

Suarez, Ray. 2006. *The Holy Vote : The Politics of Faith in America*. HarperCollins.

Sullivan, Andrew. 2006. *The Conservative Soul : How We Lost It, How to Get It Back*. Harper Collins.

Swain, Carol M. 1993. *Black Faces, Black Interests : The Representation of African Americans in Congress*. Harvard University Press.

Swatos, William H., Jr., ed. 1998. *Encyclopedia of Religion and Society*. AltaMira Press.

Tesler, Michael, and David O. Sears. 2010. *Obama's Race : The 2008 Election and the Dream of a Post-Racial America*. The University of Chicago Press.

Thomas, Evan. 2004. *Election 2004 : How Bush Won and What You Can Expect in the Future*. Public Affairs.

Tolbert, Caroline, David Redlawsk and Natasha Altema. 2012. "Emotive Racism : Affect, Symbolic Racism and Candidate Evaluations in the 2012 Presidential Election." The Conference on the U.S. 2012 Presidential Election : Campaign and Results, January 6–7, IDC, Herzliya, Israel.

Townsend, Kathleen Kennedy. 2007. *Failing America's Faithful : How Today's Churches are Mixing God with Politics and Losing Their Way*. Grand Central Publishing.

Trippi, Joe. 2004. *The Revolution Will Not Be Televised : Democracy, The Internet, and The Overthrow of Everything*. ReganBooks.

Turow, Joseph. 2011. *The Daily You : How the New Advertising Industry Is Defining Your Identity and Your Worth*. Yale University Press.

Vogel, Kenneth P. 2010. "Right Loves to Hate, Imitate Alinsky." *POLITICO* (March 22).

Wallis, Jim. 2005. *God's Politics : Why the Right Gets It Wrong and the Left Doesn't Get It*. Harper.

Wallis, Jim. 2006. *Living God's Politics : A Guidebook for Putting Your Faith*. Harper.

Wallis, Jim. 2008. *The Great Awakening : Seven Ways to Change the World*. HarperOne.

Wang, Tova Andrea. 2007. "Has America Outgrown the Caucus ? : Some Thoughts on Reshaping the Nomination Contest." *Century Foundation Issue Brief* (October 22).

Wattenberg, Martin P. 1991. *The Rise of Candidate-Centered Politics : Presidential Elections of the 1980s*. Harvard University Press.

Wattenberg, Martin P. 1996. *The Decline of American Political Parties, 1952–1994*. Harvard University Press.

Weigel, David. 2009. "Conservatives Find Town Hall Strategy in Leftist Text." *Washington Independent* (August 11). <http://washingtonindependent.com/54554/conservatives-find-town-hall-strategy-in-leftist-text> accessed on January 10, 2010.

Weigert, Kathleen Maas, and Alexia K. Kelley, eds. 2005. *Living the Catholic Social Tradition : Cases and Commentary*. Rowman & Littlefield.

Williams, Vanessa. 2004. "Black Voters Align With Democrats Against Bush." *Washington Post* (March 1).

Willis, Clint, and Nate Hardcastle, eds. 2005. *Jesus Is Not a Republican : Religious Right's War on American*. Thunder's Mouthm.

Winebrenner, Hugh. 1998. *The Iowa Precinct Caucuses : The Making of a Media Event*. Iowa State

University Press.

Winograd, Morley, and Michael D. Hais. 2008. *Millennial Makeover : MySpace, YouTube, and the Future of American Politics*. Rutgers University Press.

Wolfinger, Raymond E., and Steven J. Rosenstone. 1980. *Who Votes ?* Yale University Press.

Wong, Janelle S. 2005. "Mobilizing Asian American Voters : A Field Experiment." *Annals of the American Academy of Political and Social Science*, Vol. 601 (September) : 102–114.

Wong, Janelle S., Karthick Ramakrishnan, Taeku Lee, and Jane Junn. 2011. *Asian American Political Participation : Emerging Constituents and Their Political Identities*. Russell Sage Foundation.

Wong, Janelle S., Pei-Te Lien, and M. Margaret Conway. 2005. "Group-Based Resources and Political Participation among Asian Americans." *American Political Research*, Vol. 33, No. 4 : 545–576.

Wright, Jordan M. 2008. *Campaign for President*. Collins.

Zeleny, Jeff. 2013. "Obama to Turn Campaign Machinery to Promoting Policy." *New York Times* (January 18). <http://www.nytimes.com/2013/01/19/us/politics/obamas-campaign-machinery-turns-to-promoting-policy.html?_r=0> accessed on January 20, 2013.

Zernike, Kate. 2010. "Shaping Tea Party Passion Into Campaign Force." *New York Times* (August 25).

【日本語文献】

五十嵐武士・古矢旬・松本礼二編 1995.『アメリカの社会と政治』有斐閣ブックス。

生井英考 2010.「人種政治とバラク・オバマ――「脱人種」から「差別の品格」まで」『国際問題』No. 589，37–46 頁。

今村浩 1990.「アメリカ合衆国における政党政治の最近動向――決定的再編成の消滅と分割政府」『早稲田社会科学研究』第 40 号，91–111 頁。

カミングス，ブルース 2013. 渡辺将人訳『アメリカ西漸史――《明白なる運命》とその未来』東洋書林。

清原聖子 2011.「アメリカのインターネット選挙キャンペーンを支える文脈要因の分析」清原聖子・前嶋和弘編『インターネットが変える選挙――米韓比較と日本の展望』慶應義塾大学出版会，1–25 頁。

久保文明 1997.『現代アメリカ政治と公共利益――環境保護をめぐる政治過程』東京大学出版会。

久保文明 2002.「米国民主党の変容――「ニュー・デモクラット・ネットワーク」を中心に」『選挙研究』17 号，71–83 頁。

久保文明編 2005.『米国民主党――2008 年政権奪回への課題』日本国際問題研究所。

久保文明・東京財団「現代アメリカ」プロジェクト編 2012.『ティーパーティ運動の研究――アメリカ保守主義の変容』NTT 出版。

上坂昇 2008.『神の国アメリカの論理――宗教右派によるイスラエル支援，中絶・同性結婚の否認』明石書店。

シュレジンガー Jr.，アーサー 2005. 藤田文子・藤田博司訳『アメリカ大統領と戦争』岩波書店。

砂田一郎 2004.『アメリカ大統領の権力――変質するリーダーシップ』中央公論新社。

砂田一郎 2006.『現代アメリカのリベラリズム――ADA とその政策的立場の変容』有斐閣。
田中愛治 1990.「1988 年アメリカ大統領選挙の分析」『選挙研究』5 号，149–170 頁。
トクヴィル，アレクシ・ド 2005. 松本礼二訳『アメリカのデモクラシー 上・下』岩波書店。
中山俊宏 2013.『アメリカン・イデオロギー――保守主義運動と政治的分断』勁草書房。
西山隆行 2008.『アメリカ型福祉国家と都市政治――ニューヨーク市におけるアーバン・リベラリズムの展開』東京大学出版会。
古矢旬 2002.『アメリカニズム――「普遍国家」のナショナリズム』東京大学出版会。
前嶋和弘 2011a.「ソーシャルメディアが変える選挙戦――アメリカの事例」清原聖子・前嶋和弘編『インターネットが変える選挙――米韓比較と日本の展望』慶應義塾大学出版会，27–49 頁。
前嶋和弘 2011b.『アメリカ政治とメディア――「政治インフラ」から「政治の主役」に変貌するメディア』北樹出版。
松岡泰 2006.『アメリカ政治とマイノリティ――公民権運動以降の黒人問題の変容』ミネルヴァ書房。
松岡泰 2012.「黒人社会の多元化と脱人種の政治――1990 年代以降を中心に」久保文明・松岡泰・西山隆行・東京財団「現代アメリカ」プロジェクト編『マイノリティが変えるアメリカ政治――多民族社会の現状と将来』NTT 出版，108–122 頁。
メイヒュー，デイヴィッド 2013. 岡山裕訳『アメリカ連邦議会――選挙とのつながりで』勁草書房。
森孝一 1996.『宗教からよむ「アメリカ」』講談社。
山岸敬和 2014.『アメリカ医療制度の政治史――20 世紀の経験とオバマケア』名古屋大学出版会。
吉野孝 1991.「「政党衰退論」以降のアメリカ政党研究」『早稲田政治経済学雑誌』304–305 号，176–204 頁。
吉野孝 1994.「アメリカの連邦公職選挙運動における政党組織の役割――メリーランド州の 1992 年選挙を事例として」『早稲田政治経済学雑誌』320 号，199–233 頁。
吉野孝 1997.「アメリカ政党研究の新動向――統合的な分析・理論枠組みの模索の試みとしてのジョン・H・オールドリッチの新制度論アプローチ」『選挙研究』12 巻，16–27 頁。
吉野孝 2010.「アメリカの連邦公職選挙における選挙運動手段の変化と政党の対応」『選挙研究』26 巻 1 号，14–25 頁。
渡辺将人 2001.『アメリカ政治の現場から』文藝春秋。
渡辺将人 2008a.『現代アメリカ選挙の集票過程――アウトリーチ戦略と政治意識の変容』日本評論社。
渡辺将人 2008b.『見えないアメリカ――保守とリベラルのあいだ』講談社。
渡辺将人 2008c.『オバマのアメリカ――大統領選挙と超大国のゆくえ』幻冬舎。
渡辺将人 2009.『評伝バラク・オバマ――「越境」する大統領』集英社。
渡辺将人 2012.『分裂するアメリカ』幻冬舎。
渡辺靖 2004.『アフター・アメリカ――ボストニアンの軌跡と〈文化の政治学〉』慶應義塾大学出版会。

【インタビュー調査】

Antoon, Doug.　共和党系戦略家（August 11, 2011）
Aquilina, Charles.　イニシアティブ・オブ・チェンジ顧問（November 17, 2006）
Baird, Douglas.　シカゴ大学ロースクール教授（June 1, 2009）
Boehner, Jessa.　パブリック・シティズン 国際プログラム・アソーシエート（October 1, 2015）
Boesche, Roger.　オクシデンタル・カレッジ政治学部教授（May 7, 2009）
Braun, Carol Moseley.　元アメリカ連邦上院議員（イリノイ州選出・民主党）（October 11, 2007）
Carrk, Tony.　民主党全国委員会リサーチ局長（February 21, 2013）
Carson, Tina.　ティーパーティ活動家，ATP：アルバカーキ・ティーパーティ（August 8, 2011）
Chen, Christine.　AAPIVote 創設者，アジア系活動家（January 3, 2014）
Cooper, Nancy I.　ハワイ大学マノア校人類学部客員教授（July 7, 2009）
Creamer, Robert.　民主党全国委員会コンサルタント（June 8, 2012 ; February 20, 2013 ; December 3, 2014）
D'Amato, Alfonse.　元アメリカ連邦上院議員（ニューヨーク州選出・共和党）（December 20, 2007）
Deeth, John.　アイオワ州ジョンソン郡民主党郡委員会委員，民主党系ブロガー（January 4, 2008 ; August 12, 2015）
Derksen, Debra.　アイオワ州ジョンソン郡共和党中央委員会副委員長，ティーパーティ活動家（April 1, 2011）
Dewey, Alice.　ハワイ大学マノア校人類学部名誉教授（July 4, 2009）
Dougherty, Terry.　リベラル系活動家，バーニー・サンダース大統領選挙陣営アイオワ州支部支援者（August 15, 2015）
Elsami, Nadeam.　民主党ナンシー・ペローシー下院議長首席補佐官（March 12, 2001）
Estrada, Jamie.　共和党系戦略家（August 9, 2011 : August 31, 2012）
Fattah, Holly.　ティーパーティ活動家，ATP：アルバカーキ・ティーパーティ（August 8, 2011）
Fielding, Pam.　元 E-アドボキット・720 ストラテジー代表（March 12, 2001）
Flaherty, Brian.　民主党アイオワ州委員会ジョンソンカウンティ委員長（January 3, 2008）
Forrester, Scott.　民主党ニューメキシコ州委員会エグゼクティブ・ディレクター（August 10, 2011）
Fulton, Bernard.　マイケル・ブルームバーグ ニューヨーク市長立法補佐官（February 12, 2008）
Furushima, Kelli.　元プナホ・スクール，厨房機具販売会社ゼネラル・マネージャー（March 23, 2009）
Giangreco, Peter.　元オバマ陣営上級コンサルタント，民主党戦略家（June 2, 2009 ; March 7, 2011 ; February 19, 2013 ; August 10, 2015）
Gilder, Josh.　元ロナルド・レーガン政権大統領府スピーチライター（August 30, 2012）
Gingrich, Newt.　元連邦議会下院議長，アメリカ連邦下院議員（ジョージア州選出・共和党）（August 5, 2011）

Gizzi, John.　ヒューマンイベント誌（April 1, 2011 ; August 30, 2012 ; February 22, 2013）
Gonzales, Javier.　民主党ニューメキシコ州委員長（August 10, 2011）
Grisolano, Larry.　2012 年オバマ陣営有料メディア局長，民主党戦略家（August 17, 2015）
Gruschow, Charlie.　ティーパーティ・オブ・アメリカ共同設立者（August 13, 2011）
Hagle, Timothy.　アイオワ大学政治学部准教授（April 4, 2011）
Harris, David.　ティーパーティ活動家，ATP：アルバカーキ・ティーパーティ（August 8, 2011）
Hashem, Mark J.　ハワイ州下院議員（August 11, 2014）
Heflin, Matt.　保守系活動家，アイオワ州ジョンソン郡ポール派支援者（January 2, 2012）
Heflin, Travis.　保守系活動家，アイオワ州ジョンソン郡ポール派支援者（January 2, 2012）
Hirono, Mazie.　アメリカ連邦上院議員，元アメリカ連邦下院議員（ハワイ州選出・民主党）（June 9, 2009）
Hoth, Caroline.　黒人アフリカ友好団体リメンバー・アフリカ代表（August 20, 2001）
Hunr, LouAnn.　ティーパーティ活動家，ATP：アルバカーキ・ティーパーティ（August 8, 2011）
Hussain, Azhar.　宗教と外交のための国際センター教育国際開発部長（November 17, 2006）
Ige, David Yutaka.　ハワイ州知事，元ハワイ州上院議員（August 8, 2014）
Kaneko, Bill.　ハワイ公共政策インスティチュート（March 23, 2009）
Keettel, Bill.　元共和党アイオワ州委員会ジョンソンカウンティ中央委員（April 1, 2011 ; August 28, 2012）
Kelley, Alexia.　公共善のためのカトリック同盟代表，元民主党全国委員会宗教アウトリーチ局長（November 12, 2006）
Kellman, Gerald.　ガマリエル協会，コミュニティ・オーガナイザー（May 22, 2009）
Kerrey, Bob.　元アメリカ連邦上院議員（イリノイ州選出・民主党）（July 27, 2004）
Kerry, Diana.　ジョン・ケリー陣営海外居住アメリカ人協会議長（July 27, 2004）
Kindler, David T.　キンドラーコミュニケーションズ，元コミュニティ・オーガナイザー（May 12, 2009 ; March 6, 2011）
Krebs, Timothy.　ニューメキシコ大学政治学部准教授（August 8, 2011）
Kruglik, Mike.　ガマリエル協会，コミュニティ・オーガナイザー（June 18, 2009）
Kusunoki, Eric.　プナホ・スクール教諭（March 20, 2009）
Lewis, Courtenay.　シエラクラブ，責任ある貿易プログラム・キャンペーン代表（September 30, 2015）
Lightford, Kimberly.　イリノイ州議会上院議員（June 10, 2009）
Massie, Glen.　アイオワ州議会下院議員，Iowa Campaign for Liberty（August 13, 2011）
Matsuoka, Martha.　オクシデンタル・カレッジ都市環境政策学部助教授（May 9, 2009）
McGinness, Christopher.　元ヒラリー＝ゴア陣営アウトリーチ局長（October 4, 2005）
McKnight, John.　ノースウェスタン大学政策調査研究所教授，元コミュニティ・オーガナイザー（May 19, 2009）
McLaughlin, Sandra.　弁護士，ティーパーティ活動家（April 4, 2011 ; January 3, 2012）
Medeiros, Jillian.　レイス・フォワード研究員，元ニューメキシコ大学政治学部助教（August 8, 2011）
Mifflin, Margot.　ニューヨーク市立大ジャーナリズム大学院教授（June 8, 2009）

Mikva, Abner.　元連邦控訴裁判所裁判長（May 13, 2009）
Miranda, Luis.　民主党全国委員会地域別メディア局長，オバマ政権大統領府ヒスパニックメディア局長（October 6, 2005）
Monahan, Joe.　元マニュエル・ルージャン連邦下院議員（ニューメキシコ州選出・共和党），報道官（August 9, 2011）
Moore, Eric B.　トランスウエスターン（May 6, 2009）
Moriwaki, Sharon Y.　ハワイ大学公共政策センター，ハワイ・エネルギー政策フォーラム副議長（August 11, 2014）
Morlen, Patricia.　ティーパーティ活動家，ATP：アルバカーキ・ティーパーティ（August 8, 2011）
Nishihara, Clarence K.　ハワイ州議会上院議員（September 12, 2012）
Paul, Rand.　アメリカ連邦上院議員（ケンタッキー州選出・共和党）（April 2, 2011）
Paul, Ron.　アメリカ連邦下院議員（テキサス州選出・共和党）（August 13, 2011）
Pawlenty, Tim.　元ミネソタ州知事（共和党）（August 5, 2011）
Pearson, Kim.　アイオワ州議会下院議員，ティーパーティ活動家（August 13, 2011）
Peyronnin, Joe.　元 CBS NEWS プロデューサー，FOX NEWS 創設者（March 9, 2011）
Racheter, Don.　パブリック・インタレスト・インスティチュート所長，ティーパーティ活動家（April 4, 2011）
Redlawsk, David.　民主党アイオワ州委員会ジョンソンカウンティ元委員長，ラトガース大学教授（October 18, 2007 ; September 24, 2010）
Rosenberg, Simon.　NDN 代表，元ビル・クリントン大統領選挙陣営（September 22, 2010 ; April 1, 2011 ; June 11, 2012 ; February 21, 2013）
Salsbury, John.　コリーン・ハナブサ連邦上院選挙キャンペーン・マネージャー（August 8, 2014）
Saltzman, Bettylu K.　元ポール・サイモン連邦上院議員補佐官（May 12, 2009）
Sanchez, Gabriel R.　ニューメキシコ大学政治学部准教授（August 8, 2011）
Sanchez, John　ニューメキシコ州副知事（共和党）（August 9, 2011）
Santorum, Rick.　元アメリカ連邦上院議員（ペンシルバニア州選出・共和党）（August 5, 2011）
Schakowsky, Janice D.　アメリカ連邦下院議員（イリノイ州選出・民主党）（April 2, 2009）
Shannon, Randi.　ロン・ポール陣営アイオワ州ジョンソン郡委員長（January 2, 2012）
Silvers, Damon.　AFL-CIO 本部政策局長（September 29, 2015）
Smith, Doug.　ティーパーティ活動家（フロリダ州フォートウォルトンビーチ）（August 13, 2011）
Suryakusuma, Julia.　作家，コラムニスト（July 2, 2009）
Swanson, Naomi Long.　ティーパーティ活動家（ジョージア州ダルトン）（August 5, 2011）
Tacuyan, Naomi.　民主党全国委員会アジア太平洋諸島系アウトリーチ局長（September 7, 2012）
Thayer, Mike.　ブロガー，ティーパーティ活動家（April 4, 2011）
Thompson, Ed.　ロビイスト，元ダニエル・アカカ連邦上院議員報道官（March 23, 2009）
Tsujimura, Rick.　ハワイ州登録弁護士，元ハワイ州副司法長官（September 11, 2012）
Turk, Michel.　共和党選挙コンサルタント，元共和党全国委員会クエール・ブッシュ・チェ

イニー陣営グラスルーツ担当（November 15, 2006）
Vanderslice, Mara.　元ジョン・ケリー陣営宗教アウトリーチ局長，オバマ政権大統領府信仰イニシアティブ副室長（October 11, 2005）
Wakai, Glenn.　ハワイ州議会上院議員（September 12, 2012 ; August 11, 2014）
Walsh, Terry.　元オバマ陣営上級コンサルタント（June 2, 2009 ; February 19, 2013）
Watkins, Bryan.　共和党ニューメキシコ州委員会エグゼクティブ・ディレクター（August 10, 2011）
Woodhouse, Brad.　民主党全国委員会コミュニケーションズ・ディレクター（February 21, 2013）
Yano, Christine R.　ハワイ大学マノア校人類学部准教授（July 6, 2009）
匿名アジア太平洋諸島系コミュニティリーダー（July 26, 2004）
匿名オバマ陣営本部メディア局上級スタッフ（August 19, 2011）
匿名オバマ政権大統領府内政担当者（March 5, 2011）
匿名民主党ニューヨーク州スタッフ（October 2, 2005）
匿名民主党連邦下院議員（March 5, 2011）
匿名元民主党ジョン・ケリー陣営コロラド州地域マネージャー（October 3, 2005）

【筆者参加のワークショップにおける関係者証言】

シカゴ大学政治研究所“High-Tech and Highly Targeted : Inside the Obama Campaign’s Digital War Room.”シカゴ大学ブースビジネススクール（February 23, 2013）
Bird, Jeremy.　2012 年オバマ陣営全国フィールド局長（February 23, 2013）
Goff, Teddy.　2012 年オバマ陣営デジタル局長（February 23, 2013）
Grisolano, Larry.　2012 年オバマ陣営有料メディア局長（February 23, 2013）
Plouffe, David.　元オバマ大統領顧問，2008 年オバマ陣営選対本部長（February 23, 2013）
Reed, Harper.　2012 年オバマ陣営主任テクノロジー・オフィサー（February 23, 2013）
Rospars, Joe.　2012 年オバマ陣営主任デジタル・ストラテジスト（February 23, 2013）
Wagner, Dan.　2012 年オバマ陣営主任分析オフィサー（February 23, 2013）

註

第 1 章　アメリカの政党と選挙

(1) Pew Research Hispanic Trends Project, "Statistical Portrait of Hispanics in the United States, 2011", February 15, 2013. <http: //www. pewhispanic. org/20130215/statistical-portrait-of-hispanics-in-the-united-states-2011/> accessed on September 8, 2013.

(2) Pew Internet & American Life Project, "The Impact of the Internet on Politics" by Michael Cornfield and Lee Rainie, November 6, 2006. インターネットが投票率を上げるという確実なデータはなく，もともと政治への興味関心が強い人がウェブサイトを訪れているだけではないかとの推測もあり，慎重な判断が必要である。政治活動に熱心な人をさらに活動的にする効果はあれど，政治に無関心な層を政治に振り向ける効果については疑問視する分析も少なくない。<http://www.pewresearch.org/2006/11/06/the-internet-and-politics-no-revolution-yet/> accessed on November 20, 2006.

(3) マーケティングの政治キャンペーンへの応用についてのコトラーの概説は，以下を参照。Philip Kotler and Neil Kotler, "Political Marketing : Generating Effective Candidates, Campaigns, and Causes" In Bruce I. Newman, ed., *Handbook of Political Marketing*, SAGE, 1999.

(4) 民主党と共和党の支持層にはそれぞれ，消費活動に一定の顕著な傾向が存在すると考えられている。たとえば酒類であれば，民主党支持者はコニャックやジンを好むのに対して共和党支持者はバーボンやクアーズビールなどを飲む確率が高く，また，民主党支持者はボルボ，スバル，ヒュンダイに乗ることが多いのに対して共和党支持者はフォードやシボレー，ランドローバーに乗る割合が高い。さらに，書籍ジャンルでは軍記シリーズの読書ファンは社会問題に関して保守派であり，自宅の電話機にコールウェイティングのサービスを導入している者は圧倒的に共和党寄りであるというような傾向がある。

(5) 旧世代はマス向けの「情報消費」を好み，1980 年代まではテレビが空中戦の主要な役割を果たしてきた。近年の選挙キャンペーンで，テレビ利用の高コストと実際の投票行動への影響力の比較再検討を現場に促したのは，テレビ画面がコンピュータの液晶モニターにすり替わる技術革新が生じたからではなく，異なるコミュニケーション観念を持つミレニアム世代が有権者年齢に達し始めたからであるとウィノグラッドらは指摘する。

(6) 民主党系シンクタンク NDN が民主党全国大会（コロラド州デンバー）期間中に開催した公開シンポジウム "Two Million Strong, and Growing"（August 26, 2008）におけるトリッピの発言。シンポジウムには NDN 会長のサイモン・ローゼンバーグ，オバマ陣営ニューメディア局長のジョー・ロスパーズ，グーグル社のピーター・グリーンバーグ（Peter Greenberg）が参加した。

(7) シュレージンガーは，テレビとコンピュータ化された世論調査が，政治家と有権者の中間に立つ存在としての政党の意義に壊滅的打撃を与えたと指摘する。「有権者は党組

織が伝えることよりもテレビが示すことにはるかに依存しながら，候補者を判断する。コンピュータ化された世論調査は，有権者を政治家の前に直接押し出し，政治家は党組織が伝えることよりも世論調査が示すことにはるかに依存しながら，選挙民を判断する。こうして，政党は衰退を余儀なくされている」。Arthur M. Schlesinger, Jr., *War and the American Presidency*, W. W. Norton, 2004. アーサー・シュレジンガー Jr.『アメリカ大統領と戦争』藤田文子・藤田博司訳（岩波書店，2005年）118–119頁。

（8）E. キンゼイは，「メディア・コンサルタント（media consultant）」「ダイレクトメール専門家（direct mail specialist）」「選挙資金調達専門家（fund-raiser）」「ストラテジスト（general strategist）」「世論調査専門家（pollster）」の5類型にコンサルタントを分類している。Dennis E. Kinsey, "Political Consulting : Bridging the Academic and Practical Perspectives" In Bruce I. Newman, ed., *Handbook of Political Marketing*, SAGE, 1999.

（9）ハーンソンは1980年代のアメリカ選挙における全国政党機関の役割の増大に着目し，全国政党機関の制度化を明らかにした。全国政党機関とは，民主党全国委員会（DNC：Democratic National Committee），民主党上院選挙運動委員会（DSCC：Democratic Senatorial Campaign Committee），民主党下院選挙運動委員会（DCCC：Democratic Congressional Campaign Committee），共和党全国委員会（RNC：Republican National Committee），全国共和党上院委員会（NRSC：National Republican Senatorial Committee），全国共和党下院委員会（NRCC：National Republican Congressional Committee）の6機関を指している。

（10）それにより民主党全国委員会の調達額は1976年から1984年までの間に3300万ドル増加し，民主党上院選挙運動委員会と民主党下院選挙運動委員会はそれぞれ800万ドル以上の増加を記録した。また，共和党全国委員会の同期間の調達額は，約7500万ドルの増加を記録し，全国共和党上院委員会は約8000万ドル，全国共和党下院委員会は約5000万ドルも調達資金額を増加した。

（11）1960年代，両党の上下両院の全国機関は連邦議会のキャピトル（議事堂）内の部屋に入っており，両党の全国委員会は常設の本部事務所を構えていなかった。しかし，1980年代にかけて両党の上下両院の全国機関は議事堂外に事務所を求め，両党の全国委員会も常設事務所を構えた。1972年から1984年にかけてのスタッフ数の増加は著しく，1972年に推計30人だけだった両党の全国委員会スタッフは，1984年には民主党全国委員会が推計130人，共和党全国委員会が600人にまで膨張した。それぞれの委員会の内部が，財務，政務，キャンペーン，リサーチ，コミュニケーションなど専門的な部局として整備されたのもこの時期であった。

（12）27のサンプルの州における現職の州政党委員長と州政党事務局長への聞き取り調査，それ以外の州への手紙による調査に加え，1960年から1979年までの期間中に州委員長を務めていた元州政党委員長560人も調査対象となった。スタッフ数，予算規模，ニューズレター発行量，候補者支援などが実は1960年代前半から80年代までの間に増大していたことが明らかになった。もちろん，政党差，地域差は存在し，一般的に共和党の組織のほうが民主党よりも強化されており，州によってもばらつきがあった。たとえば，共和党ワシントン州委員会は最も強い政党組織に分類されているが，民主党ワシントン州委員会はやや弱い政党組織に分類されている。

（13）マクガバンの代議員改革は，1970年代初頭に勢いを増しつつあったフェミニスト団体を民主党に引きつけた。民主党では1960年代まで，人工妊娠中絶を認めないカトリ

ック教会の有力者や，男女同権的な労働法制に反対していた組合労働者が力を有していた。ストリッカーズ（Mark Stricherz）が指摘しているように，フェミニスト団体が選んだ道はフェミニストの活動が主流として認められるような政党へと民主党を改革することだった。Mark Stricherz, *Why the Democrats are Blue : Secular Liberalism and the Decline of the People's Party*, Encounter, 2007. フェミニズム運動の代表的人物の主張と女性の政治参加の系譜についてはそれぞれ以下を参照。Betty Friedan, *The Feminine Mystique*, Dell, 1964 ; Susan M. Hartmann, *From Margin to Mainstream : American Women and Politics Since 1960*, Knopf, 1989. また，フェミニストと同様のモデルにのっとって政治力を高めようとしたのが，同性愛者の解放運動だった。広く公共的利益を扱う環境保護運動，消費者運動なども運動としての端緒には共通点がある。ただ，利益団体としての環境団体は運動の季節を経つつも，専門家とのネットワークを成熟させていった点で複雑な性格を有しており，ここで言及している一連の運動と必ずしも同列には論じられない奥行きを持つ。とくに以下を参照のこと。久保文明『現代アメリカ政治と公共利益——環境保護をめぐる政治過程』（東京大学出版会，1997年）。

(14) グリーンとガーバーは，2000年代に投票率の下落が沈静化しているのは，アメリカ人の平均寿命の伸びによって投票率の高いシニア層の票数が増えているだけだと指摘し，楽観はできないとしている。若年層の選挙離れは深刻であり，いずれは投票率が下がる不安定さを残していると分析しており，実際，ローゼンストーンとハンセンが指摘したように1971年に選挙権年齢を18歳に引き下げることで5％前後の投票率低下を招いた。その後も，25歳以下の有権者の投票率は，1972年時点で約50％を維持していたが，2000年には40％に落ち込んだ。投票率がそもそも高くないヒスパニック系はとくに若年層人口比率が高い。

(15) アンカー（Anchorman, Anchorperson, Anchorwoman）とは，アメリカのニュース番組における番組司会者である。アメリカではニュース番組のアンカーは取材および原稿執筆の経験を有した記者でなければいけないという厳格なルールがあり，これが社会的な信頼にも直結している。その意味で，記者出身者とアナウンサーが混在している日本の「ニュースキャスター」とは位置づけが異なる。なお、ネットワークのアンカーはおおむね番組の編集長と筆頭デスクも兼ねている。特定のエスニック集団向けのエスニックメディアの放送局においては，アンカーは当該集団が誇る「顔」としての役割も担っており，GOTVにおける電話音声にエスニックメディアのアンカーを活用することは，原稿読みの発音の明晰さという点のみならず，有権者の関心を強く引き出す上でも好ましい選択と考えられる。

(16) 米国国勢調査局 アイオワ州人口動態。<http://quickfacts.census.gov/qfd/states/19000.html> accessed on May 1, 2012.

第2章　人種・移民・宗教をめぐる集票

(1) Republican National Committee, *Campaign Planning : State Legislative and Local Campaign Manual*, Republican National Committee, 1995 : 7. たとえば，カレッジ・デモクラット・オブ・アメリカは，「公式な学生アウトリーチの手足」と自らを定義している。Daniel M. Shea and John C. Green, *Fountain of Youth: Strategies and Tactics for Mobilizing America's Young Voters*, Rowman & Littlefield, 2007 を参照。カレッジ・デモクラット・オブ・アメリカの概要については以下。<http: //collegedems. com/about/accessed> on September 9,

2015. 特定のターゲット票に向けたアウトリーチのプロセスについては高齢者層向けアウトリーチ戦略の事例を解説した以下が詳しい。Susan A. MacManus, *Targeting Senior Voters : Campaign Outreach to Elders and Others with Special Needs,* Rowman & Littlefield, 2000.

（2）Robert Creamer, *Listen to Your Mother : Stand Up Straight ! : How Progressives Can Win*, Seven Locks Press, 2007 : 60–61. GOTV については Donald P. Green and Alan S. Gerber, *Get Out The Vote ! : How to Increase Voter Turnout*, Brooking Institution Press, 2004 を参照。

（3）Democratic National Committee, "The Democratic Party" <http://www.dnc.org/> accessed on October 1, 2007 and March 1, 2014.

（4）エスニック集団は，選挙区によっては，アイルランド系，ポーランド系，イタリア系，ユダヤ系，アジア太平洋諸島系などの分類で区分けされることも多い。概して，エスニック票とは，ワスプ以外のすべてを指す言葉であり，同じ白人でもアイルランド系，ギリシャ系などは白人エスニック票として分類される。利益団体としては環境団体，職種別としては法廷弁護士のグループが，民主党の現場では主要なアウトリーチ対象として加わることが多い。

（5）Republican National Committee, "GOP.com" <http://www.GOP.com/Teams/> accessed on October 1, 2007.

（6）Republican National Committee, "GOP.com" <http://www.GOP.com/Teams/> accessed on March 1, 2014.

（7）Republican National Committee, *Campaign Planning : State Legislative and Local Campaign Manual* : 15–17.

（8）民主党ニューヨーク州アウトリーチ担当者とのインタビュー（March 6, 2001）。ニューヨークは，メトロポリタンエリアと呼ばれるニューヨーク市を中心とした地区と，アップステートと呼ばれる州面積の大半を占めるカナダ国境まで広がる地域に二分される。2014 年時点でメトロポリタン地区が下院選挙区単位で 17 選挙区（民主党 15 議席・共和党 2 議席），アップステート地区が 10 選挙区（民主党 7 議席・共和党 3 議席）存在し，民主党支持につながりやすいリベラル層は圧倒的にメトロポリタン地区に，保守層はそれ以外のアップステートに居住している。ニューヨークのエスニック集団の多様さは尋常ではない。たとえば，ニューヨーク州第 4 区（メトロポリタンエリア）の民主党キャロル・マッカーシー下院議員の選挙区の場合（2000 年当時），エスニック率は 42.2％であるが，主な非ワスプ系住民の全人口内での割合は，アラブ系 0.3％・チェコ系 0.3％・ギリシャ系 11％・ハンガリー系 0.8％・アイルランド系 13.2％・イタリア系 20.5％・リトアニア系 0.3％・ポーランド系 4.4％・ポルトガル系 0.6％・スロベニア系 0.3％・ウクライナ系 0.4％・黒人 16.3％・ヒスパニック 7.1％となっていた。イタリア系票と黒人票がメトロポリタン地区の民主党候補にとっては強い味方となっていることを示している。

（9）ルベルはニューディール期に民主党党内に限らず教職員や警察消防などの職業コミュニティの中でイタリア系，ポーランド系，ユダヤ系，黒人がアイルランド系を凌駕する集団に成長したことに着目した。

（10）1965 年 3 月，ジョンソンはテレビ演説で，「クー・クラックス・クランを脱会し，善良な社会に戻りたまえ。手遅れになる前に」と述べ，南部の人種隔離主義者に警告と宣戦布告を発した。それまで深南部諸州ではコミュニティの白人陪審員による判決で容疑

者の白人クラン・メンバーは無罪放免になることがほとんどであり，保安官が犯行に加担する事件も発生するなど，州内の自浄機能は麻痺していた。これを憂慮したジョンソンは，FBI や司法省による捜査のやりなおしなど司法介入を断行したが，その結果深南部諸州の白人層の多くはますます反連邦政府，反民主党の色彩を強めた。民主党を無条件に支持する黒人の投票行動の原点は民主党政権の公民権擁護であり，その記憶はジョンソンの毅然とした反人種隔離，反リンチのテレビ演説に常に立ち返る。アラバマ州セルマでの公民権運動の行進において鎮圧をめぐり起きた惨事を受け，ジョンソンは1965 年 3 月，議会上下両院向けの演説の冒頭で，黒人の公民権支持をあらためて明確に打ち出した。Lyndon Baines Johnson Library and Museum, "President Lyndon B. Johnson's Special Message to the Congress : The American Promise", March 15, 1965. <http://www.lbjlib.utexas.edu/> accessed on January 1, 2005.

(11) "The Electorate : A Political Portrait", *New York Times* (November 6, 2004).

(12) 2004 年，民主党全国委員長のテリー・マコーリフはシャープトンに「選挙運動を展開して基礎票の黒人票に弾みを与えた暁に，3 月の時点で民主党候補者に指名される見込みがなければ，早々に選挙戦を離脱してほしい」と伝えた。つまり，スーパーチューズデーで撤退せよとの勧告である。民主党の支持者連合の維持には，「連帯の政治」路線が不可欠と考えられた。W・シャピロによれば，マコーリフが恐れていたのはシャープトンのような指名見込みのない候補者が選挙戦をかき乱し続けることだった。黒人候補が黒人内部だけで票を集めれば集めるほど白人層からの不満が高まることが懸念されたのである。Walter Shapiro, *One-Car Caravan : The Amazing Sage of The 2004 Democratic Race from Its Humble Beginning to the Boston Convention*, Public Affairs, 2003.

(13) W・ブッシュ政権における黒人閣僚の登用そのものは，共和党の黒人票獲得の強力な切り札にはならなかった。2002 年と 2006 年の中間選挙のデータで共和党が獲得した黒人票の推移を見てみると，着実に上昇傾向にあるものの，10％から 14％へとわずかに4 ポイントの伸びにとどまっている。ブッシュ政権の大物黒人閣僚が黒人の共和党支持に影響を及ぼさなかった理由は複数考えられるが，第一に，黒人層が抱える等身大の社会問題や黒人にとって根源的な人種問題とはおよそ無縁の外交分野に限定された人事だったこと。また第二に，黒人であることに閣僚本人が強固なアイデンティティを持っておらず，あくまで専門の外交政策で政権に貢献するという官僚的な姿勢を維持していた点が挙げられる。そして第三に，第二点目との関連で彼ら黒人閣僚が黒人層に実利をもたらす政策を実行するわけではなかったことが関係していよう。The Pew Research Center for the People & the Press, "Congressional Midterm Trend 2002–2006". <http://people-press.org/reports/tables/289.pdf> accessed on October 1, 2007. 民主党の黒人寄りの姿勢に対して懐疑の念を持つよう訴えるブラックナショナリズムの継承者であるウォルター・モスレイは，パウエルやライスを手放しで賞賛すべきではないと論じた。Alter Mosley, "A New Black Power", *The Nation* (February 27, 2006).

(14) 久保文明「2000 年米大統領選挙と連邦議会選挙の分析」『国際問題』No. 491（2001年 2 月），89 頁。久保によれば，南部戦略の変化は共和党の全体的な印象を改善したことで，黒人票そのものというより穏健派の票の取り込みに効果的だったなど派生的側面が少なくない。オハイオ，ミシガン，フロリダの激戦州で勝利する必要性から動き出した共和党の黒人票戦略については以下も参照。Mary Frances Gurton, "Special Report : Bush & Black American", *The Los Angeles Independent* (June 16, 2004); Darryl Fears, "GOP

Makes 'Top Priority' Of Converting Black Voters : Party Hopes Bush Focus on Minorities Can Win 25 %", *Washington Post* (December 25, 2003).

(15) 内部分裂傾向にあるアジア系社会にあっても，アジア系閣僚の絶対数の少なさからか，日系のミネタをポスターに使用することに対して，中国系をはじめ他のアジア系のコミュニティからも異論が少ないばかりかキャンペーンにおいて好評価をもって迎えられることは興味深い特徴といえる。なお，中国語表記に簡体字ではなく繁体字を使用するのは，華人社会が広東地域からの移民に由来していること，中華人民共和国で使用されている簡体字の使用に，同国に対する過度の親和的姿勢など政治的な意味が生じることなど，複合的な理由による。アメリカの華人社会は，中華人民共和国成立すなわち簡体字の誕生以前に成立したため，中文表記では繁体字が主流である。繁体字圏の香港など広東地域からの移民がその後も多数を占めてきたことが定着の背景にあり，日常会話でも広東語が浸透している。また，同じく一定の勢力を誇る台湾系も繁体字圏出身である。そのため簡体字誕生以後も，繁体字表記が変わることはなかった。それだけに，ある地域のエスニックメディアであえて簡体字を使用していれば，その地域の華人社会では大陸系の新移民が政治勢力で多数派になってきていることを示唆している。

(16) アジア系の第 1 世代は移民先でビジネスの機会を求めたことから共和党支持が根強かったが，2 世や 3 世になって民主党が入り込む余地が増えてきたとするホンダ（Mike Honda）下院議員（カリフォルニア州選出）のような見方も存在する。アジア系の民主党化を促すことを狙ったホンダは，ワシントン，オレゴン，ミシガン，ネバダでのアジア系人口の増加をふまえ，2004 年大統領選挙でアジア系アウトリーチを強化し，アジア系スタッフを陣営に上級ポストで採用するようジョン・ケリーに申し入れた。Hans Nicholas and Geoff Earle, "Honda, Kerry Target Asian-Americans", *The Hill* (May 26, 2004).

(17) 2012 年大統領選挙サイクルにおける「likely voters」のアジア系内での割合は，オバマ支持が 43 %でそのうちインド系（68 %）がトップ，ロムニー支持はわずか 24 %でトップはフィリピン系（38 %）であった。

(18) 2000 年には，首都ワシントン AFL-CIO アジア太平洋諸島系労働者同盟も，移民，ヘイトクライム，アファーマティブ・アクション，医療保険，社会保障の五大争点がアジア系の組合員にとってとくに重要な問題だとして，アジア系の組合員に絞った民主党支援のアウトリーチを，中国語と英語の両面コピー広報を作成して展開した。The Working Families Party, "Working Families Vote 2000 : A Message from Your Union and the Working Families Party", September, 2000 ; The Asian Pacific American Labor Alliance, AFL-CIO, "What's at Stake for Asian Pacific Americans on Nov 7 ?", September, 2000.

(19) Pew Research Hispanic Trends Project, "Statistical Portrait of Hispanics in the United States, 2011", February 15, 2013. <http://www.pewhispanic.org/20130215/statistical-portrait-of-hispanics-in-the-united-states-2011/> accessed on September 8, 2013.

(20) テキサスとカリフォルニアのヒスパニック系には質的な差異があり，カリフォルニアのほうが出身国生まれ第 1 世代の割合が高い。また，テキサスへの移民の出身地が同じメキシコでも比較的経済的に安定したメキシコ北東部であるの対して，カリフォルニアへの移民は貧困度の高いメキシコ中央部や南部にルーツがある。これがテキサスの共和党優位や，かつてレーガンやニクソンの州であったカリフォルニアが急激に民主党色を強めていることと無縁ではないと指摘する分析もある。Steve Sailer, "The Dirt Gap : The Fundamental Cause of Red vs. Blue States : A Tale of Two States : America's Future Is Either

Texas or California", *The American Conservative* (February 14, 2005).

(21) ケリー陣営の地域マネージャーは，「コロラド州，ニューメキシコ州などにおけるスペイン語を援用したヒスパニック系アウトリーチの出遅れがケリー陣営にとって致命的な打撃になった」と指摘している。元民主党ジョン・ケリー陣営コロラド州地域マネージャーとのインタビュー（October 3, 2005）。

(22) ヒスパニック票対策の具体例についてはたとえば以下を参照。Adam J., "The Hispanic Priority : The Spanish Language Television Battle for the Hispanic Vote in 2000 US Presidential Election", Hispanic Voter Project, Johns Hopkins University, 2003 ; Martin Kasindorf, "Parties Target Hispanics in 4 Battle Ground States : Campaigns Pursuing Undecideds, 'Soft' Voters", *USA Today* (July 20, 2004).

(23) http://www.pewhispanic.org/files/2014/04/PH-2014-04_statistical-portrait-hispanics-08.png

(24) http://www.pewhispanic.org/2014/10/16/latino-voters-and-the-2014-midterm-elections/

(25) キューバ系など出身国の政権の民主化に関心を持つグループもいる。また，途上国系や黒人でアフリカ回帰意識が強い集団に対してはアフリカ支援が効果的である。ニューヨーク州で黒人コミュニティリーダーとしてクリントン陣営を支えてきた「リメンバー・アフリカ」のキャロライン・オス博士の要求項目は，ゲットーの黒人支援ではなくアフリカ支援が中心となっている。こうしたアフリカ重視を謳う黒人組織も増えている（Hoth とのインタビュー August 20, 2001）。Tony Smith, *Foreign Attachments : The Power of Ethnic Groups in the Making of American Foreign Policy*, Harvard, 2000 : 99. エスニック集団から外交政策への働きかけを求める動きを「エスニック・ロビー」と総称することもある。

(26) Hillary Rodham Clinton, *Hard Choices*, Simon & Schuster, 2014.

(27) ファルウェルは2004年にモラル・マジョリティをモラル・マジョリティ・コアリションと改名して復活させ，ブッシュ支持を明確に表明した。モラル・マジョリティについては以下の公称情報を参照。<http://www.moralmajority.us/index.php?option=com_frontpage&Itemid=1> accessed on October 5, 2007.

(28) ブッシュは2000年のゴアとの大統領選ディベートでも人工妊娠中絶反対の文脈で「生命の文化」というフレーズを使用した。

(29) 選挙関係者の間で有名な逸話に，アイルランド系のボブ・ケーシー（Bob Casey）知事（ペンシルバニア州）がローマカトリック信徒としてプロライフを支持しているために，1992年の民主党大会で発言機会を与えられなかったというものがある。ケーシーが自ら発言を望まなかったためだともされているが，プロライフのケーシーを党大会から閉め出したとして，選挙のたびに共和党側が，民主党の人工妊娠中絶問題をめぐる狭量さの例としてこの一件を引き合いに出すところに問題の根深さが象徴されている。ケーシーのもとでペンシルバニア州議会は，中絶をする際に一定期間待つことや未成年に両親に知らせる義務などを課す妊娠中絶規正法を制定した。最高裁はペンシルバニアの規正法の規定のほとんどすべてを合憲としたが，ロー対ウェイド判決を覆すことはしなかった。

(30) カトリック信徒の社会貢献活動の現状と課題についてのケーススタディとしてはさしあたり以下を参照。Kathleen Maas Weigert and Alexia K. Kelley, eds., *Living the Catholic Social Tradition : Cases and Commentary*, Rowman & Littlefield, 2005.

(31) The Administrative Board of the United States Conference of Catholic Bishops, "Political

Responsibility : Proclaiming the Gospel of Life, Protecting the Least Among Us, and Pursuing the Common Good : Reflections on the 1996 Elections by the Administrative Board of the United States Catholic Conference", September, 1995.

(32) これは，テレビ伝道師の流れから宗教保守がテレビで饒舌に語る論客宗教家を多数輩出しているのに対して，カトリックの宗教関係者に民主党擁護の論陣を展開できるだけの饒舌なメディア対応能力を持った人物が圧倒的に少なかった反省に立っている。カトリックの宗教指導者にコメントを求めたいメディアに，専門ごとに適切な司教や宗教指導者を紹介するエージェント的なサービスにも手を伸ばした。また，簡易ながらカトリック宗教指導者のオピニオンリーダー名鑑を写真と略歴付きでウェブサイトに公開した。

(33) 冊子後半に載せられた頻出質問（FAQ）は以下のようなものだった。

「(仮想質問) プロチョイスの候補者に投票して構わないのか？」「(冊子回答) 2004年にこれと同じ質問を受けたラツィンガー枢機卿は，「相対的な釣り合う理由」が存在し候補者のプロチョイスの信念に賛同して投票するわけではない場合に限り，カトリック信徒がプロチョイスの候補者に投票することは許容されよう，と述べておられる。ラツィンガー枢機卿は思慮深さを求めている。多くのプロライフの候補者が叫ぼうとも人工妊娠中絶は減少していない。他方で，人工妊娠中絶の合法化には反対しつつも，すでに妊娠してしまった女性に何らかの手を差し伸べることで人工妊娠中絶を減少させる効果的手段を持つ候補者もいる。プロライフを叫びながら死刑制度に賛成し貧困を無視し戦争回避に同調しないことが両立するのだろうか。私たちの教会の教えに基づく答えは「ノー」である。」

「(仮想質問) すべてのカトリック争点は均等に重要なのか？」「(冊子回答) それは違う。投票に際してカトリック争点のすべてを視野に入れるべきであるが，すべての争点が均等であることは意味しない。人の生命と尊厳に直接関わる，人工妊娠中絶，貧困，虐待，戦争などは急務の争点と考えてよい。2000年にローマ教皇はあるアメリカ人聴衆に対して，貧困に苦しむ10億の民こそが，「人類とキリスト教の善意に突きつけられた唯一最大の問題である」と語っておられる。」

「(仮想質問) このガイド冊子は「政教分離」の原則を破っていないか？」「(冊子回答) 政治とは価値観に根ざしてこそ機能するものだ。「政教分離」原則は，市民が社会的価値観を信仰に基づいて形成することを禁じていない。近年，自己の信仰を他者に押しつけるために政治を悪用する宗教指導家らによる残念な傾向もある。真のカトリシズムは人類全体の公共善に利する政策の推進を求める。」

「(仮想質問) このガイド冊子を教会で配布することは教区の租税に悪影響が出ないか？」「(冊子回答) それは違う。この冊子は特定の候補者や政党を応援する意図はないからである。法律的には非営利の投票者教育に分類される。さらに全米カトリック司教協議会による多様な争点を扱う教区投票教育とも一致するものである。ただし，文書の配布を教会で行う場合には司祭への確認が求められる。」

(34) Jim Wallis, *The Great Awakening : Seven Ways to Change the World*, HarperOne, 2008 : 45.

(35) David D. Kirkpatrick, "Consultant Helps Democrats Embrace Faith, and Some in Party Are Not Pleased", *New York Times* (December 26, 2006).

(36) Kathleen Kennedy Townsend, *Failing America's Faithful : How Today's Churches are Mixing God with Politics and Losing Their Way*, Grand Central Publishing, 2007 : 139.

第 3 章　「地上戦」の復興と新技術の融合

（1）<http://edition.CNN.com/ELECTION/2008/results/polls/> accessed on May 1, 2013. <http://edition.CNN.com/election/2012/results/race/president> accessed on January 6, 2014.

（2）シカゴでオバマ夫妻が通っていた教会の牧師だったライトが，かつて教会の説教の中で反米的と受け取られかねない発言をしていた映像が，2008 年選挙の予備選挙中にメディアに流出した。夫妻の挙式も担当していたことから，牧師との付き合いがあったオバマをライト牧師の過激な思想と結びつける批判が噴出した。ライト牧師のブラック・ナショナリズムと距離を置く必要性から，オバマはライト牧師との決別を表明し，人種対立を乗り越えることを訴える演説を行った。また，この演説の草稿はオバマ本人がスピーチライターを使わずに書いた。

（3）<http://edition.CNN.com/ELECTION/2006/pages/results/states/US/H/00/epolls.0.html> accessed on August 29, 2007. <http://edition.CNN.com/ELECTION/2010/results/polls/#USH00p1> accessed on May 1, 2013.

（4）ワイルダーに代表される脱人種路線で台頭した黒人政治家についての日本語文献としては以下が体系的かつ詳細。松岡泰『アメリカ政治とマイノリティ——公民権運動以降の黒人問題の変容』（ミネルヴァ書房，2006 年）。

（5）アフリカ中心主義などラディカリズムによる「脱人種」批判については以下の論考も示唆的。生井英考「人種政治とバラク・オバマ——「脱人種」から「差別の品格」まで」『国際問題』No. 589 (2010 年 3 月), 37–46 頁。

（6）<http://www.washingtonpost.com/wp-dyn/articles/A19751-2004Jul27.html> accessed on October 1, 2013.

（7）Pew Hispanic Center, “Latino Voters in the 2012 Election”, November 7, 2012. <http://www.pewhispanic.org/2012/11/07/latino-voters-in-the-2012-election/> accessed on November 9, 2012.

（8）NAAS, “Public Opinion on Growing Elector : Asian Americans and Pacific Islanders in 2012”, September 25, 2012 (revised October 8, 2012). <http://www.naasurvey.com/resources/Home/NAAS12-sep25-election.pdf> accessed on October 30, 2012.

（9）“Blacks Upbeat about Black Progress, Prospects : A Year After Obama’s Election”. <http://pewsocialtrends. org/pubs/749/blacks-upbeat-about-black-progress-obama-election> accessed on September 10, 2013.

（10）<http: //edition. CNN. com/ELECTION/2008/primaries/results/epolls/#SCDEM> accessed on September 9, 2012.

（11）同様にアイオワに習熟したスティーブ・ヒルデブランド（Steve Hildebrand），ポール・テューズ（Paul Tewes），マリーグレース・ガルストン（Marygrace Galston），エミリー・パーセル（Emily Parcell），ミッチ・スチュワート（Mitch Stewart）などのスタッフもいた。

（12）<http://www. civicyouth. org/PopUps/FactSheets/FS_youth_Voting_2008_updated_6. 22. pdf> accessed on October 1, 2013.

（13）<http://edition.CNN.com/ELECTION/2008/results/president/> accessed on October 1, 2013.

（14）<http://www.pewinternet.org/files/2014/04/10-social-networking-over-time.png> accessed on December 10, 2014.

（15）“A Pledge to America”, September 10, 2010. <http://www.GOP.gov/resources/library/documents/pledge/a-pledge-to-america.pdf> accessed on October 30, 2010.

（16）地元アイオワ紙はアイオワ大学におけるポール演説について，防衛費削減をめぐる共和党とポールの不協和音を見出しに報じ，ポールのアイオワ訪問は，招致した州共和党の意図に反して，ティーパーティ運動の反共和党性をかえって浮き彫りにする結果となった。Adam B. Sullivan, "Paul Critical of GOP in UI Speech", *The Gazette* (April 2, 2011).

（17）ティーパーティの仮装やデモの様子は以下の写真集に詳しい。Mark Karis, *Don't Tread on Us ! : Signs of a 21st Century Political Awakening*, WND Books, 2010.

（18）<http://www.washingtonpost.com/wp-srv/special/politics/tea-party-canvass/> accessed on October 5, 2013. 他方，2010年4月にCBS放送が発表した世論調査では，賛同者の内訳は白人89％，45歳以上75％という突出した傾向が出ているが，同調の度合いでは南部が36％と高めの数値で出ている。人種や年齢層，思想傾向は，どの地域の回答が多かったか，運動がどの程度地域拡散した時期かで差があると考えられる。2010年秋の「ワシントンポスト」調査時に，同運動が地域に拡がった可能性を示唆していよう。<http://www.cbsnews.com/8301-503544_162-20002529-503544.html> accessed on October 5, 2013.

（19）"They are all going to be interested in how to get people organized for political campaigns. So, I can see it spreading everywhere." と述べたマックナイトは保守派のオーガナイジングへの接近を予見していた。

（20）2015年8月12日に筆者が参加した講座は夕方6時頃から2時間ほどで，共和党の郡支部の呼びかけにより約20名の参加者が受講していた。モールの中にある「繁栄のためのアメリカ人」の支部オフィスで，夕食のピザを食べて親睦をはかりながら行われた。毎週1回，「ネットワークの作り方」「ソーシャルメディアの利用」などのテーマがあり，ルーズリーフのバインダーに閉じられたテキストが配布される。前半はワシントンから派遣されてきた講師がパワーポイントのスライドを用いて講義を行い，後半は講師の指示でワークショップ形式の訓練を行う。観察者として参加した筆者も，隣の人とペアを組んで，戸別訪問で有用になる「5分間聞き取り」と，相手から何を学んだかを語る「他人紹介」というゲームをさせられた。参加者の過半数は共和党内でもエスタブリッシュメント系，穏健派に属する者で，アリンスキーの著作を片手にリバタリアン的な言説を繰り返す講師に，当初は眉をひそめる者もいたようだが，参加者はおおむね熱心にメモを取り，実践訓練も嫌がらずに行っていた。「このような手法が共和党にとっても必要だし有効だ」と多くの参加者が認めていた。ティーパーティ系の組織が種をまいた動きが，数年の歳月を経て，共和党の穏健派の活動家内に浸透しているのは興味深い。

（21）<http://blogs.wsj.com/washwire/20101014/rand-pauls-antitax-group-has-been-inactive-for-years/> accessed on August 1, 2011.

（22）<http://edition.CNN.com/ELECTION/2010/results/polls/#KYS01p1> accessed on January 6, 2011.

（23）Michael Barone and Richard E. Cohen, *The Almanac of American Politics 2014*, University of Chicago Press, 2014.

（24）2009年9月9日，医療保険改革に理解を求めるオバマ大統領の両院向け演説中，ジョー・ウィルソン（Joe Wilson）下院議員（サウスカロライナ州選出）が大統領に「嘘つきだ」と野次を発したが，これはオバマが不法移民には医療保険の受益は拡大しないと述べた直後の野次であり，医療保険改革と移民制度改革は共和党内では部分的に重複した抵抗対象として受け止められていた。保守派の抵抗理由は，合法化が将来の不法移民をいっそう動機づけてしまうというもので，合法化推進には不法移民を阻止する包括

案が不可欠と見られた。

(25) <http://schumer.senate.gov/new_website/record.cfm?id=314990> accessed on May 6, 2013.

(26) 2012 年におけるアフリカ系得票（オバマ 93％，ロムニー 6％）と 18 歳から 24 歳の若年層得票（オバマ 60％，ロムニー 36％）とリベラル派得票（オバマ 86％，ロムニー 11％）は，2008 年におけるアフリカ系得票（オバマ 95％，マケイン 4％）と 18 歳から 24 歳の若年層得票（オバマ 66％，マケイン 32％）とリベラル派得票（オバマ 89％，マケイン 10％）と比較してもほとんど同程度の支持を維持した。「Yes, We Can」のスローガンが浸透した 2008 年の選挙では，ブッシュ政権とイラク戦争批判によるリベラル派と若年層の熱狂とともに，初のアフリカ系大統領の誕生を夢見たアフリカ系の高い投票意欲があった。諸政策でリベラル派に妥協を強いた 1 期目と経済状況の悪さ，若年層とアフリカ系の情熱の維持の困難さを考慮すると，その 2008 年と同程度を維持した 2012 年のオバマの基礎票得票率は高かったと考えられる。

(27) “A Job Agenda, Anyone ? : Without More Jobs, Both the Economy and the Federal Budget will Deteriorate Further”, *New York Times*, page A 20（August 15, 2011）.

(28) <http://www.people-press.org/2012/1018/on-eve-of-foreign-debate-growing-pessimism-about-arab-spring-aftermath/> accessed on November 1, 2012.

(29) オバマ陣営作成パンフレット “The New Economic Patriotism : A Plan for Jobs & Middle-Class Security” は，レターサイズのホチキス止めで表紙と裏表紙を入れて 20 頁のカラー冊子。表紙にはオバマ大統領とバイデン副大統領の候補者の写真を使用せず，エプロンをつけた食品店の夫妻，トラクターを背に腕組みをする農夫，ヘルメット姿の白人と黒人の工場エンジニア，女性看護師の 4 枚の写真が掲載された。

(30) オバマ陣営アフリカ系アウトリーチ局作成リリース “The Obama Administration's Impact on the American-American Community”.

(31) オバマ陣営女性アウトリーチ局作成リリース “President Obama's Accomplishments for Women and Families”.

(32) オバマ陣営カトリック信徒アウトリーチ局作成リリース “The Choice for Catholics in this Election”.

(33) スーパー PAC が批判広告に資金を注いでいることは事実であるが，他方で 2016 年大統領選挙サイクル以降のスーパー PAC で顕著化しているのは，マスメディアやソーシャルメディアにおける味方政党の主要候補への批判を見つけて，それに対して効果的な反論を事実関係の訂正を付して行う行為である。たとえば，民主党系でヒラリー・クリントンの擁護色を押し出した「コレクト・ザ・レコード（Correct The Record）」が好例である。大統領選挙陣営にも浸透しているラピッド・レスポンス（即時返答）という，ツイッターなどを活用した即時対応的なコミュニケーションであり，ソーシャルメディア時代へのスーパー PAC の適応現象ともいえる。

(34) オバマ陣営の激戦州の定義は勢力が拮抗している接戦州であり，ウィスコンシン，ネバダ，アイオワ，ニューハンプシャー，ペンシルバニア，コロラド，バージニア，オハイオ，フロリダ，ノースカロライナの 10 州であったが，オバマはノースカロライナ以外の 9 州で勝利した。2012 Obama Campaign Legacy Report（オバマ陣営発行 2012 年選挙総括レポート）: 7.

(35) シカゴ大学政治研究所主催ワークショップ “High-Tech and Highly Targeted : Inside the Obama Campaign's Digital War Room”（February 23, 2013）における David Plouffe 基調講

演の筆者による逐語記録。以下，同ワークショップでの発言の逐語記録は発言者名と日付のみ記載。

（36）Dan Wagner（February 23, 2013）.

（37）ibid.

（38）たとえば人口の多いフロリダよりもコロラドを確保するほうが270の大台に乗りやすいと考え，アフリカ系ラジオに広告を出す順番としてコロラド，ニューハンプシャーが優先された。

（39）Jeremy Bird（February 23, 2013）.

（40）2012 Obama Campaign Legacy Report : 24. <http: //secure. assets. bostatic. com/frontend/projects/legacy/legacy-report.pdf> accessed on May 5, 2014.

（41）Jeremy Bird（February 23, 2013）.

（42）David Plouffe（February 23, 2013）.

（43）Larry Grisolano（February 23, 2013）. なお，後日個別に行ったインタビュー（August 17, 2015）でも同様の発言をしていた。

（44）Dan Wagner（February 23, 2013）.

（45）"How the Discussion on Twitter Varies from Blogs and News Coverage And Ron Paul's Twitter Triumph", December 8, 2011. <http://www.journalism.org/analysis_report/twitter_and_campaign> accessed on March 10, 2012.

（46）Teddy Goff（February 23, 2013）.

（47）The Pew Research Center, "Cable Leads the Pack as Campaign News Source : Twitter, Facebook Play Very Modest Roles", February 7, 2012. <http://www.people-press.org/20120207/cable-leads-the-pack-as-campaign-news-source/> accessed on May 22, 2013.

（48）The Pew Research Center's Project for Excellence in Journalism, "How the Presidential Candidates Use the Web and Social Media", August 15, 2012. <http://www.journalism.org/20120815/how-presidential-candidates-use-web-and-social-media/> accessed on September 3, 2012.

第4章　予備選挙・党大会・政権運営

（1）Dan Eggen, "Obama's Gay Marriage Announcement Followed by Flood of Campaign Donations", *Washington Post*（May 10, 2012）. <http://articles.washingtonpost.com/20120510/politics/35457848_1_bundlers-obama-campaign-officials-priorities-usa-action> accessed on September 10, 2012. 上記の記事によれば，オバマの同性婚支持発言は同性愛者コミュニティからの献金効果をもたらした。ちなみに同性愛者の選挙民には，法廷弁護士やハリウッド・メディア界に豊富な職業的ネットワークを有する富裕層が多いが，政治的な主義主張に対する情熱が強いことから献金意欲も高い。そのため，2012年大統領選挙では，ロムニー陣営のスーパーPAC資金に対抗する資金源として有力視された。実際，2012年5月のオバマによる同性婚支持発言の直後から，同性愛者からの献金が急伸した。2012年は現職大統領への挑戦者が出なかったため民主党の大統領予備選挙は行われなかったが，仮に行われていたとすれば現職のオバマが同性愛者の支援と彼らの潤沢な財政支援で有利な立場に立っただろうと考えられる。

（2）2016年大統領選挙サイクルに向けた2015年の夏のストローポールは，候補者陣営の意向と州政党の負担を勘案して，共和党のアイオワ州知事テリー・ブランスタッドの判

断で開催を見送られた。しかし，アウトリーチの場としては同じアイオワ州デモインで，ストローポールとほぼ同じ時期の 8 月上旬に開かれる移動式遊園地を主体としたカーニバル「ステート・フェア（state fair）」がその機能を果たしている。両党のほぼすべての候補者が集い講演を行うことが伝統となっているため，ストローポールのような正規の州政党の模擬投票が行われなくても，政党や候補者が活動家と交流を深める祭典としての機能は「ステート・フェア」が担っている。「ステート・フェア」の機能がストローポールとかなりの程度重なっていたことも，2015 年に同様の祭典の開催数が絞られることになった背景にあるものと見られる。

（3）2011 年の例では，同行したジョンソン郡委員のキートル氏は，列に並び始めてから合計 30 分で終了した。

（4）2011 年のストローポールでは，「2012 年のための 20 ドル 12 セント：オバマを倒せ！」と印刷された赤い T シャツを着た青年部のボランティアがブースでチケットを販売した。

（5）2011 年はゴットファザーピザの CEO だったケイン（Herman Cain）のテントがピザを振る舞い，サントラムのテントはハンバーガーを振る舞った。バックマンのテントでは熱心なティーパーティ活動家が長蛇の列を形成し，入場は 2 時間待ちという状況を呈した。

（6）候補者陣営が提供するバスは，各都市を早朝に出発する。数日前から各候補の地元支持者が同乗する活動家に対して勧誘を行う。どのバスに乗ってエイムズに乗り入れるかは，活動家の支持表明の第一段階とされている。

（7）代替エネルギーは民主党やリベラル派好みのアジェンダのように思われるが，全米有数のとうもろこしの生産量を誇る農業州では，とうもろこしを用いたバイオエタノール燃料の振興は，クリーンエネルギーとしてではなく，農村の経済活性化とつながる共和党の主軸政策とされている。

（8）公式な主催は党，それも開催地の州委員会であるため，最前列の主賓席にはアイオワ州に関係する党の公職者が地位順に着席した。2011 年 8 月 11 日の回は，最前列左から州知事のブランスタッド，州副知事のキム・レイノルズ（Kim Reynolds），連邦上院議員のチャック・グラスリー（Chuck Grassley）が着席した。あくまで共和党州委員会のイベントであり，民主党のハーキン上院議員は参列せず，知事が民主党なら知事も参加しない。ラインス・プリーバス（Reince Priebus）共和党全国委員会委員長も訪れたが，右側 2 階席のバルコニーに着席して手を振るにとどめ，最前列の州政治家との距離を保った。会場をテレビ局のスタジオにせず，あえて州立大学など公的施設にしているのも開催州への敬意を払うことと，地域性を色濃くすることで各州にまたがって行われる大統領選挙プロセスの躍動感を演出する目的がある。協賛の放送局が全米各地の開催地をまわって即席でディベートのスタジオとプレスセンターを設営する。

（9）2012 年共和党全国大会代議員名鑑，40th Republican National Convention, “Temporary Roll of Delegates and Alternate Delegates : Tampa, Florida, August 27–30, 2012”.

（10）メモランダム形式の電子メールで 2012 年 1 月 11 日に送信された。

（11）2012 年 J-Street 調査ほか，Jewish Population in the United States 2010（Berman Institute, North America Jewish Data Bank）. <http://www.jewishdatabank.org/Reports/Jewish_Population_in_the_United_States_2010.pdf> accessed on October 30, 2012.

（12）ユダヤ系との絡みで 2012 年大統領選挙に向けて懸念されたのは中東情勢，とりわけ

イスラエルとイランの緊張であり，「オクトーバー・サプライズ」として両国の間になんらかの有事が発生すれば，大統領選挙への影響は無視できなかった。原油価格の上昇は車社会でガソリン価格に敏感なアメリカの有権者を揺さぶることから，オバマ政権の不断の外交努力とともに，選挙戦略的にもアメリカ国内の世論やユダヤ系票が，イスラエルの安全保障だけに収斂しないマネージメントが望ましかった。

(13) NAAS, “Public Opinion on Growing Elector : Asian Americans and Pacific Islanders in 2012”, September 25, 2012 (revised October 8, 2012). <http://www.naasurvey.com/resources/Home/NAAS12-sep25-election.pdf> accessed on October 30, 2012.

(14) オバマが約60％のユダヤ系票を獲得したという出口調査の結果を伝える選挙当日のプレスリリースでJ-Streetは「イスラエルをウェッジイシュー化しようと目論んだ保守派をはね除け，ユダヤ系が圧倒的に大統領を支持」という見出しを立て，イスラエル単独争点色を切り捨てることで，公民権を重視するリベラル集団としてのアイデンティティを再度アピールした。J-Streetが配布した世論調査とプレスリリースは以下。“Jews Overwhelmingly Support President, Rebuffing Conservative Efforts to Turn Israel into Wedge Issue Election――Night Polls of Jewish Voters Show Strong Backing for President, Democrats and Two――State Solution” (November 7, 2012); Asian American Justice Center, “Behind the Numbers : Post-Election Survey of Asian American Voters in 2012”, December, 2012. <http://www. advancingequality. org/files/2012_12_Preliminary_Report_AAPI_Voting_FINAL. pdf> accessed on March 3, 2013.

(15) 2008年にミネソタ州セントポールで開催された全国大会にアイオワ州代議員のゲストとして出席していた筆者は，フロアの代議員席とは離れた上段の席で観覧していたが，そこでもマイノリティにチケット交換を呼びかける党大会運営委員の活動が，ケーブルテレビの放送が続いている間は継続的に展開され，代議員ではない筆者にもアジア系枠でチケット交換の誘いがあった。

(16) 2012年共和党全国大会でロムニー陣営は，接近していたハリケーン・アイザックにより党大会が継続できなくなるリスクも考慮し，指名されれば大統領候補者用の選挙資金が使用可能であることから，大統領候補者指名だけは確実に完了することを目指した。メディア報道は最終日の指名受諾演説に集中するので，初日早々にポール派の抗議を消化しておけば，メディアの記憶には最終日の候補者演説しか残らないであろうと予測し，各州の点呼投票を初日に実施した。

(17) ミネソタ州は44票中，33票がポール票だった。やはりポール派を多く抱えていたメイン州の代議員団は，点呼投票でロムニーの票しかアナウンスされないことに抗議して退席した。ロムニーが無事指名を獲得したものの，ポールは189票を得て点呼投票は終了した。彼らは指名点呼で「ロン・ポール」を連呼し，「ポール」と書かれた紙製広報物をテレビカメラの前で掲げ，各州合同のポール派代議員が抗議の意思を示してホール内を練り歩く事態も発生した。

(18) アーンドメディア（earned media）とは口コミを重視したソーシャルメディアやブログなどのことで，伝統的な広告の出稿の対象になる媒体をペイドメディア（paid media），自分で個別に所有しているウェブサイトや発信媒体のことをオウンドメディア（owned media）と呼ぶ。

(19) フェア・シェアー（Fair Share），ヒューマンニーズ連合（Coalition for Human Needs），チルドレンズ・リーダーシップ・カウンシル（Children’s Leadership Council），エブリ・

チャイルド・マターズ（Every Child Matters），財務職員組合（NTEU），連邦政府職員組合（AFGE），ムーブ・オン（MoveOn），プログレス・ナウ（Progress Now），効果的行政のためのセンター（Center for Effective Government），食品調査とアクション・センター（FRAC），センター・フォー・アメリカン・プログレス（CAP），アメリカンズ・ユナイテッド・フォー・チェンジ（Americans United for Change）。

(20)「Action Summaries on Unemployment Issue」と題された2013年12月30日付の別のオーガナイジング・フォー・アクション（OFA）メモランダムによれば，2013年12月の失業問題対策の事例においても同様の攻撃対象の議員リストを全国規模で共有していた。

(21) 非営利，無党派のシンクタンクであるTomás Rivera Policy Instituteによって2001年の2月から4月までに行われた調査のデータを基にした分析。

(22)「ヒスパニック」と「ラティーノ」は用語として異なるニュアンスがある。「ヒスパニック」は連邦政府が決めた国勢調査用の造語である。ニューメキシコ大学のG・サンチェスによれば「自分で自分を「ヒスパニック」と呼べば他者に押しつけられたこの定義を受け入れてしまうことになる。だから，ラティーノのほうが，より普遍的に受け入れられている言葉である」と説明する。他方，「ヒスパニック」が政治的なニュアンスを持つ背景に，メキシコ独立革命以前のスペインによる植民地支配の含意が関係している。ニューメキシコ，カリフォルニア，ネバダ，ユタ，コロラド，アリゾナ，テキサスの各州は米墨戦争以前はメキシコの領土だったため，この地域の都市名はスペイン語に由来している。南西部ではメキシコ系はアメリカ先住民と同じような「ネイティブ」の地位にあるが、現在ではスペイン人に直接の祖先の多いニューメキシコ州でのみ，例外的に「ヒスパニック」が肯定的な自尊心を満たす名称として使用されている。しかし，ニューメキシコ州以外の南西部諸州では，スペインは植民地支配のシンボルと見られる傾向があり，サンチェスによれば「ニューメキシコ州以外では，「ヒスパニック」という呼称は選挙運動では使用しないほうがよい」とされている（G. Sanchezとのインタビュー August 8, 2011）。

(23) 1999年にテネシー州から連邦議会に立候補したウプルリ（Ram Uppuluri）は，母親に日系，父親にインド系を持つ家庭に生まれたが，どちらのアイデンティティも標榜せずに選挙は「テネシー人」として戦った。水面下でウプルリは日系社会とインド系社会の双方にアウトリーチの手を伸ばしたが，インド系として受け入れられることには成功したものの，日系としては最後まで認知されなかった。260人の献金者のうち約80％がインド系で，日系は約1％という割合がそれを示している。テネシーの地域社会も彼をインド系と見なした。ウプルリを「アジア系」の候補者として扱う姿勢は，インド系，日系，テネシーの地域社会のいずれにも見られなかったのである。Wendy K. Tam Cho and Suneet P. Lad, "Subcontinual Divide : Asian Indians and Asian American Politics", *American Politics Research*, Vol. 2, No. 3 : 239–263. この事例は，「アジア系」アイデンティティの根本的な虚構性を問うている。

(24) <http://edition.CNN.com/ELECTION/2006//pages/results/states/NY/S/01/epolls.0.html> accessed on July 2, 2009. <http://edition.CNN.com/ELECTION/2008/primaries/results/epolls/#NY-DEM> accessed on July 2, 2009.

(25) <http://www.apiavote.org> accessed on March 3, 2013.

(26) たとえば，2012年選挙では，連邦下院のバージニア州第10選挙区および第11選挙区の候補者を招いて，9月21日にフォーラムを開催した。該当選挙区のバージニア州

フェアファックス郡は，アジア系が人口の18％を占め，アジア系の経営者数は1万9000にも達している。

(27) 2012年のバージニア州フェアファックス郡の「候補者フォーラム」では，地元局「FOX5」のベトナム系記者シェリー・リーとニューヨークに本拠地を置く中国系放送局「新唐人電子台」のドン・シャン記者が司会・質問者として参加した。この様子は動画配信されFacebookやTwitterで共有されるとともに，他のオンラインのエスニック・メディアでも広められた。

(28) “How the Discussion on Twitter Varies from Blogs and News Coverage And Ron Paul’s Twitter Triumph”, December 8, 2011. <http://www.journalism.org/analysis_report/twitter_and_campaign>

終　章　デモクラシーの変容とその未来

(1) <http: //www. people-press. org/20120604/partisan-polarization-surges-in-bush-obama-years/> accessed on October 10, 2012.

(2) 2000年代の分極化とアウトリーチ戦略の深まりは，他方でメディアにおける分極化の時期とも重なっている。アメリカのメディア（無料メディア）は政治的党派性と歴史的に無縁ではなかった。保守思想はウィリアム・F・バックリーJr.の「ナショナルレビュー」誌など保守系雑誌を舞台に発展したし，リベラル系も「マザージョーンズ」「ネイション」「ニューリパブリック」などの雑誌で論陣を展開した。また新聞は，選挙で支持候補を表明するように，保守系，リベラル系の立場を公にしている。しかし，そのようななかでもテレビ媒体は不偏不党が旨とされ，基本的に三大ネットワークは「リベラル偏向」と揶揄されることはあっても，極力政治性を排除した報道に努めてきた。バックリーの「ファイヤリング・ライン」，マクラフリンの「マクラフリン・グループ」など，政治的な偏りを前提とする政治討論番組はいずれも非ネットワーク系で，主流局の番組で保守色，リベラル色をあからさまに誇示するような言論性の強い番組が増加したのは，ニュース専門ケーブルチャンネルが乱立した1990年代後半以降の現象である。CNNの速報性に対抗する手段として，保守系のFOX News，またリベラル系を標榜する各種番組を揃えるMSNBCなどはイデオロギー的なコメンタリーで個性を発揮することを目指した（Peyronninとのインタビュー March 9, 2011）。コメディアンによる疑似ニュース（ジョン・スチュワートの「デイリー・ショー」），娯楽的討論番組（ビル・マーによる「リアルタイム」）も，旧来の三大ネットワークの日曜午前の討論番組と同等か，それ以上の政治的な影響を及ぼすようになったが，これらもイデオロギー的な偏向が顕著であった。